Internal Organs of Courts
and Judicial Administration Reform

法院内设机构与司法管理改革

主　编——蒋惠岭　郭　彦
副主编——钟　莉　谌　辉

人民法院出版社

图书在版编目（CIP）数据

法院内设机构与司法管理改革 / 蒋惠岭，郭彦主编.
—北京：人民法院出版社，2018.7
ISBN 978-7-5109-2190-2

Ⅰ.①法… Ⅱ.①蒋… ②郭… Ⅲ.①法院—机构改革—中国—文集②法院—司法制度—体制改革—中国—文集 Ⅳ.①D926.22-53

中国版本图书馆CIP数据核字（2018）第140533号

法院内设机构与司法管理改革

蒋惠岭　郭　彦　主编

策划编辑　韦钦平　**责任编辑**　李安尼　**执行编辑**　张　怡
出版发行　人民法院出版社
地　　址　北京市东城区东交民巷27号（100745）
电　　话　（010）67550579（责任编辑）　67550558（发行部查询）
65223677（读者服务部）
客 服 QQ　2092078039
网　　址　http://www.courtbook.com.cn
E-mail　courtpress@sohu.com
印　　刷　保定市中画美凯印刷有限公司
经　　销　新华书店

开　　本　787×1092毫米　1/16
字　　数　467千字
印　　张　24.5
版　　次　2018年7月第1版　2018年7月第1次印刷
书　　号　ISBN 978-7-5109-2190-2
定　　价　90.00元

序 言

党的十八大以来，司法体制改革主体框架已基本确立，十九大报告明确指出："深化司法体制综合配套改革，全面落实司法责任制，努力让人民群众在每一个司法案件中感受到公平正义。"作为司法体制综合配套改革的重要内容之一，人民法院内设机构是司法体制改革纵深发展的必由之路，对全面落实司法责任制具有举足轻重的作用。

为及时总结改革经验，发现和运用司法规律，巩固和扩大改革成果，促进应用法学研究，为人民法院内设机构改革工作深入推进提供理论支撑，2017年11月16日至17日，由中国应用法学研究所主办、成都市中级人民法院承办的"人民法院内设机构改革问题研讨会"在成都市双流区召开。作为此次研讨会的前期热身，中国应用法学研究所举办了"人民法院内设机构改革问题研究"主题征文活动，可谓正逢其时。

征文共收到来自全国各地、各界报送的论文638篇。这些论文紧扣人民法院内设机构改革主题，围绕"人民法院内设机构改革的历史沿革、政策背景""审判权运行与人民法院内设机构职能关系""人民法院审判机构与管理机构之不同规律"等当前亟待解决的热点和难点问题开展了深入研究。中国应用法学研究所按照公开、公平、公正的原则，制定了初评、复评方案和评分标准，邀请专家进行评审。经过严格的初评、复评之后，最终评出一等奖论文5篇，二等奖论文15篇，三等奖论文25篇，优秀奖论文30篇。为满足更多法学爱好者与社会广大读者的需求，我们在此基础上从中选取了部分优秀获奖文章并征得作者同意后将其发表出版，由此付梓出版本论文集与您见面。

本次征文投稿数量多，完成质量高，充分展示了社会各界法律人士的法学素养和整体风貌，彰显了新时代背景下法律人尤其是法院工作者的法学水平。一是具有广泛性。文章来源从地域上涵盖了北京、上海、广东、四川、重庆、吉林、湖北、贵州等全国20个省、市、自治区，可以说是贯通了祖国大地各自然、经济地理区域，获奖论文均涵盖了最高人民法院、省法院、中级法院和基层法院四级法院，充分代表了我国法院系统不同地域、不同层级的法官之言；二是具有代表性。除了从基层到最高共83家法院干警的积极响应外，还有来自各大高校、科研机构、法学界的208位理论界专家学者及实务界代表的热情支持，达成了多方面重要共识，极具代表性。三是具有前瞻性。部分投稿的文章紧密结合改革工作的实际情况，就如何落实司法责任制、科学调整内设机构、合理分配审判力量等作出了预测性、前瞻性、长远性的思考，对下一步深入推进内设机构改革纵向延伸具有重要意义。四是具有创新性。投稿作者中不乏年轻法律工作者，其思想具有时代性、创造性、开放性，就如何有效进行人民法院内设机构改革并从组建新型审判团队、立足人员配置“最优化”、创建新型管理机制等多角度提出了不少创新性观点，对改革落地落实提供了借鉴意义。

“人民法院内设机构改革问题”研讨会的圆满结束，离不开社会各界的大力支持和积极参与。成都中院作为承办单位，更是对这次会议的成功举办作出了重要贡献，在此，我们向所有默默付出的会务工作人员、出席会议的广大专家学者及实务界代表表示衷心的感谢！由于版面有限，我们对未能在本书刊登作品的作者表示歉意，同时，对所有应征投稿的作者表示诚挚的谢意。

由于文稿数量较多，编辑工作量大、时间紧，且编者水平有限，书中难免有不妥之处，敬请读者批评指正，以便日后改进。

编者

2018年6月

目 录

第一篇 法院内设机构改革一般理论

3 | 压力与应力作用中法院内部的冲突与制衡
——微观权力视阈下法院内设机构的解构与重构 卞文林 张钰梅

18 | 关于以权力五元划分为依据推进人民法院内设机构改革的调研
胡雅妮 程立武

44 | 审判重心视角下法院内设机构改革路径研究
——以诉讼时间轴与内部权力的四元划分为基础 叶爱英 张 奇

59 | 人民法院内设机构改革基础性悖论的辩证分析与解悖研究
袁银平 曾令省

70 | 转变中的中国法院组织结构
——审判组织与审判机构的竞合与分离 王国锋

83 | 人民法院内设机构改革的主观认知及现实考量
——基于1255份调查问卷的分析 万 静 梁 茜

101 | 交易成本理论下法院内部司法行政权的审视与重构 谢 丹

114 | 重新理解审判庭
——一个组织的视角 李 杰

第二篇 法院机构及其设置

133 | 从“以案分庭”到“以人定庭”：司改语境下民商事庭室设置模式研究
黄 丽 宁 韬

146 | 法官员额制视野下执行机构改革路径研究
——以执行警务化为导向 周伟鹏

156 | 人民法院审判监督机构的改革：基础、渐进与未来 王玲芳

166 | 司法改革背景下法院研究室职能的定位与重建 马文基 付瑞娟

174 | 全面深化改革背景下人民法院内设财物管理机构改革问题探讨
唐虎梅 史为栋

184 | 司法改革下要素式审判团队构建
——以Y市法院的实证分析为视角 车志平

195 | 法院非审判业务机构改革的实证研究
——以S市中级人民法院十年非审判业务部门议题为基础的分析
甘国明

第三篇 司法管理方式改革

207 | 高级人民法院职能的调整与优化
——基于司法行政管理的功能定位 邓志伟 徐远太 陆银清

218 | "后司改"人民法院管理模式之探
——以F中院扇形管理模式为例 欧阳春 易 艳 夏文忠

232 | 论"分署垂直式"的法院新型司法行政事务管理模式的构建 林 娜

244 | 精简与优化：法院内设机构改革评价指标体系的架构设想与初步运用
——以C市法院内设机构改革试点为样本的分析
徐贵勇 庞舜之 张 虹

第四篇 不同类型法院改革观察

267 | 现行法院内设机构运行的问题与思考
——以C市两级法院为样本 林 遥 李任舟

286 | 检视与重构：基层法院内设机构改革研究
康天军 雷 钧 闫 涛 贺 洁

305 | 民族地区基层人民法院内设机构情况调研与思考
——基于新疆40个基层法院的样本考察 李 军

315 | 人民法庭的功能定位与现代转型
娄必县 蒋陆军

第五篇 地方法院改革实践

331 | 精简法院的运行模式：人民法院司法行政管理体制改革的探索
——基于对深圳前海法院司法行政管理体制改革的考察
深圳前海合作区人民法院课题组

345 | 新型法院机构设置的改革
——横琴法院的探索与启示 蔡美鸿

359 | “大部制”模式对法院内设机构改革的借鉴与重塑
——以成都中院内设机构改革为例　周　斌　王国宇

375 | 法院行政管理集中化的探索与完善
——以广州知识产权法院的实践为样本　吴　振　肖晟程

第一篇　法院内设机构改革一般理论

压力与应力作用中法院内部的冲突与制衡

——微观权力视阈下法院内设机构的解构与重构

卞文林*　张钰梅**

前　言

党的十八大后，我国启动了新一轮司法体制改革，这次改革剑指司法体制、机制上制约司法公正、司法能力的弊端，主要是“去行政化”“去地方化”，通过推动四项基础性改革，落实“由审理者裁判，由裁判者负责”，达到司法正规化、专业化和职业化的目标①。四项基础性改革都涉及现有利益的调整和权力格局的变化，新旧制度之间的演变已不仅仅是技术层面的调整，更是思维、思想层面的体制性冲突，必然对法院现有的组织机构及管理模式产生深远的影响。

根据历史唯物主义观点，任何事物的产生、发展及变化，都具有内在的规律性，都是在传承的基础上发展起来的，不可能与历史割裂，也不可能脱离现实。中央已完成此轮司法体制改革的顶层设计，但各地推动改革试点中出现各式各样的“杂音”，这种冲突是新制度与旧体系交融过程局部不适应所反映出的客观现象。哲学上认为，表象是事物的外部联系与外部特征，是初步的感觉或认识，然而其属于构成判断的基础，是提示本原或者内部联系的线索②。本文试图借助法院承受司法改革压力后引发的各类矛盾冲突所映射的表象，揭示当前司法体制改革遇到的内外阻力，探知现行的司法权、司法行政管理权力运行逻辑及实际规则，对法院内设机构进行重组，最大限度消减法官及其他工作人员面对司法体制改革压力时内部局部的“应力”③，以提高法院组织机构模式、司法人员结构与司法体

* 作者单位：福建省南平市中级人民法院。

** 作者单位：福建省南平市中级人民法院。

① 参见《最高人民法院关于全面深化人民法院改革的意见——人民法院第四个五年改革纲要（2014-2018）》（法发〔2015〕3号）。

② 金锋：《布伦塔价值哲学之心理学基础——表象与意向性问题分析》，载《绍兴学院学报》2007年第11期。

③ 力学概念，指物体由于外因（受力、湿度、温度场变化等）而变形时，在物体内各部分之间产生相互作用的内力，以抵抗这种外因的作用，并试图使物体从变形后的位置恢复到变形前的位置。

制改革总体要求的匹配度，在变化和冲突中寻求融合与平衡。

一、冲突：微观权力对宏观权力的制约与消解

任何制度的改革，都必须直面承受改革的群体。当前的司法改革以行政命令的方式自上而下推动，面对这种宏观的权力，处于被改革对象的法官及其他工作人员并非只能被动承受。物理学上有作用与反作用力，权力也有此种属性。福柯认为，权力是一张交错的网，遍布社会的关系系统，在相互作用中，权力被确立并产生反抗，个体不应被看作仅仅是权力的接受者，同时也是权力的实施者。[①]相较于自上而下的宏观权力，福柯将这种微观的、底层的、分散的、边缘的权力形态称之为“微观权力”，并认为这些非中心的权力是保证和维系社会平衡的力量。也就是说，个人相对于组织或者国家并非无能为力，那种所有人都必须接受和服从的道德形式，在现代价值多元的社会已不复存在，每个个体都有自由选择和创设自己未来的权力，身处网络时代每个人都能向外界发出自己的声音。一个社会如果只维护中心力量，突出中心而忽略边缘，容易导致社会失衡，造成局部不适应而引发震动，极有可能引发更强烈、更大范围的阻力或冲突。在推进改革试点工作中，不同地区、同一地区不同级别法院的具体做法差异性较大，法院内设机构改革更是“摸着石头过河”，推进缓慢，困难和阻力的背后是盘根错节社会关系形成的“微观权力”对改革“宏观权力”的制约与消解。因此，本文从问题的表象——冲突入手，深入分析司法改革背景下法院内设机构设置及权力运行的规律和规则。

（一）司法需求的持续增长与司法资源供给不平衡不充分的冲突

从总体看，近年来全国各地法院受理的案件数量持续攀升是客观事实[②]，案多人少是横亘于法院面前的重大难题，无论司法体制内设机构如何改革，法院都要平稳消化这每年以 2 位数快速增长的案件。然而，法官及司法辅助人员都是知识型、经验型专业人员，受编制、人员招录程序、人才培养规律等因素限制，法官及司法辅助人员等司法资源要素不可能随案件数量同步增加，案件负担不仅直接影响诉讼效率、阻碍程序公正的实现，还会对案件质量以及实体公正构成负向制约。

从法院内部人力资源配置和管理情况看，一些法院存在人浮于事的现象，同一法院内部也存在忙闲不均的问题。如：笔者所在省的 N 市中级人民法院给立案庭配备了 7 名员额法官，占员额法官数的 12.8%，相当于民一庭和民二庭员额法官之和。法官员额制是一种将审判权归位的一项制度，现实中却异化为各种利益

---

① 参见［英］萨拉·米尔斯:《导读福柯》，潘伟伟译，重庆大学出版社 2017 年版，第 33~52 页。
② 参见最高人民法院 2015 年、2016 年、2017 年工作报告。

的角力，这种“安人”式的人力资源配置引发的结构性失衡将会通过诉讼程序传递到司法的过程及其案件质量上，使整体的诉讼效率与裁判品质受到负面影响；引发的“不公”情绪也会通过社交网络传导给组织中的每个成员，加大了队伍的“离心力”。

（二）司法改革的“去行政化”与行政化管理模式的冲突

司法体制改革要求院、庭长不再签发未参审的裁判文书，目的就是破除令人诟病的“审而不判、判而不审”司法权行政化弊端。然而从现实上看，推行省以下地方法院人、财、物由省级统管改革后，作为国家机器之一的法院系统，上级法院既是审判业务监督机关又是行政领导机关，处于行政化包围之中，难以脱离行政化色彩，上下级法院之间形成了类似于党政机关的上下级关系。[①] 如上下级法院之间，法官及司法辅助人员通过遴选程序存在着系统性的自下而上流动，而下级法院的院长多通过自上而下选派，上级法院的工作报告均包含下级法院的工作。上级法院也会通过对下级法院司法行政管理权的控制，进一步干预下级法院对具体案件的裁判，甚至通过内部文件的形式规定了特殊案件判前报告制度，均强化了上级法院对下级法院的领导。最高人民法院承担着全国审判工作的管理工作，与中央各部委承担的行业管理职能没有本质的区别，由于专业属性和案件审级的关系，上级法院与下级法院的指导关系较其他系统更为密切。

（三）司法改革的“去地方化”与外部环境地方化的冲突

本轮司法体制改革的另一重要目的是“去地方化”，排除地方对司法裁判的不当干预。然而万物是普遍联系的，一个国家的法律程序和司法制度不是孤立存在的，而是与这个国家的社会经济组织形式、政府的特性密切联系的。[②] 司法权力运行的效果在某种程序上有赖于这个国家的政治制度和社会环境，如果法院关门进行内部改革、自弹自唱，而不关注外部制度环境并努力调适与其他党政机关之间的关系，由此引发的冲突将会极大降低改革的成效。当前，地方法院是按行政区划配置的，与党委、人大、政府、政协等构成了地方制度系统，如法院要向党委汇报重大案件审理情况，定期要向人大报告工作，党组成员由当地党委任命，法官由当地人大常委会任命，这些都构成司法的地方化。此外，法院除了审理案件外还必须承担社会治理职能，肩负综治、维稳、扶贫、普法、精神文明等任务，甚至还要组织人员参加志愿者、驻村蹲点等工作，这些摊派的事务被纳入综治、精神文明、党建、机关效能考评，与年终的地方性奖金挂钩，涉及集体每

---

① 陈瑞华:《司法改革的理论反思》,《苏州大学学报（哲学社会科学版）》2016 年第 1 期。

② 参见［美］米尔伊安・R・达玛什卡《司法和国家权力的多种面孔——比较视野下的法律程序》，郑戈译，中国政法大学出版社 2004 年版，第 9~17 页。

个成员的利益，无可回避。地方法院置身于地方而欲只身仗剑“兼济天下”实难“独善其身”。

（四）法官的专业化目标与目标替代现象的冲突

世界各国法官基本都是高度专业化的职业，需要通过严格的考试、选拔，普通法的国家还要有特殊的从业经历。法官员额制改革的目标就在于推动法官的专业化，把最优秀的人才吸引到办案一线。在组织运作过程中，在各种因素交织作用和各方利益博弈下，员额制改革出现了目标替代现象。如院长、副院长或者其他党组成员和庭长“固定”占据员额指标，即使上述领导层是优秀的，但并不一定能够满足专业化的要求。中级法院以上的院领导，基本都是从长期从事管理工作的岗位上提任而来，虽然具有法律职业背景，但大部分只有早年短期的审判经历，存在法官行政级别与审判工作脱节的现象，行政级别越高脱离审判台的时间越长，而这些领导在占据法官员额的同时，自然减少了其他具有专业化法官的入额机会。院领导职数越多、审判庭设置得越多、职能分工越细的法院，普通员额法官的数量就越少。以N市中院为例，除纪检组长、政治部主任外，其他院领导和业务庭中审判员以上职务人员全部入额，但在年龄、法律教育背景、法律功底等方面都占据优势的助理审判员，只有6人入额。从F省高级法院对司法体制改革专项督查情况通报看，有相当部分法院的员额制处于空转状态，如司改一年后仍有29个法院的裁判文书由院、庭长签发，有25个法院仍安排未入额法官办案，有13名综合行政部门法官入额后没有调整到一线办案①，部分法院的院长或者党组以行政化的方式改变了中央要求法院实现的司改目标。

（五）扁平化管理要求与新型审判团队科层化倾向的冲突

改革过程中，各地法院纷纷建立“员额法官＋法官助理＋书记员”协作式审判团队工作模式，以审判团队作为基本办案单元和管理单元，代替以审判业务庭为管理单元的审判权传统运行模式，形成审判长或主审法官为核心、其他人员为辅的新型审判工作机制。建立审判团队的目的是要实现案件的扁平化管理②，减少科层和行政干预以提高审判工作效率，而审判团队运行的效果取决于员额法官与法官助理、书记员职责的界定及协作关系，明确各自的岗位职责，并在团队内部实现有效的分权及分享机制，这是员额制正常运作的基础性保证③，其中作为团队核心的法官必须完全掌握整个团队的日常工作。审判团队制运行过程中出现了

---

① 参见闽高法〔2017〕246号文。

② 参见《最高人民法院关于全面深化人民法院改革的意见——人民法院第四个五年改革纲要（2014-2018）》第64条“按照科学、精简、高效的工作要求，推进扁平化管理，逐步建立以服务审判工作为重心的法院内设机构设置模式。”

③ 宋远升:《精英化与专业化的迷失》，载《政法论坛》2017年第2期。

两种异化状况：一是员额法官混淆审判性及辅助性事务界限，将本来属于自己分内的工作交给法官助理，法官助理亦将辅助事务交给书记员处理，形成新的科层制权利结构，一个案件在书记员、法官助理和员额法官三个层级之间轮回流转。二是一些法官虽然入额但不具备管理团队的能力，也不掌握法官助理或书记员考核之权力，另一些没有入额的法官转任法官助理，内心的落差让他们难以安心做助理，极有可能对法官的指令进行抵触，仍须由庭长或分管领导、院长通过行政管理权力控制和调整案件的审判进程，实际是在审判团队之上增加了一个新的管理层次。一个机构组织层次越多，在保持共同方向和彼此理解方面就越困难，如同在信息系统之中，每增加一个中继器，就会使“信息”减半，“噪音”加倍。在案件流转的链条中，每一个环节都是增加压力、产生摩擦和松懈的来源，也都将造成能量的损耗并产生错误的风险。

（六）人员分类管理理想结构配比与现实职能本位主义的冲突

司法人员分类管理改革的目的是加强司法人员的职业化建设，让各类人员按独自的序列垂直发展。司法改革框架意见对法院各类人员的比例作出明确规定，其中员额法官比例不超过编制数的 39%，司法行政人员控制在 15% 以内，其他为司法辅助人员。有多少工作配多少人，各类人员配比的依据应当是根据改革目标需要各群体所作的贡献及其现实的业务工作量。因此，首先必须对各类业务量进行精准的测算。改革公开的文件均没有说明该比例的测算依据，暂且不论不同级别法院的职能区别与不同地方法院之间的规模、人员结构、案件数量的巨大差异性，假定上述配比为法院组织和人员的理想结构，但实践中仍存在诸多不适应和自相矛盾之处。

首先，审判团队与司法行政人员配比的矛盾。改革文件要求审判团队中法官 + 法官助理 + 书记员按 1：1：1 配置，假定某法院现有人员满编，如果员额法官数量按编制 35% 配置，审判团队的人员将超人员总数的 105%，即使书记员全部使用不占编制的聘用制书记员，法官和法官助理的人员也将达到人员总数的 70%，员额法官比例越高司法行政人员数量就越少，造成内部关系失衡。其次，内设机构改革目标与强化职能要求的矛盾。法院内设机构改革的总体思路是精简，然而上级法院为加强对下级法院的业务管理，不断从职能本位主义出发强调特定职能机构的建设，甚至对机构设置、人员配比提出具体的要求。如要求司法警察人数不少于 12%，执行工作人员不少于 15%，增设对口的破产和金融审判、家事和少年审判、环境资源审判、审判管理、宣传机构等等。每增设一个机构，就会增加共同的行政管理事务和协调事项，每增设一个业务庭，审判团队与业务庭之间的关系就越复杂[①]。再次，司法行政部门人员减少与业务量不变的矛盾。各法院为达到司法改革框架意见的要求，对司法行政人员进行了压缩，但职责和工作量并没有相应调整，司法行政人员在报酬待遇、发展空间、工作强度等方面受到多重打击，工作积极性受挫。经考察F省驻N市垂直管理单位行政后勤人员配比（见表1），发现单位人员越少行政后勤人员配比越高。一个机构不论性质及规模，要维持机关的正常运转并协调好与上下级及地方的关系，行政后勤事务基本相同，行政后勤部门的人员需要保持与机构规模相适应的恰当比例，“一刀切”显然不合适，至少应保持在30%以上。

表1 F省驻N市垂直管理单位后勤人员比例

单位	编制内人员数量	行政后勤部门人员数量（不含工勤人员）	比例
国税局	100	33	33%
地税局	52	24	46%
人民银行	138	47	34%
银监局	72	27	37.5%
海关	21	10	47.6%

二、规律：法院内设机构改革的结构逻辑与结构原则

任何制度的改革，都应当遵循规律。法院是司法机关，主要任务是行使国家的审判权[②]，以实现公平正义为最高价值，居中、独立行使审判权，是法院与其他行政机关的根本区别。同时，司法体制是一个国家政治体制的有机组成部分，法院也是国家机器重要的一部分，对它进行改革不可能脱离我国政治制度和权力体系，而现行的国家制度和权力系统中固有的思维方式，必然持续对新司法体制产生影响。过去几十年里，政治制度与司法制度的交互影响形成的司法体制和权力运作模式已经固化为一种司法传统或者思维方式，这是一套有别于西方司法制度具有中国特色的司法体制。通过对历史事实最细致的观察，无一例外证实，社会组织就像一切生命有机体一样复杂，我们还不具备强迫它们在突然之间发生深刻变革的智力。[③]因此，当下推行的司法体制改革和法院内设机构改革，不可能脱离这种大环境大背景自成体系，除符合宪法和法院组织法、诉讼法确定的原则，

① 以一个编制为80人、院领导职数7人、审判业务庭9个、司法行政部门5个的中小规模基层法院为例，员额法官限额为31人，按理想化的状态，院领导入额5人，庭长之外的员额法官仅有17人，在目前没有取消职能庭的情况下，有一半以上的业务庭组成不了合议庭，普通程序的案件需要向其他部门借法官或与人民陪审员共同组成合议庭，跨部门组成审判团队也存在业务庭之间审判管理和人员调剂的协调。这是大部分基层法院目前的现状。

② 参见《人民法院组织法》第3条。

③ ［法］古斯塔夫·勒庞：《乌合之众——大众心理研究》，冯克利译，中央编译出版社2016年版，第2页。

遵循司法权运行的中立、客观、独立等规律外，还必须遵循党和国家行政管理权力的运行规律，寻求两者最大的公约数，在组织目标和行动逻辑上与国家整体保持协调，才能实现两者的融合、优化。

法院内设机构改革，是对法院事务、人员、职责的资源性调整，背后涉及审判人员、司法辅助人员、司法行政人员权力关系结构的变动与重设。① 如果内设机构的改革方案设计得过于依附现实，则可能会丧失改革目标的导向作用，地方法院可能通过搞变通的方式搁置改革的要求；如果方案设计与现实之间关系过于疏远，不符合实际情况，将会令各方无法接受而抵制。按照引力理论，世间万事相互牵引，现实世界存在着相互作用的密致网络，但绝大多数情况下只能考虑具有主导作用且数量有限的变量或因素。② 因此，有必要在任务、职能、人员、岗位、报酬等范畴相互交织影响所构成的法院组织关系网络中，寻找构成法院机构的主导性、基础性要素，确定结构逻辑和结构原则。

（一）充分考虑法院工作的整体性和系统性

法院工作是一个有生命力的整体，无论是审判事务、司法辅助事务还是司法行政事务都是根据法院职能需要完成的任务，依赖于法院内部不同主体的分工与协力。因此，审判部门和司法行政部门都是法院不可缺少的部分，相互配合构成有效运行的系统。从法院工作的整体性和系统性出发，内设机构改革方案应当实现"三个有利于"：一是有利于完成审判及司法行政的业务；二是有利于队伍管理；三是有利于管理者及其工作开展。同时人员的安排也要实现"三个平衡"：对外要实现司法供给与司法需求的动态平衡，对内不仅要满足审判部门和司法行政部门平衡，也要调适审判人员、司法辅助人员与司法行政人员心理平衡，不能忽视包括聘用制书记员、职工在内的任何一种群体的利益诉求和成长需要，让各类人员各居其位各司其职。如果一个改革决定或者措施满足于其中一个职能的要求而削弱了另一项，终将削弱法院的整体工作。比如强化审判工作而忽视了司法行政工作可能导致外部环境恶化而内部运转停滞，过于强调司法人员的独立自主、自律而弱化管理可能导致队伍涣散，机构设置和人员安排的偏颇也将造成各类人员心理失衡，遂而产生互相掣肘、割裂的碎片化现象。

（二）服务于战略目标，以目标任务为导向

任何机构的存在都是从属于战略目标的，不是为供给和满足内部人员而存

---

① 参见苏永钦：《司法改革的再改革》，台湾地区元照出版社 1998 年版，第 323~336 页。

② ［美］赫伯特·西蒙：《人类活动中的理性》，胡怀国、冯科译，广西师范大学出版社 2016 年版，第 23 页。

在[①]，而战略目标需要通过具体的事务实现，因此事务居于起源、客观的原始起点。司法体制改革的战略目标是“努力让人民群众在每一个司法案件中感受到公平正义”[②]，法院内设机构改革作为实现该目标的手段，职能机构和职务应当为完成合适的审判、司法行政任务所设并使法院可持续性运转，“事务 - 人员 - 职责”构成法院组织构造与运行的基础。如果职务为人设计而非为任务设计，当任职者变更或临时任务变化时，可能会使机构处于尴尬的状态。近年来，各地法院自上而下涌现出拆分内设机构扩编的热潮，如将信息化建设职能从行装处分离出来，民一庭分出知识产权审判职能，民二庭分出涉外、破产与金融审判职能，刑一庭分出少年审判职能。笔者所在省的某山区中级人民法院增设了审理涉外民事纠纷的民三庭，每年受理的涉外案件不足10件，而设置的知识产权审判机构审理的知识产权案件几乎都是与服装商标、KTV音乐版权相关的简单侵权案件，这些新职能机构由于缺乏基本的专业工作量，不得不承担其他庭分流的案件，业务与传统的民一庭、民二庭同质化。因此在目标任务没有发生根本性变化的情况下贸然对机构进行机械式的改革，只会造成机构臃肿和内部摩擦。

（三）严格限制并减少横向管理及程序性的职能机构

横向管理及程序性的职能机构主要是指用于内部管理、协调和控制的部门，其自身并没有核心的“产品”。法院内设的司法行政部门中具有横向管理及程序性职能的部门相对较多，如审判管理、党务、干部教育、监察、行政装备、信息化管理、财务等等，而这些部门的绩效依赖于其他部门运用该部门所提供的资料改进工作的能力和服从管理的愿望。人都具有本能的本位主义思想，如果从事横向管理的人员过多，一些人将会只做可靠的琐事，特别是只做一些程序性的流转和助理性的工作，甚至将简单工作复杂化、精致化，文件表格满天飞，要求各部门填报眼花缭乱的表格、开展五花八门的活动等，每天忙忙碌碌只收集信息却不负责具体产出“产品”。例如2个人能够完成某法院的全部财务管理工作，如果增加一个人就会相应增加财务管理的流程和细节，而每个环节增加的工作量会直接扩散到其他所有使用财务资源的部门，最终把财务人员视野引向忙碌而非成果。另一方面，如果横向关系太多、太过于密集，其他部门的人员也会敷衍了事，不认真对待来自横向的指令。以思想政治教育为例，在法院队伍建设中具有极端的重要性，法院干部教育、党务、监察部门都有各自的教育计划和教育内容，要求细致且严格，机构不论大小都必须安排相同的人力资源和时间去完成这

① ［美］彼得·德鲁克：《管理——任务、责任和实践》，陈小白译，华夏出版社2008年版，第40页。

② 参见《中共中央关于全面深化改革若干重大问题的决定》和《中共中央关于全面推进依法治国若干重大问题的决定》。

些共同任务。每增加这类机构和人员，都会造成组织层次和指挥层次的增加，与通过扁平化管理优化司法权运行的改革方向背道而驰。因此，内设机构每一项横向的关系对于完成法院的整体职能和目标是否必要且重要、是否交叉重复等，都需要经过科学的评估，统筹优化。

（四）机构和职务设置要有利于管理人员成长

中央已对员额法官的等级晋升、选升等作出规定，受传统因素影响，员额法官与未入额的法官、管理人员的身份存在相互转换的复杂联系，员额法官制度设计对法院机构、职务设置和人员安排会产生持久的影响。一些学者建议，推行司法责任制改革后法院要全面取消审判庭的建制和庭长、副庭长的职务设置①，该建议只考虑司法权的运行特点，其设想中法官职位是静态的、终极的或单向流动的，却没有考虑审判专业领域不断扩大的事实，在不可能完全去除司法行政化、地方化的状态下，法院人才培养规律、流动的多向性。所以，取消业务庭建制不切实际，全国人大常委会在2017年9月发布的《人民法院组织法》（修订草案）征求意见稿中，保留了审判庭的建制②。

在对机构和职务进行设计的时候，既要考虑能够完成任务，也要考虑法官之外人员的成长空间，与员额法官管理制度相匹配。对法院而言，无论是法律人才还是管理人才都是重要、宝贵的资源。寻求利益最大化实现资源的最优配置和流动是理性经济人的思维，如果法院没有足够的发展空间，没有公平合理的薪酬制度，就不会有人愿意继续留在法院或者到法院工作。因此，应保持与法院规模相适应、适当数量的内设机构和领导数量，并考虑如下因素：一是任何一个任职者在未来许多年里都有成长、学习和发展的空间，职务范围要足够大，使优秀的任职者能够从中获得满足感和成就感，找到自己的工作方式。如果职能太窄，工作数年后就容易产生灰心失望和烦恼，甚至在工作岗位上采取“退休”对策，抵制任何变化、任何创新和任何新想法。二是管理职务应有具体的目标、具体的职能和目的，而非空衔。如现各级法院根据《关于进一步加强人民法院、人民检察院工作的决定》（中发〔2006〕11号）设置的审判委员会专职委员，因职责不清或职能过窄，已异化为行政化的职务设置，偏离了该职务设置的初衷③。三是设置的机构和职务能够作出可以得到鉴定的贡献。应当立足于本院实际确定内设机构的规

---

① 陈瑞华：《法院改革中的九大争议问题》，载《中国法律评论》2016年第3期。

② 《人民法院组织法》（修订草案）第26条第1款规定：“人民法院根据审判工作需要，可以设必要的审判庭。法官员额较少的中级人民法院和基层人民法院，可以设综合审判庭或者不设审判庭。”第27条规定：“人民法院根据工作需要，可以设必要的审判辅助机构和司法行政管理机构，也可以让社会力量参与审判辅助工作和司法行政工作。”

③ 从各地法院情况看，审委会专职委员由于在院领导中排名垫后，如果没有兼任部门负责人，基本上分管非重要或工作难度大的部门，如办公室、研究室、审管办等，与审判委员会工作关系不大，或者协助其他副院长分管个别部门，类似于“助理”头衔非真正的管理职务。

模和职能范围，以便能够充分调动管理人员的积极性并释放出能力，而非为了内部的和谐、对称或者与上级法院对应。如果不区别具体情况“一刀切”强制要求设立某机构或者某机构按一定比例配置人员，极有可能造成水土不服。如安排一个管理人员可完成司法统计、审判管理事务，就没有必要设立审判管理部门，如果某地执行案件能够良性运转不存在“执行难”的问题，也无按15%比例配备执行人员之必要。

（五）内部不同群体的薪酬差距保持在合理区间

司法人员薪酬制度改革虽然不是法院内设机构改革的内容，但报酬涉及一个群体乃至体制内所有人员的价值理念，同公平、正直、能力等无形而又最敏感的概念或品质紧密联系在一起，体现的是个人在机构中、社会上的地位。收入只要超过了维持生计的水平，那么人们对相对收入的不满往往就会比对绝对收入的不满更为强烈①。如果司法改革通过大幅度提高员额法官经济报酬充当“胡萝卜”式的激励方式推动司法责任制，造成员额法官与其他工作人员的报酬差距过大，这种差距不会理所当然地被认为是员额法官的一种权利，更容易被其他群体认为是对未能入额的一种惩罚，有将员额法官与所有其他工作人员疏离的危险，甚至会出现法院队伍被分化为不同的相互对立的群体，而这些群体可能会有进而联合起来反对改革的危险，对改革的动力产生阻碍破坏作用。司法体制改革启动以来，法院内外、网上网下议论最多的就是“收入”和“增资”问题而不是法官的责任、能力与贡献。“不公平感”不仅在员额法官群体与其他人员之间存在，在员额法官群体内部也存在这种不公平感②。所以，合理的报酬制度是职能机构设置与人员安排的稳定剂，不合理的报酬制度可能会是内设机构职能崩溃的催化剂，有必要对个人价值的认可和群体的稳定性、持续性两个方面之间取得平衡。在法官的培养、选任方式和学历、能力结构没有发生较大改变之前，应当限制员额法官的加薪幅度，将法院各类人员薪酬的差距保持在合理区间。

三、重构：法院内设机构改革的程序、规范和方法

法院的机构不是机械式的，也不是装配件或预制件，更不会根据战略目标调整和确定的结构逻辑、原则自行“进化”，需要人为设计构建与司法“事务－人

① ［美］彼得·德鲁克：《管理——任务、责任和实践》，陈小白译，华夏出版社2008年版，第278页。

② 根据《最高人民法院关于加强各级人民法院院庭长办理案件工作的意见（试行）》（法发〔2017〕10号）规定，中院副院长每年只要办理本院法官平均办案量的20%~30%，如果一个中院法官年平均办案数为100件，该院副院长每年只需办理案件30件，假定其入额前工资总额为10万元，入额增加50%，这30件案件权当其增加的工作量，每个案件增加的绩效工资为1666元，而该院一名普通法官可能需要办理案件120件，每年增加的薪酬为4万元，每个案件增加的绩效工资为333元。而从本质上说，不同等级的法官审理相同案件创造的价值和作出的贡献是等同的。

员－职责"的内在结构逻辑相匹配的组织结构，形成推动司法权和司法行政管理权协调运转的链条。

（一）程序：分析和区分法院的关键性活动并优化组合

审判事务和司法行政事务是法院组织构建的起点，是一种客观存在，但推动司法权和司法行政管理权运行完成事务的过程，却是涉及主观判断与价值衡量的，即法院事务可以分为哪些类别，哪些事务是关键的必须纳入到结构之中的，该分配给谁完成，这成为法院人员分类、职责岗位配置、内设机构分设的前提。法院关键性活动大致可分为四个类别：一是审判执行活动，这是法院独特的创造性的业务活动，构成法院的核心事务。二是审判支援性活动，即为法官及司法辅助人员提供业务技能培训、研究咨询和审判管理等活动。这些活动是独立而不是从属于审判执行工作的，因此是支援而非辅助活动。三是司法行政保障活动，即负责法院工作人员思想政治教育及执纪、司法政务管理、人力资源管理、物质保障等活动。四是院领导的决策和管理活动（见图1）。职能是根据事务赋权的，是从属于事务的，除第四项主体是确定的外，其他三项活动都可以根据活动的性质和业务量大小重新优化组合，将相近的职能予以整合，每个领域的工作量要足以成立且有必要成立一个单独的职能机构进行管理。凡是依据业务的性质、拟安排的人员、事先确定的机构名称或者为与上级法院内设机构对应设置机构都是形而上学的，正如没有人会认为白酒只适合装在瓷瓶里或者瓷瓶只适合装白酒。

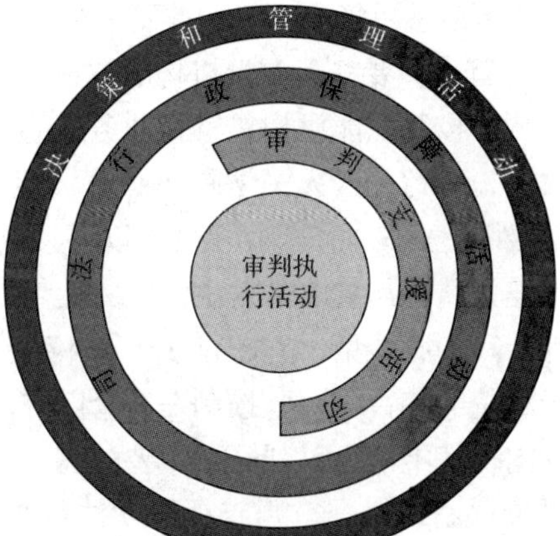

图1　法院事务构成示意图

（二）规范：满足组织机构的形式要求

法院内设机构的组成结构是承载法院事务的形式，任何形式都有其内在规律性，应当满足基本结构的性质、发展的趋势等规范要求，让法院工作运转富有效率，也让工作人员富有成就感。

1. 机构职能界定要清晰

为规范各领域的分工协作关系必然产生职能机构，组织又根据完成关键性活动的需要赋予相关职能机构不同权限，这是内设机构职能与职责内在结构逻辑。

设置机构前，应对职能机构工作任务、权力、相互关系作出清晰的界定；另一方面，机构成立后职能机构的每个人也都应了解各自的归属和地位。从目前看，法院组织内部存在双层治理结构：一种是协作式的审判团队结构，由员额法官和辅助人员组成，其目的在于实现司法审判事务的专业化；另一种是科层化的职能结构，目标在于实现法院组织管理的专业化。审判团队是为了完成特定的审判任务，从职能机构抽调法官及辅助人员组成共同工作的群体，不属于建制的组织机构。机构职能设置不当或者机构之间对工作任务、权力、相互关系界定不清，或者工作人员不知道自己岗位职责，都会使工作人员将注意力放在不适当、非关键的问题上，加剧各机构之间不必要的争论，造成摩擦和挫折。

2. *机构设置要考虑运行效率*

组织机构如同机器，永恒运动是不可能的，彼此摩擦也不可避免，但维持自身运转和为减少摩擦进行润滑所占用的功率越小，输出能量就越大。同理，将某一关键活动的职能赋予特定职能机构后，加之于活动上的控制、监督、督促等横向关系应尽可能少，专司控制、监督、督促等职能的程序性机构也应尽量减少。

首先，要精简内设机构的数量。应根据每个法院的人员编制数及员额法官数量严格控制职能机构总量和业务庭的数量。在暂不宜取消审判庭的情况下，笔者认为，现行的《人民法院组织法》规定法院可以设置刑事、民事、经济审判庭，中级以上人民法院根据需要可以设其他审判庭[①]，虽然现在经济社会发展和法律体系建设情况与立法时发生了较大变化，但审判庭建制仍需严格控制，基层法院的综合审判庭数量不宜超过 5 个，审判支援和司法行政部门数量不宜超过 3 个；中级法院的综合审判庭控制在 8 个以内，审判支援和司法行政部门数量控制在 5 个以内；其中每个审判庭至少要配有 3 名以上员额法官和相应的辅助人员，足以组成合议庭，每个审判支援和司法行政部门应赋予 5 名以上工作人员工作量的职能。由于法院工作专业性强，非简单增加人员就可以立竿见影增加绩效，应始终保持高标准高要求，宁少务精，宁缺毋滥。

其次，要精简组织的层次。组织层次越少，运行越有效率。但如前所述，审判团队采取“员额法官 + 法官助理 + 书记员”1∶1∶1 的固定配置模式，实践中有异化为增加组织层次的风险。以法官为核心的审判团队中，无论是法官助理还是书记员，都属于法官的助理，只是称谓的区别，不管负责程序性还是事务性工作，两者之间的职责分工是可以通过组织赋权的方式随时调整的。同时，各审判团队负责的审判事务类型不同、程序不同、复杂程度不同，需要的助理数量也是不同的。如某法院原只需 1 名法官和 0.5 名书记员就可以完成立案调解和速裁工作，改革后不可能给速裁审判团队配备 3 名工作人员；员额法官之间的能力不均衡，部分缺乏组织协调领导能力，也要通过相互协作的方式予以互补；各法院根

① 参见《人民法院组织法》第 19 条、第 24 条、第 27 条、第 31 条。

据员额法官数量配比的辅助人员数量也不可能一夜之间达到要求。因此，为减少审判组织的层次，各法院可根据本院实际情况将审判团队按“N 员额法官 +N 助理”的模式组建，每个团队员额法官、助理的数量综合考虑团队负责的审判事务的工作量、诉讼程序的性质予以确定，助理可以由现法官助理、编内书记员或者聘用制书记员担任。

院领导由于分管事务的关系，在法院内属于程序性的管理层次。司法责任制改革后废除了分管院领导签署非主审案件裁判文书的做法，院领导仍分管案件审理之外的事务，掌握着法官的考核评价权，对案件裁判具有实质影响。同时，根据最高人民法院的规定，入额的院领导每年只要办理本院法官平均办案量的少量比例，普通员额法官每年需要办理的案件数量则随院领导所占员额比例上升而增加。虽然规定院领导重点审理重大、疑难、复杂、新类型和在法律适用方面具有普遍指导意义的案件，但并不现实，院领导多办案也不符合广大普通法官和法官助理的意愿。因此，有必要减少院领导的职数配置，参照《中国共产党党组工作条例》（试行）党组成员一般设 3~7 人的规定，中、基层法院院领导按 5 人配置，除了院长、政治部（处）主任、纪检组长（纪检体制改革后，一些地方纪检组长不再任派驻单位的党组成员）外，其他再配备 2 名不入额的行政副院长，作为专职的行政管理人员，在向院长负责的前提下，全面处理涉及法院内外的司法行政事务。其中一名负责内部的行政事务管理，另一名负责处理与地方党委、人大、政府及其他机关的关系。副院长的人选可以在本系统内产生，也可以与党政部门交流任职。

3. 机构设置需预留个人的成长空间

职能机构设置必须能够满足机构内各类人员的成长需要。一个人的成长，不仅包括职务的晋升，还包括专业技能的提升和报酬的增长，组织应该让每名工作人员都有成长的通道和发展的空间，培养大家的归属感，不能忽略任何一个小群体的成长需求。法官和法官助理、司法行政人员都属于编制内干部，制度已对晋职晋级作出制度性安排，法院中还有一类特殊的群体，就是聘用制书记员，由于身份关系该职业几乎是终身的却始终处于最底端，在业务庭或者审判团队的绩效考核中处于天然的劣势。“术业有专攻”，可以参照医院医护关系，设置聘用制书记员单独管理机构，负责聘用制书记员队伍建设、工作质量管理、业务技能培训、考核和指导等工作，协助书记员成长为专业性的人才。同时，为减少审判团队的层次，部分优秀书记员作为助理纳入到审判团队之中后，其他书记员可以组建庭审记录团队、送达团队、信息采集团队等，集中处理单纯的审判事务（见图 2）。

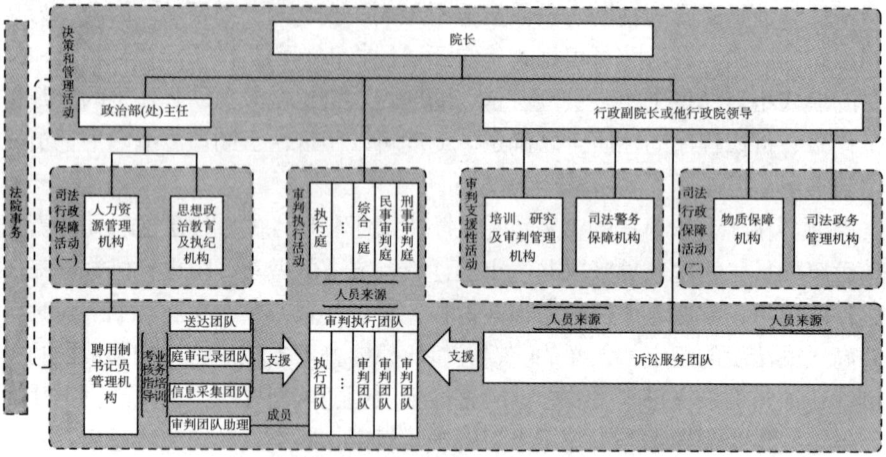

图 2　法院事务与内设机构组织示意图

（三）方法：分散改革对法院形成的自上而下压力

“斗争无处不在”，改革的矛盾和阻力是客观存在的，改革推进的速度越快、压力越大则受到的阻力也越大。法院内设机构改革过程中，不是所有的组织机构设计都能符合原则和规范，执行中会有所妥协、交换和平衡，需要用适当的方法调节、分散和疏导压力，避免压力的聚集造成法院内部的撕裂及对政策的反噬，使内设机构的改革能够按设计蓝图稳步推进。

一是自上而下推进，由上级法院拦截部分改革压力。内设机构改革不同于制度或机制改革，是对法院内部分工“形式”的改革，其整体职能并没有改变，“试对”或“试错”对大局影响不大，而且也容易纠正。但内设机构改革需要政策、职务等资源支持，上级法院掌握着更多可灵活运用的资源；同时领导机关和领导做出表率示范，强大的心理暗示也更有利于推动措施的落实。如国务院 2013 年 3 月启动组成部门大部制改革后，各级政府自上而下都较顺利完成了改革。

二是整合内外资源，由外部帮助消化部分改革压力。员额法官是专业人员，虽没有传统意义上的领导头衔和职能，但却必须能够胜任审判团队的领导人，担负起沟通、协调、分配任务等职责。同时，为解决司法资源供给不足的问题，可以将社会资源内化、引入司法，通过购买社会服务的形式将技术性、服务性等非核心的事务性工作交由社会机构承担。

三是赋予法官与其他工作人员更多的选择权，由个体自行承担部分改革压力。在员额法官遴选条件的问题上，各地实行不同的标准，同一地方不同批次的标准也不同，甚至机械划定哪些部门的人员可或不可申请入额，割裂了法院队伍管理的历史与现状关系，引发部分人员的不满。应当创设宽松的、自由的、多元的改革情境，建立与党政机关人才交流机制，为机构改革提供更多的资源，给予更多的选择，引导不同群体理解改革发展的多样性和个人成长的多种可能性。

四是建立以办案数量为基础、法官与其他工作人员相协调的绩效工资制度，由法院内部稀释部分改革压力。内设机构改革最直接的矛盾莫过于不同人员的工资差异，绩效报酬部分必须摒弃根据职务、职级分配的原则，实行简洁的计算发放标准，允许每位员额法官自我判断，使收入与个人的工作能力、工作量相适应。在每名员额法官最低办案限度（如可以按上年度该职务应办理案件的70%或80%设定）的基础上，增加的部分按经权重系数换算后的件数计算绩效工资。同时，司法辅助人员和司法行政人员的平均绩效工资可以按员额法官的80%~90%设定，尽量减少两者之间的差距。通过时间改善员额法官整体知识、能力结构后，再根据司法公信力提升情况逐步提升员额法官的待遇，避免矛盾短时间“聚焦”在员额法官群体上。

结 语

法院内设机构改革是司法体制改革的一项重要配套措施，是为了适应新的司法权运行方式和行政管理方式应运而生的，各地法院在改革过程中形成的内外冲突折射出改革的理想与现实的差距。司法体制改革是大局大势，势在必行，但由于人们受各种思想、情感和习惯左右，机构改革在理论上不论有多出色、多完美，机构设置不管有多整齐，都很难让一个组织的气质立刻按制度构想的方向发生变化，只有时间具备这样的力量。

改革始终是指向未来的，过程有阻力、有冲突、有摩擦需要磨合，但不能成为少数人谋取利益的工具，否则将少数部门、少数人的眼前利益混同于国家长远的利益，必然行之不远。改革的效果除了依赖自身的合理性之外，还取决于它与整个制度环境的协调程度，取决于与其他改革措施的匹配程度，应当秉持整体系统推进的理念，以宏观视角、历史的眼光和辩证的思维突破各种潜规则和非正式制度的包围，在改革的压力与法院内部各群体的应力中取得协调，坚定夯实现在，勇敢迈向未来。

关于以权力五元划分为依据推进人民法院内设机构改革的调研

胡雅妮 *　程立武 **

内设机构[①]是法院的基本组成单元，是法院职能作用发挥的必要组织依托。长期以来，法院的组织模式与行政机关基本相同，并随着司法环境的变化和法院事务的增加渐趋复杂。据统计，自改革开放至2001年中央编办发布《地方各级人民法院机构改革意见》，全国法院内设机构数量几乎每五年向上翻高一次。[②]此后，法院内设机构数量扩张、职能扩展的趋势仍未停止，逐步形成了当前庞大、臃肿的状态。近年来，法院内设机构职能交叉、机构重叠、效率不高等问题得到广泛关注，法院内设机构改革被提上日程。《最高人民法院关于全面深化人民法院改革的意见——人民法院第四个五年改革纲要（2014-2018）》明确提出："推动人民法院内设机构改革。按照科学、精简、高效的工作要求，推进扁平化管理，逐步建立以服务审判工作为重心的法院内设机构设置模式"。其中，"扁平化管理"[③]就是要减少管理层级、整合职能部门、精简管理人员，促进司法管理的科学化，提高司法工作效能；"以服务审判工作为重心"就是要遵循审判工作规律和司法工作特点，立足法院实际情况，坚持机构设置重点向审判部门倾斜、司法资源重点向审判部门配置。[④]

法院内设机构改革作为一项整体性、系统性的改革，与完善司法人员分类管

* 作者单位：北京市朝阳区人民法院。

** 作者单位：北京市朝阳区人民法院。

① "内设机构"为通常称谓，现行法律法规和法学界均没有对"法院内设机构"下严格的定义，本文中的法院内设机构，即在法院内部设立的部门和机构，系经过同级政府编制委员会定机构、定编制的法院内部组织。

② 徐振华、范莉：《论人民法院内设机构的合理配置》，载《公正司法与行政法实施问题研究——全国法院第25届学术讨论会获奖论文集》，人民法院出版社2014年版，第228页。

③ 扁平化管理是相对于等级管理而言的，就是通过最大限度地压缩中间环节，减少过渡性机构，以提高管理效率的一种现代化管理模式。最早适用"扁平化管理"模式的是美国通用电气公司，该公司将管理层级由原来的24层减至5层，极大提高了工作效率。参见乔新生：《扁平化：管理体制改革的方向选择》，载《人民法院报》2010年8月8日，第2版。

④ 刘曼：《徐家新在全国部分法院司法改革工作座谈会上强调发扬"钉钉子"精神敢啃硬骨头扎实推进辅助人员管理和内设机构改革》，载《人民法院报》2015年11月27日，第1版。

理制度、完善司法责任制等各项基础性改革是密切相连、相互承接的关系。对法院人员进行分类管理要以分类定岗作为基础条件，内设机构的改革也要适应法院人员分类管理的要求，两项改革在逻辑上彼此关联、相辅相成；司法责任制必须以严格的审判责任制为核心①，法院只有通过改革内设机构，使其适应以审判权为核心的审判权力运行机制，才能把“让审理者裁判、由裁判者负责”落到实处，内设机构改革是完善司法责任制的重要保障。因此，内设机构改革的推进情况事关司法改革全局，是司法改革成效的直观体现和重要标志。随着司法改革试点工作逐渐进入攻坚期和深水区，内设机构改革的重要性和紧迫性必然会日益凸显，并成为破除改革中体制性障碍的重要突破口。

实践中，一般将法院内设机构分为审判业务部门和综合职能部门两个类别，新一轮司法改革为改变两类部门权力界限不清、运行不畅的现状，消除司法行政事务管理权对审判权的干预，将审判权与司法行政事务管理权的相对分离作为审判权运行机制改革的主要思路。课题组认为，内设机构是法院权力运行的重要载体，而法院权力具有多元性和复杂性。审判权与司法行政事务管理权的划分，有助于理顺法院司法行政事务管理关系，但不足以对法院权力运行机制进行系统、全面的完善，也不能为法院内设机构改革提供完整、充分的依据。课题组通过考察法院内设机构现状和改革探索，分析法院权力类型划分的发展演变，借鉴其他国家或地区法院机构设置的有益经验，提出了以权力五元划分为依据推进法院内设机构改革的思路。

一、样本分析：法院内设机构现状及改革探索

当前，法院内设机构职能交叉重合、管理层次叠加等问题已经得到了广泛的关注，改革行政化的法院内设机构模式已经基本成为共识，故本文不再对此进行分析，而重点考察影响法院内设机构设置的具体因素，以及试点法院在内设机构改革方面进行的探索。

（一）法院内设机构的现状

在全国 3574 家法院中，绝大多数法院尚未在内设机构改革方面迈出步伐，仍保持着传统的内设机构设置方式。课题组综合考虑所处地域、发展水平和法院级别等因素，选择了 12 家法院作为法院内设机构现状的研究样本。

① 参见《最高人民法院关于完善人民法院司法责任制的若干意见》。

表 1

地区	法院名称	立案机构数	审判机构数	执行机构数	审判监督机构数	其他机构
东北	辽宁省大连市中级人民法院	2	7	2	1	办公室、研究室、政治部、法警队、监察室、审判管理办公室、司法技术处、司法行政处、老干部处等共13个
	黑龙江省齐齐哈尔市甘南县人民法院	1	8	1	1	办公室、研究室、政工科、法警队、纪检组等共5个
华北	北京市朝阳区人民法院	1	17	3	1	办公室、研究室、政治处、法警队、监察室、信访室、审判事务管理办公室、新闻宣传办公室、服务中心、基建办、诉讼服务办公室等共13个
	河北省唐山市中级人民法院	2	8	8	1	办公室、研究室、政治部、法警队、监察室、审判管理办公室、信访室、计财装备处、司法技术辅助室等共14个
西北	甘肃省高级人民法院	2	9	4	1	办公室、研究室、政治部、法警总队、监察室、审判管理办公室、信访室、司法技术处、网络信息室、司法行政装备处、审判保障处等共16个
	青海省玉树市人民法院	1	6	1	1	办公室、政工科、研究室、法警大队、档案室等共5个
华东	江苏省苏州市吴江区人民法院	1	11	1	1	办公室、调查研究室、政治处、司法警察支队、监察室、审判管理办公室、行政装备科、司法鉴定科等共9个
	安徽省亳州市中级人民法院	2	6	1	1	研究室、审判管理办公室、法警大队、网络管理科、司法行政装备处等共8个
华南	广东省高级人民法院	2	9	3	2	办公室、研究室、司法警察总队、监察室、审判管理办公室、宣传处、教育处等共10个
	福建省厦门市中级人民法院	2	9	3	1	办公室、研究室、干部处、法警队、监察室、审判管理办公室、司法行政装备处、司法鉴定技术处等共10个

（续表）

地区	法院名称	立案机构数	审判机构数	执行机构数	审判监督机构数	其他机构
西南	云南省丽江市中级人民法院	1	9	1	1	办公室、研究室、政治部、法警支队、监察室、人民陪审员管理办公室、司法技术处、法医技术室等共8个
	广西壮族自治区桂林市七星区人民法院	1	4	1	1	办公室、政工科、法警支队、监察室、审判管理办公室、司法行政装备管理科等共6个

上述12家样本法院的平均内设机构数为23.3个，其中审判业务部门占内设机构总数56%，综合职能部门占内设机构总数的44%①。通过对样本法院的考察，可以看出法院内设机构设置受到以下因素的影响：

第一，法院内设机构设置受审级的影响。在我国四级法院体系中，上级法院指导下级法院工作，且指导权能和业务范围由上而下逐级递减。法院内设机构数量也与其权能相适应，整体上呈现由上而下逐级递减的趋势。在12家样本法院中，2家高级法院平均内设机构数为29个，5家中级法院平均内设机构数为24.2个，5家基层法院平均内设机构数为20.2个。

第二，法院内设机构设置受收案数量的影响。在收案数量较多的法院，为应对繁重的办案任务，审判工作需要不断专业化，审判管理需要不断精细化，负责类型化案件审判的庭室、承担审判管理和辅助职能的部门也相应增长；反之，收案数量较少的法院的内设机构设置简单，数量较少。在12家样本法院中，北京市朝阳区人民法院2015年新收案件数量已超过9万件，该院内设机构共35个，远远高于基层样本法院的平均内设机构数量。广西壮族自治区桂林市七星区人民法院年结案量约为2000件左右，其内设机构只有14个。

第三，法院内设机构设置受工作职能的影响。12家样本法院均设有立案机构、审判机构、执行机构、审判监督机构和司法警察大（支）队，说明这些机构是法院发挥审判机关职能作用的必要组织载体；大多数（9家以上）样本法院均设有办公室、政工部门、研究室、审判管理办公室和纪检监察部门，说明这些机构是法院审判工作顺畅运行的基本保障。由于《人民法院组织法》仅对法院审判庭、派出法庭等机构设置作出了原则性的规定，这些不同级别、不同地域的法院在内设机构设置方面呈现出的共性，是法院基于审判职能的承担，在长期的司法实践中不断发展形成的。

① 严格地说，全面阐释人民法院内设机构状况，应将内设机构分布情况与不同部门人员比例相结合来说明问题，据统计，样本中的甘肃省高级人民法院、厦门市中级人民法院、北京市朝阳区人民法院等法院的内设机构的数量分布情况与各部门的人员比例基本相当。因本文的主旨是内设机构，故本文只围绕内设机构展开。

从以上分析可以看出，一方面，我国地域广博，发展不平衡，地区差异较大，而法院内设机构的设置受到法院职能、级别、规模、收结案数量等多种客观因素影响，必须立足各地实际，做到因地制宜，不能用“一刀切”的方式进行法院内设机构的改革。另一方面，当前法院内设机构设置虽然存在一些不容回避的问题，且部分问题已成为审判权依法独立公正行使的障碍，但我国法院系统的设置模式经历多年发展，已经形成了自身的特点和传统，一些内设机构设置也被实践证明是法院发挥审判职能作用所必需的。因此，要尊重和正视传统中蕴含的合理因素，不应以“全盘否定”的态度进行法院内设机构的改革。

（二）法院内设机构设置和改革探索

由于在内设机构改革方面进行探索的法院数量很少，客观上难以根据所在地域、法院级别等因素以概括分类或以随机抽取的方式进行样本研究，故课题组选取了在内设机构设置和改革方面走在前列的六家样本法院，对其内设机构设置和改革情况进行考察。这六家样本法院分别是北京市第四中级人民法院、北京知识产权法院、广东省深圳市福田区人民法院、江苏省宿迁市泗洪县人民法院、广东省珠海市横琴新区人民法院和广东省深圳市前海合作区人民法院。经过对样本法院改革举措的分析、比较和归纳，当前关于法院内设机构的改革主要有以下三种模式：

1. 以北京市第四中级人民法院为代表的“综合办公室”模式

北京四中院是按照党的十八届四中全会关于探索设立跨行政区划的法院的部署，在北京市建立的跨行政区划的中级法院。北京四中院自组建之初，即按照中央司法体制改革的精神，精简机构设置，实行审判组织的专业化、扁平化管理。该院改变了办公室、政治处等司法行政机构和信息技术办公室、物业办公室等服务保障机构林立的构建模式，将法院内设机构划分为审判执行部门、审判辅助部门和司法行政部门，并在此基础上对传统法院内设机构中业务相近、职能相似的机构进行整合，设立了两个综合性办公室，将若干传统内设机构的职能分别纳入这两个综合办公室的职责之内，使北京四中院的内设机构数量远远少于北京市其他中级法院。[①] 具体来说，该院设立司法服务办公室，并以此为依托构建起内外司法服务综合管理平台；设立综合行政办公室，并以此为依托构建起队伍综合管理保障平台，共同保障审判执行部门高效运转。北京四中院内设机构设置情况如下图所示：

① 北京市第一中级人民法院共有内设机构 31 个，北京市第二中级人民法院共有内设机构 32 个，北京市第三中级人民法院共有内设机构 21 个，而北京市第四中级人民法院的内设机构仅有 10 个。

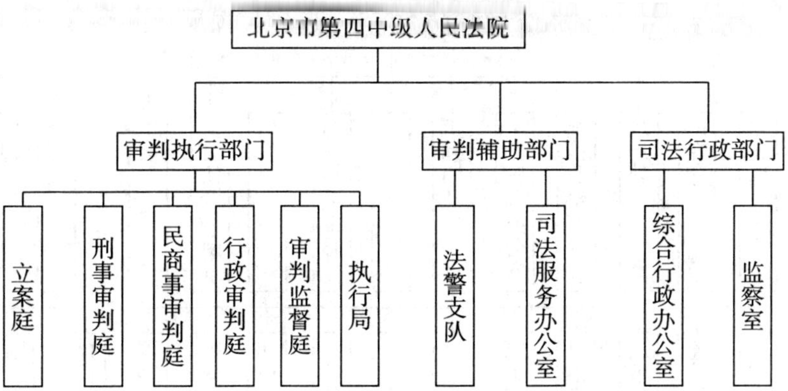

图 1

北京知识产权法院的内设机构设置也属于这种模式，该院是我国首家知识产权专门法院，其内设机构按照精简的原则进行压缩，设立立案庭、审判第一庭、审判第二庭、审判第三庭、审判监督庭共 5 个业务庭，技术调查官室和司法警察支队 2 个司法辅助机构。除此之外，仅设立一个“综合办公室”作为全院统一的综合行政机构，建立了较为精简的职能管理体系。

2. 以深圳市福田区人民法院为代表的“审判团队”模式

福田法院借鉴现代企业“项目团队”的管理模式，并参考新加坡、香港等地给法官配备工作团队开展工作的机制，对原有以庭、科、室为单元的工作机制进行了改造，公开选任了 35 名优秀法官担任审判长，每名审判长与 2 名普通法官、3 名法官助理和 4 名其他司法辅助人员组成工作团队，从而构建起以审判长为核心、团队协作开展工作的审判工作机制。改造后，庭长、副庭长的管理层级取消，原由庭长、副庭长行使的案件审批和人员管理权下放至审判长，审判长直接在分管副院长、院长和审判委员会的指导和监督下工作，以减少管理层级，淡化审判工作运行的行政化色彩。[①]2014 年底，福田法院又将审判团队的“审判长”更名为“主审法官”。改革后的福田法院内设机构设置如下图所示：

① 梁展欣：《深圳福田法院审判长制度改革》，载《法制资讯》2013 年第 9 期，第 56~57 页。

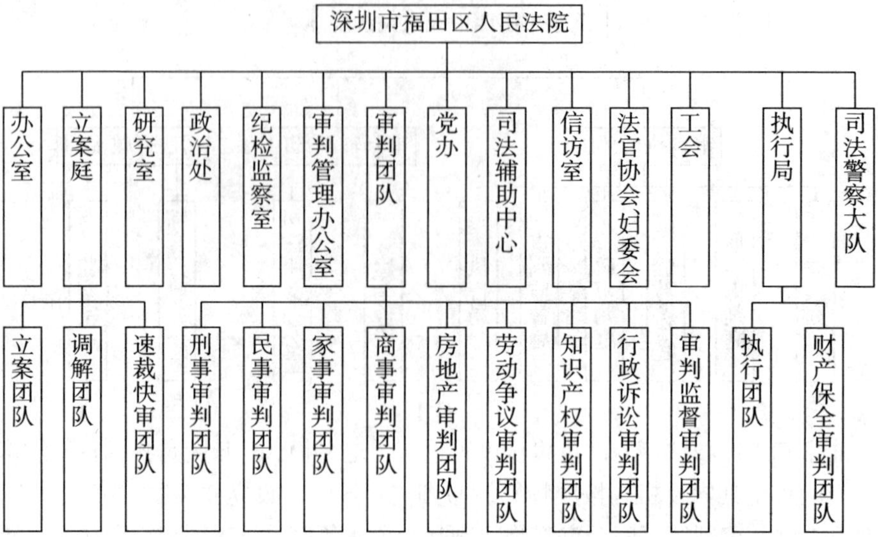

图 2

江苏省宿迁市泗洪县人民法院的改革也采用了这种模式，该院自 2015 年 5 月启动内设机构“去行政化”改革，新组建司法政务保障中心、审判监督管理中心和警务保障中心，并在原有业务庭室的基础上设立 25 个审判团队，使审判组织实现从金字塔形向扁平化的转变。①

3. *以珠海市横琴新区人民法院为代表的“不设审判庭”模式*

横琴法院是率先全面推行法官员额制、法院人员分类管理、审判权运行机制改革等综合改革的法院之一，最高人民法院院长周强曾充分肯定了横琴法院改革的指导示范意义。② 在内设机构上，横琴法院取消了审判庭设置，“仅设‘三办一局一队’，其中‘三办’为审判管理办公室、人事监察办公室和司法政务办公室，‘一局’为执行局，‘一队’为司法警察大队。”③ 横琴法院希望通过精简的组织机构模式，解决审判权运行中的行政化问题，保障法官依法独立审判，并提高司法行政管理效能。横琴法院的组织机构设置情况如下图所示：

① 张立婷：《泗洪法院启动内设机构“去行政化”改革》，载《宿迁晚报》2015 年 1 月 5 日，第 3 版。

② 2013 年 11 月下旬，最高人民法院院长周强在调研时表示：“横琴法院的综合改革构想是贯彻落实党的十八届三中全会精神、建立公正高效权威的司法体制的重要措施。这一改革探索坚持党的领导，符合宪法和法律的规定，遵循司法运行客观规律，不仅对广东、珠海，而且对全国法院改革都具有示范意义。”

③ 陈邦明、沈文金、向松阳、吴为：《探索深化司法体制改革，“两院”多项创新举措全国率先——珠海横琴法院将不设审判庭》，载《南方日报》2013 年 12 月 30 日，第 A01 版。

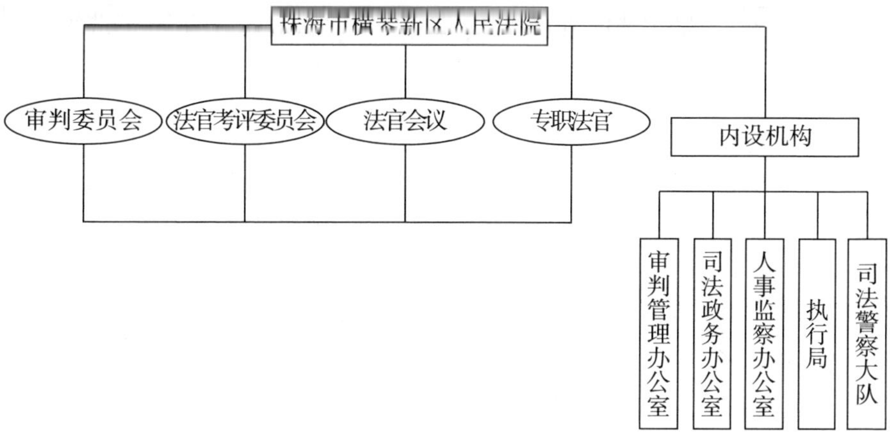

图 3

深圳市前海合作区人民法院也采用了不设审判庭的模式，但其机构设置更为精简，只设立司法政务处和审判事务处两个综合管理部门，其中司法政务处负责人事党务监察、行政事务和司法警务等工作；审判事务处负责诉讼服务、审判管理和司法辅助事务等工作。[①]

4. 法院内设机构改革试点取得的成效

上述三种模式作为构建职能清晰、精简高效的法院内设机构体系的有益探索，在以下几个方面取得了阶段性成效：

第一，通过整合管理职能、撤并内设机构、缩减管理层级使法院管理模式趋向扁平化，组织架构趋向合理，工作效能得到一定程度的释放。

第二，在不同程度上实现了法院审判权和司法行政事务管理权的相对分离，有利于进一步健全审判权力运行机制，确立审判部门在法院组织体系中的中心地位。

第三，通过组建审判团队、取消审判庭建制等方式使合议庭直接在审判委员会或者法官会议的指导下开展审判活动，避免了听取汇报、层层审批等行政化问题出现。

（三）法院内设机构改革试点中存在的问题

虽然上述六家样本法院关于内设机构改革的探索取得了一些成效，但是仔细考察对比它们的改革方案，可以发现其中还存在一些需要关注的问题：

第一，内设机构职能整合与重构的依据不明晰。虽然各院的改革都以精简、高效为原则，但在内设机构的设置依据和具体构建方式上，基本处于分别摸索、各行其是的状态，缺乏统一的指导原则和构建标准。例如，以北京四中院为代表

① 参见《前海法院将给我们带来哪些改变》，载《南方日报》2015 年 01 月 29 日，第 SC01 版。

的“综合办公室”模式更加侧重于司法行政部门的改革，以福田法院为代表的“审判团队”模式更加侧重于审判部门的改革，以横琴法院为代表的“不设审判庭”模式则对法院内设机构进行了较为综合、全面的革新。

第二，未能与其他各项基础性改革举措相衔接。如前所述，内设机构改革与各项基础性改革密切相关，但在一些试点法院，内设机构改革未能与这些基础性改革同步推进。例如，法官员额制改革是实行法院人员分类管理的基础，这项改革应当遵循明确机构分类、设定岗位职责、配备相关人员、配置法官员额的思路，如果员额制改革与内设机构改革相脱离，就会导致在机构定位、人员定性和员额分配上产生较大的争议。

第三，审判工作的重心地位尚未完全彰显。在区分审判权与司法行政事务管理权的法院，两种权力呈现平行运行的状态，缺乏审判权对司法行政事务管理权的监督、制约或评价机制，未能明确体现行政权服务于审判权的属性。

第四，法官的中心地位没有充分突出。在法院权力运行机制中，审判权处于中心位置，而审判的主体是法官，故法院内设机构的设置应当围绕法官，服务于法官，并突出法官的主体地位。在六家样本法院中，只有横琴法院设置了“法官会议”，在法官民主决策、自我管理方面进行了探索，其他试点法院的方案中法官对管理的参与度普遍不高。

（四）样本法院改革试点方案的可推广性分析

结合对试点方案的考察，可以将六家样本法院的改革方案分为两个类别：第一类是“构建型”方案，包括北京四中院、北京知识产权法院、横琴法院和前海法院的改革方案；第二类是“革新型”方案，包括福田法院和泗洪法院的改革方案。

采用第一类方案的四家法院都是2013年底之后新成立的法院[①]，准确地说，它们进行的不是内设机构的改革，而是根据新一轮司法改革的思路，对内设机构进行新的构建。而对于全国大部分法院来说，改革首先要打破原有的内设机构体系，显然面临更多的阻力和更大的难度。虽然四家法院在压缩综合职能部门、推行扁平化管理等方面的具体改革措施值得借鉴，但是对大多数法院来说，“构建型”的方案仅具有目标参考意义，不具有普适性的推广价值。

采用第二类方案的两家法院中，福田法院成立于1983年，现有各类人员437人，自2009年以来每年收案都在3.5万件以上，收案量位居深圳市基层法院前列[②]；泗洪法院成立于1950年，现有各类人员203人，自2011年以来每年收案量

① 北京市第四中级人民法院成立于2014年12月30日，北京知识产权法院成立于2014年11月6日，珠海横琴新区人民法院成立于2013年12月26日，深圳前海合作区人民法院成立于2015年1月28日。

② 参见深圳市福田区人民法院官网：http：//www.ftcourt.gov.cn，最后访问日期：2015年11月4日。

均在 9000 件以上。[①] 它们的改革实践证明，其“审判团队”模式具有较强的可推广性。

两类方案相比较，虽然第二类方案的参考性较强，但仍有待进一步完善。一方面，法院内设机构改革具有整体性和系统性，需要通盘考虑、合理布局，但福田法院和泗洪法院的内设机构改革主要针对立案、审判和执行机构，对综合职能部门未作出实质性改革，因而具有一定的局限性；另一方面，审判团队的组建实际上是对传统审判业务庭室的拆分，原属庭长的案件分配权、审判事务管理权、法律文书审核备案权和业务监督权现由审判长（主审法官）行使，[②] 原来的“院长→副院长→庭长→法官”的管理模式转变为“院长→副院长→审判长（主审法官）→法官”，管理层级实际没有减少，且承担第三级管理职能的审判长（主审法官）职务数量明显增加，是在既有基础上作出的增量改革。

综上所述，当前法院内设机构改革的探索和实践日益深入，并取得了较为明显的成效。但由于尚未形成完全满足可复制、可推广要求的改革方案，我们还需要把视野放宽，考察境外其他国家和地区法院内设机构设置情况，为法院内设机构改革寻求更多可资借鉴的思路。

二、他山之石：其他国家、地区法院的内设机构设置

当前学界对于境外法院内设机构的研究较少，相关介绍和研究资料涉及的国家和地区也非常有限，因此，课题组采取定向考察的方式，选定英美法系的代表国家美国，大陆法系的代表国家德国和国内试点法院借鉴较多的澳门特别行政区三个国家和地区进行考察。

（一）以美国为代表的审判部门和行政部门内部分离模式

美国是联邦制国家，联邦法院系统和各州法院系统并行不悖，据统计，超过 99% 的工作量和 95% 的法官均在州法院，各州间的法院系统有着显著不同的复杂结构和管辖权的分配。[③]

联邦法院系统层面，以联邦最高法院为例：该院有 1 名首席法官，8 名大法官，集体负责案件的审理。联邦法院系统的行政管理权最早在财政部，1849 年转移到内务部，1870 年又转移到司法部。1922 年，联邦最高法院成立了资深巡回法官会议，其后发展为联邦司法会议，主要负责制定司法政策、程序性审判规则和行政事务处理。1939 年，美国国会通过了成立美国法院行政管理局的议案。[④] 联

---

① 参见江苏省泗洪县人民法院官网：http：//sqshfy.chinacourt.org，最后访问日期：2015 年 11 月 4 日。

② 参见深圳市福田区人民法院官网：http：//www.ftcourt.gov.cn/news/mediadtl.aspx？mid=39，最后访问日期：2015 年 11 月 20 日。

③ 高陈：《接近正义：美国纽约州法院司法改革项目研究》，中国政法大学出版社 2015 年版，第 4 页。

④ 张德友：《细说美国联邦法院行政管理局》，载《人民法院报》2014 年 7 月 25 日，第 8 版。

邦司法行政管理局在首席大法官和联邦司法会议的双重领导下负责联邦司法系统的司法行政管理工作。[①]联邦司法行政管理局下设司法会议执行秘书处、法律事务处、公共事务处、法院管理处、辩护服务处、设施维护及安保处、财务与预算处、人力资源处、信息技术处、内部服务处、法官计划处和缓刑与审前服务处等机构，[②]职能主要包括保障法院运转、财政服务和提供特别辅助服务三项内容，其中，保障法院运转职能又包括案件管理、法庭服务、制定案件日程表等；财政服务又包括预算、财政管理、辅助金管理等；特别辅助服务又包括法庭书记员、陪审团、翻译、技术、保卫等。[③]

州法院系统层面，以纽约州最高上诉法院为例：纽约州上诉法院有首席法官1名，副首席法官6名，负责上诉案件的审理。首席法官任命首席行政管理法官1名，代表首席法官管理法院的行政性工作，下设行政管理办公室，具体负责预算准备、财务管理、人事管理、设备管理、司法教育、公众服务等。在行政管理办公室之下，纽约州上诉法院还存在一个相对独立的书记官办公室，负责安排法庭、案件程序记录、收取法院罚金和费用等。[④]

（二）以德国为代表的审判部门与司法行政部门外部分离模式

德国也是联邦制国家，有11个基本政治单位，类似于美国的州，但与美国不同的是，德国从初级法院到最高一级的上诉法院全部属于根据联邦法律建立的统一的法院体系。[⑤]

以联邦普通司法管辖区最高法院为例：该院共有24个按数字顺序编排的分庭，包含5个刑事分庭、11个民事分庭和8个特别法庭，由高级行政官员负责将案件分配至各分庭。每个分庭均设有庭长、副庭长，管理分庭的审判事务，每个分庭还各配备不少于一名法律助手（法官助理）和行政官员，法律助手负责协助法官工作，行政官员负责协助管理收审案件以及案件文件。[⑥]德国联邦最高法院的行政事务由法院外的联邦司法部负责，司法部直接由联邦总理领导，成员多由基层抽调的法官、检察官组成。[⑦]法院行政管理权由司法部任命的最高行政长官行使，具体权限包括提请任命法官、经费管理、资产购置、设备管理、司法助理

① 周道鸾主编：《外国法院组织与法官制度》，人民法院出版社2000年版，第39页。

② 张德友：《细说美国联邦法院行政管理局》，载《人民法院报》2014年7月25日，第8版。

③ 最高人民法院司法改革小组编：《美英德法四国司法制度概况》，人民法院出版社2002年版，第176页。

④ 高陈：《接近正义：美国纽约州法院司法改革项目研究》，中国政法大学出版社2015年版，第9~17页。

⑤ 最高人民法院司法改革小组编：《美英德法四国司法制度概况》，人民法院出版社2002年版，第404页。

⑥ 最高人民法院司法改革小组编：《美英德法四国司法制度概况》，人民法院出版社2002年版，第424~426页。

⑦ 周道鸾主编：《外国法院组织与法官制度》，人民法院出版社2000年版，第91~92页。

员和书记员的人事管理等。① 法院内设置院长办公室、行政处、图书馆、资料与服务处、新闻处、男女平权特派员办公室、保密特派员办公室、安全特派员办公室等，也负责一些司法部授权的以及简单的行政性工作。②

因为大量的行政事务及与审判相关的事务都是由法院外的政府主管部门控制，在机构设置和法院管理方面，德国各界关注的重点是如何更好地维护法院和法官的独立，政府主管部门也一直在试图协调好对法院的管理和法院自我管理之间的关系。尽管德国法院组织和管理方面的关键性部分都是行政机构的官员决定的，各界的共识是，当司法核心活动受到某些行政管理的影响时，这些行政管理就应取消，行政管理工作只能涉及法官职责的形式或表面。③ 有资料表明，联邦最高法院的自我管理正逐步加强，联邦最高法院成立了主席团，它是法官自主管理的核心组织，主席团由联邦最高法院的法官选举组成，采取合议制的议事方式，其主要任务在于分配司法任务（案件分配）和决定人力资源的调配。④

（三）以澳门特别行政区为代表的审判部门、司法行政部门、审判辅助部门内部分立模式

澳门特别行政区司法系统形成过程中深受葡萄牙的影响，澳门回归前后，中央政府通过《澳门特别行政区基本法》《司法组织纲要法》等一系列规定对澳门的司法系统又进行了一定程度的改造。澳门现行的法院系统由初级法院、行政法院、中级法院和终审法院构成，在自治权限范围内享有完全的司法自治权。⑤

以澳门中级法院为例⑥：澳门中级法院下设刑事审判庭、其他案件审判庭、院长办公室和法院办事处等机构，其中，两个审判庭分别负责刑事及其他类型案件的审判。

院长办公室下设司法暨技术辅助厅和行政暨财政厅两厅，两厅之下又分设司法事务处、组织资讯处、翻译辅助处、人力资源处和财政财产处等五处，统一负责开展司法协助、对有关司法体系的事宜提出立法建议、编制年度活动计划、对外联络和交流、技术辅助、人事和财政、管理法院公库等工作。

法院办事处下设中心科和程序科，中心科由书记长负责，助理书记长辅助，

① 谭世贵、梁三利：《法院管理模式研究》，法律出版社 2010 年版，第 63 页。
② 邵建东、李芬：《德国联邦最高法院的历史、组织及任务》，载《清华法学》2006 年第七辑，第 109 页。
③ 最高人民法院司法改革小组编：《美英德法四国司法制度概况》，人民法院出版社 2002 年版，第 479 页。
④ 邵建东、李芬：《德国联邦最高法院的历史、组织及任务》，载《清华法学》2006 年第七辑，第 112 页。
⑤ 胡家伟：《澳门司法改革与法律发展》，载《人民检察》2013 年第 24 期，第 62 页。
⑥ 参见李燕萍：《澳门的法院和审判制度》，中国民主法制出版社 2011 年版，第 38~60 页；参见澳门特别行政区法院网：http：//www.court.gov.mo/zh/。

具体职责包括分发卷宗、制作统计表、保管卷宗及物件等工作；程序科由主任书记员负责，分别由特级书记员、首席书记员、助理书记员和初级书记员分担相应工作，职责内容主要包括推动司法程序进行、编排庭审次序、制作审判记录、安排庭差外勤等工作。在这些机构之上设有法官委员会，作为法官、司法行政人员和司法辅助人员的管理及纪律机关，由院长担任委员会主席。澳门特别行政区中级法院的内设机构图如下：

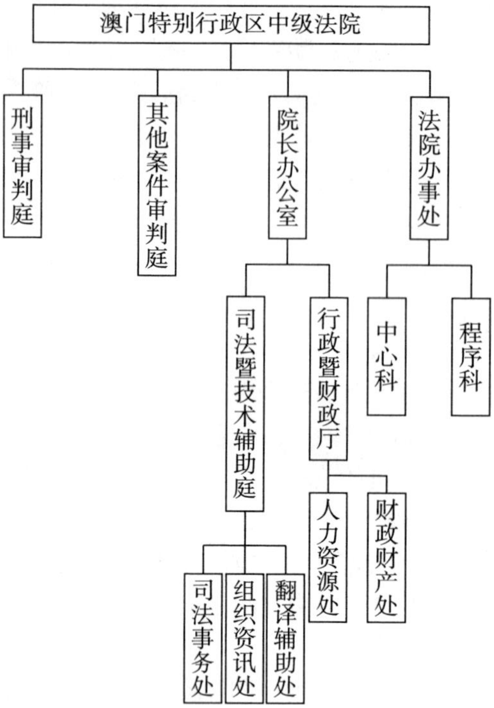

图 4

（四）其他国家、地区法院内设机构设置对我们的启示

尽管美国、德国和澳门地区法院在内设机构设置方面差异较大，但是它们均有值得我们借鉴之处：

一是三个国家和地区的法院都不同程度地按照审判权与行政权相分离的标准对法院内设机构进行了分类，法院的组织机构脉络清晰。美国联邦和纽约州法院在法院内部设立了独立的行政管理局；德国法院内部设置了若干审判庭负责审判事务，行政事务由法院外的司法部门负责或者由法院外的司法部门授权在法院内部设置的行政部门负责；澳门地区法院的内设机构非常清晰地划分为审判部门（审判庭）、审判辅助部门（法院办事处）和司法行政部门（院长办公室）三类。

二是在“去行政化”问题上，三个国家和地区法院是将行政事务与审判事务从内部或外部进行剥离并隔离，这对我国法院的“去行政化”改革有较大借鉴意义。法院的运转无法离开行政化的司法行政和“类行政化”的审判管理工作，这些工作是审判工作正常运转必需的，“去行政化”的目的和实现路径不在于减少行政性工作，而在于将行政化的工作与审判工作剥离并适度隔离，防止司法行政和审判管理权中的“行政化”因素干涉审判权的独立公正运行。

三是三个国家、地区法院内设机构设置均在一定程度上突出了法官的中心地位以及审判部门对其他部门的制约和管理。美国联邦法院系统有由法官代表组成的联邦司法会议，负责管理司法行政管理局；德国联邦最高法院成立了由法官选举组成的主席团，进行法官自主管理，负责人力资源的调配等事务；澳门地区法院在审判部门、审判辅助部门和司法行政部门之上设置了由法官组成的法官委员会，作为法院各部门的管理及纪律机关。

三、逻辑起点：法院的权力类型划分及其相互关系

（一）法院内设机构的设置依据

组织机构是表明组织各部分排列顺序、空间位置、聚散状态、联系方式以及各要素之间相互关系的一种模式，是整个管理系统的框架。法院作为一类特殊的组织机构，在设计组织框架和部门体系时，必须首先确立基本原则，明确设置依据，以科学的理论构建出纵向的层级关系和横向的协调关系，然后在此基础上规划法院内设机构的设置。

我们认为，法院内设机构的设置应当以其行使的权力为依据。一方面，从管理学上看，组织必须具有不同层次的权力与责任体系，组织结构就是要体现组织内每个人所处的位置、承担的责任，以及拥有权力的范围。[①] 英国管理学家林德尔·厄威克（Lyndal F.urwick）曾比较系统地归纳了古典组织理论关于组织构建的原则，其中之一就是相符原则，即权力和组织必须相符。美国学者戴尔（E.Dale）提出的关于组织结构的原则中，也包括了权限原则和责任原则，即应建立起从组织的最高层到组织内各个成员的明确的直线权限，且权限与责任必须对等。[②] 另一方面，从组织特征来看，法院区别于其他国家机关最显著的特征是权力性质的不同，法院是宪法规定的行使国家审判权的唯一法定机关，既存在审判权这一本位性的权力，也存在审判管理权、司法行政权等多元化的权力类型。权力性质和特征的不同是法院与其他国家机关最显著的差异。

综上所述，法院内设机构的设置应当以权力为基础，依据法院内部的若干权力类型构建内设机构体系，根本目标是使审判权等各种类型的权力在法院这一

① 参见贾长松：《企业组织系统》，北京大学出版社 2014 年版，第 89 页。
② 参见芮明杰：《管理学——现代的观点》，格致出版社、上海人民出版社 2013 年版，第 111 页。

组织空间中分工协调、顺畅运行。故内设机构体系是法院权力的体现形式，法院权力是内设机构体系反映出的实质内容。根据马克思主义哲学原理，内容决定形式，形式服务于内容。当形式适合内容时，会促进内容的发展；当形式不适合内容时，会阻碍内容的发展。司法改革提出“建立以服务审判工作为重心的法院内设机构设置模式”，就是旨在解除现行内设机构体系对审判权等权力的制约，使各类权力运行更加符合审判工作的客观规律。因此，对法院权力类型的认识以及在此基础上的权力分立与制衡是法院内设机构设置的逻辑起点。

（二）法院权力划分的沿革

人们对法院权力的认识有一个逐步深化的过程，这个过程可以从四个五年改革纲要中反映出来。四个五年改革纲要关于法院权力阐述的沿革如下图所示：

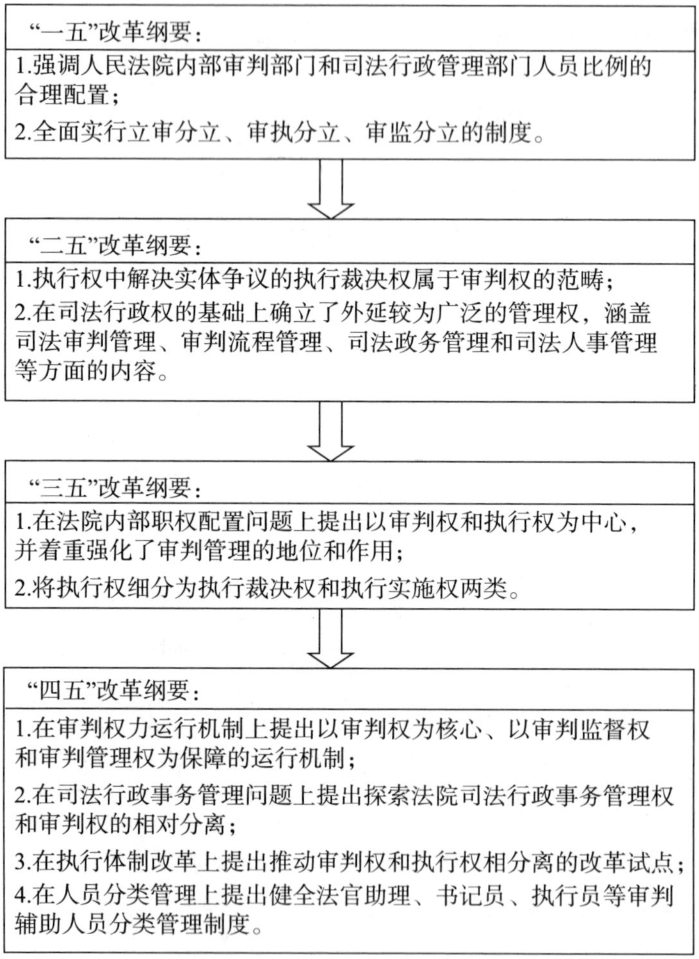

图 5

通过梳理和对比四个改革纲要可以发现，法院的权力划分有一定的历史沿革性，并呈现出精细化和多元化的态势。在四个改革纲要中共提出了法院六种类型的权力：

1. 审判权

我国《宪法》第128条规定，法院是国家的审判机关；第131条规定，法院依照法律规定独立行使审判权。四个改革纲要也都反映出审判权是法院的核心权力类型。

2. 执行权

四个改革纲要都为解决“执行难”问题进行了探索，在“二五”改革纲要中就提出了深化执行权运行机制改革，执行权也是较早受到关注的法院权力类型。

3. 立案权

四个改革纲要虽未出现“立案权”表述，但均涉及明确立案标准、完善立案机制等立案工作相关内容。2001年，《最高人民法院关于加大治本力度预防和治理司法人员腐败现象的意见》中提出通过实行立审分立、审执分立、审监分立，实现立案权、审判权、执行权行使的科学配置，可见，长期以来司法实践中也将立案权作为法院的一项权力类型。

4. 审判监督权

“一五”改革纲要对完善并强化审判监督工作机制作出了要求；“二五”改革纲要提出了改革民事、行政案件审判监督制度的基本思路；“三五”改革纲要对刑事审判监督程序的完善作出了规定；在“四五”改革纲要中，明确使用了“审判监督权”的概念，并要求完善以审判权为核心、以审判监督权和审判管理权为保障的审判权力运行机制。

5. 审判管理权

“一五”改革纲要提出以强化合议庭和法官职责为重点，建立符合审判工作特点和规律的审判管理机制，成为最早使用“审判管理”概念的规范性文件之一；“二五”改革纲要将改革和完善司法审判管理作为基本目标和任务之一；“三五”改革纲要继续将改革和完善审判管理制度作为优化法院职权配置的一项重要内容；但直至“四五”改革纲要，才开始使用“审判管理权”的表述，并将审判管理权作为审判权运行的保障。

6. 司法行政权

前三个改革纲要均没有将司法行政权作为一个独立的权力类型，仅在“二五”改革纲要中提出探索建立新型管理模式，实现司法政务管理的集中化和专门化。随着对司法行政事务管理工作的认识逐渐深入，司法行政权的独立性及其对审判工作的影响得到广泛关注。《中共中央关于全面推进依法治国若干重大问题的决定》首次在正式文件中明确使用了“司法行政事务管理权”，“四五”改革纲要进一步要求理顺法院司法行政事务管理关系，探索实行法院司法行政事务管理权和审判权的相对分离。

上述法院权力类型的沿革过程，也是对法院权力认识不断深化的过程。其中，审判权、执行权和立案权是较早受到关注的权力类型，审判监督权、审判管理权、司法行政权是随着实践的发展逐步提出和完善的权力类型。可以说，现在我国已经形成了的法院权力体系的基础架构。但是，还存在以下问题：

第一，法院的权力体系不完整。享有权力是履行职责的基础，履行职责是行使权力的表现，职责和权力必须是一一对应的关系。法院人员分类管理改革中，优化法官助理、书记员等审判辅助人员配置已经成一项重要内容。审判实践中，法官助理、书记员的工作职责是审判权顺畅运行的必要支持和维护当事人诉讼权利的重要保障。他们承担工作职责，必然也要享有相应的权力。但由于他们从事的是审判辅助工作，其职责对应的权力较少受到关注，也未被现行法院权力体系所覆盖。

第二，权力概念的内涵不明确。一些权力缺乏权威、具体的定义，司法实践中的理解也不尽一致，容易造成权力运行中出现越位、错位等现象。例如，我国宪法和其他法律文件中并没有规定审判管理权，长期以来，对审判管理权的内涵存在行政化、宽泛化的理解，这正是案件层层审核、逐级报批等现象的出现的重要原因之一。

第三，部分权力的界限不清晰。例如，现在的立案权包括两个部分，即不予受理裁决权和登记受理权，其中不予受理的裁决权由审判人员行使，具有裁决的属性，实际上就是审判权，故审判权和立案权之间存在交叉重叠；再例如，执行权可以分为执行裁决权和执行实施权，其中执行裁决权由审判人员行使，是对执行异议等事项作出裁决的权力，实际上也是审判权，故审判权和执行权之间也存在交叉重叠。

第四，权力之间的关系未明确。法院的各项权力不是并列的，而是根据相应职能作用的不同，存在主次关系和位阶关系。四个改革纲要对于各类权力之间的关系表述较少，“二五”改革纲要曾提出以审判和执行工作为中心，改革和完善法院司法职权运行机制；“四五”改革纲要则明确提出建立以审判为中心的诉讼制度。虽然目前审判权的核心地位已经确立下来，但审判权与其他权力的关系、其他各类权力之间的关系还未得到明确。

（三）法院的五元权力体系

1. 审判辅助权的提出

课题组认为，在法院权力运行体系中，客观存在着一类权力，即从事审判辅助工作的权力。它以诉讼法的明确规定为依据，围绕审判权这一中心运行，对审判辅助工作具有控制、管理、约束、影响等作用。它不具有裁决性，不属于审判权；它与审判工作直接相关，不属于司法行政权；它与审判权之间是辅助而非指导关系，不属于审判管理权；它不具有监督纠错功能，也不属于审判监督权，因此属于一类独立的权力类型。法院人员分类管理改革完成后，此类权力主要由法官助理、书记员和其他审判辅助人员行使，课题组将其称之为审判辅助权。

首先，审判辅助权的提出具有法律的依据。根据权力法定原则，法院的各项权力必须有法律的明确授权，不能自行设定，审判辅助权以诉讼法中关于书记员等司法辅助人员工作职责的规定为依据。有观点认为，审判辅助人员的工作从属于审判权的行使，《最高人民法院关于完善人民法院司法责任制的若干意见》也将法官助理和书记员定位于服务和辅助法官从事审判事务性工作，故其工作自身并没有独立性。但课题组认为，审判辅助人员的工作虽然具有辅助性质，但不处于依附地位；法官助理、书记员虽然在法官的指导下工作，但不仅仅服从于法官，而是在法律规定下，在法律范畴内配合法官完成事务性的工作。[①]审判辅助人员有具体、确定的工作职责，故审判辅助人员首先独立服从与法律，其权力主体、权利内容和行使方式也均来源于法律规定。

其次，审判辅助权的提出使法院的权力体系更加完整。审判权的有效运行需要多方配合，审判辅助工作是审判权运行中的必要依托。审判辅助权的提出不再将审判辅助工作视为审判工作的依附，而是强调审判辅助工作本身的独立性及其价值，尊重审判辅助人员的作用和地位。且“四五”改革纲要对审判权的概念作出了“判断权和裁量权”的严格限定，法官助理、书记员行使的权力事实上也无法再归入审判权的范畴。将法官助理、书记员的权力纳入法院权力体系之中，弥补了现行法院权力体系的空缺，也在权力结构上使审判辅助权与审判权分立并行，相互衔接。

最后，审判辅助权的提出使法院的权力划分更加清晰。审判辅助权提出后，我们需要重新审视立案权、执行权这两类与审判权存在交叉重叠的权力。如前文所述，立案权中的不予受理裁决权应归入审判权范畴，余下的是对案件登记受理的权力，它不对当事人的权利义务进行裁决，是为了诉讼程序特别是审判程序的顺利推进所做的必要前期准备，属于审判辅助权的内容；执行权中的执行裁决权应归入审判权范畴，余下的是执行实施权，执行实施权是依照诉讼法的相关规定保障裁判结果得以强制履行的一项权力，属于审判工作之后的辅助性和延伸性工作，也应当归入审判辅助权。经过这样的解构，立案权和执行权分别被审判权和审判辅助权所吸收，法院权力体系呈现出审判权、审判辅助权、审判管理权、审判监督权和司法行政权的五元权力结构。

---

① 张太渊:《法官助理，应该是个什么角色》，载《人民法院报》2015 年 5 月 10 日，第 2 版。

2. 法院的五种权力类型

审判权、审判辅助权、审判管理权、审判监督权和司法行政权基本涵盖了法院的全部工作内容和权能，共同构筑了法院的权力体系。

审判权是法院调查认定事实、适用法律并对案件作出裁决的权力，是法院的根本权力。审判权来源于《宪法》及其他法律的明确规定或授权，其权力主体是从事审判活动的审判组织，即审判委员会、合议庭和独任审判员，权力特征为裁决性和独立性。具体来说，审判权对应的职能包括对法院管辖范围内的刑事、民事、商事、行政及知识产权等案件进行裁决，对不予立案作出裁决以及对执行中案外人异议等事项进行裁决。

审判辅助权是诉讼法规定的从事与审判工作直接相关的外延性事务的权力，是审判权运行的必要辅助。审判辅助权来源于法律关于审判辅助工作的规定，法院人员分类管理制度改革完成后，该权力的行使主体主要是审判辅助人员，其在权力运行中的特征为辅助性和程序性。具体来说，审判辅助权对应的职能包括立案登记、执行工作、法官助理工作、书记员工作、司法强制措施的实施等。

审判监督权是法院依照诉讼法中审判监督程序相关规定对生效案件进行纠错的权力，是审判权公正运行的重要保障。审判监督权来源于法律和司法解释相关规定，审判监督权的启动一般由法院院长决定或上级法院指令，主要通过对生效案件进行再审的方式运行。具体来说，审判监督权对应的职能包括再审案件的审理以及案件质量抽查、检查和评查。

审判管理权是对审判流程、审判质量和审判行为等的控制权及整体协调权，是审判权运行过程中的派生权力。①审判管理权源于最高人民法院出台的规范性文件，该权力的行使主体包括审判委员会、院长、庭长、审判长、审判人员以及专门审判管理机构。具体来说，审判管理权对应的职能是通过宏观的组织、领导、指导、监督②、评价、制约等方法，对审判工作进行合理安排，对司法过程进行严格规范，对审判质效进行科学考评，对司法资源进行有效整合。

司法行政权是法院对人、财、物等与审判不直接相关的事务性工作进行管理的权力，不参与审判工作的具体程序。司法行政权主要来源于法律和行政指令，法院人员分类管理制度改革完成后，该权力的行使主体为司法行政人员，其权力特征为层级性和附属性。具体来说，司法行政权对应的职能包括人事管理、基础建设、财务管理、后勤管理等。

3. 法院五种权力之间的关系

这五种权力的性质和地位差异决定了它们之间的关系。法院是国家的审判机

---

① 胡云腾、范跃如：《审判权与审判管理权运行机制研究》，载《人民司法》2011 年第 15 期。

② 审判管理权行使方式中的“监督”，主要是指宏观上、管理上和组织上的监控、督促。而审判监督权中的“监督”有法定的特定含义，主要是通过启动再审的方式对个案进行纠错。

关，审判职能是法院对公民、对社会和对国家的最基本职能，所以审判权是法院各项权力的核心；审判辅助权是审判权的配套权力，围绕审判权运行，处于辅助审判权的地位；审判管理权作为法院内部的权力，是为了保障审判权和审判辅助权的公正、高效行使，在法院权力体系中处于指导和制约的地位；审判监督权承担着案件纠错功能，可以弥补审判权无法自我纠错的缺陷，处于纠错和监督的地位；司法行政权为其他各项权力提供人财物方面的基础保障，在法院权力体系中处于服务地位。法院五种权力的关系如下图：

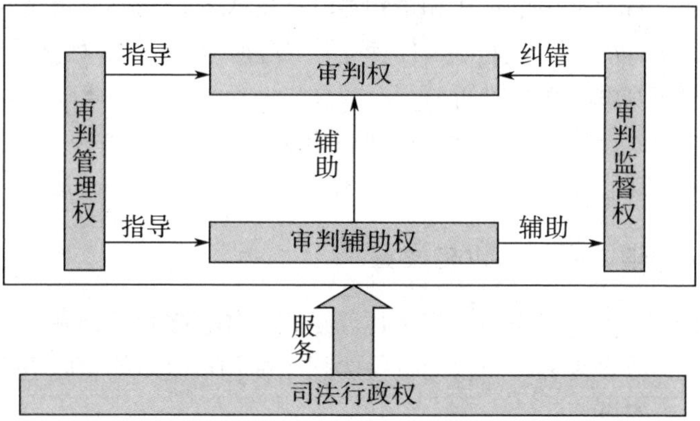

图 6

四、路径探析：以法院权力的五元划分为基础的内设机构设置

内设机构是法院权力运行的载体，法院的权力运行必须通过其内设机构来实现，因此，法院内设机构的设置也应以审判权、审判辅助权、审判管理权、审判监督权和司法行政权的五元划分为基础，分为审判部门、审判辅助部门、审判管理部门、审判监督部门和司法行政部门五个类别，并遵循各类权力的性质和运行规律，按照权、职、责相统一的原则进行构建。

（一）审判部门的机构设置

审判部门的机构设置，既要遵循审判工作规律和司法工作特点，又要结合法院所处审级、办案数量、人员编制等现实情况，立足实际，因地制宜，不能搞“一刀切”。

当前针对审判部门的改革探索中，既存在保留审判庭设置的模式，也存在取消审判庭的模式。虽然《人民法院组织法》中对审判庭的设置作出了规定，但是“人民法院不以审判庭名义审理案件，所以审判庭并没有审判组织的地位，而属于司法行政机构”。[①] 仅从审判组织的平权性和独立性角度看，横琴、前海等法

① 蒋惠岭：《初论审判机构的改革》，载《人民法院报》2004 年 6 月 23 日。

院取消审判庭设置的探索更有利于作为审判组织的合议庭和独任法官获得独立的地位。但是我们也要看到，横琴法院和前海法院等不设审判庭的法院均成立时间较短、规模较小、收案数量相对较少，而我国幅员辽阔，地区差异明显，在人员多、收案量大的法院，将不同类型的案件交由相应的审判庭进行专业化审判，客观上有利于提高审判工作的质量和效率，对缓解当前一些法院面临的案多人少矛盾具有现实意义。

课题组认为，确保法院依法独立公正行使审判权，关键在于剥离审判部门的行政管理职能，科学把握审判权和审判管理权的关系，明确界定审判管理人员的职责和权限。因此，“去行政化”不等同于“消灭审判庭”。对体量较小的法院，可以考虑取消审判庭，直接设置若干合议庭，实行扁平化的管理模式；对于体量大的法院，则可以选择在剥离行政管理职能的前提下保留审判庭室设置，或借鉴福田、泗洪等法院的改革思路，组建相对固定的审判团队。

（二）审判辅助部门的机构设置

审判辅助权虽然不具有裁决性，但与审判工作直接相关，并关系到当事人权利义务的实现，故需要从保障权力行使的程序性和规范化的角度进行该部门组织模式和内设机构的设计。

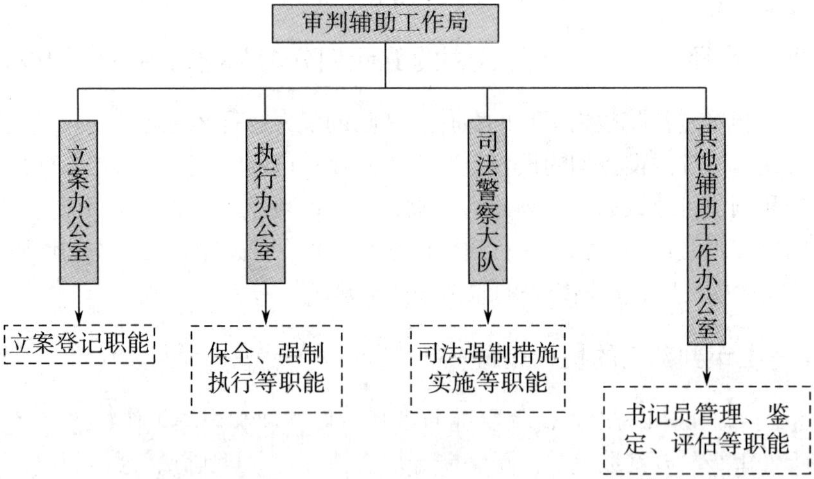

图 7

在总体组织模式方面，建议对立案登记、执行等各项具体的审判辅助权进行梳理、划分类别并编制权力清单，在明确权力边界的基础上实行内部工作分工负责制，法官助理和书记员的职责清单可以参照《最高人民法院关于完善人民法院司法责任制的若干意见》的相关规定。审判辅助部门内的分工应做到不交叉、不重叠、不缺位、全覆盖，并针对各项审判辅助工作建立严格的规章制度和规范的运行机制，确保内部分工负责的有效施行。审判辅助部门内各机构的负责人对该机构的工作负总责，各机构内部的司法辅助人员对其所从事的特定工作负责，实现各司其职、各负其责，为审判权的运行构建规范、有序、高效的辅助体系。

在具体的机构设置方面，首先，设立审判辅助工作局作为审判辅助工作的统管部门；其次，从“立、审、执”分离的角度，将立案部门和执行部门分别直接纳入审判辅助工作局之下，作为两个独立的二级内设机构；再次，司法警察在维持法庭秩序、提押嫌疑人等工作中行使的是对法院审判工作的辅助性职能，故应将法警大队也纳入审判辅助工作局管理，可以设立一个独立的二级内设机构；最后，根据精简高效的原则对其他审判辅助相关职能进行整合，并对承担相应职能的传统内设机构进行撤并。

（三）审判管理部门的设置

审判权具有独立性、中立性等特征，对审判工作的管理尤其需要防止干涉法官的独立裁判权。法官是审判组织的基本构成人员和核心业务承担者，综合考虑审判权平权性、独立性的权力特性和以法官为中心的改革方向，审判管理应以自我管理为价值选择，决策权应属于全体法官，可以借鉴澳门等法院的做法，设立法官会议作为法院审判部门的管理决策机构。法官会议由全体法官或全体法官选举产生的若干代表组成，其职能包括对重大审判事务进行研究讨论；批准审判辅助部门和司法行政部门的年度工作计划；听取关于工作计划执行情况的报告等。在可行性方面，横琴法院已经进行了由全体法官组成的法官会议研究确定法官工作分配、专业合议庭设置等重大审判事务的探索，[①] 为法官会议制度积累了宝贵经验。

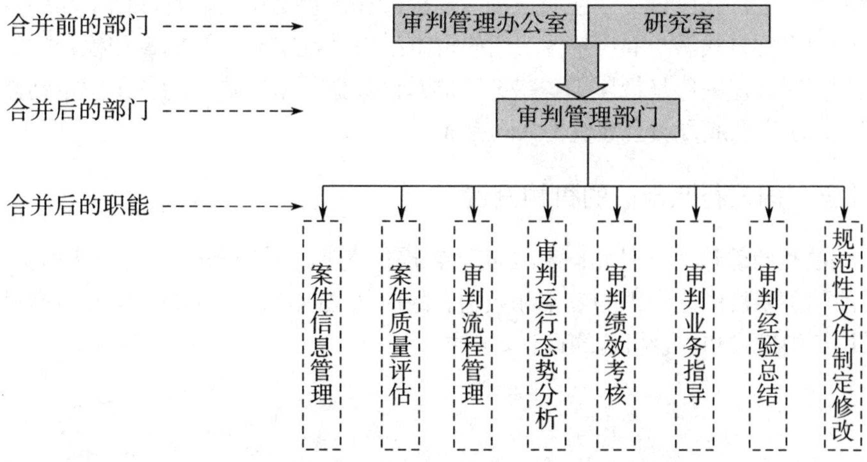

图 8

① 胡冬梅、谭炜杰：《横琴法院司法改革：法官会议“革了院长的命”》，载《广东日报》2014 年 12 月 25 日。

在具体的机构设置方面，为保障法官自我管理模式的可操作性，需要一个常设机构在法官会议休会期间具体行使相应权力，这就是审判管理部门。可将现有的审判管理办公室和研究室等具有审判管理职权的部门合并为审判管理部门，在院长领导下负责日常审判管理工作，具体职责内容包括案件信息管理、案件质量评估、审判流程管理、审判运行态势分析、审判绩效考核、审判业务指导、审判经验总结、规范性法律文件制定和修改等方面的职能，并对审判管理中的紧急事项采取应急措施。

（四）审判监督部门的设置

司法责任制要求还权于合议庭和独任法官，必然使传统行政监督和管理手段逐渐弱化，亟须发挥审判监督的职能作用，在保障审判权独立行使的同时强化审判监督权的职责，防止审判权出现“不为、乱为、妄为”的现象。

要充分发挥审判监督权的监督和纠错职能，一方面固然离不开法院内部权力的清晰划分，另一方面也离不开一个独立的内设机构来专门行使审判监督权。如果将审判监督部门并入审判部门或其他部门，没有一个能够与其他权力分庭抗礼的机构作依托，即使审判监督权被清晰地划分出来，也不可能独立地运行。因此，虽然审判监督部门也行使部分审判权，但其具有不同于审判职能的法律定位，应当由一个专门内设机构行使。只有这样，才能最大程度上避免审判权、审判管理权和审判监督权之间出现缺位、越位和错位的情况。

审判监督部门的职能范围主要包括两方面：一是再审案件及相关案件的审理，按照审判监督程序进行案件质量纠错是审判监督庭最基本的职能。二是案件质量抽查、检查和评查。案件质量抽查、检查和评查是审判监督部门主动履行监督职能的重要方式。① 审判监督部门的再审结果以及案件质量抽查和检查的结果是相关部门认定案件是否属于“错案”的基础依据，审判责任的认定由审判监督部门配合法官惩戒委员会等机构共同完成。

（五）司法行政部门的机构设置

司法行政管理为案件审理和法院运转提供支持，并服务于审判职能的实现，其关注的主要价值是组织的效率和效益，故应从法院资源配置的效率性方面进行该部门组织模式和内设机构的设计。

---

① 钟三宇：《论基层人民法院审判监督庭职能定位的重构》，载《西南石油大学学报》2014 年第 4 期，第 74 页。

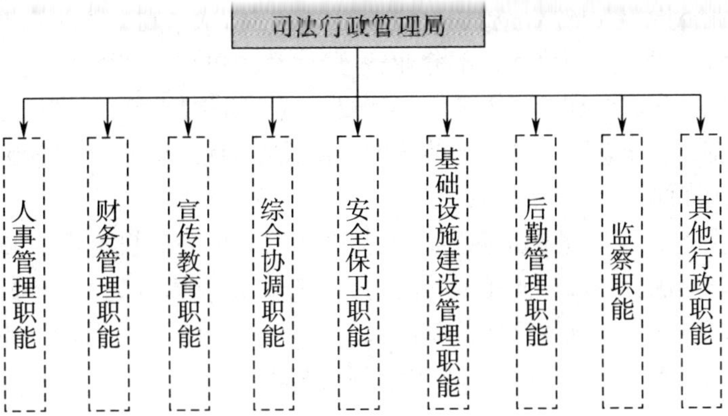

图 9

在组织模式方面，行政管理模式从管理的技术层面来看能够实现最高的效率，也是形式上已知的对人进行控制的理想方式。[①] 与司法行政权的权力特性相适应，司法行政部门应采用行政领导负责制，自上而下实行一体化垂直管理，领导与司法行政人员之间是服从与被服从的关系。各国在法院行政部门的机构设置上主要存在两种模式：一是以德国、英国为代表的法院外部分离模式，即由司法部等部门主导的独立管理机构承担司法行政事务；[②] 二是以美国、日本、韩国等国家为代表的法院内部分离模式，即在法院内设立行政办公室等机构负责司法行政事务。[③] 根据我国《人民法院组织法》的相关规定，我国实际上采用的是由法院自行管理司法行政事务的模式，在尚无确凿依据表明外部分离模式更加有利于司法行政权运行及与法院其他权力协调的条件下，无需改变长期沿用下来的传统模式，改革的重点在于根据精简高效的原则对法院传统司法行政类内设机构进行职能整合，按照扁平化的要求缩减管理层级，提高服务审判工作的整体效能。

在具体设置方面，可设立司法行政管理局作为司法行政工作的统管部门，再根据工作职能和性质对传统司法行政类内设机构进行撤并。在撤并机构时要注意两个问题：首先，司法行政部门改革应以精简人员、转变职能为重点。司法行政部门改革的根本目标是将司法行政事务管理权和审判权分离，实现以服务审判工作为重心的职能转变，故精简机构的重点也在于合理控制司法行政部门人员数量，保障有限的人力资源向审判部门倾斜，并通过重新统筹和合理优化，提高行政管理效能，强化服务保障力度。因此，撤并机构只是为实现上述目标采取的有效途径之一，而不是司法行政部门改革的直接目的。其次，撤并内设机构应以工

① ［美］罗伯特·登哈特：《公共组织理论》，中国人民大学出版社 2003 年版，第 33 页。

② 最高人民法院司法改革小组编：《美英德法四国司法制度概况》，人民法院出版社 2002 年版，第 364 页。

③ 周道鸾主编：《外国法院组织与法官制度》，人民法院出版社 2000 年版，第 37 页、第 267 页、第 296 页。

作职责、业务内容为依据。司法行政部门负责法院人、财、物的管理和保障，各项事务繁多，工作内容分散，部分业务还具有较强的专业性。因此，在撤并机构时必须考虑工作职责和业务内容，不能仅为减少机构数量盲目进行合并。如果工作内容未变，工作总量未减，即使表面上内设机构减少了，也可能因部门事务繁杂、运转无序而衍生出新的问题。

综上所述，撤并机构是纠正职能交叉、效率不高等机构设置问题的重要手段，但并非司法行政部门改革的核心，更不是衡量改革力度大小的标准。如何撤并机构，应在统一原则和方向的基础上，允许各法院结合本院所处审级、职能定位和实际工作情况综合考量，不宜设定硬性标准。

（六）五类部门的分立、协作与制约

法院权力的五元划分决定了法院内设机构的五元结构，审判部门依法代表法院对案件进行审理和裁判，审判辅助部门依据法律的规定对审判辅助工作进行统筹和安排，审判管理部门在法官会议和院长领导下管理宏观审判事务，审判监督部门负责再审案件的审理和案件抽查、评查，司法行政部门负责计划、协调和管理法院日常行政和保障事务。在五类机构中，审判部门居于中心地位，审判辅助部门处于辅助地位，审判管理部门处于指导和保障地位，审判监督部门处于纠错和监督地位，司法行政部门处于服务地位。

为了保障审判部门的中心地位，还应当设定权力监督和制约机制，使审判部门对审判辅助部门和司法行政部门的工作具有较大的控制权，这种控制和监督机制可以依托法官会议制度建立。审判辅助部门和司法行政部门应定期向法官会议作出工作汇报，法官会议具有对两类部门的工作进行监督和评议的权力；法官会议通过的工作计划，审判辅助部门和司法行政部门应当在各自职责范围内贯彻执行；法官会议有权对审判辅助部门和司法行政部门工作的年度考评提出意见。在这样的设计下，五元权力得以在法院这个特殊的组织空间中围绕服务审判工作这一重心，实现合理分工和协调运转。重构后的法院基本内设机构图如下：

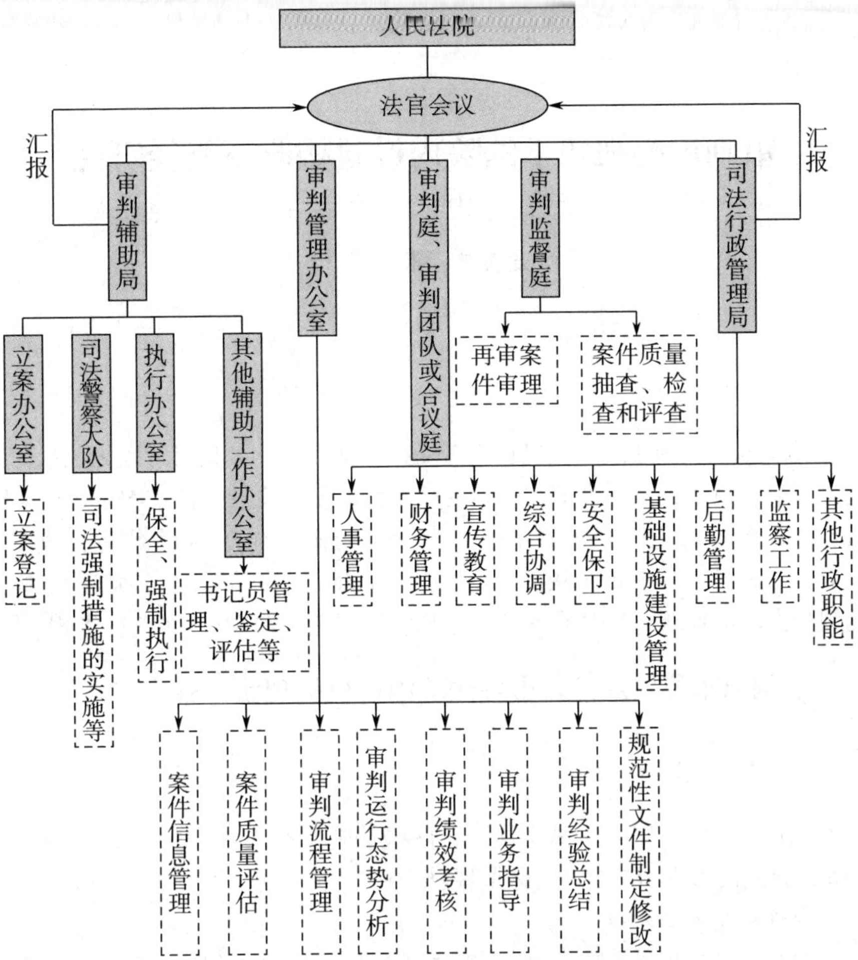

图 10

结　语

法院内设机构改革是本轮司法改革中涉及面最广、触动利益最大的改革内容之一，也是改革攻坚阶段需要着力攻克的一个难点。要实现中央司法改革蓝图设定的目标，既需要改革主体的担当和勇气，也离不开对法院工作规律的研究和探寻。我们期待在法院机构设置的改革中，能够以观点的争鸣为引擎，以实践的探索为根基，不断凝聚更多智慧和共识，努力实现逐步建立以服务审判工作为重心的法院内设机构设置模式的目标。

审判重心视角下法院内设机构改革路径研究
——以诉讼时间轴与内部权力的四元划分为基础

叶爱英* 张 奇**

长期以来，我国法院内设机构设置受行政体制影响，具有行政化色彩，一定程度上影响了审判独立。当前，随着社会经济政治的发展，法院内设机构也随之不断扩张，逐渐呈现出数量较为庞大、架构较为臃肿的状态，急需进行改革。为此，笔者通过对Z省L市各法院内设机构考察分析，以诉讼时间轴与内部权力的四元划分为理论基础，提出服务审判为重心的法院内设机构改革路径设想。

一、偏离本位：Z省L市各法院内设机构现状考察

（一）基本状况

Z省L市目前下辖九家基层法院，两级法院共有人员1374人，其中在编人员956名，内设机构167个，具体呈现以下几个特点：

1. 内设机构不断扩张

以Z省L市中院为例，自2001年建制以来，于2002年设立研究室、干部人事处、教育培训处、机关后勤服务中心（2005年更名审判保障服务中心），2009年设立民事审判第三庭，2010年设立司法调解中心，2011年设立执行实施处、审判管理处，2013年设立立案二庭，由最初的17个内设机构增加至25个，呈现不断扩张趋势，L市各法院自2001年新增设内设机构具体情况见表1。

表1 2001年之后L市各法院内设机构增设情况

法院	2001年之后增设的内设机构（不包含撤销与合并）
L市中院	研究室、干部人事处、教育培训处、机关后勤服务中心、民事审判第三庭、司法调解中心、执行实施处、审判管理处、立案二庭等
LD区法院	审判（执行）监督庭、司法装备行政管理科、纪检监察室、审判保障中心、调解速裁中心、执行二局、审判管理办公室等

* 作者单位：浙江省云和县人民法院。
** 作者单位：浙江省云和县人民法院。

（续表）

法院	2001 年之后增设的内设机构（不包含撤销与合并）
LQ 市法院	审判保障服务中心、司法调解中心、审判管理办公室等
JY 县法院	监察室、审判保障服务中心、简易审判庭、巡回审判庭、司法调解中心、执行二局等
QT 县法院	研究室、审判保障服务中心、审判管理办公室、执行二局、司法调解中心等
YH 县法院	执行局（庭）、执行监督庭、审判保障服务中心、执行二局、司法调解指导办公室、审判管理办公室、旅游巡回法庭等
SC 县法院	审判保障服务中心、执行二局、司法调解中心、审判管理办公室、执行庭、执行实施科、执行监督科、执行综合科等
SY 县法院	审判监督庭、审判保障服务中心、执行实施科、执行监督科、执行综合科、审判管理办公室、司法调解中心等
QY 县法院	审判保障服务中心、司法调解中心、审判管理办公室等
JN 县法院	审判保障服务中心、司法调解中心、审判管理办公室、执行监督庭等

2. 内设机构数量多

L 市各法院中，除市中院的 25 个外，其他九家基层法院内设机构数量基本在 14~18 个之间，其中内设机构设置最少的为 QY 县法院 13 个，最多的为 LQ 市等法院为 18 个，整体而言，内设机构较多。L 市各法院内设机构数量具体情况见表 2。

表 2 截止 2017 年 9 月份 L 市各法院内设机构数量具体情况

数量＼法院		L 市中院	LD 区	LQ 市	JY 县	QT 县	YH 县	SC 县	SY 县	QY 县	JN 县
审执部门	数量	14	10	10	10	9	9	8	8	7	10
	比例	56%	62.50%	55.55%	62.50%	50%	64.29%	57.14%	53.33%	53.85%	55.55%
综合部门	数量	11	6	8	6	9	5	6	7	6	8
	比例	44%	37.50%	44.44%	37.50%	50%	35.71%	42.86%	46.67%	46.15%	44.44%
总计	数量	25	16	18	16	18	14	14	15	13	18

3. 综合部门所占比重在增加

以 L 市中院为例，2001 年建制时，综合部门包括办公室、司法业务科、政治处、监察室等 6 个部门，占内设机构总数的 35.29%。2017 年，综合部门包括办公室、司法行政装备处、政治处、监察室、机关党委、研究室、干部人事处、教育培训处等 11 个部门，占内设机构总数的 44%。综合部门不仅数量在增加，比重也在增加，凸显综合部门更容易受领导重视。目前，L 市各法院内设机构所占比例最高的为 QT 县法院，高达 50%，最低的为 YH 县法院，也达到了 35.71%，具体情况见表 2。

4. 审判部门人员不足

L 市各法院中，审判部门（纯业务部门，剔除立案、执行等部门）占全院人员比例最高的为46.74%，最低的为25%，具体情况见表3，显然审判为重心未能明显凸显。随着立案登记制度的深入实施，人民法院受理案件将在很长一段时间内持续走高。法官员额制的改革背景下，一些原先一线办案主力由于资历尚浅未进员额，不能独立办案，一些原先长期在综合部门的人员进入员额开始着手办案，入额人员中院、庭长占较大比例，因领导需要承担一定的管理职能，办案数量约占普通员额法官的50%及以下，而实际办案人数较之前有所减少，人案矛盾将更为突出，导致法院审判效能降低。

表3 L市各法院审判部门人员占全院人员比例情况①

法院 比例	L市中院	LD区	LQ市	JY县	QT县	YH县	SC县	SY县	QY县	JN县
全院人员（含退居二线领导与临聘人员）	212	198	124	174	169	101	119	71	106	100
审判部门人员（纯业务部门，剔除立案、执行等部门）	59	77	38	65	79	30	39	28	35	25
审判部门人员占全院人员比例	27.83%	38.89%	30.65%	37.36%	46.74%	29.70%	32.77%	39.44%	33.02%	25%

5. 领导职数比例较高

以L市中院为例，全院正式在编人员150人，中层以上领导职数（不包括非领导职务和退居二线的领导）为51人，比例达34%。YH县法院中层以上领导职数比例也高达35%，员额法官中院领导占50%，庭长占50%。② 领导职数所占比例较高，难以有效提升审判效能。

（二）追根问底

法院内设机构呈现上述特点，与社会经济政治发展，立法、法院长期形成的体制、政绩观念等息息相关，具体而言有以下几点原因：

1. 社会经济政治发展的影响

随着社会经济政治的发展，法院案件受理的种类不断增加，为适应社会经济的发展及国家政策的需要，催生一些具有专业性的内设机构。比如，为适应"大调解"工作需要，增设司法调解中心，国家重视知识产权保护，增设民事第三审判庭或者增设知识产权庭等。长此以往，法院内设机构就呈现出数量较为庞大、架构较为臃肿的状态。

2. 立法过于原则化

目前，关于法院内设机构设置问题主要见于《人民法院组织法》或是一些指

① 相关数据依据移动彩云法院通讯录整理计算而来，可能与实际情况有出入。

② 数据根据YH县法院通讯录整理而来。此外，YH县法院首批入额的12位员额法官均为庭长级及以上。

导性意见中，而这些内容仅仅是对人民法院内设机构作出原则性规定，过于原则化，在实践中操作性不强，这就导致法院内设机构设置基本仿效行政机构设立与管理模式，没有形成自身特点，出现设置混乱现象。

3. 职级待遇行政化影响

长期以来，法院体制有行政化色彩，人员被定格在统一的职级体系中，被冠以科员、副主任科员、副科、正科等行政级别。法院内设机构在一定时期较为固定，而领导职数又较为固定，为解决干警的职级待遇问题，只好增设内设机构，由此便导致法院内设机构数量不断扩张。

4. 政绩观念影响

综合部门相对于审判部门更容易获得领导的重视，主要在于综合部门更容易出政绩，特别是办公室、研究室等。一线审判部门人员往往专注于审判工作，对于法院的信息、宣传、调研、报告等工作往往只能提供相应的素材，而交由办公室、研究室等综合部门撰写，这些容易得到上级法院的关注，导致一些法院领导为追求政绩，过于重视办公室、研究室等综合部门，将优秀人才调配到综合部门，而非审判执行一线，最终导致审判人员缺乏，人案矛盾突出。

（三）现实危害

1. 行政化色彩影响审判独立

现有法院体制下，内设机构具有行政化色彩，导致内部等级分明，法官独立审判受到影响。一些办案法官迫于绩效考核、竞争上岗的压力，不得不在承办案件时层层汇报，甚至有的接受领导指示，办关系案、人情案，影响审判独立。

2. 法官地位降低

一方面在行政化管理体系下，法官被冠以科员、副主任科员等行政职务级别，法官待遇按照行政级别给予。一线办案法官与其他部门人员工资差别不大。即便是目前员额法官实行单独工资序列，待遇相比以前有大幅度提升，但与法警等人员工资待遇差距并不大，这在一定程度上消磨了法官的尊荣感。另一方面，综合部门人员更容易受到领导关注，职务晋升相比法官有时更容易，导致有的法官为追求职务晋升，而主动调离审判岗位，人案矛盾更为突出，法官压力更大，法官地位降低。

3. 职能定位不明确

法院内设机构的不断扩张，虽然在一定程度上适应了社会经济发展的需要，但也会出现职能定位不明确等问题。比如办公室与研究室，司法装备行政管理部门与审判保障服务部门等职能出现交叉重合，容易出现相互推诿或者相互竞争，不利于相关工作开展。同时，各法院内设机构设置混乱，容易造成上下级衔接不对口、不顺畅问题。

4. 工作效能降低

内设机构增设的目的之一就是提升工作效能，然而，在实践中，部门臃肿、职能出现交叉重合、管理层次叠加，容易造成各部门自行其是，只关心本部门工作成效，忽视全院工作效能，忽视整体工作效率，最终致使整体合力不够，降低了工作效率。

二、实践探索：试点法院改革中的不同模式

（一）三种模式

1. 北京四中院“平台”模式

北京四中院内设机构设置情况见图 1。

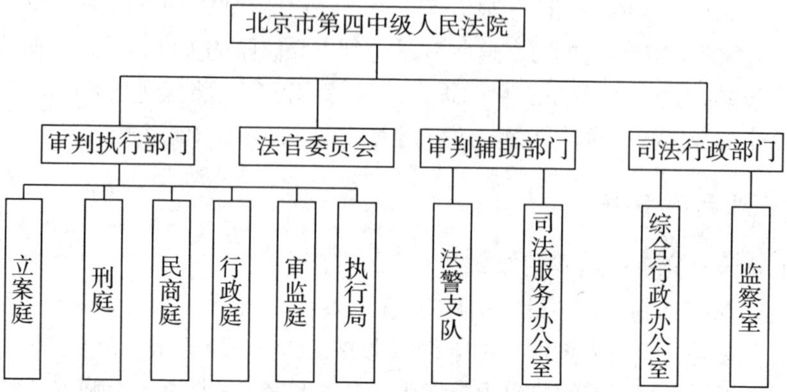

图 1　北京市第四中级人民法院内设机构设置情况[①]

北京四中院（北京铁路运输中院）于 2014 年 12 月 30 日成立并正式办案，内设立案庭、刑事审判庭、民事审判庭、行政审判庭、审判监督庭等 5 个审判部门，以及执行局、综合行政办公室、司法服务办公室、司法警察支队和纪检监察等机构。[②]北京四中院在落实中央司法改革部署的基础上，着力构建以平台建设为抓手的扁平化管理模式，在对原有内部管理部门集中整合、优化配置后，探索构建了四大工作平台，即依托法官委员会，构建法官自治管理平台；依托审判委员会，构建审判业务综合管理平台；依托司法服务办公室，构建内外司法服务综合管理平台；依托综合行政办公室，构建审判保障服务平台。[③]

---

① 图片来源于陈律：《以服务审判为重心的法院内设机构改造——以“矩阵型”组织架构为理论工具》，载《深化司法体制改革与行政审判实践研究——全省法院第二十六届学术讨论会获奖论文集》，第 49 页。

② 参见《北京市第四中级人民法院概况》，载北京市第四中级人民法院网站：http：//bj4zy.chinacourt.org/article/detail/2016/04/id/1833588.shtml，最后访问日期：2017 年 10 月 15 日。

③ 吴存在：《以平台建设为抓手构建扁平化管理新模式》，载新华报业网：http：//news.xhby.net/system/2016/05/25/028779549.shtml，最后访问日期：2017 年 10 月 15 日。

2. 珠海横琴法院“不设审判庭”模式

珠海横琴法院在审判权运行方面，改变传统做法，不设审判庭，建立审判团队，实施以法官为中心的审判权运行模式，审判权由法官集中行使，取消院长、庭长审批制，突出专职法官在审判执行中的主体地位。在行政管理方面，设立“三办一局一队”即审判管理办公室、司法政务办公室、人事监察办公室、执行局、法警队，将其他法院分散于多个部门的职能予以集中。[①] 珠海横琴法院内设机构设置具体情况见图 2。

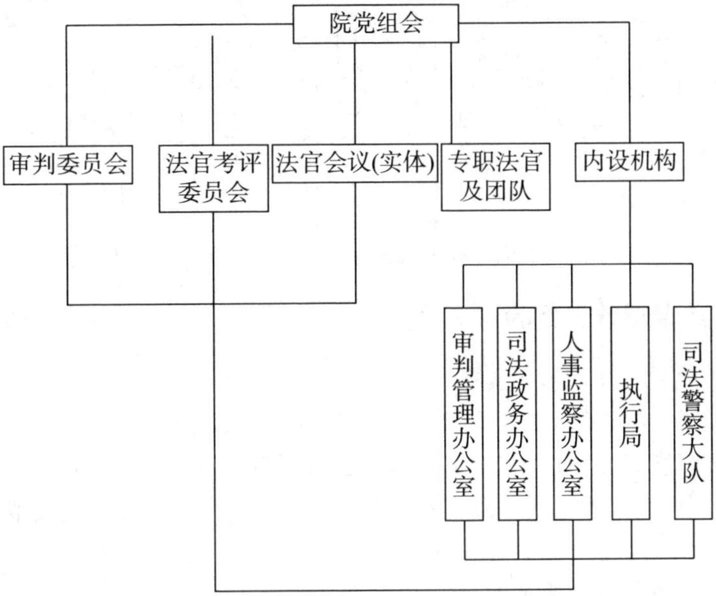

图 2 珠海市横琴区人民法院内设机构设置情况[②]

3. 深圳福田法院“审判团队”模式

深圳福田法院改变原有以庭科室为单元的资源配置方式，以固定合议庭为基础，组建以主审法官为核心的新型审判团队。共组建 50 个审判团队，包括 35 个独任制类型的审判团队和 15 个合议制类型的审判团队。在审判权运行机制方面，实行审判团队依法独立办案，参照职业化法官的标准，将裁判权相对集中于作为优秀法官代表的主审法官手中，突出主审法官的核心地位和法官职业责任。同时把业务庭以及庭长职权虚化，淡化案件审批行政化色彩。[③] 深圳福田法院内设机构设置具体情况见图 3。

---

① 参见“珠海市横琴区人民法院”，载百度百科：https：//baike.baidu.com/item/ 珠海横琴区人民法院 /16248014，最后访问日期：2017 年 10 月 15 日。

② 图表来源：珠海市横琴区人民法院网站：http：//www.hqcomt.gov.cn/list/14.html，最后访问日期：2017 年 10 月 15 日。

③ 参见“深圳市福田区人民法院”，载百度百科：https：//baike.baidu.com/item/ 深圳市福田区人民法院 /8498406。

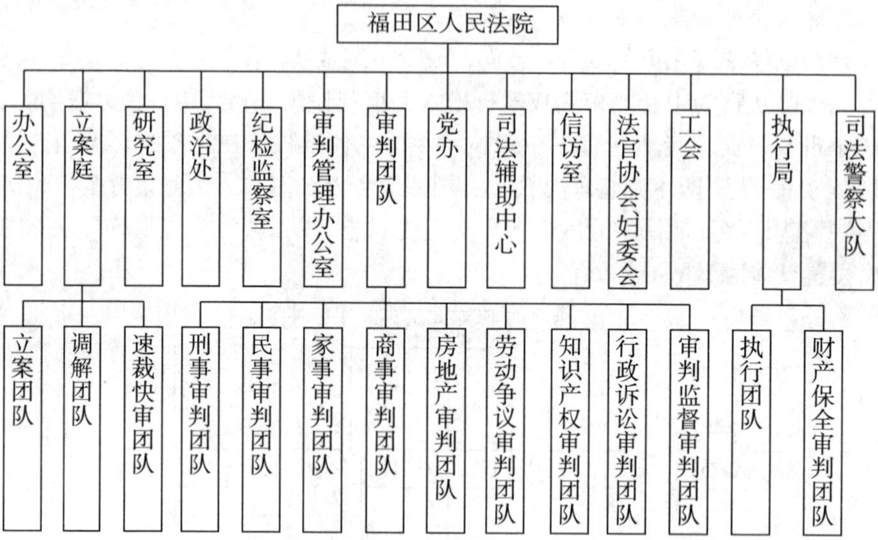

图 3　深圳市福田区人民法院内设机构设置情况[①]

（二）改革成效及经验

1. 扁平化管理模式初步实现

法院内设机构改革的三种模式，基本上都是围绕减少层级管理，通过职能相关性，整合职能交叉、业务相近的内设机构，撤并原有的内设机构、逐步“去行政化”，摒弃传统管理模式，搭建扁平化管理模式，符合司法体制改革要求，法院组织管理趋于合理。

2. 基本实现以审判为中心

北京四中院“大平台”模式与横琴法院的不设审判庭模式，都是通过职能整合，实现了法院审判权与行政管理权的相对分离，使得以服务审判为重心的内设机构改革进一步得到落实，有利于进一步健全审判权力运行机制，确立审判部门在法院组织体系中的中心地位。

3. 初步体现了法官的主体地位

以北京四中院“大平台”模式与横琴法院的不设审判庭模式改革模式中均设立法官委员会或法官会议，构建法官自治管理平台，逐渐让法官参与到决策中来，提高法官参与度，发挥法官的主观能动性，努力实现法官自我管理。深圳福田法院“审判团队”模式，将原有的审判庭模式转变为审判团队模式，有效避免了听取汇报、层层审批等行政化问题，法官可自主决定案件审理，也增强了法官

① 图表来源：胡雅妮、程立武、王薇：《以服务审判为重心的法院职能整合与机构设置——以法院权力的三元划分为基础》，载《尊重司法规律与刑事法律适用研究（上下）——全国法院第 27 届学术讨论会获奖论文集》，人民法院出版社 2016 年版，第 111 页。

的主体地位。

4. 初步实现机构精简与统一

以北京四中院“大平台”模式与横琴法院的不设审判庭模式为代表的改革模式中，将原有的内设机构通过整合，不仅内设机构大幅度减少，同时也避免出现职能交叉问题，初步达到了精简、统一的目的，在一定程度上减少了资源的浪费。

5. 为其他法院提供了改革样本

北京四中院“平台”模式、珠海横琴法院“不设审判庭”模式以及深圳福田法院“审判团队”模式，三种模式不尽相同，但都取得了较好的实践效果，为其他法院内设机构改革提供了有益经验，为全国性法院内设机构改革提供了样本。

（三）改革中出现的问题与不足

试点法院内设机构改革虽然取得了一定的实效，但在改革过程中也出现了不少问题与不足，具体体现在以下几个方面：

1. 立法缺失，影响司法统一

目前，法院内设机构改革尚处在试点阶段，没有与之相关的法律作为改革基础，各试点法院的试点改革依据的仅仅是相关指导性意见、原则性规定，难以在实践中操作，最终导致各地区分别摸索、各行其是，影响了人民法院的司法统一性。

2. 去行政化不彻底，阻力较大

去行政化是这一轮法院内设机构改革的关键一环，各试点法院均做了尝试，但去行政化不彻底，主要体现在干部选拔管理上以及待遇上，比如虽然员额法官目前已完成单独职务序列，但公车改革后的补贴待遇问题依然是参照之前的行政级别，没有实现按照法官等级对应的行政级别给予。同时，在选拔员额法官方面，也存在遴选条件与行政级别挂钩，比如北京四中院首批员额法官遴选准入条件之一就是担任正科级 3 年以上的条件。长期形成的行政化色彩，去除阻力较大，需要进一步作出制度设计，从制度上破除行政化色彩。

3. 审判为重心有待于进一步落实，避免流于形式

审判中心地位与法官主体地位在试点法官内设机构改革中没有完全彰显，主要体现以下几点：一是法官审判管理中地位缺失。突出法官的主体地位，就必须提升法官在审判管理中的地位，积极提升法官对审判管理的参与度，但在改革过程中，往往忽视法官民主决策、自我管理方面的探索。二是行政权与审判权平行运行。扁平化管理模式下，行政权与审判权呈现平行运行的状态，缺乏审判权对行政权的监督、制约或评价机制，未能体现行政权服务审判的属性。需要进一步坚持审判为中心的原则，积极落实，避免出现改革流于形式，影响改革的成效。

4. 机构整合标准缺乏，影响机构运行

中央到地方所发布的改革指导意见中均缺乏实质性构建标准，仅仅泛泛提及指导性原则，对职能整合缺乏统一标准，导致一些法院在制订改革方案时，往往也是仅仅从机构职责上做出区分，而没有进行实际的调研，导致制定出来的方案不切实际，影响机构运行。

5. “孤立”试点，导致职能对接缺位

法院内设机构改革是一项基础性、系统性的改革，既涉及本院工作的方方面面，也涉及与上下级法院的业务关系。由于现行试点多为“孤立”的试点，其所处法院系统内的其他法院并未对内设机构作出相应的改革，改革后法院与其上、下级法院的职能对接会出现不对口、不顺畅的情况。①

三、逻辑起点：诉讼时间轴与内部权力四元划分基础理论

内容决定形式，形式服务于内容，从这个角度上看，法院内设机构的设置应当以法院本身的属性而决定。法院最为重要的就是审判权，因此，必须搭建以服务审判为重心的内设机构。鉴于诉讼状态与法院内部权利划分与运行规律，笔者认为应以诉讼时间轴与法院内部权利划分为内设机构设置的逻辑起点。

（一）诉讼时间轴

笔者所提诉讼时间轴是指以当事人进行诉讼所处的时间节点为依据，将整个诉讼按照时间予以排列而成的数轴。具体而言，就是将整个诉讼分为诉讼前、诉讼中与诉讼后三个阶段。诉讼前阶段主要是指案件在移送审判部门或是审判团队之前的一段时间。这一时间段与诉讼相关的事项具体包括：咨询、提交材料、诉前调解、来信来访、诉前财产或行为保全、立案登记、诉讼缴费、立案调解等。诉讼中阶段主要是指案件在移送审判部门或是审判团队之后至判决之前的一段时间。该时间段主要是案件审理事项，具体包括：提交证据或答辩状、申请证人出庭、申请调查取证、财产或行为保全、开庭审理等。诉讼中阶段是整个诉讼的关键阶段，也是核心阶段，诉前阶段与诉讼后阶段皆是服务于诉讼中阶段。诉讼后阶段主要是指案件在判决之后所处的时间段。该时间段主要事项包括：案件裁判文书的生效、诉讼费用的负担、申请强制执行、判后答疑以及上诉等。该阶段是对诉讼中阶段的维护阶段，也是诉讼中阶段的结果阶段。根据诉讼时间轴的划分，可以将涉及诉讼的内设机构设置为三类职能部门。

---

① 胡雅妮、程立武、王薇：《以服务审判为重心的法院职能整合与机构设置——以法院权力的三元划分为基础》，载《尊重司法规律与刑事法律适用研究（上下）——全国法院第27届学术讨论会获奖论文集》，人民法院出版社2016年版，第112页。

（二）法院权力四元划分

1. 法院权力四元划分的提出

学界普遍认为法院的权力结构包括审判权与司法行政权两类权力，比如人民法院出版社出版的图书中就指出："法院的工作有两项，一是审判工作，二是司法行政管理工作。"① 二元划分体系中，将审判权以外的权力统归于司法行政权，使得司法行政权过于宽泛，造成司法行政权不仅仅对人、财、物的管理，还包括了对审判事务的管理，最终会导致司法行政干预审判权，审判权行政化。鉴于此，有观点认为法院内部权力三元划分，包括审判权、审判辅助权与司法行政权，将司法行政权中与审判权直接相关的部分剥离出来，保留下来的权力仅为纯粹的司法行政权，而被剥离的与审判直接相关的权力称之为司法辅助权，具体包括立案登记、执行工作、法官助理工作、评估和鉴定的委托等办案辅助工作、押解犯罪嫌疑人、司法强制措施的执行等。② 三元划分新一轮司法改革中人员分类管理的主要思路即法院人员分三类，员额法官、司法辅助人员、司法行政人员。但笔者以为，应当将司法辅助权中直接与执行相关联的进一步剥离，将司法辅助权分为司法执行权与除执行外的司法辅助权，即法院权力进行四元划分，审判权、司法执行权、司法辅助权、司法行政权。

2. 四元划分原因

笔者将法院权力进行四元划分即审判权、司法执行权、司法辅助权、司法行政权，对于审判权、司法辅助权与司法行政权，由于文章篇幅，不再赘言，这里主要阐述一下司法执行权从司法辅助权分离出来的几点原因：

第一，从权利属性上看，执行权不是单纯的司法辅助权。关于执行权属性问题，目前学界有以下观点：行政权说，认为执行更加接近行政管理活动，属于司法裁判过程结束后进行的一种特殊的行政活动。司法权说，认为根据现行法律的规定，民事强制执行权由国家司法机关即人民法院专属行使，而法院是国家审判机关，行使司法权，执行工作又是审判工作的延伸，依附于审判工作，故属于司法权。③ 司法行政权说，该说认为，"民事强制执行是一种具有行政性和司法性

① 最高人民法院司法行政装备管理局编：《人民法院司法行政管理研究与参考》，人民法院出版社 2014 年版，第 123 页。

② 参见胡雅妮、程立武、王薇：《以服务审判为重心的法院职能整合与机构设置——以法院权力的三元划分为基础》，载《尊重司法规律与刑事法律适用研究（上下）——全国法院第 27 届学术讨论会获奖论文集》，人民法院出版社 2016 年版，第 113~114 页。

③ 参见张玉玲、王世海：《浅谈民事强制执行的性质特征及私权保障》，载郑州市中级人民法院网站：http：//zzfy.hncourt.gov.cn/public/detail.php？id=22167，最后访问日期：2017 年 10 月 21 日。

双重特征，以保证法院完成审判职能为基本任务的司法行政行为”。[①] 虽然学界上众说纷纭，没有定论，但可以肯定的是，执行权是一种对当事人权益产生直接影响，甚至出现限制自由的权力，这明显不同于司法辅助权。同时，执行中也有需要裁决的事项，有别于司法行政权，更像是有别于审判权、司法辅助权、司法行政权的独立之权。

第二，从执行权与审判权的关系上看，二者并非是辅助与被辅助关系。民事审判权赋予了民事执行权公正性，民事执行权反馈予民事审判权权威性，民事审判权的合理合法运作有利于民事执行权的效率性。[②] 因此，执行权不是纯粹的辅助权，更像是与审判权相互作用的平级之权。

第三，从实践看，执行工作越来越受重视。2016 年 3 月 13 日，周强院长在十二届全国人大四次会议上报告最高人民法院工作时庄严承诺：“用两到三年时间基本解决执行难问题”，这是人民法院满足人民群众日益增长的多元司法需求、提升司法公信力的内在要求，是人民法院为实现全面建成小康社会和“四个全面”战略布局目标提供有力司法保障的应有之义，是对人民法院执行工作的极大鞭策和鼓舞。[③] 在此目标下，各级法院将执行工作摆在更加突出的位置，积极创新举措，力求破解执行难题。

第四，从效果上看，“独立”的执行权更有助于提升司法公信力。近年来，随着法院案件的不断增多，执行难度的增加，不少案件尚不能执行到位，这不仅仅损害了法院的形象，也严重损害了法院的威信，损害了司法的公信力，同时降低了司法在人们心中的地位。将执行权从司法辅助权中分离出来，打造一种“独立”的权力，有助于破除审判干预，保证执行权的独立行使，进而有助于提升司法公信力。

四、回归初心：以诉讼时间轴与内部权力四元划分为基础的改革路径设想

北京、珠海、深圳等法院的改革试点，为其他法院内设机构的改革提供了范本，笔者在吸取经验之后，试图通过理论为法院内设机构设置提供划分基础，鉴于此，提出诉讼时间轴与法院权力的四元划分。在具体路径设想中，笔者将从基

① 参见唐良华、李朝宾、李雄、杨邦兰：《民事执行权属性探析——兼论民事审判权与民事执行权的关系》，载重庆法院网：http：//cqfy.chinacourt.org/article/detail/2013/11/id/1118712.shtml，最后访问日期：2017 年 10 月 21 日。

② 参见唐良华、李朝宾、李雄、杨邦兰：《民事执行权属性探析——兼论民事审判权与民事执行权的关系》，载重庆法院网：http：//cqfy.chinacourt.org/article/detail/2013/11/id/1118712.shtml，最后访问日期：2017 年 10 月 21 日。

③《最高人民法院关于落实“用两到三年时间基本解决执行难问题”的工作纲要》，载中华人民共和国最高人民法院网站：http：//www.court.gov.cn/zixun-xiangqing-20752.html，最后访问日期：2017 年 10 月 21 日。

本理念、内设机构具体设置以及相关联具体措施入手。

（一）基本理念

1. 以服务审判为工作重心

“确保政务管理权、审判管理权以及相应的机构的设置都应服务和保障审判权，不得损害确保公正司法最低限度的独立性”。[①] 司法行政工作必须以服务审判为工作重心，行政管理权要服务于审判权，逐步形成审判权对行政管理权的优越地位，以彰显审判在法院整个工作中的中心地位。

2. 因地制宜，一切从实际出发

综合考虑法院自身的案件数量、案件类型、机构规模、人员编制等实际情况，坚持从实践需求出发，因地制宜设置内设机构与人员配置，在体现出地方特色的同时，提高效能，减少资源浪费。

3. 更加注重法官的主体地位

法官是审判权运行的主体，坚持以服务审判为工作重心的内设机构改革，必然要更加注重法官的主体地位，提升法官的职业尊荣感。一是提升员额法官待遇。建立与责任终身制相对应的薪酬待遇，逐步拉开法官与其他人员之间的差距，提升法官优越感，在职务晋升、荣誉评选等方面优先考虑一线法官。二是实现法官自我管理。在内设机构中设置法官或者法官代表议事机构，专职管理法院的行政事务，实现法官的自我管理。

4. 扁平化管理模式

扁平化管理模式加快了信息流的速率，提高决策效率，使得工作主动性、积极性和创造性得以更好地发挥。最高人民法院发布的《人民法院第四个五年改革纲要（2014–2018）》，明确指出推进扁平化管理，可见实行扁平化管理模式是新一轮司法体制改革中内设机构改革的基本要求。实行扁平化管理，是实现审判体系和审判能力现代化的必由之路，是法院建设发展的必然选择。

（二）内设机构设置的基本架构

1. 合理设定内设机构总数

以诉讼时间轴为基础，可将法院与诉讼有关的机构整合成三个，即负责诉讼前事务机构、诉讼中事务机构以及诉讼后事务机构。以法院权力的四元划分，可将法院的内设机构整合成四大模块即审判机构、执行机构、司法辅助机构、司法行政机构。虽然，诉讼前事务机构更倾向属于司法辅助机构，但近两年法院诉讼服务中心均是新设立改造，不宜再次变动，故可将负责诉讼前事务机构，设置为诉讼服务中心。负责诉讼中事务机构则与审判机构相重合，故应合并设置为审判

① 江必新：《审判管理与审判规律抉微》，载《法学杂志》2011 年第 5 期，第 88 页。

中心。诉讼后事务中的一部分与执行事务重合，一部分又属于服务性质事务，因而可将服务性质实务交由诉讼服务中心负责，将诉讼后事务中执行部分，设置执行中心负责。司法辅助机构、司法行政机构相应设置为审判辅助中心与司法行政中心。虽然，本文将法院内部权力进行四元划分，没有涉及监督权，但我们不能忽略监督权。因此，为加强自身监督，还应当建立司法监督中心。此外为做好与国家监察体制改革相衔接，应设置纪检监察中心，由纪委或是监察委派驻人员组成，因而，纪检监察中心不属于法院内设机构，故本文不在此讨论。至此，法院内设机构基本架构已形成六大中心即诉讼服务中心、审判中心、执行中心、司法辅助中心、司法行政中心、司法监督中心。

2. 内设机构的整合

（1）诉讼服务中心。将立案庭、司法调解中心等部门的职能进行整合，设立诉讼服务中心，主要负责法律宣传、诉讼引导、各类案件登记立案、材料收转、诉讼费缴纳、申诉和再审案件审查、处理来信来访接待、文书送达、财产保全、档案查询、法律援助、联系法官、法官接待、诉前调解、立案调解、诉调衔接等工作。

（2）审判中心。整合目前所有的审判业务部门，成立审判中心，组建审判团队，专职负责各类案件的审理工作事项。

（3）执行中心。将现有的执行局（庭）等进行整合，成立执行中心，负责履行执行实施权、执行生效法律文书所确认的事项，责令被执行人在指定期限内履行义务、调查被执行人的情况、依法组织采取强制执行措施、对妨害执行的行为人提出处理意见，报经批准后组织实施、协助外地法院办理有关执行事项、负责司法鉴定及评估、拍卖、变卖等执行事项。

（4）司法辅助中心。将现有的审判管理办公室以及司法警察大队等进行整合，成立司法辅助中心，主要负责各类案件流程的监控、督查和审限跟踪、审判执行绩效评估测算、案件质效管理、司法统计分析、审判团队及成员的审判业绩考核管理、法律文书上网管理、案件信息录入、庭审改革、日常安保管理事务等工作。

（5）司法行政中心。将办公室、政治处、研究室、审判保障服务中心、司法装备行政管理部门等进行整合，成立司法行政中心，主要负责协助院领导组织、协调、处理司法公务、综合性会议材料、工作报告、信息宣传调研、文件管理、档案管理、新闻发布、机要、保密、干部人事、法官遴选、职称评定、财务、经费管理、后勤保障、对外接待、资产管理、物资采购、单位卫生、值班、物业管理、车辆管理使用等事项。

（6）司法监督中心。将审判监督庭、执行监督庭等部门进行整合，成立司法监督中心，主要负责案件质量评查、申诉、再审、执行异议、撤销之诉等案件的审查审理工作以及院风院纪巡查、案件评查、党风建设等工作。

3. 内设机构监督与制约

六大中心中，审判、执行中心居于中心地位，其他部门从属于或者辅助于审判中心。为保障审判中心的中心地位，依托法官委员会，建立权力监督与制约机制。法官委员会在院党组指导下对诉讼服务中心、司法辅助中心、司法监督中心与司法行政中心进行监督与指导。诉讼服务中心、司法辅助中心、司法监督中心与司法行政中心定期向法官委员会汇报工作，法官委员会具有对这四部门的工作进行监督的权力。同时，六大中心各自之间平行关系，互不隶属，但司法监督中心有权对其余五大中心进行监督的权利。具体监督与制约机制见图 4。

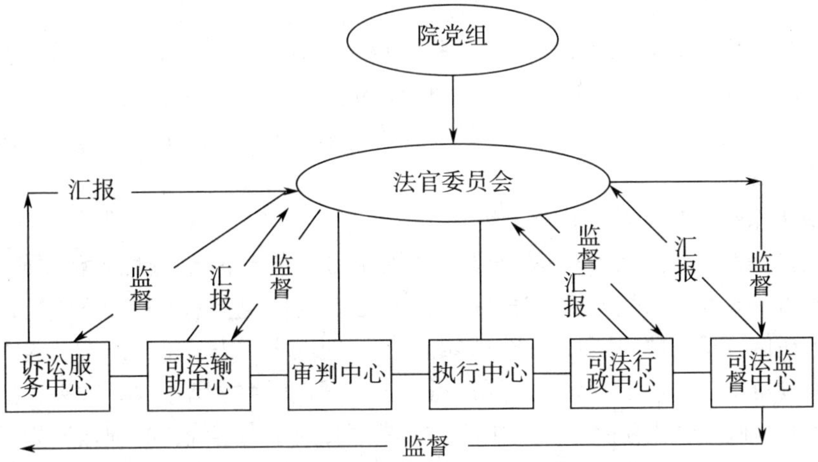

图 4　法院“六大中心”内设机构监督与制约情况

4. 审判中心以审判团队模式运行

为切实落实司法责任制，优化司法资源配置，有效推进内设机构改革，突出法官的主体地位，进一步落实扁平化管理模式，在审判中心参照以深圳福田区法院审判团队模式为范本，因地制宜打造符合院情的审判团队，实行审判团队依法独立办案，实现“让审理者裁判，由裁判者负责”。

（三）相关联具体举措

1. 提高认识水平，纠正错误认识

针对实践中对司法体制改革、人民法院内设机构改革的错误认识，必须及时予以纠正，树立正确的认识。一是提高对司法体制改革的认识。深化司法体制改革是全面推进依法治国、加快建设社会主义法治国家的关键举措，是实现社会公平正义、维护社会和谐稳定的必然要求，是满足人民群众日益增长的司法需求、维护人民群众根本利益的迫切需要，同时也是增强法官尊荣感必然选择。二是提高对人民法院内设机构改革的认识。人民法院内设机构改革是深化司法体制改革的重要内容，不仅有助于人才资源的优化配置，同时也有助于激励机制的完善，有助于激发法官学习、研究的积极性，进一步完善法官队伍的建设，更有助于提升审判执行效能，缓解一线办案人员压力。

2. 发挥干警力量，提升参与度

一是召开专题学习会。积极召开全院干警专题学习会，深入学习内设机构改革意义、方案、扁平化管理模式重要性等，进一步提升全院干警的思想认识。二是开展建言献策活动。积极开展内设机构改革建言献策活动，充分调动干警积极性，发挥全院干警智慧，提升内设机构改革的有效性。三是积极吸取成功经验。邀请试点成功法院人员讲述成功经验，必要时可派员实地考察。

3. 完善立法，依法设置

作为法院组织架构的法律——《人民法院组织法》，显然已经不能适应司法体制改革的需要，急需进行修改补充，目前，相关修正案已由全国人大常委会进行了审议，一旦修正案通过，法院内设机构的基本框架将确定下来，可有效避免司法不统一现象。

4. 强化系统性改革，保持地区统一

法院内设机构改革是一项基础性、系统性的工作，不能一蹴而就。“孤立”的试点改革，导致各法院各行其是，缺乏统一性，易出现上下级对接不顺畅，因此，应当在保持特殊性的同时强化地区统一性。应以省级为单位，由省高级人民法院研究制定不同的改革方案，选择试点法院，试点后综合考察改革效果，择优向全省铺开，同时试点法院在改革中增加或者消减改革内容的，必须报省高级人民法院相关职能部门备案，以便研究制定更加符合实际的改革方案，从而有助于保持地区改革的统一性。

5. 增强审判力量，合理配置资源

实现以服务审判为重心的内设机构改革，必须增强审判力量，合理配置资源。一是增加审判人员数量。减少综合服务部门人员，合理增加审判一线人员，确保审判相关人员充足，审判力量充实。二是提高审判人员质量。把最优秀的人才放在审判岗位上，人员安排向审判岗位倾斜，确保审判人员精英化。三是增强业务培训。加强对审判相关人员的培训和业务指导，增强培训的针对性和有效性，采用集中培训、实务操作等多种方式，不断提升法律知识水平和纠纷解决能力。四是合理组建审判团队。根据法院的实际情况，从法院的实际工作出发，合理组建审判团队，确保审判团队高效运行。

法院内设机构改革是一个长期而艰巨的任务，不能一蹴而就。改革的目标，在于破除长期以来形成的行政化色彩的弊端，构建以服务审判工作为重心，突出法官的主体地位的高效运行的内设机构，提升审判效能，实现审判独立与司法公正，不断满足人民群众不同的司法需求，实现这一目标，任重而道远。

人民法院内设机构改革基础性悖论的辩证分析与解悖研究

袁银平*　曾令省**

一、人民法院内设机构改革的历史沿革

人民法院内设机构的改革伴随着人民法院的设立、发展而不断深入，已经成为人民法院司法体制改革的重要载体，在某种程度上也成为评判司法改革成果的一个重要标尺。在全面深化司法体制改革的今天，人民法院内设机构改革也承担着审判本位复归和司法公信提升的历史使命。从人民法院内设机构设立与改革的历史脉络中我们不难发现清晰的精细化、专业化的目标轨迹，这为今天司法体制改革向纵深发展提供了必要的历史参考，更能让我们从历史的视角上重新审视内设机构改革的目标价值，厘清现阶段内设机构改革的基础性悖论和误区，防止内设机构改革出现简单化、一刀切的根源性偏轨。

我国的人民法院内设机构设置从中华人民共和国建立之初到今天大体上可以划分为四个重要发展时期①，每个时期的内设机构设置与改革都有着不同的历史需求和发展需要，总体上呈现出“由少到多再到精”的科学优化模式。我们以不同时期最高人民法院内设机构的设置情况为标准，可以将我国法院内设机构设置与改革的基本时间表划分为四个发展时期，即初始发展时期（1949~1954 年）、早期发展时期（1954~1966 年）、三轮改革时期（1980~2013 年）、全面改革时期（2014~ 至今）。

（一）初始发展时期（1949 年至 1954 年）

人民法院内设机构的初始阶段肇于 1949 年的《中华人民共和国中央人民政府组织法》，在该法的第 5 条明确规定了“中央人民政府委员会组织最高人民法院……以为国家的最高审判机关”，1949 年 10 月 1 日中央人民政府委员会在第一

* 作者单位：广东省深圳市中级人民法院。
** 作者单位：广东省深圳市中级人民法院。

① 因为“文化大革命”时期人民法院遭到整体性破坏，因此 1966 年至 1979 年不在本文研究的时间列表之内。

次会议上任命沈钧儒为最高人民法院院长。1950 年 1 月，中央人民政府委员会批准具有早期人民法院组织法意义的《最高人民法院试行组织条例》，1951 年第一届中央人民政府委员会第十二次会议又通过了适用于全国各级法院的《中华人民共和国人民法院暂行组织条例》，标志着我国人民法院内设机构的初期形态基本确立。受制于中华人民共和国成立初期的历史需要和法治发展水平，也基于全国当时的案件总体数量的低位状态，人民法院内设机构的设置相对简单，1950 年最高人民法院只设立了“民事、刑事”两个审判庭以及办公厅、督导处、编纂处等若干行政部门[①]。

（二）早期发展时期（1954 年至 1966 年）

1954 年中华人民共和国第一部宪法颁布，第一次将人民法院作为国家审判机关以宪法定位的方式确定下来。而紧随“五四宪法”之后，1954 年 9 月 28 日《中华人民共和国人民法院组织法》(以下简称《人民法院组织法》) 公布，这是人民法院内设机构发展过程中具有里程碑意义的一部法律。1954 年组织法在第 29 条中明确规定了“最高人民法院设置刑事审判庭、民事审判庭和其他需要设置的审判庭”[②]，给予了各级人民法院在业务庭室设置上的开放性自主权。这个时期《人民法院组织法》给予了人民法院内设机构扩展的立法基础，虽然在后期为法院内设机构臃肿化埋下了一定程度上的法律隐患，但是在人民法院内设机构的早期发展阶段，也确实极大地促进了人民法院向精细化、专业化方向发展，为法院内设机构设置提供了一条明晰的发展思路。

（三）三轮改革时期（1980 年至 2013 年）

1980 年 1 月 1 日起，新的《人民法院组织法》开始施行。新版的《人民法院组织法》再次以列举式的方式规定各级人民法院的业务庭室设置，将原来规定的列举范围从刑事、民事和兜底三项增加到“刑事审判庭、民事审判庭、经济审判庭和其他需要设置的审判庭”以应对改革开放以后日益复杂化的经济活动。随着改革开放的日益深入，我国经济、社会开始步入全面发展时期，人民法院的内设机构也伴随着经济社会的发展而不断地自我更新。自 1999 年开始，最高人民法院相继发布了三个五年改革纲要，依次对人民法院内设机构进行了较大力度的改革安排。不论是第一个五年改革纲要提出的设置执行机构还是第二、三个五年改革纲要提出的少年法庭的设置构想，基本上是在司法案件日益复杂化、专业化的

---

① 冯莹整理：《最高人民法院设置简史》，载《人民法院报》2014 年 11 月 23 日，第 6 版，载人民法院报网站：http：//rmfyb.chinacourt.org/paper/html/2014-11/23/content_90796.htm ? div=-1，最后访问日期：2017 年 10 月 29 日。

② 《中华人民共和国人民法院组织法》，载 360doc 个人图书馆：http：//www.360doc.com/content/10/1129/15/3039173_73427683.shtml，最后访问日期：2017 年 10 月 26 日。

背景之下，为了解决司法审判的专业化而进行的改革创新。特别是对于业务庭的设置开口，初衷是加速推进专业化审判，也确实使得人民法院内设机构配置在一定程度上得到了优化。但是这种专业审判的初衷在三轮改革的发展过程中，逐渐被地方性的异化。部分地区的人民法院基于法官职务、职级对内设机构的依附性而盲目扩大业务庭数量，导致各地业务庭数量空前庞大，有的地方甚至出现了一人庭、两人庭，这样的庭室仅仅是为了解决部分人员的领导职务和职级待遇，并没有实际的审判意义。全国大多数地区的内设机构现状就是这一时间段形成并且稳定下来的，根据表 1S 市基层法院内设机构设置情况可以看出，人民法院内设机构在一定程度上出现了地区化差异。而根据图 1 则可以看出 S 市基层法院未经审批私自设立的内设机构就有 30 个之多。这都集中反映了那个时期人民法院内设机构在设置上的扩张性。

表 1：S 市基层法院内设机构设置情况一览

基层法院名称	司法行政部门数量	司法行政部门名称	审判业务部门数量	审判业务部门名称	其他部门（含自设机构）
A 法院	3	政治处、监察室、办公室	12	立案庭、刑事审判庭、民一、民二、民三、民四、知识产权庭、行政审判庭、执行局、审管办	司法警察大队、司法辅助中心、机关党委办公室、信访室
B 法院	3	政治处、监察室、办公室	13	执行一科、二科，立案庭、刑一、刑二、民一、民二、婚姻家事庭、行政庭、审监庭、研究室	司法警察大队、机关服务中心、执行局综合科、审判管理办公室、人大代表联络办公室、机关党办
C 法院	3	政治处、监察室、办公室	8	执行局、立案庭、刑事审判庭、民一、民二、行政庭、研究室、审管办	司法警察大队、机关党委
D 法院	3	政治处、监察室、办公室	12	执行一、二庭，立案庭、刑事审判庭、民一、二、三庭，行政庭、知识产权庭、行政审判庭、审监庭、研究室、司法事务室、	司法警察大队、速裁庭、审判管理办公室、机关党办、基建办公室
E 法院	3	政治处、监察室、办公室	12	执行综合科、执行科、立案庭、刑事审判庭、民一、民二、民三、民四、家事庭、行政庭、少年综合庭、研究室	司法警察大队、审监庭、速裁庭、刑二组、调解中心、信访室、审判管理办公室、书记员管理室、机关党办、安全保卫办公室、执行警务办公室

（续表）

基层法院名称	司法行政部门数量	司法行政部门名称	审判业务部门数量	审判业务部门名称	其他部门（含自设机构）
F法院	3	政治处、监察室、办公室	12	执行综合科、执行科、立案庭、刑事审判庭、民一、民二、民三、知产庭、行政庭、审判管理办公室、研究室	司法警察大队、审委会办公室、速裁庭、信访办、机关党办、信息中心、档案管理办公室、司法事务中心、书记员管理办公室、人民陪审员办公室

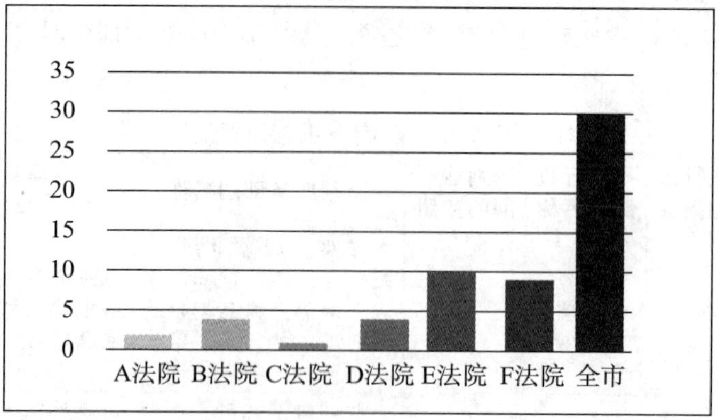

图1　S市基层法院未经审批自行设立内设机构数量

（四）全面改革时期（2014年至今）

十八大以来，党中央对司法体制改革的重视力度空前加强，四项改革措施在深化司法体制改革的逐步推进中相继落地实施。司法责任制改革使得法官成为案件裁判的决定者和责任者，庭室负责人的案件决策属性被取消，业务庭室的行政色彩已经被虚化，业务庭室负责人与一般法官在办理案件时的权限别无二致。法官单独职务序列、单独薪酬体系，省以下人民法院人、财、物统一管理使得法官的职业尊荣感得到大幅度提升，法官不再等同于普通公务员，行政职级被取消，薪酬待遇只与法官等级挂钩，也就使得过去法官需要依托内设机构来提高职务、职级待遇的时代一去不复返。内设机构改革的时代背景发生了根本性变化。正是在这样的背景之下中央编办、最高人民法院发布了《省以下人民法院内设机构改革试点方案》重新将人民法院内设机构改革提上日程。这一背景之下，如何适应时代需求和改革背景，探索人民法院内设机构的结构优化方案，解决好审判与行政的矛盾，理顺审判与管理的关系，成为内设机构改革向纵深推进的关键性症结。然而，各试点地区由于组织法赋予的内设机构设置自主权和在改革基础上的天然差异，选择的路径也各自不同，不可避免地会出现一些误判和偏轨。中间改革时期更加要注重对内设机构改革过程中出现的典型误区和基础性悖论进行分析和解悖，谨防内设机构改革因为路径错误而与改革的初衷背道而驰。

二、当前法院内设机构改革的基础性悖论和典型误区

（一）改革背景与实质需求的阶段性误判

当前全国法院系统内设机构改革的尝试性方案层出不穷，但是不论何种模板，其内在本质基本都在试图用“无差别的机构压缩”来实现对法院内设机构的精简。所谓“精简”，就当然地包含了“精”和“简”两个层面，但是当前大部分地区的改革，由于对改革背景一成不变的固态理念和对司法专业化需求的忽视，发力更多地集中于“简”而忽略了“精”。其实司法体制改革是一项涉及司法机关、司法人员和司法权力运行模式等多方面深度改革的复杂工程。司法责任制改革和法院内设机构改革同属于司法体制改革的基本内涵，在顶层设计之初也是在同步的序列上被架构的。但各地法院内设机构的改革方案基本是机构膨胀之后的应激反应，所应对的也是法院内设机构中“行政—审判”的二元化结构弊病。改革的目的主要是为了解构行政管理对审判活动的侵蚀和挤压，消解优秀审判人员因为职级和职数的限制而被动流转入非业务部门的畸形人员流动状态。因此不论是实务界还是学界，对于法院内设机构改革的主要方向基本定位为“精简压缩机构”。

但是目前人民法院内设机构改革的背景和实质需求已经发生了根本性的转变，不论是从法官在案件办理中的决定主体地位还是从单独职务序列之后业务庭室负责人的权力削减的角度上讲，原本业务庭室作为法官职务、职级和薪酬待遇提升的依附性“杠杆”的地位已经不复存在。占法院人数 85% 的审判业务庭室工作人员再也不需要出于行政因素和目的而进行机构扩张。反而是只占法院人数 15% 的司法行政人员所在的行政综合机构才具有依托机构提高职务、职级的“冲动”。因此内设机构精简的目标对象实际上已经发生了根本性变化。

2017 年 7 月 3 日最高人民法院完成首批员额法官选任工作，标志着法官员额制改革已经在全国法院系统全面落实[①]，基本取消了案件审批，地方各级人民法院 85% 以上的司法人员配置到了审判业务的一线，直接由独任法官、合议庭裁判的案件占案件总数的 98% 以上。与此同时全国法院的法官单独职务序列改革也已经基本完成。在这样的背景之下，原有业务庭的行政色彩已经淡化，庭长对于审判团体的业务管理权随着审批权的剥离已经被司法责任制改革自然消解。加上

① 《最高法完成首批员额法官选任 员额制改革在全国法院全面落实》，载新华网：http：//news.xinhuanet.com/legal/2017-07/03/c_1121253742.htm;，最后访问日期：2017 年 10 月 11 日。

法官单独职务序列改革完成，法官的自然晋升渠道已然明朗，不再需要依靠处室数量来增加领导职务和职数。而员额法官必须到一线办案，让当初学者们对“业务庭室扩张实质是为了增加非审判性法官和领导”的担忧当然地被打破。现在的业务庭（室）的行政框架已经被虚化，这个框架已经主要体现在审判业务的类型区分上，而不再具有实质的行政意义。但是我们注意到各试点地区的几个模型样本中，法院内设机构改革的最新方案主基调仍然是单纯地以“精简压缩机构”为核心。中央编办、最高人民法院法〔2016〕282号文件虽然明确提出了将“服务审判”作为省以下人民法院内设机构改革的重点方向，但是由于当时司法责任制改革的进程尚未完全落实，还是出现了“严格控制机构规模，数量只增不减”这样的无差别总量控制方案[①]。任何改革都不是脱离现实的沙盘推演，应当具有高度的目的性和实用性，当前法院内设机构改革的主要方向应当从“无差别的精简压缩”向“行政集约、审判提效”的方向进行转捩。然而当前全国大部分地区对于法院内设机构改革的试点方案基本都还沉浸在2016年之前背景下的应对举措，显然陷入了与现实需求背离的阶段性误判之中。

（二）去行政化与去管理化的基础性混同

去行政化一直是法院内设机构改革的重要目标导向，这也符合人民法院作为司法机关防控司法权力被行政权格式化的价值取向。但是在实践过程中，部分地方法院过度强调审判业务的复归，认为任何非审判性的管理都应当排除在司法的审判中心业务之外，从而简单地将这里的行政理解为非审判性的管理，尤其是将业务庭（室）的事务管理当成是去行政化的标靶，将去行政化曲解为去管理化。他们并没有意识到社会科学中的任何系统都需要有一定的管理结构才能实现系统的稳定，权力的分散性极容易导致个体的膨胀而阻滞组织的整体和谐。

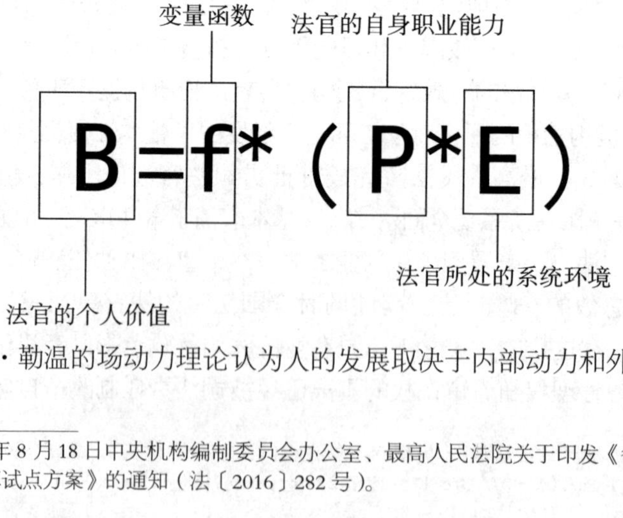

库尔特·勒温的场动力理论认为人的发展取决于内部动力和外部环境的相互

① 详见2016年8月18日中央机构编制委员会办公室、最高人民法院关于印发《省以下人民法院内设机构改革试点方案》的通知（法〔2016〕282号）。

作用，其基本公式表述为 B=f（P*E）[1]，如果我们将场动力理论应用到司法系统中来，那么这个系统中法官的个人发展 B，就取决于自身的职业能力 P 和法官所处的系统环境 E，当变量函数 f 固定的情况下，如果缺乏了有序而稳定的系统环境，即便职业能力 P 出现较大幅度的急速增长，也无法实现法官个人发展的跨越式提升。在司法机关，行政化的核心内涵在于“审批、控制、干预”，而管理化的核心内涵在于“服务、协调、监督”。审判活动不可能离开管理而单独存在，缺乏管理对审判活动的统筹、协调、服务、保障，审判活动将举步维艰。业务庭室作为人民法院系统内的重要子系统，其在事务性管理上的作用是极其重要的，在司法责任制改革的背景之下，业务庭室的存在实质上是将分散的审判权决定主体以审判业务的类型性进行统筹划分，让法官可以相对固定的从事某一类型案件的审理，确保审理的稳定性，并且以业务庭的事务性服务、协调的方式来提高审判活动的效能。我们注意到当前各地法院内设机构的改革方案中，当精简压缩力度在行政综合部门的施展空间不足时，压缩力度便主要朝向业务庭室。以河北省北部地区的某县法院为例，为压缩法院内设机构，该院将原有的民一、民二、速裁和一个城区派出法庭进行机构合并，将所有类型的民事案件在这个整合后的大机构中进行随机轮案。这样畸变的改革方向明显悖于当前改革的实质需求，更加不利于繁简分流和对审判主体权力滥用的监督和管理。如果从比较法学角度去观察，我们不难发现去管理化的主张支持者试图建立一个英、美、法系那样的无业务庭设置的法院，但是他们却忽略了法院内设机构的选择应当与相应的法系背景相适应。中国的司法体系的基础不同于英美法系，即便是我们抛开人民法院与其他机关的对接，单纯考虑法院系统内部，业务上的对接仍然是极其必要的。而业务庭室在很大程度上便承担着上下级法院之间业务对接的重任。我们还注意到部分人员少、法官少、案件少的地区法院开始尝试只设审判团队不设业务庭的模式。但是细思之下便不难发现这一模式并不具有普适性，而且其固有的弊端短期内也难以克服。由于缺少了业务庭这一层子系统，使得审判权高度分散于审判团队之中，不利于对微观审判权的整体性把控和利用组织协调进行效能优化。如果在案件量大、队伍规模大的法院推行这一模式，只能有两种选择，一种是审判团队平均、随机性的分案，这种分案模式之下，会出现同一类型案件由于审判团队的随机性而发生裁判结果的不统一，造成司法的公信力和权威性的折损。另一种则是审判团队按照法官专业的类型化进行分案，但是这种分案模式之下，固定的审判团队组合起来就等同于一个新的业务庭室，那么这样一来改革便没有了实际意义。

---

① 参见“场动力理论”词条，载百度百科：https：//baike.baidu.com/item/%E5%9C%BA%E5%8A%A8%E5%8A%9B%E7%90%86%E8%AE%BA/1126993？fr=aladdin，最后访问日期：2017 年 10 月 30 日。

（三）管理规律与司法规律的结构性对冲

现有大部分地区法院内设机构改革的方案基本上都是采用了大部制的合并方案。“大部制”在我国肇于2013年的国务院内设机构改革，基本思路是按照综合管理职能合并政府职能部门，组成超级大部的政府组织架构[①]。基于行政机关综合性事务和社会管理系统的开放性和非线性，进行部门合并其实充分运用了自组织系统学中的耗散结构理论。耗散结构认为在远离平衡态的非线性开放系统中，在系统内部的参量的变化达到一定的阈值时，系统可能发生突变即非平衡相变，由原来的混沌无序状态转变为一种有序状态。[②]耗散结构应用到机构管理中便是将机构数量作为这个可变的阈值参量，以求达到一种行政管理的新的有序状态。耗散结构理论可以广泛地应用于开放的社会系统之中，但是唯独在司法系统中的应用要慎之又慎。因为耗散结构理论的关键在于系统的非线性结构，然而众所周知，人民法院的管理结构虽然是非线性的，但是司法的程序往往是线性的，这是司法的内在规律，人民法院本身就是在管理的非线性规律与司法的线性规律的结构性并存中发展的。因此很多在行政机关机构改革中可行的方案，如果只从管理学优化的角度考虑，而忽略了司法机关本身的司法规律，便极容易造成管理优化的作用失灵，这也是为什么大部制改革在政府机构中的推行收效显著而在司法系统中的运行却举步维艰。案件审理不同于一般的社会管理事务，它有着高度的专业要求，因此在对司法系统的内设架构进行调整时要充分考虑司法的内在规律，不能照搬或者简单套用行政机构改革的思路和方案，应当走司法机关自己的路子。尤其是针对审判业务部门的缩减，更要慎之又慎，要知道司法是社会矛盾和结构调整的国家杠杆，社会转型和改革进入攻坚期后，矛盾和纠纷将会呈现出阶梯式的上扬趋势，司法对于矛盾化解的终局性和国家强制性决定了司法将成为社会矛盾演变成社会冲突的最后一道防线。而社会越是发展，矛盾纠纷便愈纷繁复杂，社会将变得像是一台高度精密的机器，每一个部件都不相同，每一个部件的更换和修改都需要相应的精密解决方案。因此改革越深入，司法的精密化程度也将越高，对于法官专业性的要求也就越高，法官专业性的要求越高，对于审判活动的划分也将越来越细化，通过一两个大庭来解决全部问题的时代已经过去了，司法内设机构改革的方向极有可能要与行政机构改革的方向背道，走向细密化、微分化的新路径。从比较法学的角度我们也不难看出，东西方法治发达国家的法院机构设置也在向精细化的纵深方向发展，我们可以看到大陆法系的德国不仅在

① 参见《大部制改革拉开序幕》，载搜狐新闻：http：//business.sohu.com/s2013/dbzgg/，最后访问日期：2017年10月30日。

② 参见“耗散结构理论”词条，载百度百科：https：//baike.baidu.com/item/%E8%80%97%E6%95%A3%E7%BB%93%E6%9E%84%E7%90%86%E8%AE%BA，最后访问日期：2017年10月30日。

普通法院内部设置了民事、刑事、专利等专业性内设机构，还试图通过外设专业性法院来实现司法的专精化，德国设置了宪法法院、普通法院（普通法院中包含专利法院）、行政法院、财政法院、劳工法院、社会福利法院①和纪律法院等。业务庭在审判活动的专业化上有不可替代的作用。专业化是最基础的司法规律，以往我们一直强调建立集约型的司法机关，现在看来司法机关的集约应当主要放在综合岗位上，在审判业务岗位，则更应当强调建立精密型的司法机关和司法人员。改革的目的不是单纯追求机构数量的减少，而是要提高审判业务的质效，如果质效得不到提升，那么就算将内设机构缩减到一两个，那么这样的改革也谈不上成功，而相反的如果提高质效的代价是增设业务庭的数量，那么在这个根本目的之上，业务庭数量的增加也不应该成为我们讳莫至深得不可触碰的底线。

三、人民法院内设机构改革的解悖重构

（一）一紧一松的改革方向，“一紧”：收紧行政综合部门的设置权限

基于解悖的目标导向，笔者认为在人民法院内设机构改革的未来设计中，应当首先解决一个前提，那就是我们应当坚持什么样的改革导向的问题。笔者认为未来人民法院内设机构改革，应当从司法体制四项改革基本完成后的现实背景出发，辨识出业务庭室和行政综合部门之间的不同特点，将两个条线分开，分别规划各自的改革方案。我们认为现阶段可以基本确立“一紧、一松”的基本改革方向。所谓一紧，就是在行政综合部门的设置条线上，继续收紧权限管控。前面笔者也已经提及，在法官主体地位和单独职务、薪酬序列落实之后，只有15%的行政人员需要依靠机构扩张来实现待遇和职务的提升。但是我们也必须要意识到综合行政部门的设置并非是出于解决这部分人员待遇，而是为审判业务服务的。15%的人员比例，意味着这部分群体人员的绝对数量将保持低位水平，如果再以过度细化的机构分列，会增加行政综合部门之间的沟通协调成本，难以保证行政服务质效。同时由于人民法院的行政综合职能的有限性，行政综合部门的扩容会造成本来明晰的权限被交叉化和重叠化，其结果就容易造成综合行政部门之间的相互推诿和扯皮，使得原本为审判服务的行政综合部门变成迟滞审判进程的阻滞因素。同时基于行政权本身的天然扩张本能，也容易引发行政权力对审判权的侵夺，造成行政权干预案件审判的情形出现。因此在收紧行政综合部门设置权限上，我们认为可以继续采用大部整合的方式来进行。以深圳市前海合作区人民法院的行政综合部门设置样本为例，前海合作区法院除了审判团队之外，只设置了两个内设机构，一个是司法政务处、一个是审判事务处，审判事务处因为主要负责诉讼服务、审判管理、司法辅助事务等工作，因此从严格意义上讲，前海合作

① 引自张鹏飞：《简述德国司法制度》，载《中国司法》2004年第2期。

区人民法院的行政综合部门只有司法政务处一个，这样整合后的司法行政部门将原有分散于各个部门之间的行政服务职能集中化，可以有效地整合人员，充分发挥15%的行政人员的行政服务效率，极大地节省行政服务的程序和时间成本。这种精简的司法行政部门设置应当成为未来人民法院内设机构中行政综合部门设置中可复制、可推广的样本。

（二）一紧一松的改革方向，“一松”：释放审判业务部门的设置自主权

前面笔者已经通过思辨的分析强调，人民法院内设机构改革的基础性悖论主要是围绕着“业务庭精简”这个核心问题发展而来的。那么解悖重构的关键自然也要从业务庭室这个主体要素着眼。在业务庭室的条线上，笔者认为中级以上人民法院由于涉及类型化案件的专业指导，过于狭窄业务庭室设置不利于对相关专业领域进行宏观把控。因此我们建议给予中级以上人民法院以更多的业务庭室设置自主权。而对于基层人民法院的业务庭室设置，我们认为业务庭室的设置仍然应当采用以案定量的基本标准，分不同情况梯次放开业务庭室设置权限。在因案定量的标准采用时，应当采用以案件总量为主，以案件类型为辅的设置方法。所谓以案件总量为主，就是说对于业务庭室的数量把控上应当主要依据当地人民法院案件总数相比全国平均水平的倍值来确定。以笔者所在的深圳市法院系统为例，截止到2017年10月26日，深圳市两级法院共新收案件339 156件，上年存案63 197件，按照827名法官的员额数量来计算，平均每名法官当年11月前就需要办理486.5件案件。[①]这样的业务压力是其他地区很多法院无法想象的，因此在这些案件集中的地区和案件相对较少的地区，在业务庭室的设置上不能搞一刀切，要因地制宜，设置不同的梯次。笔者这里也给出了一个简略的业务庭室设置权限的基本方案，允许案件数量超过全国平均水平二倍以上的地区如深圳、上海等发达地区的人民法院根据业务类型的在民事、刑事、行政的一级分类基础上扩大二级分类，来设置业务庭室，以细化的案件分类来实现案件的专业化审判，用精密分工来提高审判效率，以解决这些地区案多人少的矛盾。对于案件数量等于或者低于全国平均水平的地区，由于案件的基数不多，案多人少的矛盾不突出，为了便于对这些地区审判权的集中使用，在人民法院审判业务部门的设置上可以继续采取一级分类的精简模式，其他地区则可以保持现有水平不变或者小幅度扩展。所谓以案件类型为辅，就是在案件总量把控的基础之上，还可以根据各地重点突出、高发、急需的案件类型来设置审判业务庭，来实现对现实需要的回应和专业化审判的推进。

“一紧一松”的改革方向虽然是针对不同内容条线而设置的，遵循各自的设置规律，但是两个条线在基本原则上却是统一的，即人民法院内设机构改革仍然

① 数据来自深圳市中级人民法院2017年10月26日《深圳法院审判执行态势日报》。

应当以服务审判权力的运行为基本原则。从这个意义上讲，不论是机构的缩减还是扩容，最后都应当殊途同归于为审判活动服务这个目标。

（三）发挥司法改革联动效应，增强内设机构改革与其他配套改革的衔接性

人民法院内设机构改革之所以出现改革试点地区方案与实际需求的脱节，其根本原因就在于这些地区的方案设计没有充分考虑内设机构改革与其他司法改革配套措施的内在联系性。改革方案迟滞和游离于正在发生的其他改革措施之外，因此就不免与实时的改革背景格格不入。有的地方在内设机构改革方案中一直强调要以内设机构改革来着力实现“让更多的法官回到一线办案”的美好愿景，却忽略了员额制改革已经基本完成，以员额制为基石的司法责任制才是解决谁来办案、由谁负责的关键，单纯依靠内设机构改革无法解决全局性问题，也不能赋予内设机构改革过多的愿景期望，而应当考虑如何让内设机构改革更好地与司法责任制进行衔接，如何利用内设机构改革巩固员额制改革的成果。司法体制改革是涉及整个司法系统，涵盖了司法权力运行的全过程的深层次改革。司法体制改革具有环节性和阶段性，要按照顶层设计的规划路线一步步推进，但是这绝不意味着司法改革的各个环节之间可以分别割裂开单独进行。司法改革的各个部分之间都是血脉相连、相辅相成的，人民法院内设机构改革也不可能脱离开司法责任制改革和其他配套改革而单独构想，因此我们在对人民法院内设机构改革的宏伟蓝图进行规划和试点性探索的时候决不能脱离开其他配套改革，只从人民法院内设机构的单一角度去考虑问题，这样设计出来的人民法院内设机构架构，即便达到了管理学上的极致，也无法解决司法改革向纵深发展之后出现的后续问题。目前司法员额制改革已经基本完成，党的十九大也提出了司法体制综合配套改革的规划，考虑到人民法院内设机构改革与其他配套改革措施之间存在着改革推进上的并行性，因此我们建议在改革的顶层设计中建立畅通的联动效应，让人民法院内设机构改革的设计方案能够与其他配套改革之间相互契合、衔接，防止出现设计方案与实际需求之间脱节。这个衔接性联动，不仅仅适用于人民法院内设机构改革，并且能够长远性地解决未来司法体制改革中的各个环节和阶段之间的梯次继承，让整个改革内容能够相互对应，形成改革的全局性合力，为中国特色社会主义法治体系的完善提供完整的法治蓝图。

转变中的中国法院组织结构
——审判组织与审判机构的竞合与分离

王国锋 *

法院组织结构是司法机关内部各构成要素及各要素间相互关系，包括各构成要素在不同层次责权体系中的联系形式和相互作用方式。[①]我国法院组织结构形成于 1979 年《人民法院组织法》和其后历次机构改革，其中 2000 年改革确定了现在法院组织结构的基本样式。

一、两种法院组织结构：以审判组织和审判机构为中心

审判组织与审判机构是法院内部最重要的两套构成要素，分属不同的权力体系，执行不同的组织规则和任务，分别以它们为中心，形成了两种类型的法院组织结构。

（一）审判组织与审判机构：法院构成要素的界分

审判组织是代表国家行使司法权的审判体，具有独立的裁判主体资格。审判组织的功能是适用法律裁判案件，它的裁判就是国家和法院的裁判。审判组织的活动即为司法过程的展开，既“依循法定之审判方式，以进行审判，俾防止于诉讼过程中流弊之产生，期得审判公正之结果，以维护人民之权利，发挥司法之功能”。[②]审判组织成员地位、职权和责任平等，共同审判案件、得出结论并承担责任。审判组织采取平权表决的运作规则，合议庭的法官们以简单多数的决定方式决定案件。审判组织成员签署文书后，裁判即告生效，裁判结果由审判组织成员共同负责，即为“审理者裁判，裁判者负责”。我国现行法院组织制度规定了独

* 作者单位：吉林省长春市中级人民法院。

① 组织结构可简单概括为一个组织内各构成要素及各要素间确立关系的形式。参见［美］弗莱蒙特·E·卡斯特：《组织与管理》，傅岩等译，中国社会科学出版社 2000 年版，第 282 页。法院组织结构可以被认为是一个关于任务分工和职责权限整体布局的框架图，在这个框架图的有序安排下，法院系统内部各构成要素处于一种相对稳定的状态，审判权运行机制、司法行政管理机制、司法辅助机制等系统在其中正常运转。

② 管欧：《法院组织法论》，台湾地区三民书局 1994 年版，第 62 页。

任庭、合议庭与审判委员会三种审判组织形式。①

审判机构是根据案件专业分工建立的法院内部管理部门。法院依据不同的案件类型划分形成若干个审判庭，法院不以审判庭的名义审理案件，审判庭不享有司法权，没有独立的审判主体地位。审判庭基本职责主要有：代表法院行使内部的司法行政管理权，包括对司法人员的管理；组织实施审判活动，负责排期开庭、送达等司法辅助事项；管理和监督审判活动，包括诉讼指导、召开专业会议、司法调研和统计报送案件统计数据等；完成法律职能以外的社会治理、法治宣传、受理当事人投诉等。

审判庭属于司法行政机构，庭长是行政职务，庭长的权力是院长权力的分解和延伸。“尽管在具体管理方法和制度方面会考虑案件审判活动的特有规律”，②但审判机构的运行模式整体而言是行政化的，实行的是一种层级化的组织体系和首长负责制的决策方式，其内部发挥支配作用的是领导意志，成员间是一种命令－服从关系。现行《人民法院组织法》规定了民事审判庭、刑事审判庭、经济审判庭三种形式的审判机构，院、庭长属于审判机构制度的一部分。③

审判组织与审判机构是在权力性质、组织规则和基本功能上非常不同的两种要素体系（见表 1）。

表 1　审判组织与审判机构比较

	审判组织	审判机构
组织性质	审判单位	司法行政单位
权力来源	司法权	行政管理权
组织规则	平权表决制	首长负责制
组织特征	法官中心主义	庭长中心主义
组织职能	适用法律，救济权利，解决纠纷，提供公共司法产品和服务	审判管理和司法辅助活动
运作原则	司法规律	等级序列
成员关系	独立、平等	命令－服从
角色特征	专业取向	科层取向
内部结构	平权结构	等级结构
价值观念	公正	效率
责任分担	共同负责	行政首长及承办者负责

① 审判长、审判委员会专职委员都属于审判组织制度的一部分。

② 蒋惠岭：《初论审判机构设置的审判》，载中国法院网：http：//www.chinacourt.org/article/detail/2004/06/id/121717.shtml，最后访问日期：2014 年 6 月 9 日。

③ 行政审判庭已普遍设构，应在组织法修订时予以法律承认。《人民法院组织法》规定中级人民法院以上的人民法院根据需要可以设其他审判庭，这一授权性规定给了地方各级法院很大的裁量权，在为设置各种专业审判机构扫清法律障碍的同时，也由于缺乏规定具体的审批权限和程序，导致法院系统内设审判机构难以保持一致。

（二）审判组织对审判机构的附属关系

作为两套不同的要素体系，审判组织与审判机构互不隶属，应当分立并行，但两者实际上却陷入一种结构性同化过程，呈现出审判组织对审判机构的依附。启动这种附属关系发生的是分庭管理制度。法院实行分庭管理的目的是实现专业化的司法分工，我国《人民法院组织法》规定，法院设置民事、刑事等审判庭。采取分庭管理的国家主要有德国、法国等；另外一些国家如美国、日本最高法院采取的是一种“全席法庭”模式，不设审判庭，由所有有资格听审的法官共同出席听审，因此不存在审判庭的概念和设置。[①] 审判庭是业务部门，也是管理机构，一般每个审判庭都设置若干个合议庭或独任法官。审判庭的庭长占有与外部行政谱系对应上的优势地位，掌握着法院各种资源的分配权，也往往掌握着审判组织成员职位任免和级别晋升等权力。按照理想的制度设计，这种身份优势只应存在于管理领域，但实践中庭长会将这种管理权扩张到审判组织，视审判组织为当然的下设单元，将命令－服从关系代入到司法权范畴，层级化的管理关系渗透到审判组织运作的各个方面。这就使审判组织与审判机构间呈现出一种领导与被领导的关系，审判组织原有内部结构变形、成员间平等关系被破坏，

审判长选任制加深了审判组织对审判机构的依附关系。审判长属于审判组织范畴，除了主持庭审活动外，与其他合议庭成员地位平等，不是固定的职务，更不隶属行政系统，应为每案临时设立。《最高人民法院关于人民法院合议庭工作的若干规定》规定，审判长与其他合议庭成员之间的关系是一种平等的关系，除审理案件的主持权外并无特殊的凌驾于其他合议庭成员之上的权力。[②] 但是审判长选任制中，“审判长”由法院（表面是审委会，实际是院党组）任命，工作向院长、庭长负责，实际上将这一庭审临时负责人角色常设化、机构化，使其演变为一种负有管理审判团队职责的行政职务，从而在院长、庭长下面增加了一个管理层级，审判长成为行政体系的一部分。[③] 当审判长具有了行政首长特征后，就成为帮助审判庭控制合议庭的协理者，主审法官制可以看作审判组织脱离和独立于审判庭的努力，但由于无法完全割断对审判庭在资源获取上的依赖以及等级差

---

① Court en banc，full court，court in bank 某一法院的全体法官共同听审有关法律抗辩的辩论、重新审理的申请等问题，区别于一名法官独任审理或几名法官合议审理，多用于上诉审中。参见薛波主编：《元照英美法律词典》，北京大学出版社 2003 年版，第 335 页、第 588 页。这种机构设置模式丧失一定程度的分化，但优点在于可能集中全部力量有效解决某些案件问题，避免机构设置过于繁杂所带来的司法资源浪费和日常运转中协调性低下，并可能保持系统结构的稳定性。参见谢进杰：《问题与范式：最高法院制度化研究》，载《法治论丛》2006 年 3 月，第 59 页。

② 《最高人民法院关于人民法院合议庭工作的若干规定》，2002 年 7 月 30 日最高人民法院审判委员会第 1234 次会议通过。我国台湾地区“法院组织法”第 4 条规定，合议审判以庭长充审判长；无庭长或庭长有事故时，以庭员中资深者充之，资同以年长者充之。

③ 《人民法院审判长选任办法（试行）》，2000 年 7 月 11 日最高人民法院审判委员会第 1123 次会议通过。

的客观存在，很容易演变为审判长选任制的翻版，客观加重了审判组织内部的层级化现象。①

司法行政事务的非集约化客观上也参与了审判组织的附属化。中国法院虽然是按照科层制原理构建，但实际上，司法行政系统发育却不完全，处理行政事务的职业化程度并不高，在司法行政管理上的专业分工和技术训练远没有达到理性化程度，主要表现为职能外溢现象严重。一方面，行政事务被大量转移到审判业务部门完成，上级法院的审判业务部门又会将这些行政事务继续分解给下级法院，院、庭长不得不承担起大量非裁判性职责，这就直接强化了院、庭长行政管理者的角色意识；另一方面，审判庭会将自身和来自非审判系统的行政事务转移和分散给合议庭和法官。借助这样一种制度管道和传递机制，大量非裁判性的司法行政事务持续流向本应专司审判职能的审判组织，从行政系统外溢到审判庭的行政事务最后被位于组织系统终端的法官所承担。审判组织在承担这些被层层分解下来的非审判任务后，不但审判资源被大量耗用，更为重要的是等级结构也附随行政事务一并传导到审判组织，审判组织成为从院长开始、中间途经分管副院长、庭长、副庭长，最后直抵法官这样一个直线等级结构。

这样，在部分正式和非正式制度的参与下，审判组织被改造为与审判机构执行相同规则的单位。审判庭将合议庭、独任法官纳入自己的运作框架，使其成为行政建制的一部分，原有的平权结构被审判机构的科层制替代和改变，原本应当分离的两套组织体系交织运行，演变为一种事实上的附属关系，法院形成一种以审判机构为中心的组织结构。

（三）行政模式与裁判模式：法院组织结构的理论模型

在审判机构“吞噬”审判组织的过程中，形成一种法院组织结构的行政模式，这种模式将审判机构推向法院组织的中心地位，具有等级序列、首长负责、命令－服从关系等审判机构的特征。与此相对应，存在另外一种是以审判组织为中心的裁判模式，这种模式以提供司法公共产品和服务为主，强调法官中心主义，重视审判规律。②行政模式是支配中国法院组织运作的主导机制，行政模式的发生和形成过程就是审判机构对审判组织的兼并和竞合过程，也是一个审判独立受抑制、平权结构被破坏、中立外观遭损害的过程。

这主要表现为：（1）合议庭和独任法官被编入审判庭，审判组织成为审判机构的一部分和下设单元失去独立性，在等级制的长期裹挟运作中，自身组织特征

① 主审法官不是一种法定的审判组织形式。采用“竞职”方法选任出来的“审判长”或“主审法官”本质上是行政逻辑的产物，有的地方法院授予其审核、签发诉讼文书的权力，这就改变了合议庭成员的平等关系，审判组织内部的层级化现象进一步加剧。

② 审判组织、审判机构是现实存在的法院组织系统，而行政模式和裁判模式属于典型化了的组织结构模式，用来归纳和描述某一类法院组织结构的高度同质性和家族相似性。

退化。（2）法官主要是审判机构成员，更强调自己的审判庭成员身份，因为这决定了他所能拥有的权力范围。法官们更习惯以审判庭成员身份参与法院和社会公共活动，而审判组织成员角色意识非常淡薄。①（3）审判组织成员间平等关系被命令－服从关系取代。行政模式中的审判组织高度层级化，行政等级优位于法官等级，法官“被组织到一个单一的权力等级里”“被锁定在一个严格的上下级网络之中”。②这导致平权表决机制失灵，审判组织裁判自主权被消解，司法决策过程的说理机制无法充分实现。审判权被分割和被高度分散，法院内部出现“审级”，造成正式审判体制的制度变形和功能失效。③

审判庭不是司法权的享有者，法院也不以审判庭的名义审理案件，但是经过一个从机构到运作、从规则到身份的系统整合，审判机构完成了对审判组织和审判权的实际控制，从一个行政管理者的角色转变为审判权事实上的分享者和决策者。在这里，法官独立裁判空间被压缩，审判庭权力监理审判组织事务，司法决策让位于管理机制，尤其是来自行政系统和审判系统的双重指令发生冲突时，法官的理性选择必然是专业标准让位于等级权威。结果必然是，无论展开诉讼程序、形成裁判结论或履行司法职能，都必须依托和借助于行政化的组织结构，从而最终将裁判过程带入一种整体上非司法化的运作轨道。

二、行政模式的功能主义解释

行政模式不是法院组织结构的理想类型，但在功能主义（Functionalism）视角下，它却是一种最符合传统治理结构需要、最适合传统治理方式的组织模式。功能主义强调任何一种文化和制度现象都有满足人类实际生活需要的作用。如果把国家治理看作是具有一定结构或组织化形式的有机体，法院在其中发挥相应的功能，法院的特定职能活动总是不可避免地同特定类型的法院组织形式联系在一起。决定法院组织结构的，不是法院“应对专业化分工”的自主选择，而是国家治理方式和这种治理方式对法院的特殊需求。

（一）兼容非裁判性功能：行政模式的比较优势

法院是现代社会中裁决纠纷的专门机构，完成裁判任务是法院最重要的功

---

① 法官审判组织成员身份意识弱化。由于法官们在哪个庭决定了他能够享有什么样的权力，所以当一名法官遇到“我是谁”这样的问题时，他的回答通常是“我是刑事审判庭的法官”或者“我在审判管理部门工作”，而不从“我是独任法官”“我是合议庭成员”这样的角度自我定义。

② ［美］米尔伊安·R·达玛什卡：《司法和国家权力的多种面孔——比较视野中的法律程序》，郑戈译，中国政法大学出版社2004年版，第24页。

③ 苏力：《论法院的审判职能与行政管理》，载《中外法学》1999年第5期，第41~42页。

能。[①]审判组织是裁判主体，裁判性功能依赖于审判组织实现。除了裁判性功能，法院的任务还包括两类非裁判性功能：一种外部的非裁判性功能，如促进地方经济社会发展、维护稳定等治理中的政治性公共责任，这些功能得依托审判权实现。另一种是内部非裁判性功能，主要是大量党务工作、纪律监察、涉诉信访等管理责任。在法院尚未成为一个真正以审判职能为重心"单位"的情形下，[②]这些非裁判性功能在法院工作中占有极其重要的位置，有的在排序上甚至要优先于审判任务。如何按照上级要求履行好这些职能是法院必须首先考虑的问题，行政模式以其独特的效率优先、意志一致和权力集中等优势更能够满足这些非裁判性功能的需要。

外部的非裁判性功能对应着政治责任，要求更多的服从而不是独立思考，要求法官具有行政官那样的政治思维。然而，法官和行政官的思维方式完全不同，法官的思维是客观的，遵循着他的法律观念；行政官的方法是经验式的，是权宜之计。[③]法官们的职业伦理要求裁判结论只能非此即彼，而不能左右权衡，这些都会与政治思维发生冲突。[④]法官们像行政官那样思维并在必要时作出"对某些特定判决的承诺"，[⑤]这其中就包含着某些场合不需要完全对法律负责的暗示。行政模式的优势在于能够利用建立起来的等级制保证法官思维符合非裁判性功能的需要，从而保持对司法工作的方向性控制。那些已经被组织到一个严密科层结构之中的法官懂得如何在这样的组织环境中更有效地获取信任。在政治利益优先的问题上，法官们也能够始终保持较高程度的思想一致，这对于分散的审判权而言尤其重要。尤其在能动司法的背景下，政治责任、维稳责任得到特别强调，这些

---

① 关于法院是"现代社会中解决纠纷的专门机构"，可以参考以下资料："司法机构是一种拥有解决法律冲突权力的政府机构；在理想的观念模型中，司法机构常常被界定为旨在以一种确保对争讼各方都公平和正当的方式是冲突解决制度化的专门组织。"[美]戴维·米勒、韦农·波格丹诺：《布莱克维尔政治学百科全书》(修订版)，邓正来等译，中国政法大学出版社 2002 年版，第 404 页。有观点把最高人民法院的功能分为政治性功能和司法性功能，前者包括权力制约功能和公共政策形成功能，后者包括纠纷解决功能和法制统一功能。参见左为民等：《最高法院研究》，法律出版社 2004 年版，第 4~7 页。关于法院负有何种衍生性功能不是本文研究重点，普遍认为法院负有特定的政治功能。相关分析，参见姚莉：《法院在国家治理现代化中的功能定位》，载《法制与社会发展》2014 年第 5 期；庞凌：《法院政治功能的学理疏释》，载《法律科学》2003 年第 4 期。

② 傅郁林：《以职能权责界定为基础的审判人员分类改革》，载《现代法学》2015 年第 4 期，第 15 页。

③ [英]威廉·韦德：《行政法》，楚建、徐炳译，中国大百科出版社 1997 年版，第 50~51 页。

④ "如果一个公务员故意不执行其上司要求他以特定方式处理某一事务的指示，通常这就构成失职。而对法官来说情况恰好相反：如果法官按照院长的指示去判案的话，这种行为就构成失职"。[德]傅德：《德国的司法职业与司法独立》，载宋冰编：《程序、正义与现代化——外国法学家在华演讲录》，中国政法大学出版社 1998 年版，第 19 页。

⑤ [美]克里斯托弗·沃尔夫：《司法能动主义》，黄金荣译，中国政法大学出版社 2004 年版，第 13 页。

责任只有顺利转化为非裁判性功能，才能在司法活动中获得合法性。[①]“当一个国家开始接近于实现其最充分的能动主义本质的时候，司法与行政便开始融合”。[②]这些责任也对集权化的等级结构有着天然的依赖，法院的行政化程度越高，越有利于能动司法。行政模式是对非裁判性功能的迎合，非裁判性功能也强化着法院行政化的组织结构。行政模式的等级结构能够保证法官们能够像行政官那样思考，而水平结构的裁判模式则无法做到这一点。裁判模式要求司法活动保持与特定目的的脱离，审判体的独立性也难以获得很多公共责任需要的那种思想观念的一致性，这就使裁判模式与非裁判性功能总是存在一种紧张关系。

“审判机构的增加在于法院事权的激增”，这种事权有裁判性的，也有非裁判性的。即使那些裁判性功能最后也导致审判事务管理机构增加；审判庭大量增设、审判事务管理机构增加，又共同导致行政管理事务机构同比大幅增加。[③]对于内部的非裁判性事务而言，行政模式本身就是一种采用行政化运作的管理机制，具有管理体系的集中性、组织体系的稳定性等特征，这些无论是对于宣传法律意识形态以保持法官对主流政治观念的忠诚，还是司法人力、物力资源的管理和分配，都是更有效的组织结构。“纯粹行政系统的科层模式，就其本身而言，是一个能够达到最高效率的模式，也是对组织成员进行强制性管理的最理性的手段，在精确性、稳定性、纪律的严格性和可靠性上都优于其他任何模式。”[④]

事实上，行政模式也是司法传统自然沿袭的结果，“某种类型的组织一旦建立，往往会保持其建立时的基本特征”，所以“某个组织表现的结构形态与其建立时期之间，常常存在着紧密的关联。”[⑤]中华人民共和国成立后，受前苏联司法制度的影响，各种行政色彩较浓的司法概念被广泛引入，形成了以统治、管理为内容的强势话语体系，法院组织制度也受此影响。比如院、庭长制度就在此时得到正式确立。[⑥]再比如中国法院设立之初就承担着较多的非裁判性功能，如“保卫人民的革命成果”；在组织上形式也体现出较强的行政化特征，如将法院作为同级政府的一部分。在行政模式形成的历史过程中，这些“最初获得的特征”得

① 相关分析可参见王保民、唐学亮：《试析中国式司法能动主义的独特性——以中美比较为视角》，载《行政与法》2010年第11期。

② [美]米尔伊安·达玛什卡：《司法和国家权力的多种面孔——比较视野中的法律程序》，中国政法大学出版社2004年版，第132页。

③ 法院规模历经三十年的持续激增，导致法院内部结构样态发生巨大变化：内设庭室越来越多，人员分类、分层、分级管理日益繁复。庭室不断分解、功能细化，非业务审判的综合部门更是不断裂变。参见刘忠：《规模与内部治理：中国法院编制变迁三十年》，载《法制与社会发展》2012年第5期

④ [美]彼得·M·布劳：《现代社会中的科层制》，学林出版社2001年版，第19页。

⑤ [美]W·理查德·斯科特：《组织理论》，华夏出版社2002年版，第157页。

⑥《人民法院暂行组织条例》(1951年9月3日中央人民政府委员会第十二次会议通过，1951年9月4日中央人民政府公布)第10条第3款规定：各级人民法院院长领导并监督全院工作。庭长领导并监督庭内工作。院长、庭长得就某一案件的审判，自任主任审判员。

到延续，形成今人的组织结构。[①]

对于非裁判性功能而言，行政模式更具合理性，法院组织结构自觉保持着对非裁判性功能的适应。相反，审判组织所具有的独立性和离散性则不利于非裁判性功能的执行，两者是一种互相排斥的关系（见图1）。

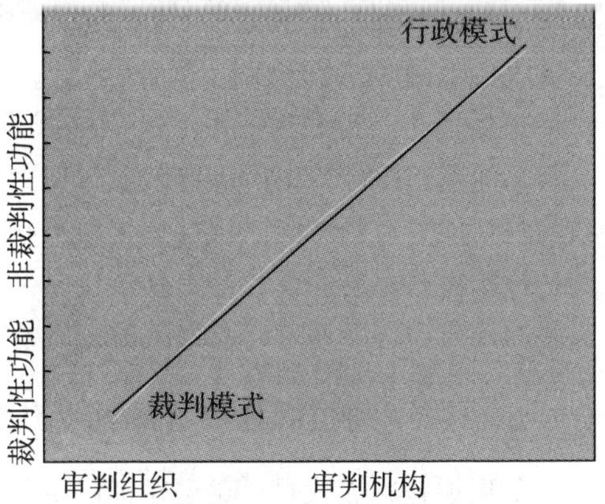

图1 法院组织结构示意图

（二）反司法规律的组织结构：行政模式的问题

应当说，法院追求组织结构对非裁判性功能的适应，不应简单归结为司法工具主义观念的引导，而是法院政治角色意识不断强化的结果。现代政治中法院通常有两种角色：一是法律机构的角色，来自社会的司法需求要求法院向法律负责，这种角色的压力是自下而上的。二是政治机构的角色，要求法院向政治体系负责，体现特定的国家理想，压力是自上而下的。[②]

后一种角色中，法院具有为政治体系制造合法性资源的功能，司法过程被看作是一种意识形态的生产、运转和输送过程，体现着塑造“人民法院”的政治愿望。[③]法院事实上也就成为强有力的政治机构，在履行司法职责的同时发挥着政治功能。[④]非裁判性功能是国家政治任务的一部分，这就使司法活动多了一份政治尺度。通过将政治任务分解和设定为各种非裁判性任务，法院系统被组织成一个并

① 1951年《人民法院组织暂行条例》第2条第2款规定：“各民族自治区域，依其具体情况，设立相当于各该级人民政府的人民法院。”第3条规定：“人民法院为巩固人民民主专政，维护新民主主义的社会秩序，保卫人民的革命成果和一切合法权益”。1954年《人民法院组织法》第3条规定，人民法院“保障国家的社会主义建设和社会主义改造事业的顺利进行”。

② “政治角色是政治体系的基本单位之一”，政治角色即指在政治体系中活动的成员。许志春：《结构—功能理论：当代政治学重要研究方法》，载《理论学刊》1992年第4期，第46页。法院是政治体系的基本单位，是政治体系的活动成员，必然具有政治角色。根据帕森斯的“位置－角色”理论，只要把角色预设为行动者对某一位置的行为期待，一定的角色必定在社会结构中发挥一定的功能。所谓“位置”也就是行动者在社会系统中所处的结构性方位，而“角色”则意味着社会对这一位置所具有的行为期待。在他看来，社会互动实质上也就是一系列具有不同位置－角色规定性的行动者之间的关系表现形式，而互动中的个体不管怎样变化，角色归属及其互动作为一种模式化了的社会关系，则是普遍的和相对稳定的。

③ “人民法院”的观念“或者是源于民间信仰或习俗的某种共同观念，或者是共同体的期望”，它代表了一种类似于“自己代表自己”的法院模式。[美]文森特·路易兹：《法律、审判和惩罚》、[英]安东尼·弗卢：《西方哲学讲演录》，李超杰译，商务印书馆2000年版，第202页。

④ John R. Schmidhauser (ed.), Comparative Judicial System : Challellging Frontiersin Conceptualand irieal Analysis. Landon: Butterworths, 1987, PP.10–11. 转引自谢进杰：《问题与范式：最高法院制度化研究》，载《法治论丛》2006年3月，第55页。

非以司法逻辑而是以行政逻辑建立的共同体。[①] 与其他定位相比，法院的这种政治立场更具压倒性，所产生的压力更沉重，因此也促进它更偏好表达政治性的一面。

概括而言，行政模式带来的问题就是法院不像审判机关，法官不像司法者。法院功能对组织结构具有传导效应，审判组织的萎缩与审判机构的膨胀说明，非裁判性功能具有刺激和强化那种与政治角色相适应的组织结构的能力。这种结构就是行政模式，这一模式与审判规律是冲突的，这种冲突实际上也是传统治理与法律的社会治理之间内在矛盾在司法领域的具体体现。

三、以审判组织为中心的法院组织结构

如果说裁判模式是一种更贴近解决纠纷的法院组织形式，那么行政模式是一种更贴近政策实施的法院组织形式，是法院政治表达的一种方式。[②] 在治理体系向司法寻求支持的情况下，各种非裁判任务通过层级化搭建的制度管道持续流向法院。在社会秩序对法律控制的要求不那么高的时期，这种组织结构的适用性更强；但是，如果面临法律程序主导社会控制的治理格局，这种组织结构就显得格格不入。随着全面依法治国和社会治理法治化程度的加深，法院主要功能和政治表达的形式也在发生变化。

法治社会，法院有解决纠纷的直接功能，也有控制权力和制定公共政策制定的延伸性功能。[③] 这些功能都是裁判性的，实现它们主要依赖审判组织，而不是审判机构。首先，法治社会中法院也有生产合法资源的任务，但这一任务是通过公正地解决纠纷实现的。公正程度越高，合法资源的质量越高。公正的解决纠纷是法院典型的裁判性功能，"让人民群众在每一个案件中感受到公平正义"，就是这一功能的集中表述。其次，权力制约功能以违宪审查和行政审判两种形式发挥，而无论哪种形式都是在法庭上完成的，是法院用法律知识对立法行为和行政行为的判断。[④] 最后，法官的决策参与权，也是通过审理案件的方式来实现的。"这种政策制定功能伴随着与环境污染有关的公害诉讼、消费者诉讼、纳税人诉讼等现代型诉讼的出现而日益凸显出来"。[⑤] 因此，法治社会的法院功能主要是裁

---

① 参见时飞：《最高人民法院政治任务的变化——以 1950-2007 年最高人民法院工作报告为中心》，载《开放时代》2008 年第 1 期，第 134 页。

② 根据达玛什卡教授的理论框架，现实的法院结构也可以体现为纠纷解决和政策实施两种形式。达玛什卡指出中国是政策实施型司法，就包含着中国法院所采取的组织结构是偏向政策实施或非裁判性功能的。

③ 左卫民：《法治社会中的法院功能》，载《人民法院报》2002 年 3 月 30 日，第 3 版。

④ 党的十九大报告提出"推进合宪性审查工作"，如果将这一任务落实到法院，那么将大大增强法院控权的裁判性功能。

⑤ 左卫民：《法治社会中的法院功能》，载《人民法院报》2002 年 3 月 30 日，第 3 版。

判性的。[①]

法院组织结构有一种被决定性，当社会控制手段发生变化、法院回应社会司法需求的内容发生变化、法院在社会治理中的功能和参与经济社会发展的方式发生变化时，法院偏好政治任务的角色意识、行为逻辑和组织结构就会从根本上被改变。法治社会，法律是社会的主要控制手段，法治建设的主要矛盾也转变为人民群众日益增长的对公平正义的需求与公共法治服务不平衡不充分之间的矛盾，这就把法院任务吸引和集中到裁判性功能上来。只有充分发挥裁判性功能，才能从根本上满足人民群众对公平正义的需求。法院要适应这种趋势，就得以审判组织为中心重塑自己的组织结构。可以说，中国法院组织结构正在发生转型——从政策实施型转向解决纠纷型、从集权的层级结构转向分权的平权结构、从以权力分工为基础转向以知识分工为基础。新一轮司法改革很大程度上就是在实现这种转变：纠正审判组织对审判机构依附性，提升法院对裁判性功能的适应性，确立审判组织在法院结构的中心地位，

审判组织的独立地位。审判组织是一个微型法院，是法律和法官的集合体，每个审判组织都应获得独立运行的地位、权力和资源。纠正非司法化的组织体系，改变审判组织与审判机构的附属关系需要在权力性质、组织体系和任务功能上清理审判庭与审判组织的差别，把审判组织从审判机构中分离出来，改变组织上的“统合状态”和“兼并现象”，在恪守权力分界的基础上使两者成为一种（审判机构）服务（审判组织）的关系。在德国，各级法院设置特定数量的审判庭，审判庭由一名、三名或五名职业法官组成，审判庭的领导者称为首席法官，不存在庭长和审判长的概念。审判组织与审判庭是重合的，而不是互为隶属关系，审判组织负责人既为审判庭负责人，而且在身份上更突出法官身份。[②] 按照这种做法，审判庭的庭长即为合议庭的审判长，将院、庭长编入合议庭后，由副院长、审委会委员担任这个审判庭的庭长。我国《人民法院组织法》修订时，可规定审判庭的庭长可由院长、副院长兼任。[③] 那么这里的“合一制”已不是审判机构兼并审判组织，更确切地说是审判组织合并了审判机构。至少在基层法院可取消审判庭建制，直接设置合议庭和独任法官，将审判任务委托到最底层；只有

① 《中国共产党第十九次全国代表大会报告》指出，要“加强宪法实施和监督，推进合宪性审查工作”“全面落实司法责任制，努力让人民群众在每一个司法案件中感受到公平正义”。这些对依法治国实践的具体规划最终要靠法院裁判性功能落实，这些举措也是法院裁判性功能的一部分。

② 参见卞建林、刘枚：《外国刑事诉讼法》，人民法院出版社、中国社会科学出版社 2002 年版，第 10 页。也可以将德国的做法视为在法院直接设置数量众多的、成员固定的合议庭，合议庭中职业法官数量不等，视所辖案件数量而定。在我国语境下，这种做法可以认为是合议庭负责人称为庭长或首席法官，也可以认为是取消了庭的建制。

③ 1951 年《人民法院暂行组织条例》规定各级法院的院长、副院长都得兼任庭长和法官。我国台湾地区“法院组织法”第 15 条规定，民事庭、刑事庭、专业法庭及简易庭之庭长，除由兼任院长之法官兼任者外，余由其他法官兼任。

案件多的基层法院经最高人民法院核准可设置审判庭，这也是我国现行《人民法院组织法》的规定和一贯的立法意图。[①]中级以上法院应当控制专业审判庭数量，当社会有专业性的司法需求时，应主要通过增加合议庭的方式予以满足，而不是采取机构扩张的方式，这样有助于实现宽职能的组织架构和扁平化纵向发展。无论哪一种选择，最终方向都是建立以审判组织为基本构成单位的司法人力、物力资源配置机制。

法官独立原则。法官独立原则是法治国家司法体制的核心原则。[②]独立能够保证法官在作出判决的瞬间，不被别的观点，或者不被任何形式的外部权势或压力所控制或影响。[③]我国《人民法院组织法》仅承认法院独立而没有确认法官独立，在修法时可予以纠正。

审判委员会表决规则。平权表决制是审判组织特有的议事原则和组织规则，保证审判组织的每个成员都有平等做出判断的权力。现行《人民法院组织法》第10条规定，审判委员会实行民主集中制。民主集中制是一个政治概念，而非法律概念，是一种行政化的决策模式，并不适用裁判过程。审判机构负责人只有作为审判组织成员时才可对案件发表意见，此时他的身份已经由司法管理者切换为审判者。作为一种审判组织，审判委员会成员间权力同等，应实行简单多数的平权表决机制以强调其裁判机构属性，弱化审委会“行政会议”的特征。

承办法官制度。在具体案件审理中，应由审判长指定一名合议庭成员担任承办法官，负责协助审判长开庭以及起草判决。承办法官身份并不比其他法官更为特殊，他只是代表合议庭全体成员提出裁判意见并提交全体讨论，承办法官是案件裁判文书的起草者，而不是裁判意见的决定者。

审判组织成员的身份意识。审判组织为法官身份提供了一种职业化的识别系统，当员额法官、法官等级成为一种新的身份定义话语后，审判组织成员的角色意识和身份认同能够得到不断强化。员额制改变了司法官资格泛化的局面，来自

---

① 现行《法院组织法》第18条第1款规定：基层人民法院由院长一人，副院长和审判员若干人组成。需要注意的是，在基层法院的人员构成中没有庭长和副庭长。但是在第23条、第26条、第30条对中级、高级和最高人民法院人员构成的规定都是“由院长一人，副院长、庭长、副庭长和审判员若干人组成”。显然在中级以上法院的组织人员中包括了庭长和副庭长。在对人员构成做了规定后，第19条第2款对基层法院组织机构的表述是，“基层法院可以设刑事、民事审判庭”，而对中级以上法院规定的是“设刑事、民事审判庭”，立法用语上的差别是明显的。1954年组织法也作了同样的规定。1951年的《法院组织暂行条例》规定，“案件多的县级人民法院得分设刑事、民事审判庭，庭设庭长一人。”

② [德]沃尔夫冈·赛勒特：《“法官独立”和“法官法定”原则在德国的历史发展》，载《南京大学法律评论》1997年春季号。

③ “宣布决定的法官，其作出的决定哪怕是受到其他意志的微小影响，他也不是法官”。[美]罗杰·科特威尔：《法律社会学导论》，潘大松译，华夏出版社1989年版，第307页。

最高人民法院的激励资源也有利于塑造法官身份的荣誉感，[①]这些做法的目的是，使法院中真正具有吸引力的不是那些行政职务，而是法官身份和审判岗位。

审判组织内部的平等关系。消除审判组织中的等级因素就需要恢复院、庭长的法官身份。《人民法院组织法》应明确院长、庭长由法官兼任。[②]在身份上院长、庭长首先是法官，然后才是司法行政事务的管理者，在院、庭长办案制度框架下将审判机构负责人编入合议庭（而不是将审判长等审判组织成员编入审判庭），以保证所有精英法官都是审判组织和裁判环节的一部分。完善审判岗位与非审判岗位的交流和衔接机制，让法官能够在两套组织体系中分享不同的职业定位和发展前景。

司法活动是一个独立的知识应用系统，审判组织代表着这个系统的所可能取得的成就。对于审判组织而言，无论是审判权力的专业化行使、裁判功能的自主发挥或是中心地位的制度确立，都有赖于社会治理结构的转变、非裁判性功能数量的急剧减少和对法院政治期待的大幅降低。这样，才能使法院发挥最佳司法功能。最佳司法功能不是排除一切非裁判性功能，而是一个以裁判性功能为主的法院任务体系，要求审判组织要坚守功能、结构和裁判技术底线，在获取行政系统支持的同时免受干扰。即便在现代化程度很高的法院，非裁判性功能也不会彻底消失，法院也会主动保留部分层级化的组织结构处理行政事务，这将构成审判组织运作的一个客观环境。审判专业“组织应尽可能地封锁其技术内核，使之免遭环境的破坏”。[③]“免遭环境的破坏”意味着法院应将分散在各审判机构的审判管理权向上收拢，利用更为刚性的制度规范约束审判庭权力，减少其侵扰审判组织的机会。

结语：启动法院组织制度现代化的司法改革

法院是一个有着复杂的内部结构关系的组织，组织内行为会对组织外程序的产生决定性的影响。[④]由于未能充分关注法院组织结构与司法产品生产能力之间的关系，导致法院组织制度不能满足现代诉讼制度的需要，落后的法院组织制度

① 2007年11月9日，最高人民法院发布《关于颁发天平奖章的办法》(法发［2007］37号)，决定设立天平奖章，并将天平奖章分为“功勋天平奖章”“英模天平奖章”和“荣誉天平奖章”三种。天平奖章系列既为专属法官身份的国家荣誉，表达了国家对法官的尊重，对于强化法官身份意识和自我认知具有重要意义。

② 例如，我国台湾地区“法院组织法”第13条规定“地方法院置院长一人，由法官兼任”。第34条规定，“高等法院置法官，简任第十职等至第十一职等或应任第九职等”。

③ ［美］W. 理查德·斯格特：《组织理论：理性自然和开放系统》，黄洋等译，华夏出版社2001年版，第213页。

④ 司法行为的作出，被内部组织样态所决定，产生巨大的负外部性。参见刘忠：《规模与内部治理：中国法院编制变迁三十年》，载《法制与社会发展》2012年第5期。法院组织结构虽然是内部制度，但会产生审判效率等这些向外的影响，也会影响法官的公正感和工作的内在动机，甚至影响法官的司法行为。

与先进的现代审判方式之间的矛盾日益成为提高司法产生生产能力的主要矛盾。前一时期司法改革所取得的审判技术的进步虽然能够促进程序规范合理化，但是却无法从根本上破解影响司法公正的各种“行政化”障碍。事实上，很多司法不公和司法无效率是由法院组织规则和组织结构不合理引发的，审判方式改革只能解决审判操作技术层面的问题，而司法产品的质量和效率问题从根本上是一个组织和管理问题，是一个统筹协调、组织分配司法人力和物力资源的问题，是一个法院组织体系总体运行是否良好的问题。在法院权力结构还没有调整到位，审判组织中心地位缺失的情况下，先进程序设计在最大化司法公正方面的效用就会大打折扣。

对法院机构的关注意味着司法改革已回到司法主体层面，回到组织制度层面。当下的法官员额制、司法责任制、案件干预防范机制和人员分类管理制度等都可以看作是削弱审判机构权力，改变审判组织与审判机构之间的从属关系，恢复审判组织中心地位的制度革新。可以说，当前的司法改革就是要将审判从结构性的行政化中解放出来，使法院内部组织与正在变化的外部功能保持一致。

非裁判性功能在法院的存量和增量并非法院能够控制，在非裁判性功能持续增加的情况下，法院组织结构不会发生根本性改变。而法治社会，法院的裁判性功能得到强调。法院要积极适应变化了的外部环境，就要放弃政治思维方式转而接受法治意识形态的指引，利用法治削减非裁判性任务的契机自觉启动法院组织制度的现代转型。为此，当前中国法院既有净化法院功能，将非法律职能分离出去，在功能上实现从“政治型”向“裁判型”转变的问题；也有在组织结构上突出司法特征，实现从“行政型”向“裁判型”转变，带动法院格局从以等级结构为主变为以同等结构为主的问题。这种在功能和结构上对司法规律和逻辑的双重回归既是合理化法院组织格局的过程，也是法院自身不断获得现代性和为政治体系制造新的合法资源的过程。

人民法院内设机构改革的主观认知及现实考量
——基于1255份调查问卷的分析

万　静*　梁　茜**

人民法院内设机构改革的主要目的在于建立设置科学合理、职能划分明确、运行高效顺畅且更加符合审判机关特点和审判权运行规律的内设机构体系，为人民法院充分发挥审判职能作用提供有力的组织保障。制度安排的成效需要通过人的具体实践来检验，行为主体对实践内容、过程的认知、感受以及体会思考对制度安排的实现至关重要。为更加真实、全面地反映法院内外不同主体对法院内设机构改革的宏观把握、微观体验、心理期待等主观认知情况，笔者以问卷调查研究为主要方法，广泛收集不同主体因法院职权配置模式和管理体制变化产生的心理变化，以期为理清法院内设机构改革的重点和方向提供借鉴。

一、法院内设机构改革主观认知调查的基本情况

本次调查问卷针对不同主体，分为"法院版本""法律职业共同体版本"和"党政机关及群众"三个版本，有效回收1255份。其中"法院版本"718份、"法律职业共同体版本"152份、"党政机关及群众版本"385份；从地域范围看，涉及华北、东北、华东、华中、西南、西北六个地区，其中北京、吉林、江苏、河南、四川、重庆、陕西等15个省/直辖市参与了调查；从法院系统的分布看，以中级法院和基层法院为主，占比分别达到16.02%和82.31%，符合最高人民法院关于"在基层法院先行试点，改革条件比较成熟的高级、中级人民法院可根据本方案，结合实际进行探索"①的要求；从调查对象看，法院系统各类人员、法律职业共同体、党政机关工作人员和普通群众均有参与，能够反映与法院工作有所联系的群体的意见。

* 作者单位：四川省简阳市人民法院。
** 作者单位：四川省彭州市人民法院。

① 《中央机构编制委员会办公室、最高人民法院关于印发〈省以下人民法院内设机构改革试点方案〉的通知》(法〔2016〕282号)第3条第1款。

表 1　问卷调查对象一览表

<table>
<tr><th>调查内容</th><th colspan="9">调查结果分析</th></tr>
<tr><td rowspan="3">法院内部</td><td>选项</td><td>院领导</td><td>庭级领导</td><td colspan="2">员额法官</td><td>审辅人员</td><td colspan="2">行政人员</td><td>合计</td></tr>
<tr><td>数量（份）</td><td>41</td><td>82</td><td colspan="2">149</td><td>306</td><td colspan="2">100</td><td>718</td></tr>
<tr><td>比例</td><td>5.71%</td><td>11.42%</td><td colspan="2">20.75%</td><td>42.62%</td><td colspan="2">13.93%</td><td>100%</td></tr>
<tr><td rowspan="3">法院外部</td><td>选项</td><td>检察官</td><td>警察</td><td>法学专家</td><td>律师</td><td>党政机关</td><td>普通群众</td><td>其他</td><td>合计</td></tr>
<tr><td>数量（份）</td><td>41</td><td>36</td><td>16</td><td>46</td><td>171</td><td>214</td><td>13</td><td>537</td></tr>
<tr><td>比例</td><td>7.64%</td><td>6.70%</td><td>2.98%</td><td>8.57%</td><td>31.84%</td><td>39.85%</td><td>2.42%</td><td>100%</td></tr>
</table>

同时，为弥补问卷调查覆盖面广，但深度不够、针对性不强的缺点，笔者还通过集中座谈和个别访谈相结合的形式，广泛征求专家学者的意见，深入了解人民法院主要领导、中层干部及相关工作人员对改革关键性问题的看法①，为问卷调查数据的统计分析提供参考和佐证。

二、法院内设机构现状的主观认知

法院现行内设机构是在政治体制、经济发展、法律政策、区域特征等多种因素共同作用下发展形成的。人民法院内设机构延续至今，经历过多次发展改革，每一次调整都一定程度上解决了法院工作中亟待解决的问题，机构设置、职责划分和运行机制都具备一定合理性，但随着形势任务的发展变化，也暴露出一些弊端和不足。

（一）对法院现行内设机构的满意度调查

科学合理的机构设置、管理和运行模式，与整个组织的职能发挥和工作成效密切相关。法院内部不同主体对现行内设机构满意度的感知，法院外部人员对法院工作满意度的感知，可一定程度上反映内设机构设置及运行的合理性。从调查结果来看，法院内部人员对内设机构的满意度为36.21%②；法院外部人员对法院工作的满意度为44.40%。

1. 从不同层级法院看，基层法院内设机构满意度最低

最高人民法院、高级法院和其他法院（包括铁路、军事、海事等专门法院及

① 笔者于2017年8月12日~9月22日期间，分别开展了集中和个别访谈活动，访谈对象有：高校法学专家3名，C市中院的院级领导3名，C市基层法院院长4名，C市中基层法院的庭级领导23名、其他工作人员42名。

② "满意率"的计算方法为，在"您对当前法院内设机构的满意度为（　）A非常不满意；B不太满意；C一般；D比较满意；E非常满意"一题中，选择"非常满意"和"比较满意"的人数占该版本问卷或同类受访总数人的比例。下同。

新设法院）填写问卷的人数过少，不具有代表性，在此不纳入分析范围。中级法院干警对内设机构的满意度为48.7%，基层法院干警的满意度为32.5%。

表2　不同层级法院工作人员对当前法院内设机构的满意度

法院层级	人数	选项情况									
		非常满意		比较满意		一般		不太满意		非常不满意	
		人数	占比	人数	占比	人数	占比	人数	占比	人数	占比
最高人民法院	1	0	0%	1	100%	0	0%	0	0%	0	0%
高级法院	7	1	14.3%	6	85.7%	0	0%	0	0%	0	0%
中级法院	115	17	14.8%	39	33.9%	27	23.5%	20	17.4%	12	10.4%
基层法院	591	49	8.3%	143	24.2%	248	42.0%	83	14.0%	68	11.5%
其他法院	4	2	50%	2	50%	0	0%	0	0%	0	0%
合计	718	69	9.6%	191	26.6%	275	38.3%	103	14.3%	80	11.1%

2.从不同受案体量的法院看，年收案数超过1万件后，内设机构满意度随着案件数量的增加递减

收案数5千件以下的法院对内设机构的满意度为41.9%，收案数0.5至1万件的法院为50.4%，收案数1至1.5万件的法院为38.2%，收案数1.5至2万件的法院为25.2%，收案数2至3万件的法院为18.7%，收案数3万件以上的法院为16.4%。随着法院受案量的逐步增大，被调查主体的满意度在不断降低，在受案量1万件以下法院与受案量3万件以上法院的满意度调查相差28.16个百分点。

表3　不同收案数法院工作人员对内设机构的满意度

法院受案数	人数	选项情况				
		非常满意	比较满意	一般	不太满意	非常不满意
5千件以下	86	12.8%	29.1%	33.7%	16.3%	8.1%
0.5至1万件	246	13.8%	36.6%	38.2%	9.3%	2.0%
1至1.5万件	121	10.5%	27.3%	33.9%	14..9%	13.27%
1.5至2万件	87	6.9%	18.4%	39.1%	18..4%	11.14%
2至3万件	123	1.6%	17.1%	44.7%	17.9.%	16.3%
3万件以上	55	5.5%	10.9%	30.9%	18.2%	30.91%
合计	718	9.6%	26.6%	38.3%	14.3%	11.1%

3.从法院不同工作年限人员看，工作年限相对较短的人员对内设机构的满意度越低

工作年限5年以下的干警对内设机构的满意度为26.8%，工作年限5至10年的干警为21.1%，工作年限10至20年的干警为31.7%，工作年限20至30年的干警为60.0%，工作年限30年以上的干警为77.3%。法院工作年限10年以下干警对内设机构的满意度整体偏低，与工作年限30年以上干警相比，满意度低52.7个

百分点。

表 4：不同工作年限法院工作人员对当前法院内设机构的满意度

工作年限	人数	选项情况				
		非常满意	比较满意	一般	不太满意	非常不满意
5 年以下	254	2.8%	24.0%	40.6%	17.3%	15.4%
5 至 10 年	161	5.6%	15.5%	50.3%	13.0%	17.4%
10 至 20 年	142	9.2%	22.5%	38.7%	21.8%	5.6%
20 至 30 年	117	18.8%	48.7%	22.3%	6.0%	4.3%
30 年以上	44	36.4%	43.1%	22.7%	0%	0%
合计	718	9.6%	26.6%	38.3%	14.3%	11.1%

4. 从法院不同职位人员看，庭级领导的满意度最高，行政人员满意度最低

院领导对内设机构的满意度为 48.8%，庭级领导为 55.7%，员额法官为 38.3%，审判辅助人员为 30.4%，司法行政人员为 22%。不同主体满意度调查中，庭级领导对内设机构的满意度比司法行政人员高 33.7 个百分点。

表 5　不同职位法院工作人员对当前法院内设机构的满意度

职位	人数	选项情况				
		非常满意	比较满意	一般	不太满意	非常不满意
院领导	41	14.6%	34.1%	24.4%	22.0%	4.9%
庭长（副庭长）	122	17.2%	38.5%	36.9%	5.7%	1.6%
员额法官	149	11.4%	26.8%	34.9%	15.4%	11.4%
审判辅助人员	306	6.5%	23.9%	36.9%	15.0%	17.6%
司法行政人员	100	5%	17%	55%	18%	5%
合计	718	9.6%	26.6%	38.3%	14.3%	11.1%

5. 从法院外部人员看，对法院工作的满意度高于法院内部人员对内设机构的满意度

法院内部人员对内设机构的满意度为 36.21%。而从法院外部看，党政机关及群众满意度对法院工作的满意度达 44.4%[①]。笔者认为，党政机关及群众对法院工作满意度高于法院工作人员职业体验感的重要原因可能是，近年来人民法院高度重视人民群众的司法需求。不断提高对审判质效和诉讼服务的要求。因此，党政机关及群众对法院整体工作运行的体验感有所提升，但法院工作人员的工作负荷不断增大，职业体验感相对较低。

① 党政机关及群众、法律职业共同体两个版本的题干及选项设置均为“您对法院工作的满意度（　）1. 非常不满意；2. 不太满意；3. 一般；4. 比较满意；5. 非常满意”。

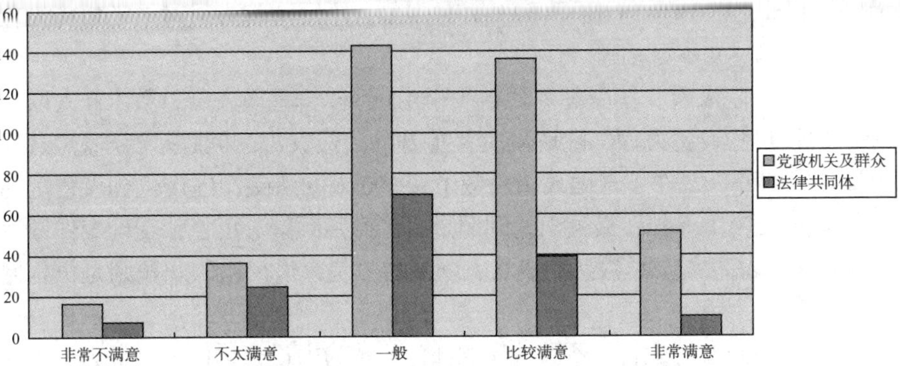

图 1 法院外部人员对法院工作的满意度

从不同群体对法院内设机构的满意度来看，当前法院内设机构存在一定合理性。但是，不同群体满意度的差异，一定程度上反映了不同法院、不同部门、不同岗位的工作运行状态各不相同，其对推进内设机构改革的态度也各不相同。首先，基层法院的办案压力相对最重①，一部分基层干警长期处于超负荷工作状态，对当前法院内设机构在设置、管理、运行等方面存在的不足感受更为明显，对通过改革提高内设机构高效、有序、规范运转的愿望更为强烈。其次，法院司法行政人员的工作压力相对较大，随着司法责任制改革的深入推进，大量的非审判性事务和审判辅助性事务剥离到行政综合部门，同时，行政综合部门的人数又严格控制在全院总人数的 15% 以下，以致行政人员的职业体验感相对较低，对通过内设机构改革整合职能、降低内耗的要求更为迫切。再次，在法院工作年限越长的人员，对内设机构改革越不关心，而工作年限相对较短的年轻人满意度较低，原因在于后者处于人生的奋斗期，承担的工作任务更重，自我成长的欲望更强烈，对内设机构存在的问题更为敏感。

（二）对法院现行内设机构突出问题的认知

人民法院现行内设机构的设置和运行大多是以适应社会需求、方便内部管理为出发点，自上而下进行的，鲜少考虑组织机构体系下各主体的主观认知和感受评价。随着经济社会的发展进步和法院工作形势任务的发展变化，内设机构各种问题逐渐凸显，法院内外不同主体对此有不同的感知和认识。

1. 法院内部人员对法院内设机构主要问题的认知

（1）法院内设机构设置上，法院内部人员对问题严重程度的感知，由重到轻分别是职能交叉重叠、机构撤并频繁反复、机构总数多和非常设机构多，感知率

① 《2017 年上半年全国法院和最高人民法院的审判执行工作报告》：2017 年上半年，全国法院共受理案件 1458.6 万件，其中基层法院受理案件 1024.4 万件，占全部新收案件的 88.60%...... 全国有 143 家基层法院收案超过 1 万件，440 家基层法院在 5000 件至 1 万件之间，543 家在 3000 件至 5000 件之间，有些法院收案不到 1000 件。

分别为 54.5%、43.6%、35.0% 和 32.7%[①]。但是，不同法院人员对内设机构设置问题严重程度的感知不尽相同。

从不同法院来看，年受理案件数少于 1.5 万件、管理人员总数 100 人以下的法院，内设机构设置方面，除职能交叉重叠外，最突出的问题是机构总数过多；受理案件数 1.5~3 万件、管理人员总数 100~500 人的法院，内设机构设置上的问题，除职能交叉重叠外，最突出的问题是机构撤并频繁、反复；受理案件数达到 3 万件以上、管理人员总数达到 500 人以上的法院，最突出的问题则是机构撤并频繁、反复。

从法院不同部门来看，不同性质的部门均认为内设机构设置上最为突出的问题是“职能交叉重叠”。其中审判综合部门、行政综合部门的感知率最高，分别为 57.9% 和 56.4%，审判业务部门、人民法庭、其他部门的感知率依次是 55.2%、48.4% 和 45.2%。

表 6　法院工作人员对内设机构设置问题的认知

变量	人数	选项情况			
		机构总数多	非常设机构多	撤并频繁反复	职能交叉重叠
5 千件以下	86	41.86%	34.88%	27.91%	55.81%
0.5~1 万件	246	36.58%	33.74%	43.90%	56.91%
1 万 ~1.5 万件	121	47.11%	32.23%	33.88%	53.72%
1.5 万 ~2 万件	87	24.14%	32.18%	47.13%	55.17%
2 万 ~3 万件	123	22.76%	28.46%	54.47%	52.28%
3 万件以上	55	34.55%	36.36%	58.18%	40%
审判业务部门	337	38.9%	37.1%	49.0%	55.2%
审判综合部门	145	34.5%	32.4%	46.2%	57.9%
行政综合部门	110	33.6%	30.9%	37.3%	56.4%
人民法庭	64	26.6%	26.6%	37.5%	48.4%
其他	62	22.6%	19.4%	25.8%	45.2%
合计	718	35.0%	32.7%	43.6%	54.5%

（2）法院内设机构管理上，法院内部人员对问题严重程度的感知，由重到轻分别是多头管理、管理手段单一、管理制度不全、层级过多、被动管理和管理方式粗犷，感知率分别为 58.9%、50.4%、46.5%、42.8%、40.0% 和 30.6%[②]。

不同法院人员的感知结果显示，年受理案件数少于 1.5 万件、管理人员总数 300 人以下的法院，内设机构管理中最突出的问题是多头管理；年受理案件数在

① 题干及选项设置为“您认为法院内设机构的主要问题，在设置上（　）您认为，法院内设机构设置上的主要问题有（　）A. 机构总数过多；B. 非常设机构过多；C. 机构撤并频繁、反复；D. 职能交叉重叠”。

② 题干及选项设置为“您认为，法院内设机构的主要问题，在管理方面最突出的三项是（　）A. 层级过多；B. 多头管理；C. 被动管理；D. 管理方式粗犷；E. 管理手段单一；F. 管理制度不全”。

1.5万件以上、管理人员总数300人以上的法院，内设机构管理中最突出的问题则集中于管理手段单一和管理制度不健全。

从法院内不同部门来看，不同性质的部门均认为内设机构管理上最为突出的问题是"多头管理"。其中，人民法庭和审判业务部门感知最为明显，感知率分别为67.2%和63.2%，审判综合部门、行政综合部门、其他部门对此的感知率分别是58.6%、45.3%、45.2%。

表7 不同法院的工作人员对内设机构管理问题的认知

变量	人数	选项情况					
		管理方式粗犷	被动管理	层级过多	管理制度不全	管理手段单一	多头管理
5千件以下	86	38.37%	41.86%	43.02%	41.86%	48.84%	60.47%
0.5~1万件	246	30.49%	40.65%	41.87%	48.78%	45.93%	61.38%
1万~1.5万件	121	32.23%	42.98%	42.15%	52.15%	51.24%	57.85%
1.5万~2万件	87	21.84%	52.53%	40.23%	56.32%	52.87%	52.87%
2万~3万件	123	29.27%	32.52%	42.28%	42.28%	54.47%	61.79%
3万件以上	55	32.72%	40%	52.73%	47.27%	58.18%	50.91%
审判业务部门	337	42.1%	50.1%	50.1%	54.3%	58.8%	63.2%
审判综合部门	145	20%	30.3%	35.2%	38.6%	43.4%	58.6%
行政综合部门	110	19.1%	25.5%	30.9%	35.5%	40.9%	45.3%
人民法庭	64	25%	37.5%	40.6%	46.9%	45.3%	67.2%
其他	62	19.4%	33.9%	43.5%	41.9%	43.5%	45.2%
合计	718	30.6%	40.0%	42.8%	46.5%	50.4%	58.9%

（3）法院内设机构运行上，法院内部工作人员对问题严重程度的感知，由重到轻分别是运行效率低下、相互推诿、履职不充分、各自为政和运行成本高，感知率分别为70.5%、68.1%、54.2%、50.6%和38.4%。

不同法院人员的感知结果显示，年受理案件数少于5000件、管理人员总数100人以下的法院，内设机构运行中的问题，除运行效率低下外，主要集中体现为各自为政、相互推诿。随着受理案件数量和管理人员总数的增加，法院人员感受认为内设机构履职不充分、运行成本高的比例相应增加。

从法院内不同部门来看，不同性质的部门均认为内设机构运行上最为突出的问题是"运行效率低下"。其中，审判业务部门、审判综合部门的感知最为明显，感知率分别为78.0%和71.0%，行政综合部门、人民法庭、其他部门的感知率依次为69.1%、67.2%、53.2%。

表 8 法院工作人员对法院内设机构运行问题的认知

变量	人数	选项情况				
		运行成本高	各自为政	履职不充分	相互推诿	运行效率低下
5 千件以下	86	39.53%	62.79%	53.49%	73.26%	72.09%
0.5~1 万件	246	36.99%	50.41%	56.5%	65.04%	69.51%
1 万 ~1.5 万件	121	41.32%	50.41%	59.5%	63.64%	73.55%
1.5 万 ~2 万件	87	32.18%	48.26%	49.43%	71.26%	68.97%
2 万 ~3 万件	123	43.09%	51.22%	46.34%	73.17%	67.48%
3 万件以上	55	36.36%	34.55%	58.18%	67.27%	74.55%
审判业务部门	337	57.9%	66.2%	70.6%	76.6%	78.0%
审判综合部门	145	28.3%	49.7%	56.6%	67.6%	71.0%
行政综合部门	110	22.7%	37.3%	47.3%	65.4%	69.1%
人民法庭	64	12.5%	25%	32.8%	59.4%	67.2%
其他	62	11.3%	17.7%	25.8%	50%	53.2%
合计	718	38.4%	50.6%	54.2%	68.1%	70.5%

调查结果显示，法院内设机构设置、管理、运行方面存在的问题环环相扣、密不可分。首先，办案任务压力和人员管理难度不大的法院，依然习惯于比照上级法院或其他法院的做法，随意增设内设机构，以致法院内部机构数量过多、分工过细，人力资源分配不均，出现了多头管理的现象，造成了管理的碎片化、重复性问题。对这类法院而言，内设机构数量过多是影响制约机构管理、运行以及工作效能提升的基础性问题。其次，办案任务压力和人员管理难度较大的法院，倾向于通过调整内设机构，以适应与日俱增的办案压力，但管理手段和管理制度相对滞后，以致出现机构职能不清、定位同质化等问题，对这类法院而言，职能交叉重叠、管理机制不全是应当予以高度重视和重点解决的关键性问题。再次，“职能交叉重叠”是所有部门认为最突出的问题，一方面管理部门之间因职能不清相互推诿，另一方面被管理部门因多头管理增大工作难度，因此，实现管理部门间职能的清晰界定和功能的合理整合，实现审判权扁平化运行是审判业务部门人员的强烈期待。

2. 法院外部人员对法院内设机构主要问题的认知

从法院外部人员对法院工作运行问题严重程度的感知情况来看①，由重到轻分别是信息整合共享不够、运行效率低下、相互推诿、管理层级过多和职能交叉重叠，感知率分别为 59.96%、58.10%、42.64%、40.97% 和 31.66%。其中，党政机关工作人员认为，法院工作运行中最突出的问题是信息整合共享不够；普通群众认为，法院工作运行中最突出的问题是运行效率低下；法律职业共同体认为，法院

① 法院版问卷：“您认为，法院内设机构的主要问题，在管理方面最突出的三项是（ ）A. 层级过多；B. 多头管理；C. 被动管理；D. 管理方式粗犷；E. 管理手段单一；F. 管理制度不全”。

工作运行中最突出的问题是运行效率低下和信息整合共享不够。

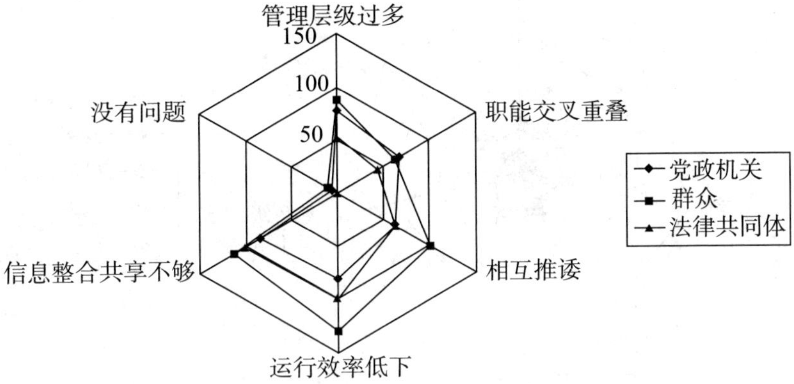

图 2　法院外部人员对法院工作运行问题的感知

不同主体的不同感知显示，当前社会对法院工作的需求日趋多元化，人民群众最为关心的是案件审理、司法服务以及信息获取的高效、便捷；党政机关最为关心的是审判领域对经济社会矛盾纠纷发展趋势的预判以及信息交换、资源共享的有效性；法律共同体由于职业的特殊性，则既希望法院提高整体运行效率，又希望提高信息交换、共享的成效。因此，从社会需求的角度看，法院内设机构改革的重点和方向应放在提高运行效率、强化信息整合和共享方面。

三、人民法院内设机构改革的主观困难调查

人的主观能动性对事物的发展进步有积极的促进作用。虽然人民法院内设机构在设置、管理、运行等方面的问题都客观存在、不容忽视，但是面对内设机构改革面临的巨大困难以及可能给自己履职带来的变化，法院内部不同主体难免会有各自的顾虑，并不同程度地影响其对推进内设机构改革的态度。

（一）法院内部工作人员对内设机构改革的顾虑

调查结果显示①，718 名法院内部人员对推进内设机构改革确实存在诸多顾虑，其中，选择“削减职级待遇”的占 21.31%、“晋升渠道受限”的占 19.36%、“不适应职责变化”的占 14.35%、“组织管理力度减弱”的占 12.40%、“庭级领导权威削弱”的占 12.26%、“与党政级别对口不畅”的占 10.31%、“缺乏法律依据”的占 10.03%、选择“没有顾虑”的为 0。其中，不同职位的人员顾虑各有侧重。

① 法院版问卷：“您对法院内设机构改革的顾虑是（ ）：A 削减职级待遇；B 缺乏法律依据；C 与党政级别对口不顺畅；D 对职责变化的不适应；E 庭级领导权力削减；F 晋升渠道受限；G 组织管理力减弱；H 没有顾虑”。

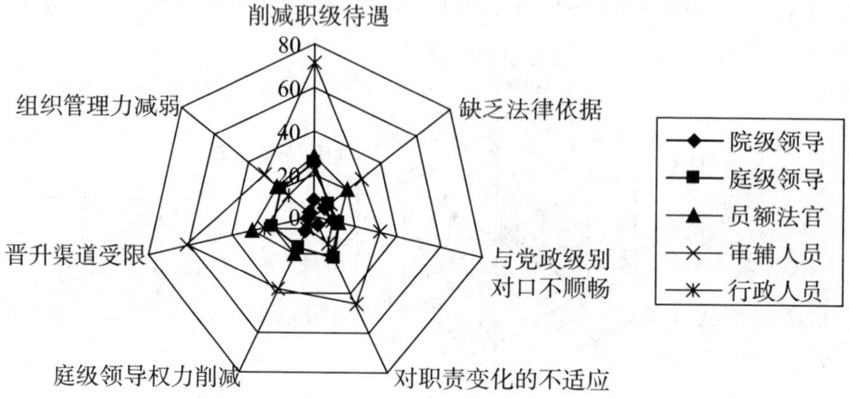

图 3　法院内部人员对内设机构改革的顾虑

1. 院级领导最大的顾虑是内设机构改革可能会导致法院干警对外公务活动的顺畅和内部队伍管理的稳定

作为法院的高层决策机构，院级领导对推进内设机构改革的顾虑主要集中在三个方面，参与问卷调查的 41 名院级领导选择次数最多的三个选项分别为：法院干警的职级与党政系统级别对口不顺畅、削减干警职级待遇和庭级领导权威被削弱，占比分别为 21.95%、19.51% 和 19.51%；顾虑最轻的是组织管理力度减弱，占比仅 7.31%。

2. 庭级领导最大的顾虑是内设机构改革可能会削减其现有职级待遇

作为与法院内设机构改革关系最为密切的群体，机构的整合、职能的调整势必影响庭级领导工作职责发生较大的调整。参与问卷调查的 122 名庭级领导对内设机构改革的顾虑，选择次数最多的三个选项分别为：会削减职级待遇、不适应职责变化和晋升渠道受限，占比分别为 20.49%、17.21% 和 16.39%；顾虑最轻是内设机构改革缺乏法律依据，占比仅 0.09%。

3. 员额法官最大的顾虑是内设机构改革可能会造成个人晋升渠道的受限

员额法官的本职工作是执法办案，内设机构调整对其影响相对较小，但具体职责较司法责任制前发生了较大变化。参与问卷调查的 149 名法官对内设机构改革的顾虑，选择次数最多的三个想象分别为：晋升渠道受限、不适应职责变化和组织管理力度减弱，占比分别为 20.13%、18.79% 和 14.77%；顾虑最轻是与党政级别对口不顺畅，占比仅 8.05%。

4. 审判辅助人员最大的顾虑是内设机构改革可能会造成个人晋升渠道的受限

审判辅助人员是法院人员占比最大的群体，其对内设机构改革的顾虑，主要集中在晋升渠道受限、不适应职责的变化和削减职级待遇，占比分别为 23.20%、19.02% 和 14.71%；顾虑最轻的是缺乏法律依据，占比仅 9.15%。

5. 行政人员最大的顾虑是内设机构改革可能会造成组织管理的效能降低

行政人员对内设机构改革的顾虑，选择次数最多的三个选项分别为：组织管理力度减弱、晋升渠道受限、不适应职责变化，占比分别为24%、21%和15%；顾虑最轻是庭级领导权力削弱，占比仅7%。

调查结果显示，法院内部不同人员的顾虑，虽然形式上表现为不同主体对自身利益的关注，也一定程度上折射出法院推进内设机构改革面临的客观现实。

一是比照行政机构设置模式配置职务职级的现状短期内难以改变。由于《改革试点方案》明确规定，省以下人民法院内设机构改革要坚持精简效能原则，"在理顺职能、明确分工的基础上，严格控制机构规模，规范法院内设机构设置，适当整合机构，减少管理层级，提高工作效能①"，加之，机构的整合与撤并是当前大多数试点法院推进内设机构改革最主要、最直观的做法之一。因此，法院内部大多数人会不自觉地产生内设机构改革会直接造成机构数量的减少，进而削减现任庭级领导的职级待遇，甚至影响一般干警的职级职务晋升空间的担心。在访谈中，多位法院领导也不同程度地表现出对内设机构改革可能影响干警进步、队伍稳定的顾虑。其中L区法院院长就直言不讳地说到"法院内设机构改革，必须统筹考虑法院整体利益与法官个体利益，如果机构改革让法院干警失去了成长进步的空间或晋升渠道受限，那么改革就不接地气，就得不到支持"。C市中院的副院长也提到"当前优秀人才培养和干部选拔任用的观念还没有得到转变，大量精简机构数量，会造成优秀人才失去晋升空间，失去激励导向作用，甚至影响队伍的活力和稳定"。

二是审判组织的管理模式实现从科层制到扁平化的转变缺乏完善的配套机制。《改革试点方案》规定"审判庭实行扁平化管理……庭长、副庭长直接参与案件审理，原则上不再审批案件"。司法责任制改革也要求"让审理者裁判，由裁判者负责"。因此，一些法院在推进扁平化管理过程中，由院级领导直接管理审判团队，由员额法官履行审判团队的管理职责，削减了庭级领导的管理职责。管理层级的缩减，一方面，增大了院级领导的管理幅度；另一方面，庭级领导在法官中的权威逐步淡化。同时，一些缺乏经验的法官要胜任团队管理责任还需要一个适应阶段。因此，相当一大部分具有管理职责的干警，都不同程度地存在对职责变化不适应和组织管理的效能会减弱的顾虑。C市中院一位院领导指出，"扁平化管理后，庭级领导的职责弱化，我的管理事务大幅增加。业务庭的概念淡化后，审判团队对基层法院的业务指导作用有所降低，存在推诿现象"。

三是人民法院干警对外公务交往以行政职级为基础的现实短期内难以改变。目前，人民法院的领导职务及其行政职级与党政系统职务职级的对应关系已形成

① 《中央机构编制委员会办公室、最高人民法院关于印发〈省以下人民法院内设机构改革试点方案〉的通知》(法〔2016〕282号)。

共识，并固化为工作衔接和交流的惯例。司法责任制改革后，员额法官实行单独职务序列管理，虽然法官等级系按照行政职级进行的套改且二者存在对应关系，但党政机关仍然习惯以行政职务、职级作为公务交往中身份对等的参照。随着内设机构改革的推进，人民法院长期沿用的机构及其行政职务名称也会进行相应调整，庭长、主任等一些行政管理职务会逐步淡化甚至取消，会在一定程度上影响法院与外界的沟通交流。L 区法院院长在访谈中特别强调"内设机构改革要充分考虑对外交流的需要，行政职务的变化要考虑党政是否认可，否则对外协调的难度会有所增大"。C 市中院一位院领导也提到"庭长都是通过层层选拔成长起来的，更符合社会公众对优秀的普遍标准。法官在社会上的权威没有树立起来，对外交往中缺乏威信，不利于法院形象的树立"。

（二）法院外部工作人员对内设机构改革的顾虑

参与问卷调查的 537 名外部人员，都与法院工作有所接触和理解，从其对法院内设机构改革的顾虑来看，选择"工作协调难度增大"的占 57.91%、"裁判标准不统一"的占 49.53%、"人财物配套机制不健全"的占 45.81%、"工作效率降低"的占 40.59%、"与党政系统职级不对应"的占 29.61%。

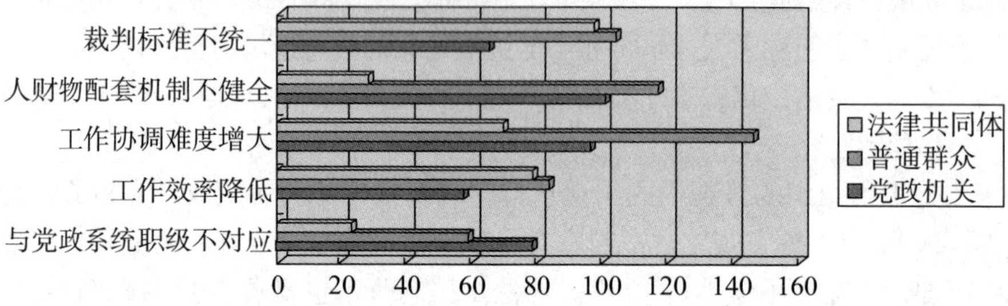

图 4　法院外部人员对内设机构改革的顾虑

1. 党政机关工作人员最大的顾虑是法院推进内设机构改革的人财物等配套机制不健全

从党政机关工作人员对法院内设机构改革的顾虑来看，选择次数最多的三项是：人财物配套机制不健全、工作协调难度增大、与党政系统职级不对应，占比分别达到 59.06%、56.14% 和 45.61%。对内设机构可能造成裁判标准不统一、工作效率降低的顾虑相对较低，占比分别 38.01% 和 33.33%。

2. 普通群众最大的顾虑是内设机构改革可能会造成工作协调难度增大

从普通群众对法院内设机构改革的顾虑来看，选择次数最多的三项是：工作协调难度增大、人财物配套机制不健全和裁判标准不统一，占比分别为 68.22%、54.67% 和 48.59%。对内设机构可能造成工作效率降低、与党政系统职级不对应的顾虑降低，占比分别为 38.78% 和 27.10%。

3. 法律职业共同体最大的顾虑是内设机构改革可能会造成裁判标准不统一

从法律共同体对法院内设机构改革的顾虑来看，选择次数最多的三项是：裁判标准不统一、工作效率降低和工作协调难度增大，占比分别为 63.82%、51.31% 和 45.39%。对内设机构可能造成人财物配套机制不健全、与党政系统职级不对应的顾虑相对较小，占比分别为 18.42% 和 15.13%。

人民法院工作职责的履行和对外联系交往，都必须依托于内设机构的运转来实现。内设机构的运行情况不仅直接决定法院工作效能的高低，更与外部人员的工作、生活密切相关，影响外部人员对法院整体工作的感受与评价。法院外部人员对内设机构改革的顾虑，一定程度上反映出外界对法院内设机构改革的认知情况。

一是社会各界对法院内设机构改革工作缺乏基本了解。当前社会各界对法院工作的关注点，主要集中在司法责任制改革后法官放权与控权的关系平衡上，对法院内设机构改革的关注度不高，了解不多。从对法院外部人员的调查结果来看，54% 的人表示对法院内设机构改革完全不了解，35% 的人表示只了解一些，还有大约 1% 的人明确表示不关心法院内设机构改革，深入研究或了解法院内设机构改革的人，不足 10%①。从不同主体的关注情况来看，法律共同体由于与法院工作接触最为频繁、关注度最高，达 51.66%；普通群众的关注度最低，仅 37%。

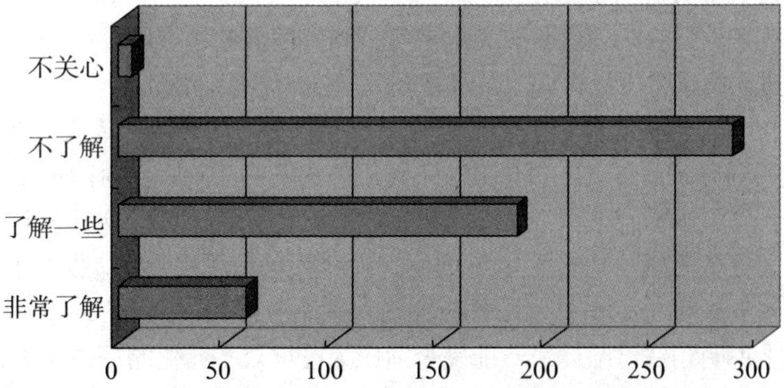

图 5　外部人员对成都法院系统内设机构改革的关注度

二是外界对法院内设机构改革需要一个适应过程。内设机构改革必然会造成机构设置、职能以及运行方式的调整，对于已经适应并熟悉法院内设机构原有设置及运行模式的人员来说，需要一个重新了解和逐步适应的过程。尤其是改革初期，法院内部对改革的成效缺乏足够的信心，对外宣传解释的力度相对较弱，因此法院外部人员会普遍产生工作协调难度可能增大的顾虑。其中，由于普通群众与法院接触的机会最少，了解法院内部运转模式的渠道最窄，故该类群体对工作

① 法律共同体、党政及群众版的共同问题，两个版本的题干及选项均为“您是否了解成都法院系统正在进行的内设机构改革（ ）A. 有所了解；B. 了解一些；C. 不了解；D. 不关心”。

协调难度会增大的顾虑显得尤其明显，比党政机关工作人员、法律共同体高出12.08个百分点和22.83个百分点。

三是外界对人民法院通过内设机构改革促进司法公正的信心还不足。本次人民法院内设机构改革是为更好地满足社会多元化的司法需求、适应司法责任制改革需要，建立更加符合司法规律的审判权运行体系。绝大多数社会公众都认为“公正”是法院最重要的价值目标①，裁判标准统一是司法公正的重要内容之一。司法责任制改革后，社会公众对放权法官后能否确保案件审理质量的顾虑尚未消除，推进内设机构改革后，庭长行政管理权进一步限缩，业务权威可能受到一定影响，故对裁判标准不统一的顾虑在所难免。

四、正确区分认识误区和心理期待

人民法院内设机构改革主观认知的调查结果，一方面充分反映出社会各界不同主体对改革有着不同的需求和期待；另一方面也折射出当前推进内设机构改革客观上存在一些困难和阻力。这些主观认知会对整个内设机构改革的推进造成影响，需要我们准确区分、正确处理。

（一）推进内设机构改革的思想基础

虽然各界对人民法院内设机构改革的认识尚未完全统一，对改革的方法路径还有不同观点，但在内设机构改革的宏观背景和发展趋势等方面已经形成了基本共识，推进人民法院内设机构改革具备较为坚实的思想基础。

1. 法院内设机构的现状不能完全适应形势任务的发展要求已成为共识

虽然不同办案体量、人员总数、不同层级之间的法院人员对内设机构突出问题的感知程度不尽相同，但人民法院现行内设机构设置上职能交叉重叠，管理上层级过多、多头管理，运行上效率低下、内耗严重是法院内部人员的普遍感知。法院干警对内设机构的满意度比外部人员对法院工作的满意度低8.19个百分点，一定程度上说明司法供给体系不能完全适应人民群众多元化的司法需求，法官的辛劳度与群众的满意度、法官的成就感与群众的获得感不完全同向、不成正比的矛盾日益突出。人民法院现行机构设置、管理、运行中的问题是影响和制约工作质效提升的因素之一，已经成为大多数人的共识。

2. 推进人民法院内设改革是必然趋势已成为共识

随着司法责任制改革的深入推进，法官员额制改革全面完成，新型办案机制逐步形成，院、庭长办案制度初步落实，建立健全以审判为中心的机构设置模式和人员配置方式既是深化司法责任制改革的重要内容，也是必然要求和发展趋

① 党政机关及群众版：您认为，法院工作最重要的价值目标（ ），选择“公正”的占89.4%，选择“为民”的占8.6%，选择“效率”的占1.3%，选择“忠诚”的占0.8%。

势。从调查结果看，社会各界对此已经有非常清醒和明确的认识，对推进人民法院内设机构改革的支持率高达 89.24%[①]，其中，法院内部人员的支持率为 89.28%，党政机关及群众的支持率为 89.35%，法律职业共同体的支持率为 89.40%。

3. 推进人民法院内设机构改革需要得到内外各界的认同和支持已成为共识

人民法院内设机构改革，虽然表现为法院内部机构设置及运行模式的调整，但仍然是一项系统工程，不可能脱离现行组织、人事等管理政策的规定单独进行。社会各界、法院内外对推进人民法院内设机构改革的重重顾虑，充分说明大多数人都已经充分意识到，推进内设机构改革宏观层面缺乏法律依据，中观层面要受现行党政机关组织机构管理政策的制约，微观层面必须统筹考虑全体工作人员的切身利益。这些问题和困难，必须依靠党政机关的大力支持配合、保障配套机制的健全完善、法院内外人士的积极参与才有望解决。

4. 人民法院推进内设机构改革存在风险已成为共识

任何一项改革都伴随着风险。人民法院内设机构改革关系着法院权力运行体系的调整，不仅要触及深层矛盾，还会涉及重大利益调整，需要消耗的能量是巨大而持久的。试点法院内设机构改革的推进进度整体偏慢、改革措施力度相对较小，以致 56.60% 的干警没有感受到内设机构改革产生的实质性变化，充分说明各地各级人民法院对推进内设机构改革面临的困难、阻力和风险有充分的估量，因此对推进改革始终保持谨慎的态度。

（二）正确区分对内设机构改革的认识误区

从社会各界对推进人民法院内设机构改革的认知情况看，当前对内设机构改革的认识还存在一定的偏差，并一定程度上夸大了推进改革的主观困难。

1. 在目标定位上，缺乏对人民法院内设机构改革宏观背景的准确认识

调查和访谈中，法院内部 31.5% 的干警、法院外部 54% 的人群表示完全不了解法院内设机构改革工作；法院内部 61.28% 的干警和法院外部 35% 的人群都认为内设机构改革是司法责任制改革的附属项目之一。但是，新一轮司法体制改革的广度和深度都前所未有，人民法院内设机构改革在此轮司法体制改革中也承载了更为重大的使命。除了巩固和保障司法责任制改革取得的成果外，还要通过构建更加符合司法规律的机构设置模式、人员配置方式和管理运行机制，从而进

① 问卷调查中，三个版本的问卷均设置了“您对法院通过内设机构改革解决上述问题的态度”一题，意欲了解不同主体对内设机构改革的支持率。此处支持率的计算方法为：“非常支持”“比较支持”“一般支持”的人数在该类人员总数中的占比。非试点法院接受调查的 483 人中，选择“非常支持”“比较支持”“一般支持”的人数为 427 人；试点法院接受调查的 235 人中，选择“非常支持”“比较支持”“一般支持”的人数为 214 人；法律共同体接受调查的 151 人中，选择“非常支持”“比较支持”“一般支持”的人数为 135 人；党政人员及群众接受调查的 385 人中，选择“非常支持”“比较支持”“一般支持”的人数为 344 人。

一步提升审判工作效能、优化司法供给体系，满足社会对司法的多元需求。由于没有把内设机构改革放在整个司法供需关系体系中去理解，直接导致法院内外人员对内设机构改革目标定位产生偏差，甚至对改革的预期效果产生不确定以及不自信。

2. 在内容形式上，把部门拆并、职能整合等同于内设机构改革

人民法院内设机构改革，最直观的表现是机构数量的精简和职能的整合，其核心实质则是通过优化管理方式，理顺审判权运行体系，从根本上提升审判质效。由于缺乏对人民法院内设机构改革宏观背景、目标定位的准确把握，法院内部为数不少的干警把组建审判团队、整合行政综合部门、院庭长亲自承办案件、缩减管理层级片面地理解为内设机构改革的全部内容。问卷调查中，试点法院46.8%的干警之所以作出自己所在法院的内设机构改革已经处于“初步完成”和“完善深化”阶段的判断，正是源于对内设机构改革实质性、核心性内容的理解出现了偏差。

3. 在阻碍因素上，把能力不足、管理缺失归咎于内设机构问题

现行法院内设机构的问题，既有长期行政管理思维惯性的影响，也有运行中变通执行的异化；既有外部政策因素的影响，也有内部管理需要和利益权衡。然而，调查中，法院内部人员对推进内设机构改革的顾虑，除了对个人职级待遇、晋升渠道等现实利益的考虑最为集中外，对改革后不能适应工作职责变化、工作中相互推诿塞责、影响裁判标准的统一等方面的担忧也大有人在。这些问题是个人能力素质不一、管理机制不健全以及一些工作陋习造成的，既不是内设机构改革面临的现实阻力，也无法通过内设机构改革得到根本性解决。

（三）积极回应阻碍内设机构改革的客观阻力

虽然社会各界对人民法院内设机构改革的认识存在一些误区，但其对改革的担忧仍然从一定程度上体现了改革面临的困难和阻力。主要体现在四个方面：一是担心个人切身利益受损；二是担心对外交往受到影响；三是担心组织管理效能降低；四是担心改革缺乏依据存在风险。这些困难和阻力都客观存在并对改革的顺利推进产生影响，必须予以重视，统筹考虑。

1. 充分考虑法院内部人员的接受度，法院内设机构改革分阶段平稳过渡

改革之难，难在突破既有利益格局。难点往往也是痛点。从法院内部看，要建立更加符合审判权运行规律的机构设置模式和人员配置方式，解决长期制约人民法院审判质效提升的体制性障碍、结构性矛盾、政策性问题，必然涉及机构的拆并，职位、职责和职数的变化以及法院干部选拔任用机制的调整。法院内部人员关于职级待遇、晋升空间以及职责变化等方面的疑虑，既是对个人切身利益的担忧，也关系着法院组织管理制度、选拔任用机制的调整和队伍的激励和稳定。

因此，内设机构改革虽然不可避免地会触及部分人员的既有利益，但应充分考虑干警对机构改革产生变化的心理适应和接受程度，在改革推进过程中，尽量避免采取“一刀切”、一改到底等过于简单、激进的做法，避免激发法院内部矛盾，确保改革平稳推进。

2. 充分考虑法院外部人员的认可度，加大争取支持、宣传解释和沟通协调力度

人民法院职能的运行和权威的树立，需要得到外界各组织机构认同和支持。目前，党政机关、社会公众大多认为内设机构改革是法院的内部事务，并未给予过多地关注。从工作惯例看，党政机关、企事业单位、社会组织等机构，已经习惯于以行政职级作为公务活动中身份对等的标准，法院因机构调整造成的领导职务的变化，会一定时期内造成对外交往的不顺畅。同时，内设机构改革必然涉及组织和人事管理政策的支持，党政机关工作人员对法院内设机构改革最大的顾虑也是“人财物等配套机制不健全”，在顶层设计尚未出台的前提下，内设机构改革必须充分争取组织人事部门、财政部门以及其他政法部门的理解和支持，从而在政策上给予更大的空间和保障。

3. 充分考虑对内设机构改革的操作性，同步推进配套机制建设和管理方式优化

人民法院内设机构改革在法院现有的内外约束条件下进行，必须有相应的配套机制予以支持。访谈中，法院领导层面已经充分预见到实行扁平化管理后，院级领导的管理幅度会明显增大，既有的管理模式难以适应管理的需要；庭长的权威会逐步淡化，组织管理的效能可能随之削弱；新组建的部门或团队，工作职责分工发生很大变化，在磨合和适应期间可能影响工作质效；等等。这些问题，必须在推进内设机构改革的同时，推进权责清单、工作流程等配套机制建设，统筹院级领导职责分工和工作管理方式的优化，确保内设机构改革稳步推进。

4. 充分考虑内设机构改革的科学性，统筹考虑内设机构改革与其他改革的协同问题

党的十九大报告明确要求：“深化司法体制综合配套改革，全面落实司法责任制，努力让人民群众在每一个司法案件中感受到公平正义。”当前，人民法院司法体制改革已进入决战期，内设机构改革，作为司法体制改革的重要内容之一，应当与其他改革统筹考虑、协同推进。从各界人士对内设机构改革的期待来看，选择“司法效率更高”的比例达 66%、选择“司法服务更优”的比例达 64.2%、选择“司法公信更强”的比例达 59.7%。满足人民群众的上述期待，单纯地通过内设机构改革无法实现，必须与深化司法责任制、法院人员分类管理、法官职业保障制度、省以下地方法院人财物省级统管等改革协同推进，才能发挥各项改革的最大效应。

结　语

一项制度的理性建构，应该充分考虑主观期待与实践基础的双重元素。党的十九大为深化司法体制改革描绘了壮丽蓝图，人民法院承担着维护社会公平正义的重任，推进内设机构改革，健全完善更加符合司法规律的审判权运行机制，是社会各界的普遍期望，必将对促进公正司法、推进依法治国发挥积极作用！

交易成本理论下法院内部司法行政权的审视与重构

谢 丹*

“有道之君，行治修制，先民服也。”

——管仲①

司法行政权是一种综合性的权利，②与司法审判权共同组成司法权，是司法审判权正常运行的基石与保障。美国大法官沃伦·伯格在上世纪70年代推动美国法院行政管理确立时曾经指出：“法院需要行政管理，这种管理是承担日益繁重审判事务的法官无法提供的。我们需要由具备专业知识的人员组成的管理组织去处理行政事务，以保证法官有足够的精力专注于他们的主要职责——审判”。③当前，司法改革的重点课题之一就是要理顺以服务审判为核心的司法行政事务管理关系，逐步建立以服务审判工作为重心的法院内设机构模式。④本文将借助于交易成本理论，对法院内部司法行政权的合理运行进行探讨，以期为当下司法改革提供管窥之见。

一、现象扫描：法院内部司法行政权在运行中的问题呈现

司法行政权既非单纯的司法权亦非一般意义上的行政管理权，它兼具司法与行政的双重属性，是一种综合性的权利，具有复合型、服务性、独立性、广泛性、执行性的特征。法院内部司法行政权的具体运行主要表现在法院内部司法行政事务管理上，司法行政管理与审判管理、司法人事管理共同构成法院管理的基

* 作者单位：湖南省长沙市芙蓉区人民法院。

① 管仲：《管子》，海潮出版社2014年版，第17页。

② 对司法行政权下定义的学者众多，目前最具有权威性的当属中国司法杂志社总编辑刘武俊的观点，他认为司法行政权是在国家权力系统中以管理司法行政事务为主的，兼容部分司法权性质，具有复合性、相对独立性、广泛性、执行性和服务性的一种行政权。

③ The Court Administrator: A Guide And Manual, National Association For Court Management, Jar. 2011, P2。

④ 参见《最高人民法院关于全面深化人民法院改革的意见——人民法院第四个五年改革纲要（2014-2018）》第62条、第64条。

本内容。[①]管理权力主要来源与法律和行政指令，但司法行政权力运行的载体和主体——行政部门和行政人员，在《人民法院组织法》中并未涉及，仅见一些规范性文件，司法行政部门和司法行政人员成了法律上的“黑户”。现实中，司法行政部门亦未有明确的称谓，[②]对司法行政人员的管理实行的不同于审判人员同等化的科层制管理，他们更多的是被看作服从者、执行者。以此为逻辑起点，笔者对我国某省会三级法院内部司法行政管理部门进行了调研，并发现存在如下问题。

（一）职能认识：定位不清导致部门设置之乱

笔者从中选取了20家法院为研究样本，对存在行政管理部门进行了梳理，存在的行政管理部门（见图1）：

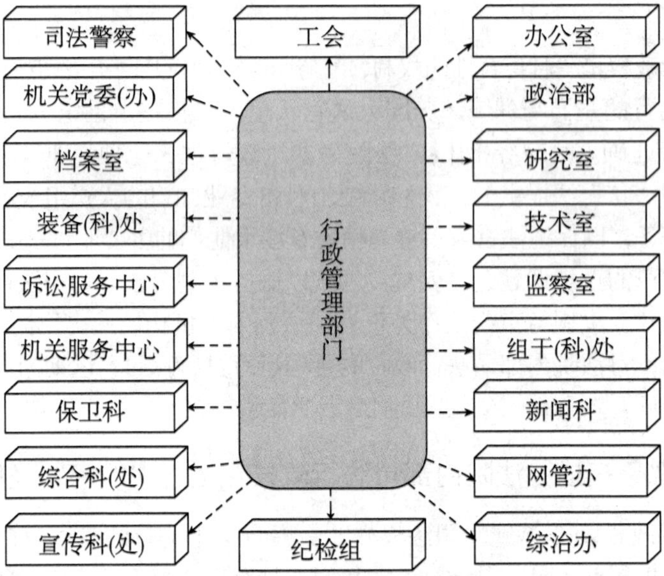

图1　现有存在的司法行政管理部门

从上述统计来看，尽管司法行政管理部门职能众多，但根据行政事务的属性大体上可以分为综合行政类职能、辅助审判类职能、政工群团组织类职能以及外部事务协调类职能。

目前，职能的划分及归属部门不一，部门设置亦具有随意性，如有的法院为新闻、宣传职能单独设置新闻宣传办公室，有的则归口于办公室，也有的直接将这一职能划分给研究室，还有的法院区分内宣、外宣，分别由办公室、研究室等

① 参见《人民法院第二个五年改革纲要（2004-2008）》第29条，《人民法院第三个五年改革纲要（2009-2013）》第7条。

② 实践中，常见一些约定俗成的称谓，如辅助办案部门、综合行政部门、职能部门等。

部门负责。在部门设置独立性上也是标准不一，增设二级子部门现象普遍，如有的法院将档案、技术、安全保卫部门单列，有的法院作为办公室下二级单位；有的单独设立法院工会、党团组织，有的则放在政治部下合署办公。由于部门设置的杂乱，上下级法院部门间出现了不对应的现象，如司法行政装备管理处，有的上级法院有，下级法院无；有的则上级法院无，下级法院有，如诉讼服务中心。这种无对应的部门关系，呈现强烈的离散性，与司法行政的科层制管理背道而驰，严重影响行政效能的发挥。

（二）人员结构：行政群体导致组织专业不"精"

任何组织结构都必然产生各种职位，一个组织内的各种职位和职位间的相互关系，是组织结构的直接表现，并通过职位关系使组织形成一定的格局。① 目前，在尚未试点改革的地区，法院的内部行政管理人员按编制划分有行政编的、事业编的、聘用制的，按司法类别划分既有审判员、助理审判员、书记员，也有行政人员、技术员、司法警察等。据最高人民法院的数据统计，截止到 2014 年，全国法院系统共有 33.79 万人，其中，司法审判人员 19.6 万人，占 58%，司法行政人员 14.19 万人，占 42%。其中司法审判人员不在审判岗位的达 5 万余人，也就是说，实质上司法行政人员的人数司法审判人员的人数均等甚至超过审判人数。

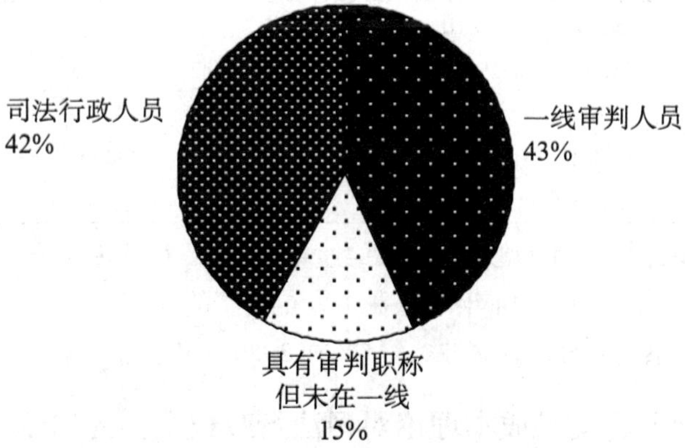

图 2　审判人员与行政人员数量情况

笔者以 20 家法院为样本调研了司法行政人员的数量、学历、专业、年龄结构等基本信息，发现司法行政人员中具有审判职称的人数比例高达 21.17%，具有法学专业的人数高达 65.48%。司法行政人员的职能主要是辅助司法审判，司法行政岗位需求更多的网络技术人员、财会人员、档案管理人员、文秘人员，而非清一色的法律专业人才，招考众多的法律人才从事非法律相关的行政工作，专业不对口，行政效率低下。

① 刘祖云：《组织社会学》，中国审计出版社、中国社会出版社 2002 年版，第 249 页。

（三）组织形态：组织臃肿导致经费开支失衡

从选取的研究样本统计来看，发现行政综合部门数量几乎接近审判业务部门（见图 3），大有与审判庭平分天下、甚至超越之势。

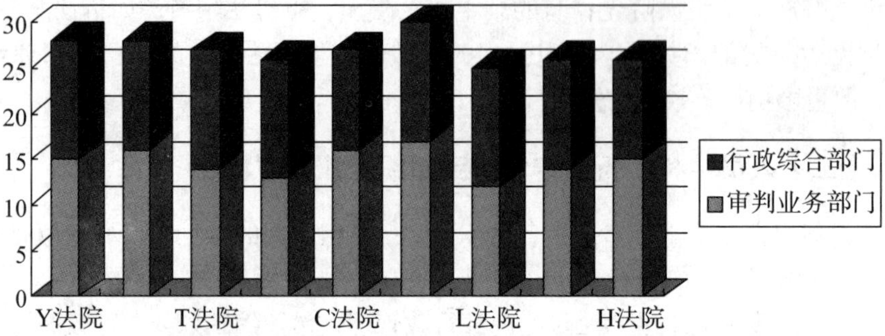

图 3 审判业务部门与行政综合部门数量情况

据最高人民法院的调研分析结果，2007~2012 年间法院人员经费支出增长了 78.42%。笔者对某中级人民法院近 4 年来经费开支情况进行了调查（详见表 1）。

表 1 某中级法院 2011~2014 年经费收支情况（万元）

收支 / 年份	经费收入	经费支出				
		人员经费支出	公用经费支出	办案（业务）费支出	业务装备费支出	基础设施建设支出
2011	1881.35	932.42	194.90	493.08	137.90	100
2012	2300.04	1016.66	185.54	622.84	325	96
2013	3024.40	1284.22	283.28	637	298.40	471.5
2014	2861.09	1460.36	203.73	624	283	170

从调查情况来看，由于行政综合部门数量的增加，行政人员及编外聘用人员数量不断上升，该院 2011~2014 年的经费中人员经费的支出逐年上升，2014 年高达 1460.36 万元，相较而言，办案业务经费 2012~2014 年呈平稳态势。

二、思维导入：交易成本理论对司法行政权重构的启示

上述问题存在的原因之一是理论探寻没有切入司法实践，其理论工具也存在问题，对于法院内部司法行政权的重构，传统的思维方式已无法给出令人满意的方案，有必要尝试从新的角度进行审视。

交易成本是一个在经济学界和法学界均有争议的话题，[①] 又称交易费用，由诺贝尔经济学奖得主科斯所提出，是西方新制度经济学的核心范畴，亦是法经济学

① 在此笔者不想因为对交易成本概念的深入探讨分散我们对文章主题的阐述，当然亦不能在不交代清楚交易成本概念的情况下，运用其对以下内容进行分析，所以笔者在此取了中外两位有代表性的学者观点。

分析方法中最重要的分析具之一，交易成本理论成为大量法经济学分析方法运用的出发点。波斯纳认为："交易成本是指市场机制运行的费用，即当事人双方在通过市场进行交易时，收集有关信息，进行谈判，订立契约并检查，监督契约的实施所需要的成本"。[①] 张五常认为："交易成本包括一切不直接发生在物质生产过程中的成本"。[②] 理论上通俗地认为交易成本包括信息成本、议价成本、决策成本、执行成本四部分。交易成本法经济学分析方法最常涉及的两个问题是交易成本的高低以及如何降低交易成本。国外早已将交易成本理论分析方法运用于制度的设计，权力的配置上，我国的诸多学者也在分析政府权力运行中运用交易成本理论，这种路径对本文之探究也有着很好的启发作用。

（一）交易成本理论启示一：所有组织都是有交易成本的

根据新制度经济学家的解释，有组织就会有交易成本存在，交易成本即组织存在和运行的成本，经济组织有成本，公共组织同样也有成本，进而法院也有交易成本的问题。

我们借鉴新古典分析的方法来分析法院与当事人之间的交易成本，假设法院机构扩张决策的制定者是"完全理性"的。假定交易的对象是准公共产品——司法资源，交易中只有两个人，一个提供者（法院）和一个消费者（当事人），当事人通过纳税等方式向法院购买司法资源。但是，不可避免的，在这一购买过程中契约的制订、发起、签约、监督和执行都会产生交易成本，而且也假定这种成本是用"司法资源"来度量的，同时假定司法资源在这里能够被度量。假设提供者试图出售 1 个单位的司法资源给当事人，但是后者只会得到 0.9 个单位，这个例子中的（司法资源）交易成本为 0.1 个单位司法资源，或者可以说提供的 1 个单位的司法资源的 10%。被定义为"司法资源"的这一公共产品的买卖的交易活动，类似于正统的生产函数，可以用"交易函数"来表示：

Yc=F（Yp）

此处，下标 P 表示提供者愿意提供或出售的司法资源，c 表示当事人愿意购买或享受到的司法资源。交易曲线如图 4 所示：

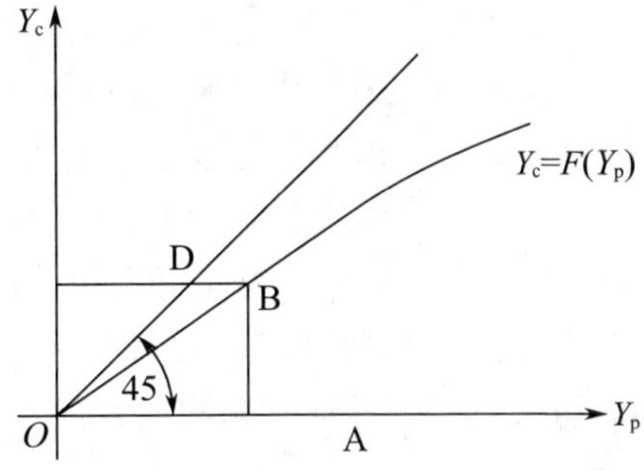

图 4　交易曲线

OA 之间的距离是法院提供的司法资源的数量——"交易投入"。AB 之间的距离是

① ［美］理查德·A·波斯纳：《法律的经济分析》，蒋兆康、林毅夫译，中国大百科全书出版社 2003 年版，作者序言第 16 页。

② 卢现祥：《新制度经济学》，武汉大学出版社 2011 年版，第 44 页。

公民购买到的相应（净）数量——“交易产出”。由关系式 K=Yp—Yc 所表达的交易成本可以由 BD 线看出。显然，如果交易成本为正数的话，交易曲线必然位于 45°线以下。交易曲线的斜率可以称为交易过程的边际生产率。简略地说，它表示的是，当法院提供额外的一个单位数量的司法资源时，公民将会得到多少司法资源。从图 4 中我们不难发现，交易过程的边际生产率是随着交易规模的增加而逐渐减少的，交易成本的存在使公民实际享受到的司法资源与法院所愿意提供的和已经提供出来的司法资源量不能协调一致。

（二）交易成本理论启示二：正确划分行政机构的界标

美国公共事务专家格罗弗．斯达林曾说：“如果管理者认为不通过清晰的描述关系也能产生团队精神，就会打开各种组织弊病的潘多拉盒：阴谋、失败、不协调、重复努力、模糊政策、不明确的决策。”① 目前，我国法院内部行政机构多而杂，在部门的设置上缺乏科学的规划，加重了审视重构行政机构中的信息成本，② 要减少信息成本的前提就是有一个理性的界标来厘清行政机构和审判机构，下面就当前存在的个别错乱部门进行举例，以便有直观的感受。

1. 执行局

1991 年《民事诉讼法》第 209 条规定：基础人民法院、中级人民法院可根据需要设立执行机构负责执行工作。执行局是法院内设执行生效判决结果的执行机构，执行的范围仅限于对生效判决的强制执行，目前，执行局被定性为审判机构，主要行使的民事执行权，执行过程中，执行机构可以积极主动对被执行人的财物或人身采取一些强制手段迫使其履行义务，如扣押、查封、拍卖、拘留等，这些手段均具有管理的属性。行政权的本质属性是执行权与管理权，因此，执行局的职能性质是一种行政强制。

2 立案庭

立案庭主要负责立案、诉前财产和证据保全、信访工作、管辖权异议的处理和审限跟踪，以及其他事务性工作。③ 目前各大法院均是将立案庭作为一个审判业务机构，重视度高，如某省直接将其升级为立案信访局，下设立案一庭主要负责立案工作，立案二庭主要负责信访工作，2015 年 5 月 1 日正式实施后，立案庭变成了实质性的立案审查机构，行使的是行政服务职能，性质属于行政审批，而信访工作更不具备审判职能，显然无论是立案庭还是立案信访局都不是审判业

① ［美］格罗弗・斯达林：《公共部门管理》，陈宪等译，上海译文出版社 2003 年版，第 281 页。

② 此处的信息成本是指搜寻和获得这一领域的成本，又可谓事前交易成本，如果事前信息失真，行政机构和审判机构混乱，最终在管理中因机构性质不同而采取相同策略则将多支出时间、金钱、人力等成本。

③ 孙国庭：《论繁简分流视野下基层法院初步审判庭的设立——围绕立案庭的改组展开》，苏州大学 2009 年硕士学位论文，第 4 页。

务机构。

3 研究室

研究室职能定位为法院内设专门从事与审判有关的调查研究工作的机构，最高人民法院《关于加强人民法院基层建设的若干意见》第 17 条明确要求应建立、健全基层法院研究室。1995 年 5 月 24 日最高人民法院曾在关于人民法院研究室是否属审判业务部门的复函中明确研究室是一个综合性的审判业务部门，其人员属于审判业务人员。虽然研究室本身不从事审判工作，但从事的司法实践理论研究工作，对法院工作大局、领导决策以及审判工作具有重要的指导意义，然而在实践中，研究室被大部分法院定性为行政管理部门，其作为一个独立的职能部门的职能作用被弱化，有的法院甚至将研究室作为办公室的二级机构办公，直接定性为综合文秘部门。

综上，不难发现，行政机构与审判机构的界标在于权力基础，职能性质不同，审判机构所依赖的基础是司法审判权，职能为审判业务工作，行政机构赖以产生的基础则是司法行政权，职能是司法行政管理。基础职能不同，所支付的成本是不一样的。

（三）交易成本理论启示三：不同类型机构不同的对待

科斯提出，节约交易成本、实现组织效益最大化是企业作为组织存在的原因，企业的边界取决于组织代理成本与市场交易成本两个要素权衡的结果。① 换而言之，企业的底线是组织代理成本低于市场交易成本，一旦高于则当将职能委托给市场。该理论也同样适应于公共政治组织领域，② 就法院内部行政管理这一组织而言，应分类对待，有意义的分类有助于交易成本的测量和政策设计。③ 正如舒国滢教授提出，“类型思维是人类社会重要的辅助思考形式”。若某一类型同时具备供给主体的可替代性及对外交易的经济性，则可运用产生的交易成本权衡是否进行外包，笔者依行政管理部门四大类职能划分四个类型，据其专业紧密度及涉密程度分析其可替代性及对外交易的经济性得出可外包指数（见下表）。

① ［美］奥利弗·E. 威廉姆斯、西德尼·G. 温特编：《企业的性质》，姚海鑫、邢源源译，商务印书馆 2010 年版，第 143 页。

② 柯武钢、史漫飞认为：“将政府的任务移交给小型的自组织和自监督群体，或者能够被私有化，而公域服务能被分包出去但靠公共资金来供给，……那么政府的规模，以及与此相关的代理成本和税收成本，就都能缩小。这会使政府事务更加可行。因为那样的话，政府代理人能专注于对核心活动的计划、指导、监督和纠正”。参见柯武钢、史漫飞：《制度经济学——社会秩序与公共政策》，商务印书馆 2004 年版，第 374 页。

③ 黄新华：《公共服务合同外包中的交易成本：构成、成因、治理》，载《学习与实践》2013 年第 6 期。

表 2　行政综合类具体工作及可外包指数

专业紧密度 涉密度	具体工作					
	信息收集	财务管理	车队管理	装备采购	基础建设	综合治理
专业紧密度	**	○	○	*	*	○
涉密度程度	**	***	○	**	*	*
可外包指数	★	★	★★★★★	★	★★	★

表 3　辅助审判类具体工作及可外包指数

专业紧密度 涉密度	具体工作						
	诉讼服务	信访办理	赃证物管理	裁决执行	信息技术	安全保卫	档案管理
专业紧密度	**	*	**	**	**	○	**
涉密程度	*	*	**	**	*	○	**
可外包指数	★	★	★	★★	★★★	★★★★★	★★

表 4　政工群团组织类具体工作及可外包指数

专业紧密度 涉密度	具体工作						
	思想教育	人事管理	组织事务	党委	团委	工会	纪检监察
专业紧密度	**	○	○	○	○	○	*
涉密度程度	**	***	*	**	**	*	****
可外包指数	○	○	○	○	○	○	○

表 5　对外联络类具体工作及可外包指数

专业紧密度 涉密度	具体工作					
	新闻宣传	信息交流	联谊活动	接受监督	组织旁听	听取意见
专业紧密度	**	***	**	*	*	*
涉密度程度	**	***	○	○	○	○
可外包指数	○	○	○	○	○	○

从表 2、表 3 可见，综合行政类、辅助审判类可外包性强，根据其具体工作的类别，车队管理、基础建设、安全保卫、信息技术均可外包。其他工作据其专业紧密度、涉密程度高低可向市场借力，外聘人员自我管理。从表 4 可见，政工群团组织类虽然专业紧密度不高，但涉密度高不可外包。表 5 外部事务协调类由于不存在可替代性，不宜外包。

三、困境突围：重构司法行政权具体运行之路径探寻

司法行政权是国家行政权的重要组成部分，在法治建设中发挥着重要的作

用，当前我国法院内部行政管理部门存在的诸多问题，引起社会各界对司法行政权是否合理运行莫衷一是的争论，权力分配是否合理、有价值，是否得到有效运行的直接依据即是以最小的成本为社会创造最大的价值。在交易成本新的视角下，我们有必要从内到外对法院内部司法行政管理部门进行新的审视。

（一）内部重构：对司法行政管理部门的归类设想

一个组织的绩效很大程度上取决于合适的组织结构。[①] 如图1所示，法院具有的管理部门多达20余个，组织结构极不合理，在管理上易造成混乱，且每个部门需配置人员、办公经费，不利于节约成本。最高人民法院在本轮司法改革中也提出了合理精简的宏观设想。[②] 但在微观运行方面尚存空白，笔者以为，整合现有的司法行政管理部门，理顺上下及行政机构对应关系是前提，行政机构的管理权统一层归上级法院至最高人民法院，在最高人民法院设置司法行政管理总署，实行的垂直的管理模式（见图5），由最高人民法院"一管到底"，统一管理全国司法行政事务。在各级法院相应设立司法管理事务局（处），上下级法院行政管理局（处）之间属于行政领导关系，在坚持审判同等化的同时，让行政更加等级化。

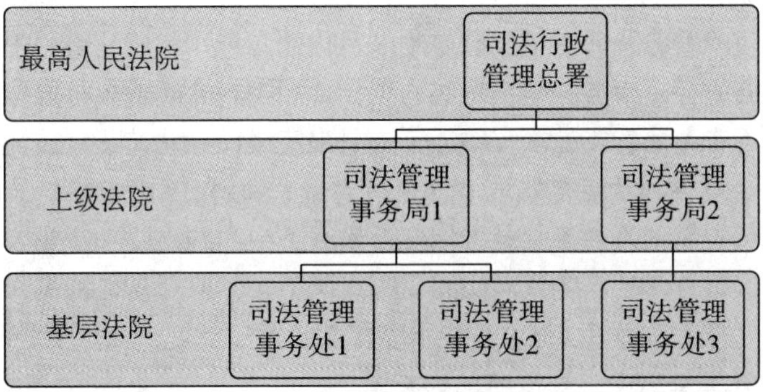

图5 法院行政机构垂直的管理模式

基于前文梳理，笔者提出以下设想，据行政机构的四大职能对现有的行政管理部门进行整合，合并功能相似的机构，形成扁平化的行政管理体系（见图6）。

① 单宝玲、辛风冬：《管理学原理》，天津大学出版社2004年版，第158页。

② 《人民法院第四个五年改革纲要（2014-2018）》第64条规定："推动人民法院内设机构改革。按照科学、精简、高效的工作要求，推进扁平化管理，逐步建立以服务审判工作为重心的法院内设机构设置模式。"

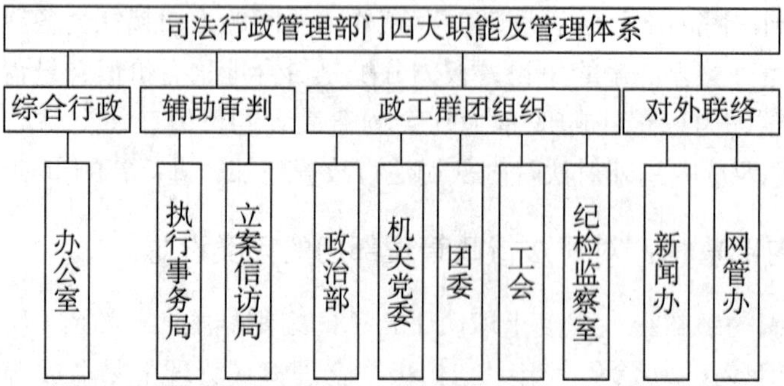

图 6 法院行政管理部门扁平化体系

1. 综合行政类：办公室

办公室是法院后勤保障的大管家，[①] 是为领导提供参考决策和实施决策的综合司法行政部门。基础建设、设备更新、财务车辆、通讯办公、信息档案、综合治理等后勤事务管理和服务均属于办公室的职能，以此类推，图 1 中的档案室、综治办、装备（科）处等机构可并入办公室，综合科性质与办公室同一，可直接去掉，减少管理层次，增加管理幅度，并入机构后的职能由办公室派专人负责。

2. 辅助审判类：执行事务局、立案信访局

长期以来，司法警察一直被定位为司法辅助人员，司法警察强悍的武装性质使得其在法院的警务及保卫工作有着难以替代的角色，其所从事的工作都是具有执行命令性质的行政事务。与执行局的工作性质类同，既然执行局性质为行政机构，其事务不应由法官或是法官助理等人员来完成，与法警队合二为一为执行事务局，去掉保卫科。既能有效地增加执行力量，缓解“执行难”；又能更合理地调动法院人员力量，人力资源最大化。诉讼服务中心的主要功能是为当事人提供更便捷的司法服务，是当事人入门的第一道服务，其实质是提供更人性化的立案信访服务，可并入立案信访局，现今很多法院也是如此，一套班子，两块牌子。

3. 政工群团组织类：政治部、机关党委、团委、工会、纪检监察室

政治部主要负责思想政治、教育培训和组织人事工作，去掉组干（处），因两者职能同一，机关党委、团委、工会、纪检监察室属于党政机构，不具有可替代性，应成为独立的部门。

4. 对外联络类：新闻办、网管办

新闻办负责院内新闻材料，新闻材料既要收集又要对外发布，自然包括宣传功能，因此，可取消宣传（科）处。信息化建设是当下法院跟上时代的脚步的重

① 笔者调研的某中级法院办公室职责有：协助院领导组织、协调政务工作和各部门工作；负责院长办公会等重要会议的组织安排；督办院党组会议、院长办公会议决定事项和上级领导批示交办的事项；负责与人大代表和政协委员的联络工作；负责文秘、档案、图书、保密、机要、督查、新闻宣传、外事联络和建立本院机关网页等工作；归口管理国际司法协助事项和《人民法院报》衡阳记者站工作；参与社会治安治理工作；指导下级人民法院的相关工作。

要手段之一，网管办、技术室都跟网络技术有关，可以合并两个部门，充实人员力量，加强专业化建设。

（二）外包分流：交易成本理论在行政机构配置中的具体适用

理论的探讨是为了更好地服务于实践，交易成本理论中信息成本、议价成本和执行成本等具体理论等都可以成为重构法院内部行政机构的重要工具。重构的目的是为了使其更高效，而衡量一个组织是够高效的一个重要因素是能否节省交易成本，因此，我们所有的努力都应以交易成本最小化为目标。

1. 哪些外包

通过前文分析可知，可外包指数最高的具体工作为车队管理与安全保卫，其次是信息技术与基础建设。此外，有的法院将食堂、物业服务等编外业务纳入内部行政管理中的也可外包。这些具体工种的服务产出与质量能够被界定且与市场结合紧密高，综合而言，可外包的具体工种有车队管理、安全保卫、基础建设、网络技术服务、食堂、物业服务。

2. 如何外包

项目外包是为了法院的行政管理机构能更专注于核心职能，而非核心可替代的部分任务通过外包方式转交给专业化的市场主体承担，能一定程度上节约成本，提高组织效率。但外包是否必然就能节约交易成本，由于信息不对称及机会主义等因素，外包的优势非想当然就能实现。

美好的愿景需要精心的谋划，但市场是不确定的、复杂的，人的理性是有限的，需要一种规范有序的外包方式使这些具体的工种得到最优的代理。综合比较招标、竞争性谈判等方式，招标[①]无疑是最佳的选择，其具有公开、公平、公正的特点，招标在揭示信息及传播信息上具有独特的优势，能有效减少因信息不对称产生的信息成本、谈判成本及寻租成本。我国目前实践中主要有的招标方法有价格招标法、最低评标法、综合评标法等，价格招标法和最低评标法评价标准单一，综合评标法考虑较为全面，适合既要考虑经济效益还要考虑社会效益的法院项目外包。

3. 外包给谁

招标竞标，最后要通过综合评标来确定承包公司，法院作为一行政组织，不仅要考虑价格，还要考虑资质、信誉。尽管前期与公司的接触、评估、辨认会增加信息成本，但对后期的争议成本、监督成本、寻租成本均大有裨益。当然，车

① 招标是招标人发出招标公告，说明需要竞标项目的具体内容，邀请投标人在规定的时间和地点投标，从中择优选出最有利于招标人的投标人，并与之签订合同，使交易得以实现的一种交易方式。参见郝树芹、王建琼：《"政府招标"审计委托模式的博弈分析》，载《财会通讯学术版》2007 年第 1 期。

队管理、安全保卫、基础建设、网络技术服务以及食堂、物业服务等最终外包给谁由招投标决定，笔者以湖南为例，列举一些可参考的公司（见表6）。

表6 可参考的外包公司

综合考量	车队管理	安全保卫	基础建设	网络技术服务
可参考的公司	湖南湘龙出租车有限公司	湖南卢杰保安服务有限公司	湖南省建筑工程集团总公司	清华同方网络技术有限公司
	湖南万众出租车有限公司	湖南杰天保安服务有限公司	湖南省第六工程公司	湖南触发网络技术有限公司

以上列举是在全省范围内有可参考的价值，餐饮和物业据不同市区资质信誉不一，不在此一一列举。

（三）系统整合：让内外合二为一

当车队、保安等项目外包后，内外系统的运行必须协调、融合才能有效地节约成本，不违初衷，如何整合系统，使其合二为一需要内部决策，事前决策成本的支出是为了节省整体的交易成本。

1. 流程再造

外包后的流程该如何走？以车队外包为例，当用车由出租车公司承包后，法院干警该如何享受到用车服务，是继续如以往般层层审批还是另辟蹊径？审批后出租车公司又如何提供服务，服务费用如何计算等问题都与流程设计有关，流程设计的好坏决定执行成本的高低，外部执行成本超过内部运行成本，则外包失去意义。

笔者以为，基于外包项目的服务性与市场性特点，必须打破传统的流程审批程序，简化手续。为提升服务质量与效率，在信息化的今天，我们有必要启用新的管理思想——BPR① 优化流程，在提高外包控制力的情况下可以使干警直接便捷地享受到外包公司的服务。

2. 明确监督

在交易运行的过程中，总会存在些许不如意之处，当矛盾逐渐扩大，争议成本超出合理界限，法院有可能会面临重新招标的风险，势必增加交易成本，与初衷背离。事前、事中监督成为外包必须预防考虑之要。监督主体有法院办公室、执行事务局、行业协会。车队管理、基础建设等均属于办公室的职能，外包后的事务由办公室负责衔接，网络技术服务虽然归于新闻办，但因其单一且性质属于后勤服务，与一起打包由办公室负责发包较为合适，办公室是此工种当仁不让的

① BPR：业务流程再造（Business Process Reengineering）是20世纪90年代由Hammer和Chapy所提出的一种新的管理思想。BPR则强调流程的观念，打破层级体制的界限，转变为平等的相互服务关系，直达顾客。参见胡萍：《业务流程再造在政府中的应用》，载《合肥学院学报社会科学版》2007年第5期。

监督主体；安全保卫由执行事务局负责，关系整个法院的秩序及干警个人的人身安全，单列是为了更直接地提升质量、更有效地节约成本；行业协会是服务与企业，配合好法院工作的中介组织，是法院与公司沟通顺畅的纽带，行业协会的许多评价也给了法院选标时诸多指引作用，要使企业的效能最大化地服务法院，行业协会的监督需要贯穿全过程。

3. 提高控制力

法院作为接受服务者，在保障决策公开及明确监督主体之余，还可以采取一些补充手段防范交易过程中的不足。(1）专业监督。基础建设的承包给基建公司后，法院必须派具有专业技术的人员监工，可学习英国法院的做法，聘用有技术专业人士为法院工程施工监督，设立绩效保证金，达不到绩效，保证金没收。(2）建立信用档案。建立承包商的信用档案，并公开承包商的诚信记录，即能对承包商起到一定的警示作用，遏制承包商的投机行为，主动降低交易成本，也可以拓宽监督渠道。(3）有效运用惩罚手段。外包中，违背交易合同的商家在所难免，可采取警告、减少付款或延期付款、中止合同、追偿、列入信用黑名单。

结　语

叶海尔 . 德罗尔曾说："如果没有一种包含成本意识的政策制定文化，那么高级行政官员对成本的说明义务的各种技巧便会有严重的缺陷"。[①] 法院的交易成本与生俱来，无法消除，在法治前进的过程中，通过自身合理的制度安排能够降低交易成本，有效控制和减少自身运行的成本。最终不但能够节省大量的司法资源，而且能够为公众提供高质量的司法服务，符合国家和人民的长远利益。

① 黄新华：《政治过程、交易成本与治理机制——政策制定过程的交易成本分析理论》，载《厦门大学学报（哲学社会科学版）》2012 年第 1 期。

重新理解审判庭
——一个组织的视角

李　杰*

市场的运行是有成本的，通过形成一个组织，并允许某个权威（一个“企业家”）来支配资源，就能节约某些市场运行成本。

——科斯[①]

引　论

在本轮司法改革即将收官，司法体制改革的“‘四梁八柱’主体框架已经基本确立”之际，法院内设机构改革已经提到了重要日程上。对于这项改革，最高人民法院《关于全面深化人民法院改革的意见——人民法院第四个五年改革纲要（2014-2018）》（即“四五改革纲要”）在第64条作出规定，即“按照科学、精简、高效的工作要求，推进扁平化管理，逐步建立以服务审判工作为中心的法院内设机构设置模式”。此后颁布的《关于完善人民法院司法责任制的若干意见》（以下简称“司法责任制意见”）虽然不直接涉及内设机构改革，但也在第4条规定了案件数量较多的基层人民法院可以组建相对固定的审判团队，实行扁平化管理。2016年8月，最高人民法院和中央机构编制委员会办公室联合印发了《省以下人民法院内设机构改革试点方案》（以下简称“试点方案”），进一步规定了法院内设机构改革的指导思想、基本原则、主要内容和工作要求，明确提出科学设置审判业务机构，合理整合非审判业务机构，严格控制机构规模。[②] 推进内设机构改革主要是因为目前法院内部内设机构过多，管理模式不符合司法职业特点，以及审判资源分配不合理。[③]

* 作者单位：天津市高级人民法院。

① ［美］科斯：《企业、市场与法律》，盛洪、陈郁译校，格致出版社、上海三联书店、上海人民出版社2009年版，第40页。

② 参见胡仕浩、马渊杰：《2016：人民法院改革综论（下）》，载《人民法院报》2017年1月1日，第2版。

③ 参见最高人民法院司法改革领导小组办公室编：《〈最高人民法院关于全面深化人民法院改革的意见〉读本》，人民法院出版社2015年版，第334页。

内设机构过多主要指的是法院内部除了审判庭之外，"又因担负过多的'非审判'职能而增设了其他部门，这些部门人数大多超过了审判庭人员数量"；[①]管理模式不符合司法职业特点则是针对"行政审批式"的法院管理模式；而审判资源分配不合理则是指很多非审判一线的部门也配置了相当多的法官员额。而改革的思路则有两方面，一是整合机构，二是实行扁平化管理。"试点方案"的三方面要求也同样是围绕这两个思路展开。在司法责任制和法官员额制改革基本完成之后，法院内部非一线办案部门占用法官员额的问题基本得到解决，即使研究室、审管办这种传统意义上的"审判综合部门"仍然保留了员额法官，也要同时承担审判任务；而取消案件审批制，并在有条件的情况下实行扁平化管理本来就是司法责任制改革的其中之意，在这两方面，内设机构改革与此前的改革存在交叉之处。但同时，在内设机构改革中重新强调审判庭实行扁平化管理，并将其与机构的整合联系起来，却在一定程度上模糊了内设机构改革的目的和方向，因为扁平化管理"是指通过减少管理层次、压缩职能部门、精简内设机构等方式，尽量减少中间层级，提高整体工作效率"。[②]实行扁平化管理的法院，也无一不是取消了审判庭这一级机构，而直接建立若干审判团队，以实现管理层次的减少。[③]内设机构改革如果重点在实现扁平化管理，则至少撤并机构的重点将在审判庭；而这似乎又偏离了内设机构改革希望解决"非审判"部门过多的目的。在目前的内设机构改革实践中，审判业务机构和非审判业务机构往往是一体整合或撤并的，甚至由于很多行政综合部门分工是为了强调某一方面工作而设立的，反而撤并有困难，而审判庭更容易根据审判领域进行撤并。

从本轮司法改革伊始，无论理论界还是实务界从反对"司法行政化"角度，均存在取消审判庭的声音。在一些论者眼中，正是由于审判庭的存在，法院内部组织才呈现了"行政化"的特点，审判庭作为法院内部机构，只是一个"行政化"的产物，在废除案件审批制，庭长不再审批案件的情况下，保留审判庭的意义已经十分有限；要解决"行政化"这个"毛"，改变审判权运行方式，就必须先解决审判庭这张"皮"。这种倾向也体现在了《人民法院组织法》的修改之中，目前的审议稿不仅直接将庭长、副庭长从原有条文中删除，而且删除了各级法院有关审判庭设置的规定，改为规定人民法院可以设"必要的审判庭"。[④]

但对于上述论者的逻辑，值得进一步追问的是，作为有明确制定法依据审判

① 参见最高人民法院司法改革领导小组办公室编：《〈最高人民法院关于全面深化人民法院改革的意见〉读本》，人民法院出版社 2015 年版，第 334 页。

② 参见同上。

③ 典型如深圳前海合作区人民法院内设机构的设置，参见最高人民法院司法改革领导小组办公室编：《〈最高人民法院关于全面深化人民法院改革的意见〉读本》，人民法院出版社 2015 年版，第 336 页。

④ 荆龙：《人民法院组织法首次"大修"》，载《人民法院报》2017 年 8 月 29 日，第 4 版。

庭制度是否从一开始就是为了“司法行政化”的目的而存在的？即使是，这一制度能否在司法制度变迁中寻找新的理论依据。特别是在笔者看来，上述论证逻辑忽略了无论何种审判权运行方式，法院始终是一个组织，既然是组织，就必然会在内部产生一系列的管理问题，组织内是否设置内设机构、设置多少机构、何种机构更主要的是解决管理成本问题，而机构规模的最优设置也应该考虑的是如何使组织内部管理成本最小化，实现内部治理优化。在这个意义上，尽管内设机构改革的目标并不是撤掉所有的审判庭，但在中国当下的语境中重新理解审判庭的意义仍然重要。

一、审判庭制度的立法变迁

近三十多年来，我国学界的研究虽然并没有直接否定审判庭的存在，但大多均在批判“司法行政化”语境里，认为审判庭是一种行政管理层级，借助这种管理层级，司法权力的运行体现着领导与服从的关系。苏力的《论法院的审判职能与行政管理》一文虽然肯定了法院内部行政职能的不可避免，而法院内部的“行政化”是因为审判权力和行政权力在同时掌握两种权力的庭长手中产生了混同，但其也认为设置众多的庭长、副庭长是一种处理行政事务的需要。[①] 此后一些研究都将审判庭等内设机构的设置及对案件的审批视为“行政化”的表现，对于“行政化”和“科层制”基本上视为同义语。[②] 只有少数文章指出“行政化”其实并非司法权力运行紊乱的痼疾，真正的问题是权力运行随意性。[③] 学界和实务界虽然也对审判管理的研究越来越热衷，但这种管理是否属于前述苏力文中提到的行政管理的一部分似乎并不明确，倒是按照“司法责任制意见”的界定，审判庭庭长也享有相应的审判管理权和审判监督权都属于司法权力运行的重要组成部分，应当与行政职权不同，这似乎又意味着审判庭不仅仅具有一定行政职能，还具有一定的审判管理和监督职能。

在笔者看来，当前研究中普遍存在将中国司法中的“行政化”与任何一个组织中都可能存在的“科层化”不加区分认识误区，这是导致目前对审判庭制度意义缺乏深入探讨的重要原因。事实上，即使审判庭的存在确实带来了一种“法官对庭长的服从”，也不能由此证明审判庭就是为了实现这种“服从”而存在。与中国不同的另外一种模式，的确排除了院长和庭长对法官案件审理的“行政化干预”，并没有完全排除审判庭的存在。例如《德国法院组织法》第59条即规定：

---

① 苏力:《论法院的审判职能与行政管理》，载《中外法学》1999年第5期，第36页。

② 如张卫平:《论我国法院体制的非行政化——法院体制改革的一种基本思路》，载《法学研究》2000年第3期；王申:《司法行政化管理与法官独立审判》，载《法学》2010年第6期；陈瑞华:《司法改革的理论反思》，载《苏州大学学报（哲学社会科学版）》2016年第1期；等等。

③ 如顾培东:《人民法院内部审判运行机制的构建》，载《法学研究》2011年第4期；《再论人民法院审判权运行机制的构建》，载《中国法学》2014年第5期。

"各州法院由院长一人、各庭庭长及其他法官组成。……"第 60 条规定："各州法院设立民事和刑事庭。"对于刑事庭又分别在第 74a 条、第 74b 条和第 74c 条分别规定了国安庭（Staatschutzkammer）、少年庭（Jugendkammer）以及经济刑庭（Wirtshcaftsstrafkammer），该法第 5a 章和第 7 章还分别规定了州法院刑事执行庭和商事庭的设置。对于州高等法院和联邦最高法院，该法第 115 条和第 124 条同样规定了其组成包括"院长、各庭庭长以及其他法官"。① 日本高等法院内设若干"裁判部"，包括刑事裁判部、民事裁判部。这些部不是当然的合议庭。② 而我国台湾地区司法机关亦有民刑事庭之分，其"法院组织法"第 14 条规定："地方法院分设民事庭、刑事庭、行政诉讼庭，其庭数视事务之繁简定之；必要时得设专业法庭。"第 36 条和第 51 条分别规定了"高等法院"和最高司法机构也设相应的审判庭。③ 当然，这些经验并不具有决定意义。况且并非所有国家或地区的法院，都在内部设置了审判庭。即使在上述设置了审判庭的国家或者地区，其审判庭与中国法院审判庭的职能也有不尽相同之处，④ 因此，中国法院的审判庭制度必须置于中国的语境中进行考察。

早在新中国成立初期 1951 年的《中华人民共和国人民法院暂行组织条例》确立的三级法院体系中，最高人民法院设刑事、民事审判庭，并得设其他专门审判庭，省级人民法院设刑事、民事审判庭，县级人民法院案件多的得设刑事、民事审判庭。1954 年的《人民法院组织法》规定基层法院可以设刑事和民事审判庭，中级人民法院和高级人民法院设刑事和民事审判庭，必要时可以设其他审判庭，最高人民法院设刑事、民事和其他需要设的审判庭。与 1951 年的《条例》相比，基层法院设立刑事、民事审判庭不再要求"案件数量多"，同时中级人民法院和高级人民法院可以设其他审判庭，最高人民法院则直接规定设"其他需要设的审判庭"。由此可见，新中国成立之初的法院组织立法认为，不同层级法院审判庭设置应当不同，并且层级越高的法院设置审判庭的必要性越高，而层级低的法院"可以设"审判庭的范围越宽。这一思路在 1978 年以后的法院组织立法得到了延续。1979 年颁布的《人民法院组织法》第 19 条第 2 款、第 24 条第 2 款有关基层法院和中级法院审判庭的设置与 1954 年《人民法院组织法》的相应规

① 参见最高人民法院政治部编：《域外法院组织和法官管理法律译编》，人民法院出版社 2017 年版，第 345 页。

② 最高人民法院改革领导小组办公室编著：《最高人民法院关于完善人民法院司法责任制的若干意见读本》，人民法院出版社 2015 年版，第 61 页。

③ 参见我国台湾地区"法院组织法"（2011 年 11 月 23 日修正），载搜狐网：http：//www.sohu.com/a/132637557_657191，最后访问日期：2017 年 9 月 26 日。

④ 比如德国法院的审判庭（Kammer）并不具有管理功能，而与我国的"合议庭"更为类似。《德国法院组织法》第 76 条规定，刑事庭由包括庭长在内的三名法官及两名参审员组成，具体又分为由上述人员全部参加的"大刑事庭"和仅有庭长及两名参审员组成的"小刑事法庭"。参见最高人民法院政治部编：《域外法院组织和法官管理法律译编》，人民法院出版社 2017 年版，第 373 页。

定完全一致；第27条第2款和第31条第2款有关高级人民法院和最高人民法院审判庭设置与1954年《人民法院组织法》相应规定不同在于明确增加了设经济审判庭；同时该法在第24条第3款规定，直辖市中级人民法院和省、自治区辖的市中级人民法院应设经济审判庭。1983年《人民组织法》修订的时候对于各级法院设立经济审判庭的问题，进一步明确修改为，基层人民法院可以设经济审判庭，并取消了以前直辖市中院和省、自治区辖的市中级人民法院与一般中级人民法院在设经济审判庭上的区别，改变均设经济审判庭。这一规定在此后1986年和2006年两次修订之后没有变动，即现行法的规定。如下表1。

表1：现行《人民法院组织法》不同层级法院审判庭设置规定

	审判庭设置
基层人民法院	可以设刑庭、民庭、经济庭
中级人民法院	设刑庭、民庭、经济庭，可根据需要设其他审判庭
高级人民法院	设刑庭、民庭、经济庭，可根据需要设其他审判庭
最高人民法院	设刑庭、民庭、经济庭和其他需要的审判庭

二、审判庭设立情况的抽样统计分析

在考察了审判庭设置制定法变迁后，再来看当前中国法院审判庭设置。为此，笔者进行了抽样统计，从全国3523家法院中，抽取284家法院，[①]分别统计该法院人数、内设机构数量、审判庭的数量以及设民庭、刑庭的数量。[②]这些数据的来源是百度百科“法院百科”（http：//baike.baidu.com/court）中链接的词条。[③]按照样本统计显示。首先，尽管法律规定是基层人民法院可以设，而非必须设刑庭、民庭和经济庭，但刑庭、民庭、经济庭已是目前基层人民法院的基本配置，而且往往不止一个，一些东部地区的基层法院甚至设立了七八个民事审判庭。其次，在基层法院，刑庭、民庭和经济庭的数量占审判庭总数的比例不到50%。样本中的189家基层法院共有民事审判庭和刑事审判庭合计707个，但这些法院的审判庭总数为1667个，民庭和刑庭合计仅占审判庭总数的42%，其余的审判庭除了行政庭有明确法律规定，立案庭、审监庭、执行庭、赔偿办等均属于

① 这284家法院包括所有的高级法院，中级法院63家（每个省、自治区、直辖市选取2家，新疆生产建设兵团分院下选取1家），基层法院189家（每个省、自治区、直辖市选取6家，新疆生产建设兵团分院辖区选取3家）。

② 需要对几项数据项进行含义的进一步界定。这里的法院人数是指法院公布的在编的实有人数。由于网络公布数据较为简单，对于内设机构的数量除非该法院公布的时候明确进行了区分，原则上有正式编制的机构和无正式编制的机构均计算在内，审判庭的数量排除了传统意义上属于审判部门的研究室和审管办，同时，人民法庭的数量也没有计入审判庭数量之中。

③ 这一数据库虽然来自于网络，但和其他百度百科的词条不同的是，这一数据库中词条注明了“本词条由中华人民共和国最高人民法院参与编辑并审核”且被锁定而无法修改，故其权威性能够得到保障，不足的是，这里的数据更新不够及时，无法保证数据是统计当时的情况。

"根据需要设其他审判庭"，而在现行法律的条文中，可以"根据需要设其他审判庭"的至少是中级人民法院。再次，中级法院和高级法院的刑事审判庭和民事审判庭更多，其中民事审判庭的平均数量为 3.8 个，刑事审判庭的平均数量为 2.45 个，民庭和刑庭总数占审判庭总数比例同样不够 50%，仅为 45.9%。最后，样本法院审判庭总数占内设机构总数 49.3%，即在法院的内设机构中，审判庭仅占一半左右，另一半则是办公室、政治部、研究室、审管办等"综合部门"。

从上述抽样统计数据中选择法院规模和相应内设机构数量、审判庭数量 3 个数据生成法院规模与内设机构、审判庭数量分布图（图 1）。图中的每一个点即对应前述抽样统计中的一个法院，横轴坐标是该法院的人数，纵轴坐标是该法院审判庭的数量，对应的虚线则是对法院规模与审判庭相关性进行线性回归所得出曲线，y=0.017x+7.0818 是对应的线性方程；图中的每一个三角形的横坐标依然代表法院规模（人数），纵坐标则代表法院内设机构的数量，对应的虚线则是对法院规模与内设机构数量相关性进行线性回归所得出曲线，y = 0.03x + 15.213 是对应的线性方程。

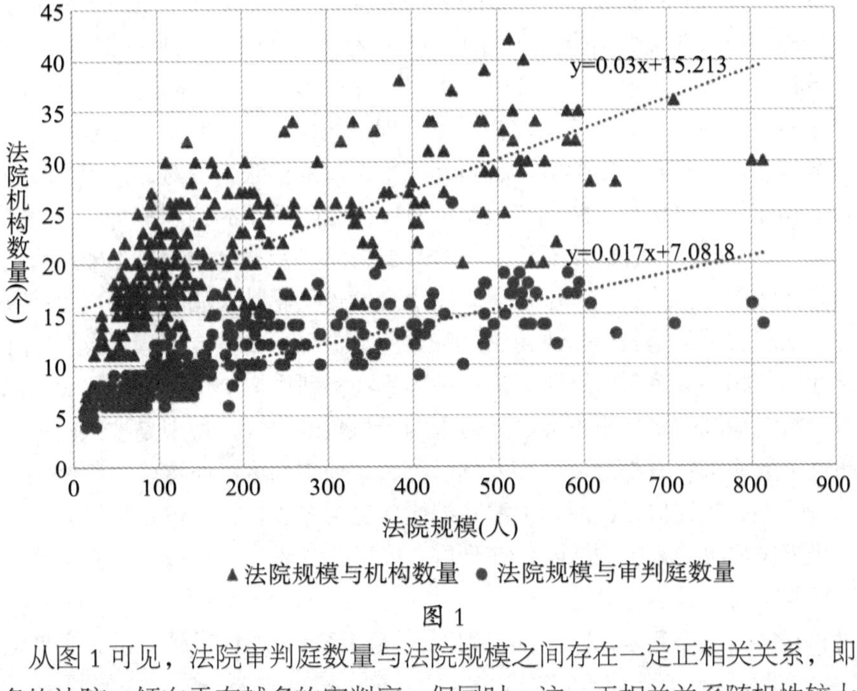

图 1

从图 1 可见，法院审判庭数量与法院规模之间存在一定正相关关系，即人数越多的法院，倾向于有越多的审判庭。但同时，这一正相关关系随机性较大，且随着法院规模增长而日趋明显。如图中法院人数最多的法院（超过 800 人）审判庭不到 15 个，而审判庭个数最多的法院规模却仅在 400 人到 500 人之间。图中线性方程在纵轴的截距为 7.08，这一数值意味着按照图中所示的趋势，即使法院人数为 0，也需要建立至少 7 个审判庭；曲线斜率 0.017<1，则意味审判庭的增长速度小于法院规模的增长速度。

法院内设机构数量与法院规模也同样存在正相关的关系，随着法院规模扩大，随机性也越明显。相应曲线在 y 轴的截距 15.2 代表了法院最少的内设机构数量，这一数量减去前边最少审判庭数量（7）即为法院非审判庭部门的最少数量（8），这也与前面分析中，审判庭总数占内设机构总数不足 50% 的结论相一致。另一方面，法院内设机构曲线的斜率为 0.03，大于审判庭曲线斜率 0.017，这意味着实践中在其他条件不变的情况下，随着法院规模的扩大，内设机构的增长速度小于规模扩大速度，却大于审判庭的增长，法院规模扩大之后内设机构并没有与审判庭同步增长，内设机构增长更多是由于非审判庭的增长带来的。也就是说，那些人数更多的法院，并没有建立更多的审判机构来进一步管理法官，而是建立了更多的行政管理机构。但也可能意味着，审判庭的扩张带来的效益是边际递减的，即使人数再多，也不是审判庭越多越好。

可见，尽管从 1986 年至今，《人民法院组织法》对于审判庭设置的规定没有变化，但法院审判庭的设置却在此后的 30 年里发生了巨大的变化，① 人民法院的审判庭规模在数量和类型两个方面均在扩张。为什么会出现这种扩张？一种解释是案件数量的增长以及随之而来的法院编制增长，法院内部机构也随之增长。② 这当然是一种解释，毕竟随着法院在国家治理中的作用日益突出，法院所受理的案件数量也在逐年攀升，案件的增长自然需要编制的扩张来应对，这恐怕也正是改革开放初期在政府机构不断精简人员的时候，法院系统的编制却可以获得增加的因素之一。③ 但案件数量并不是绝对的，因为仅仅考虑案件数量不能解释为何高级人民法院受理案件数量少于基层人民法院却设了比基层法院多的内设机构和审判庭。法院编制数量虽然是决定机构和审判庭数量更为重要因素，这由图 1 中两者之间的正相关关系可以证明，但这一因素在实践中影响仍然不够显著，从实践来看，法院编制的增加也不会必然带来内设机构的增加。特别是按照前面的数据，超过半数的审判庭都是刑庭和民庭以外的其他审判庭，而这些审判庭的设立并不是基于编制数的扩张，而无论法院编制数量为多少，也无论是高级人民法院还是中级人民法院绝大多数法院都在刑庭、民庭之外设立了行政庭、立案庭、执行庭等其他审判庭。

考察过去三十多年来法院内部审判庭设立的来源，可以发现，扩张主要通过

---

① 有的研究对此进行了梳理，参见刘忠：《规模与内部治理——中国法院编制变迁三十年（1978–2008）》，载《法制与社会发展》2012 年第 5 期，第 47 页。

② 参见刘忠：《规模与内部治理——中国法院编制变迁三十年（1978–2008）》，载《法制与社会发展》2012 年第 5 期，第 47 页。

③ 参见刘忠：《规模与内部治理——中国法院编制变迁三十年（1978–2008）》，载《法制与社会发展》2012 年第 5 期，第 47 页。

两种途径，一种则是原有审判庭数量增加，比如刑庭、民庭由一个增加为更多，或者从原有的刑庭、民庭中分解出新的专业审判庭，比如少年庭、家事审判庭、金融审判庭；[①] 一种是增加了新类型的审判庭，比如立案庭、审监庭、执行庭，两种途径分别对应了两种增长类型。一种是“分工型”增长，即伴随着法院案件范围扩张，基于业务分工需要而增加的审判庭的设置。比如行政庭的设立。在改革开放之初，我国并未颁布《行政诉讼法》，行政诉讼与民事诉讼并未严格地进行区分，法院内部也未设立行政审判庭，由民事审判庭参照《民事诉讼法》的规定审理行政案件；随着 1989 年《行政诉讼法》的颁布实施，确立了与民事诉讼之间不同诉讼程序和审判制度，特别是法律第 3 条第 2 款明确规定要设行政审判庭审理行政案件，无论实际受理多少行政案件，也无论实际配备了多少行政法官和其他工作人员，行政审判庭均成为各级法院必有的审判庭。民庭数量的增长也同样属于“分工型”增长。比如 1979 年《人民法院组织法》规定了设“经济庭”，此后 1986 年修改法律时将经济庭的设立进一步扩张，即是因为“经济案件”越来越多，且具有与传统民事案件不同的规律和特点，由此有了通过设立不同审判部门进行分工的必要；同样的还有知识产权庭的设置以及部分中级人民法院和高级人民法院涉外海事海商庭的设立。上述审判庭民事审判庭机构改革的过程中均作为民事审判庭，分别称为民一庭、民二庭、民三庭、民四庭……。而刑庭也由于专门审理经济犯罪的需要，或者基于审理未成年人犯罪的需要从一个变为两个甚至多个。

另一种增长属于“改革型”增长，即主要是伴随着司法改革的进行，出于权力分立和相互制约的需要而审理的新的审判庭。典型的是立案庭、审监庭的设置。在改革开放初期的审判中，立案、审判和执行并无区分，民事案件均由民事审判庭自立、自审、自执。到了八十年代中后期，针对立审合一、审执合一的问题，开始实施立审分离、审执分离改革。首先在原有的信访室的基础上建立了“告申庭”，将受理告诉、申诉只能交由该审判庭，当事人起诉到法院，只有经过该部门立案才能进入审判庭审判，而审判庭不再负责立案；而到上世纪九十年代中后期，又施行了立案与审监分立，将审判监督职能从告申庭分离，告申庭更名为立案庭，又增设了审监庭。[②] 执行庭也同样是伴随着审执分离改革而设立。

综上所述，基于业务分工和分权改革的需要，除了极少数基层法院外，绝大多数的法院至少需要建立立案庭、刑事审判庭、民事审判庭、商事审判庭（即原来经济审判庭）、行政审判庭、审判监督庭、执行庭七个审判庭。但业务分工和分权改革均不一定必须通过设立审判庭的方式来实现，比如业务分工可以设置

① 当然，这些审判庭并不一定都是增加，有的只是原有审判庭名称的更改。
② 有关立审分离改革和立案制度变迁的系统阐述，参见吕方：《叩开法院之门——立案法治化研究》，知识产权出版社 2012 年版。

专业化的合议庭，而立审分离改革也只是要求审理案件的法官或者合议庭不能自立自审，只要对当事人的起诉经过立案和审判两个阶段，且审查立案的法官与审理案件的法官不同即可，而不必必须要设立一个专门从事立案工作的“立案庭”，因此，现实中审判庭的设立原因本身并不能为审判庭的存在提供理论依据。更何况过往一些法院设立审判庭时确实存在着希望增加编制机构从而增加领导职数，以方便提拔更多干部，实现激励的目的，并且审判庭也确实以一种“行政化”的方式运作，庭长、副庭长就是其他法官的“领导”，尽管他们的“领导”权威未必比行政机关强，还做不到令行禁止，也确实会有“队伍不好带”的问题，但这还是不会改变他们的“领导”地位，也不会影响他们与普通法官和其他人员之间的领导与服从关系，这种关系当然不仅仅限于行政事务，当然还有审判事务；甚至即使有些审判庭的庭长、副庭长克制了自己的案件审批权，他们实际上也有权力随时放弃这种克制，而不受制约。因此，我们无法否定审判庭运作的行政化倾向，也同样不能排除路径依赖的作用，即使在司法责任制改革推行之后，这种“行政化”的消解也仍然需要一个过程。基于此，我们必须面对这样一个问题：中国语境下的中国法院审判庭的意义何在？

三、法院审判庭设置的思想实验

为了回答这一问题，在这一节中笔者将借助一个思想试验，在理论层面进行推演。首先，将法院视为一个为实现一定目的而按照一定规则成立的组织，且其内部结构关系对于组织外部行为的绩效及组织目的的实现具有重要影响。

作为组织的法院首要目的是解决纠纷，但与非诉讼纠纷解决的途径相比，司法解决纠纷存在成本与收益的差异。非诉讼纠纷解决途径涉及双方利益的重新配置，仅涉及双方当事人的成本和收益，即使存在第三方的情况下，第三方解决纠纷的成本也将最终由双方当事人来承担，从而实现纠纷解决成本的内化。因此，一般而言，相对于司法途径，非诉讼纠纷解决途径既不产生对当事人以外社会公众的外部收益，也不会产生需要纠纷双方以外的当事人承担的外部成本。但司法由于组织化、程序化的特点，其耗费的资源来源于国家财政，向当事人收取的诉讼费并不能弥补法院的成本，当事人通过司法解决纠纷的成本并不能全部实现内化，而实际最终由一般的社会公众来承担。因此，司法不能满足于解决纠纷，而是应当产生更大的社会收益，通过解决纠纷解释和补充法律规则，从而为不特定的社会公众行为提供一定行为预期，实现补充式规则治理。

补充性规则治理是法院通过案件审判而“生产”的公共品（public good），但具体负责“生产”的却是法院中的人——法官。从信息经济学角度，法院和法官之间是一种“委托－代理关系”，[①] 作为委托人的法院不能观察到作为代理人的法

① 参见陈钊编著：《信息与激励经济学》，格致出版社、上海三联书店、上海人民出版社 2005 年版。

官的审判行为，无法及时有效对其进行监督，影响司法的绩效和法院组织目的的实现。因此，作为组织的法院必须解决对其法官的监督管理问题，形成某种内部治理结构。但另一方面，治理本身又是需要成本的，甚至治理本身也可能拉长委托－代理关系，产生“谁来监督监督者”的问题，对于一个法院而言，何种的内部治理结构能够更有效率，即在一定水平的成本之下产生更高的效益，就是一个值得研究的问题。以下，笔者利用一个思想实验进行具体分析。

（一）规模扩张下法院的内部治理

先假设存在一个法院，只有赵法官一个法官，该法院所有的案件都是由赵法官审判。在这种情况下，尽管裁判仍然是以法院的名义作出，但法院与赵法官本人是合一的，在这种情况下，赵法官的偷懒、懈怠、疏忽甚至枉法裁判所导致的后果不仅由法院承担，也会由其个人承担，他没法“搭便车”，也没法“浑水摸鱼”；另一方面，赵法官公正高效审理案件也不仅会给法院带来声誉，也会给其个人带来声誉。这两方面的激励与约束使得法院内部可以实现治理，无需再投入监督管理成本。

现在我们假设法院增加一个员额，有了赵、钱两位法官，由此产生了两位法官如何审理案件的问题。可以考虑的模式有四种。一种是分担模式，即将法院受理的案件在赵法官和钱法官之间随机分配，两人各承担 50%，分别独立作出裁判；一种是分工模式，即将法院受理的案件按照类型区分，由两位法官分别审理不同类型的案件；三是协商模式，即每一个案件都由两位法官共同审理，协商作出裁判。在这三种模式下，两位法官地位是平等的，任何一方对另一方都没有监督管理的职责，同时司法裁判产生的声誉或不良后果也将由两者分担，这就意味着双方实际处在一个重复博弈之中，任何一方的行动都对另一方的效用产生影响。在重复博弈中，合作可以作为纳什均衡结果出现，[①] 因此，双方均有动力加强合作和沟通，解决监督管理问题。在这三种模式之外，还可能存在第四种模式，科层模式，即所有案件都由钱法官一人审理，赵法官只负责对其工作进行监督。这种模式赋予了赵法官基于科层地位对钱法官进行监督管理的权力，但由于钱法官在赵法官监督管理下工作，司法裁判的成本和收益与其关联性弱于前三种模式；由于钱法官没有监督管理权，赵法官的监督问题也凸显出来，如何避免赵法官不当的干预钱法官的工作也是要考虑的问题，赵法官和钱法官的关系也很有可能不如前三种模式，而这种关系无疑也会影响法院的绩效。可见，在法院规模较小的情况下，即使法官与法院之间存在委托－代理关系，但他们可以通过协商合作形成激励约束机制，促进法院组织目的的实现。此时在法院内部建立科层不仅增加了监督管理成本，还弱化了法院司法绩效与法官自身成本收益的联系，管理

① 参见张维迎：《博弈与社会讲义》，北京大学出版社 2014 年版，第 166 页。

的效果可能适得其反。

现在，让我们进一步增加这个法院的法官员额。随着法官人数的增长，法院外部绩效对每个法官成本收益的影响越来越被稀释，由此带来两个后果，一是法官之间通过沟通协商进行对彼此监督的成本越来越高昂，并且人数越多，通过协商而制定一些约束彼此的规则也越来越难；二是随着法官人数的增多，每一个法官也越来越趋向于仅仅满足做好自身的工作，而对其他法官的工作不再关心，从而监督管理问题也越来越突出。比如，我们假设法院现在有 27 个法官，这已经是一个颇具规模的法院了。显然，27 个法官共同审理案件是不可能的。而 27 个法官分担案件虽然可行，但在如何确保 27 位法官的裁判规则确定统一上，难度要大于只有两三个法官的情况？再来考察分工模式，的确可以把法院受理的案件分为几十类，而由这些法官分别审理，但问题在于将案件分为几类容易，进一步的区分为几十类则不那么容易；即使我们可以做这样的区分，也会存在不同类别的案件面临相似的法律问题，而对于这些法律问题的回答，可能不同法官的观点是不同的。可见，随着法官员额的增长，类似“原子化”的法院组织结构运行的成本将越来越高，很难实现监督管理的目的，这就需要内部结构的创新。而此时，我们再回来考察此前我们认为缺乏效率的第四种模式，即科层模式。

我们首先为这个法院增加一个院长，还是前面那位赵法官，他被任命为赵院长，其他 26 位法官都是平等的法官。由于仍然是思想实验，我们暂且让赵院长仍然在抽象的法院中任职，不让他陷入现实中一个法院院长可能面临的内部和外部的行政事务，我们也按照目前司法改革的要求，要求赵院长也要办案，并且也要亲自承办案件，但和其他法官不同，赵院长要承担监督管理的职责，而其他法官有义务服从赵院长的监督管理。在这种模式下，首先，在法院 – 法官的委托代理链条上增加了管理者一环，即法院 – 管理者（院长）– 法官。虽然拉长了管理链条，但却解决了法官人数众多情况下每一个法官与法院绩效相关性被稀释的问题，法院的绩效与院长个人成本收益更为紧密，因此院长有动力提升法院的绩效；其次，院长作为管理者通过强制方式，制定规则，并借助自身的权威保证规则的实现，大大降低了通过协商合作进行监督的成本；再次，对于不同法官对争议问题的不同观点，由于院长的存在，协调成本也同样大大降低，更有利于达成共识。可见，和企业内部存在科层管理有利于提高企业效率一样，[①] 法院内部的科层亦是法院规模扩大后，为实现内部监督管理，解决委托 – 代理问题，从而实现组织绩效的制度安排。[②]

---

① ［美］科斯：《企业、市场与法律》，盛洪、陈郁译校，格致出版社、上海三联书店、上海人民出版社 2009 年版，第 40 页。

② 现实中应予根除的“司法行政化”则是“失之于政，不在于制”，反对“行政化”而希望废除法院内部任何科层制度是“倒掉脏水，连带孩子”的逻辑。

继续考察赵院长这个法院。在设置了院长之后，案件仍然要在包括赵院长在内的 27 个法官之间分担，不同的模式也仍然会带来不同的监督管理成本水平。在假定其他条件不变的前提下，审理同一案件的法官越多，裁判差异化的可能性也就越大，为控制差异化所需要付出的成本也就越多。上述三种模式，分担模式下差异化可能性最大，分工模式次之，而协商模式最小。另一方面，在案件审理总数既定且其他条件不变的情况下，审理同一案件的人数越多，单位时间审理案件的数量就越少，而审理该案耗费的总成本也越大。上述三种模式，协商模式在单位时间内审理的案件必然少于其他两种，而其为了达成裁判结果也需要付出比其他两种更大的成本。案件分担模式的选择需要平衡上述两方面的成本，一方面要减少案件审判差异性，但另一方面又需要保证审判力量相对分散，避免人力资源无必要的浪费。因此，对于赵院长的这个法院，既不能让 27 名法官各干各的，又不能让 27 个人同时参与每一件案件的审判，而是要综合运用分担、分工和协商三种模式，以实现裁判差异最小化与审判效率最大化之间的平衡，进而降低赵院长的监督管理成本。为此，首先，需要在对案件进行适度分类基础之上的分工，以降低审理同类案件的法官人数；其次，将审理同类案件的法官组织起来，形成一个团队，在这个团队里，原则上按照分担模式分配案件，在特别情况下则由部分法官按照协商模式审理案件。经过这样的构造，我们已经看到，这个假想中的法院，已经越来越接近审判实践中的法院，一个只有一级科层的“扁平化”管理的法院。只是即使这样“扁平化”管理的法院也存在因为分工而产生的团队，而不可能完全是所有法官无组织式的“原子状态”。由这里分析也可见，在法院规模既定的前提下，即使法院建立了一级科层，内部治理问题仍然存在，仍有进一步探讨的空间。

特别是随着法官员额进一步扩大，审判团队内部的人数也随之增多，分工对差异化控制的红利也随之降低，此时团队内部也产生了一个规模较小法院会产生的组织问题，对于法院而言，究竟是该进一步按照案件类型区分新的团队，还是采取其他办法，又是一个新的治理难题。进一步分工形成更小的团队可能在团队层面更有利于控制差异化审判带来的监督管理问题；但过细的分工将使不同团队之间面临相似问题的可能性大大增加，依然会提高监督管理成本。在这里我们似乎又面临了最初没有赵院长的 27 个法官的法院面临的问题，只是这一次，法官变成了小团队。而彼时解决问题的办法是增加了院长这一级科层体系，而这一次，我们也可以按照这一思路，在保持团队不变的基础上，增加一级科层，即在审判团队中任命一个管理者，由他在赵院长的管理下监督管理本团队的审判事务。如此，法院的委托－代理链条变为法院－院长－团队负责人（庭长）－法官。这个团队负责人同样享有一定的科层权威，以减少本团队内部的监督管理成本，而赵院长不再直接管理法官，而是运用其享有的科层权威，监督团队负责人行使监督管理权力。可以看出，增加了团队负责人的法院就是实践中存在审判庭的法院。

（二）内部治理下审判庭的意义

不可否认，上述分析是一个理论化推演，无论中国还是其他国家法院审判庭的设置均不是按照前面理论推演的过程实现的，特别是中国法院建立之初不仅设立了审判庭，而且作为科层管理者的院长和庭长也不是为了解决法院规模增大下的裁判差异化等问题而存在的，他们行使的权力方式也不限于监督管理，还包括了直接“拍板定案”。但即使如此，上述理论推演中所展现的逻辑仍然是有意义的。通过排除不同政治制度框架和不同司法环境下的变量，我创造一个非语境化“真空环境”。我相信这种环境下的理论推演可以帮助我们排除外在变量的干扰，直接审视制度自身，解决到底是“经有问题”还是“和尚念歪了的问题”。

甚至退一步，即使审判庭的设置最初就是一种司法机关对于行政机关科层的模仿，也不意味着就应当彻底否弃这一制度。不要忘了霍姆斯曾说：制定规则的原因早已被遗忘，而对规则本身，仍然会有聪慧的头脑不断的探寻者，究竟如何给予解释。人们会思考政策的一些依据，它似乎解释了这些规则，并与目前的情景相调适；于是，这些规则就适应于人们为它寻找出的这些新理由，从而开始一段新的生涯。旧形式接受了新内容，然后为了接受了的意义相协调，甚至形式本身也及时改变了自身。①

上述理论的推演，正在于寻找审判庭这一“旧形式”的“新内容”。法院作为一个组织，其内部治理与组织绩效同样密切相关。在组织内部无论是“平等而独立”的法官共同治理，还是存在权威和强制服从关系的科层管理；也无论是仅有一级科层的“扁平化管理”，还是建立了两级科层审判庭参与的管理，都是为了实现组织目的，提升组织提供产品绩效的内部治理结构。审判庭的意义也在于是一种通过增加科层层级，进一步节约监督管理成本，优化法院内部治理的制度。

法院对不同内部治理结构的选择，则是基于治理成本与收益的衡量。从前面的分析中可以看出，治理成本收益的大小主要与法院的规模、裁判差异化控制有关。一般而言，法院规模越小，科层管理越是不必要的；法院规模越大，越需要管理，而审判庭存在的必要性也随着法院规模的增加而增加。同样的，一般而言，法院对裁判差异化控制要求越低，则对科层管理的需求越弱；法院对裁判差异化要求越高，则对科层管理的要求也越强。裁判差异化的控制即对补充性规则治理确定性的控制。法院越侧重解决纠纷，而非规则治理，则科层就越不必要；但越侧重规则治理，则越需要通过内部的科层管理。综合两方面的因素，建立一

① ［美］霍姆斯：《普通法》，冉昊、姚中秋译，中国政法大学出版社 2006 年版。

个坐标系（图2）：

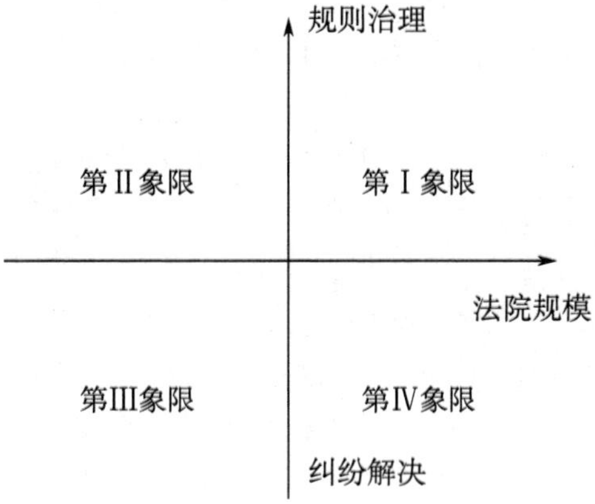

图 2

图2中，横轴对应法院规模这一变量，越右意味着法院规模越大（法院编制数越大），越左意味着法院规模越小。纵轴则对应着法院司法功能，越上意味着法院的功能越侧重于规则治理，也因而越要强化对裁判差异化的控制；越下意味着法院功能越侧重于解决纠纷，也因而对裁判差异化的要求越弱。由此形成的坐标系的四个象限。处在第Ⅰ象限的法院规模较大，且主要功能在于规则治理，则其一方面由于人数较多，越容易形成差异化的裁判，协调解决成本较高；而另一方面规则治理功能又要求尽可能控制差异化裁判，形成确定的规则，因而法院内部更应设立审判庭的科层管理，实践中中级法院、高级法院往往在这一象限。第Ⅱ象限和第Ⅲ象限的法院规模较小，由此带来的裁判差异化较小，而在两个象限之间比较，第Ⅱ象限的法院更侧重于规则治理功能，可以考虑根据法院规模大小建立一定审判庭，强化科层管理，而第Ⅲ象限的法院则可以不设审判庭，建立扁平化管理。实践中，第Ⅱ象限对应的是规模较小的中级法院，而第Ⅲ象限则主要对应部分基层法院。第Ⅳ象限的法院虽然规模大，也存在较大的裁判差异化的可能性，但由于其主要功能在于解决纠纷，因而对裁判差异化控制的要求较弱，相应科层管理的必要性也较弱，由其规模决定，可以设审判庭而不宜完全建立扁平化的管理模式，但审判庭的数量应当进行控制。

四、如何改进

上述理论推演可能会招致质疑。看起来，笔者的理论推演似乎只是证明了法院审判庭的设置的合理性，从而可能排除改革的必要。尽管笔者认为，只要合理性的论证是基于科学的分析而不是基于大词的分析，这种合理性的分析仍然是具有理论价值的；[①] 但笔者的理论推演的主要目的却不在于证明审判庭设置现实合理性，恰恰相反，正是基于上述理论推演，笔者反而认为，中国法院的审判庭以及内设机构需要进行一定程度的改革，并且这一理论推演也能够为这一改革提供一定的思路。

首先，在前面的分析中，论证了科层管理的必要性和法院审判庭的意义，将审判庭的存在与"司法行政化"的存在从理论上进行了剥离，这就意味着无论是实施旨在"去行政化"的司法责任制改革还是正在进行的内设机构改革，改革的目的不应当是在法院内部逐步消除审判庭这一层级，而是应当按照法院承担的功能和自身规模更为科学的设置审判庭，并按照对审判科层管理的需要合理的界定作为科层权威的院长、庭长的审判监督权和审判管理权。在笔者看来，尽管从概念上，审判权、审判监督权和审判管理权已经在理论界与实务界进行了区分，但对后两者的内涵和外延始终是模糊不清的，一方面我们感到，否定审判监督权和审判管理权可能是不合适的，但另一方面我们又担心审判监督权和审判管理权的行使搞不好又会使审判回到审批或者变相审批案件的老路上，这种矛盾心态也就进而带来了对审判庭、审判团队以及整个法院科层组织管理的怀疑。但事实上，任何组织都必然有管理问题，而法院的管理也绝不仅仅是行政管理这一个概念可以完全涵盖的，甚至将审判庭等同于行政化的机构，将庭长等同于行政管理者，反而使其审判管理权和监督权的行使可能异化为"行政化"的运作方式，从而与改革初衷南辕北辙。

其次，正是因为对于一个组织而言，科层管理可能是有效率的；而对于一个科层管理的法院而言，设立审判庭也可能是有效率的，那么"扁平化"模式只能作为法院内设机构改革的路径之一，而不能成为最终的目标。在前面的理论推演中，笔者主要考察了法院规模和司法裁判差异化控制等几个变量，这种简化当然是为了理论分析方便而不得已而为之，但即使简化为这几个变量也已经显示了不同条件下法院内部治理的复杂性，因此扁平化管理绝不是包治百病的，不加区分的推行扁平化管理模式，拆掉审判庭在一些法院可能的走向要么是"换汤不换药"，只是将大"审判庭"变成若干小"审判庭"；要么就是"按下葫芦浮起瓢"，产生新的治理问题。

再次，科层管理的目的在于节约成本，但科层本身也会产生成本，在能够达到同等绩效的前提下，科层越少越好，也是在这个意义上，扁平化管理比设立审判庭的管理更有优势。同时，即使不考虑科层运作的成本，也需要注意不断增加科层的层级会导致监督管理的无效率。对于法院而言，在审判庭下再建立类似新的层级，会拉长"委托－代理"链条，产生不同层级之间监督成本，也会进一步

① 比如苏力对于审判委员会合理性的论证，参见苏力：《送法下乡》，中国政法大学出版社 2000 年版。

弱化院长一级的监督与管理。

上面的理论推演同样不认为审判庭越多越好，甚至对于基于专业而越来越多的建立专业审判庭也持审慎态度。原因是前面反复提及的，分工的细化的确会带来效益的提升，但过细的分工而产生的成本增加会侵蚀收益，从而带来净收益的降低，甚至审判庭过多可能会带来更多的监督管理成本问题。无论是基于专业的分工还是基于权力分解需要的分工都是如此。专业分工过细一方面会产生不同审判庭对不同案件中相同问题的不同理解，也会使法官的知识积累越来越狭窄，在强调“专”的时候丧失了“博”，司法实践中一些民事审判或商事审判内某一类案件的专业审判庭存在的必要性也需要从这个角度重新审视。权力分解产生的分工过细则容易增加不同环节之间的流转成本，影响效率。在这个意义上也需要重新审视立案、审判、执行（包括裁决和实施）、审判监督等分工及其在一些法院相应设立独立审判庭的必要性，是否有必要设立仍然要看法院规模以及立案这个环节是否有设立一级科层进行管理的必要。

此外，基于本文对审判庭意义的探讨，庭长、副庭长这一职位的激励功能不在本文讨论改革考虑的范畴，但却可能是目前改革最大的阻力之一。长久以来法院内部内设机构的增多都在客观上具有增加领导职数进而提拔干部的作用，而对于此前薪酬待遇保障水平不高的法官，特别是基层法院法官而言，庭长、副庭长的“领导”地位以及相应的物质和非物质收益对其有较大吸引力，从而能够对其工作产生激励。内设机构改革中合并或裁撤有关机构必然伴随着“领导”职数的减少，不仅对未来期望担任庭长、副庭长的法官有影响，更会直接影响现任被撤并审判庭庭长的现实利益。但笔者之所以对此没有予以考虑是因为用“庭长”“副庭长”职位作为激励法官“进步”的手段正是此前法院管理的激励机制缺乏的一种体现，本就应当逐步消除。当然在具体进路上，的确要稳步推进，避免机构调整打击积极性。笔者的一个不成熟的建议是内设机构的撤并与法官的交流同时进行，比如下级法院多个庭合并为一个庭，保留一个庭长后，可以为其他庭长其提供遴选到上级法院担任法官的机会，这样一方面避免一个审判庭存在两个以上庭长，另一方面也必可以推进优质审判资源在法院上下流动。

最后，尽管强调了科层管理的意义，但支配这一意义的，却是法院内部监督管理的成本，如果有更有效的监督管理方式，能够以更小的成本实现内部治理，则科层管理就有可能被替代，审判庭也同样可以被替代。而最主要的替代方式来自于科学技术的发展和审判管理信息化的推进，限于文章篇幅，对此不过多论述。

五、结语

在组织经济学的视角里，科层管理是通过“赋予强制性的权威，以促使别人去做本不会觉得符合资深利益的事情”。[①] 因此，科层必然带有某种强制，只要这种强制足以节约成本，提升组织的绩效，就应当是允许的。基于这一理论视角，本文以中国法院的审判庭设置为基础，对法院的审判庭意义进行了理论上的探讨。尽管在文章开始有所涉及，但笔者在本文中对于中国法院审判庭运作中的种种问题并没有展开分析，特别是基本上忽略了附在审判庭这张“皮”上的“毛”——司法行政化。这种忽略固然是由于文章篇幅所限，因为如果将审判庭运作放到更广阔的司法语境中讨论，可能会牵扯司法制度整体框架、司法功能转型、审级制度、上诉审和再审制度等等问题，无法展开；但即使忽略这些问题，本文作为一个理论分析也是相对完整的。一方面，笔者固然不认为审判庭的实践存在即是合理，但另一方面，也是更重要的是，希望通过审判庭意义的探讨提醒反对法院内部任何形式科层管理的论者，对于法院管理而言，重要的也许不是如何匆匆忙忙扔掉审判庭这张以前看来可能不太好看的“皮”，而是如何将附于其上的“行政化”的“毛”拔掉。

---

① ［美］盖瑞·J·米勒:《管理困境——科层的政治经济学》，王勇、赵莹、高笑梅、季虹译，格致出版社、上海三联书店、上海人民出版社 2002 年版。

第二篇　法院机构及其设置

从“以案分庭”到“以人定庭”：司改语境下民商事庭室设置模式研究

黄　丽*　宁　韬**

引　言

《最高人民法院关于全面深化人民法院改革的意见——人民法院第四个五年改革纲要》(以下简称《四五改革纲要》) 提出推进法院人员的正规化、专业化、职业化建设。近两年来，各地全面落实司法体制改革，建立法院人员分类管理，落实法官员额制度。目前司法改革的主要关注面集中在机构和制度面上，试图通过对机构和制度的改造，实现法官在身份、职能和素质上的转变。但是改革一旦落实到具体的实践中，便很有可能脱离这个目标，异化成“为了改革而改革”——“新”机构及“新”制度下，踊跃着的依然是“旧法官”。为了避免出现这样的改革后果，我们可以用一种“以法官为本”的视角来看待司法改革——如何在司改的语境下，培养出更好的法官。这种视角有助于我们拨开令人眼花缭乱的诸多制度与机构的改革，直指问题的核心。诚然，司改举措辐射方方面面，法官培养也非一朝一夕，特别是司法实务界对于民商混审抑或专业化审判的争论随着法官员额之后的办案数量差异而日趋激烈。本文尝试以复合型法官与专家型法官之间的选择为目标导向，从看似习以为常的民商事庭室设置模式出发，回应司改对于法官素养的关切。

一、窥斑见豹：我国目前民商庭室设置现状及存在问题

(一) 法院庭室设置模式现状

以 B 市为例，各级法院对于民商事庭室的设置基本采用两种模式：一种模式为以案由划分庭室，区分民事庭与商事庭，再通过案由对各个庭进行划分，每个庭室审理某一类或某几类案由，此种模式为主流模式，为大多数法院所采用，以

* 作者单位：北京市高级人民法院。
** 作者单位：北京市第一中级人民法院。

下简称其为专业化庭室设置；另一种模式为民商事审判融合，不再区分民事庭与商事庭，各庭室之间不再有审理案由的区分，民商事案件随机分案，此种模式为司法改革之后的新尝试，以下简称其为融合式庭室设置。笔者通过互联网发放调查问卷的模式，[①] 向各地法官调研所在法院庭室设置及法官培养方向的情况，调研结果与B市现状类似，约有四分之三的法院采取了专业化庭室设置，另四分之一的法院采取了融合式庭室设置。

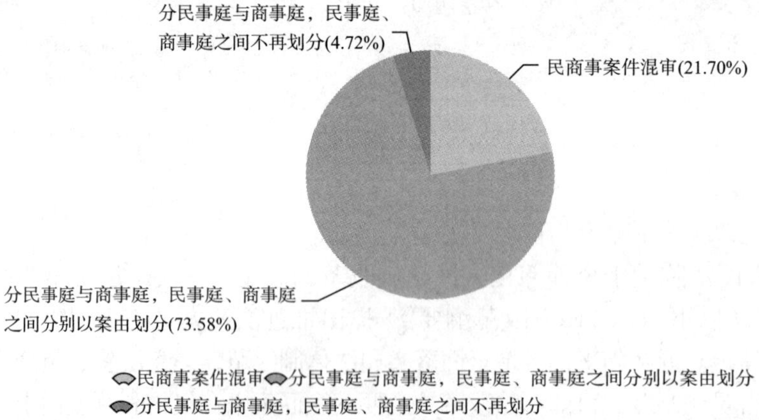

图1　法院庭室设置模式现状调查

（二）两种庭室设置模式的比较分析

从调查问卷的结果来看，分别有44.34%的答题者认为所在法院庭室的划分合理或不合理，另有11.31%的答题者对于法院庭室的划分无所谓。

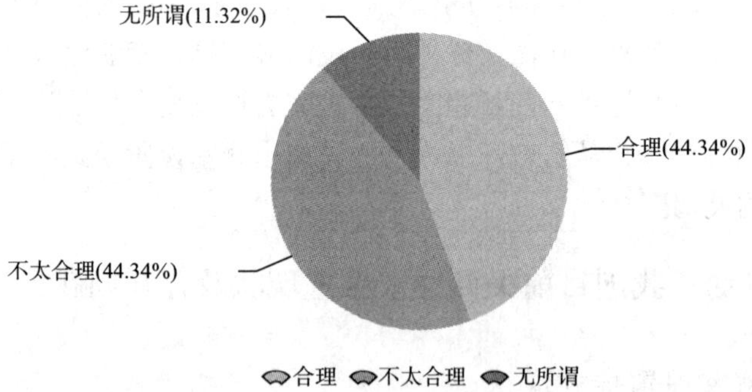

图2　庭室设置模式合理性调查

在两种庭室设置模式的运行过程中，可以说是瑕瑜互见、各有利弊。

① 笔者在百度MTC-移动云测试中心发布《法官专业化培养方向调查问卷》，共收回有效问卷106件，答题者涉及北京、河北、安徽、江西、黑龙江等地民商事法官与法官助理。

表 1 专业化庭室的优劣分析

分析项	制度优势	存在不足
审判管理方面	审理固定案由纠纷，对类案把握更准确，提高审判效率	各庭室之间案件量存在差距，法官工作量不均，考评限于庭室内部
审判质量方面	庭室内部充分合议，类型案件裁判尺度相对统一	导致思维模式的相对固化和僵化，审判理念易局限
审判能力方面	擅长于某专业领域	对其他类型案件了解匮乏

表 2 融合式庭室的优劣分析

分析项	制度优势	存在不足
审判管理方面	各庭室收案平均，法官工作量均衡，考评更客观公正，利于法官流动调整	法官对不擅长领域需长时间学习，前期审判效率较低
审判质量方面	审理案件融会贯通，避免因理论狭隘导致审理偏差，利于新类型案件审理	不同庭室不同法官审理，易出现同一法院内部的裁判尺度不统一
审判能力方面	审判能力更全面	难以专注于某一领域的深耕细作

表 3 两种庭室设置模式的比较分析

比较内容	专业化庭室设置	融合式庭室设置
裁判尺度	统一	同案不同判现象较多
审判效率	不均衡	前期效率较低，后期效率提升
法官的审判范围	专业化	全面化
法官考评	限于庭室内部	统一考评
法官之间的工作量	差距大	平均化
法官思维	易局限和僵化	融会贯通

（三）引出问题——融合式庭室设置的 SWOT 分析矩阵

看似普遍的庭室设置模式背后，其实隐含着对于法官培养方向及培养结果预期的差异，是培养专注于某些领域审判的专家型法官还是培养能够胜任于各类案件审理的复合型法官。从某种程度而言，专业化庭室设置对应着专家型法官的培养方向；而融合式庭室设置对应着复合型法官的培养方向。仍以 B 市为例，为何在同一地区同一历史时期会出现两种模式并存的情况，可以从系统论的角度加以分析。由于两种庭室模式优劣互易的特点，下文以融合式庭室模式作为 SW0T 模型的分析对象。

根据系统论的基本原理，在制度架构的创建和发展过程中，外部环境对其影响巨大。外部环境是指一些相互依存、互相制约、不断变化的各种因素组成的一个系统，是影响组织架构决策、运行行为和考核绩效的现实各因素集合。通常，采用传统的金字塔形的职能部门结构，理论依据来源于亚当·斯密的劳动分工理论，并建立在其分工带来效率的理论基础上。因此，在案件审理数量日益增多的我国，以案由划分庭室，从而进行某一领域专家型法官的培养，符合这一分工理论，也确实在一定时期内起到了提升审判效率，培养审判专家的效果，这时我们选择的其实是 WT 模式，即着力于更为细化的庭室划分，为专家型法官的培养提供案源及培训上的积累。这种传统的组织结构模式运作依赖于庭领导对于本庭室案件的把控和裁判尺度的统一，所以在一定时间内我国法院呈现出除审委会、合议庭决定案件结果外隐含的可以说甚至是更为重要的“庭、院长听汇报制度”。处于稳定的外部环境中，社会变革平缓、各类案件数量基本稳定时有利于促进深层次法律素养的提高，有利于发挥各部门专业性的优点。

专业化庭室设置

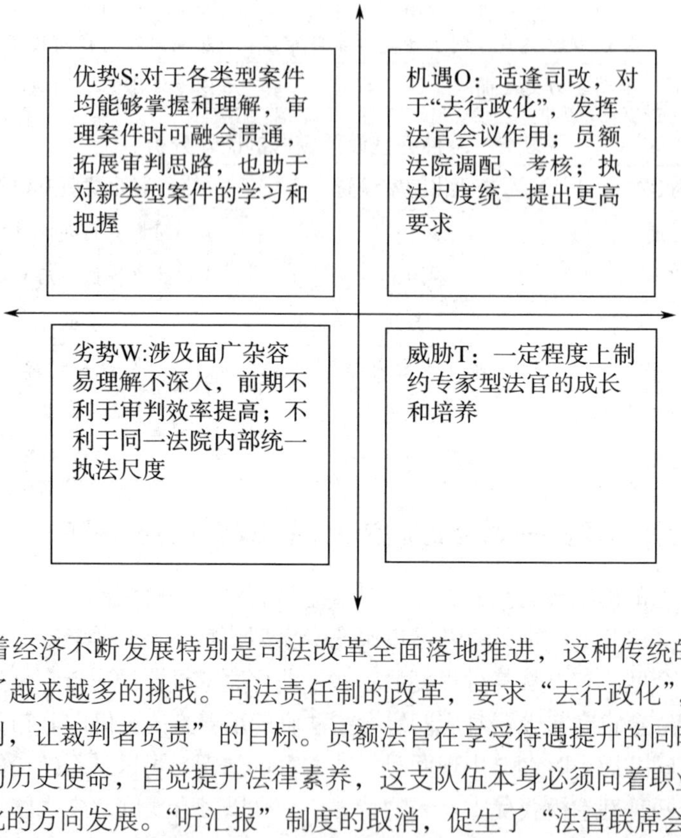

但随着经济不断发展特别是司法改革全面落地推进，这种传统的组织结构模式遭遇了越来越多的挑战。司法责任制的改革，要求“去行政化”，实现“让审理者裁判，让裁判者负责”的目标。员额法官在享受待遇提升的同时，必须肩负起相应的历史使命，自觉提升法律素养，这支队伍本身必须向着职业化、专业化、正规化的方向发展。“听汇报”制度的取消，促生了“法官联席会议”，如何真正发挥法官会议的作用、如何实现员额法官的调配、员额法官的绩效考评，都对传统的庭室设置模式和人才培养模式发出了挑战。深化的司法改革和迅速变化的法治需求要求组织内部职能部门做出与之相适应的调整，建立起适应变化要求的全新的组织结构安排以适应多变的改革要求。于是，法院庭室出现了扁平化趋

势，B市S中院率先打破了专业庭室的模式，施行“大民商混审格局”，并始致力于提升法官审理各类案件的综合能力，庭室设置的模式也从WT模式向SO模式转变。可以说，外部环境中的即时环境促使了这次根本性的改变。全面型法官的培养方向回应了司法背景下的诸多冲突矛盾，对于司改中的各项具体改革措施落地，做出了探索性的尝试，当然也引发了是否与最高人民法院审判专家培养目标相悖的质疑。

笔者认为，不论是何种模式，作出法官培养方向的选择，都旨在回应司法改革背景下审判工作对法官的新要求。尝试架构新的培养方向和配套制度时，必须系统考虑，综合衡量，力求符合中国国情和时代特点。

二、多维通视：不同角度下的庭室设置模式揭探

（一）以古鉴今——民商庭室的历史分合

我国经济的飞速发展得益于改革开放，在此之前我国经济主要是计划经济，企业基本为全民所有制企业或是集体企业，企业之间的经济纠纷较少，一般都由主管单位予以管理解决，因此并没有设置专门商事庭室的必要性。随着我国经济体制改革的逐步推进，经济纠纷案件也随之激增。而我国法院的经济庭的正式设置是在1979年2月，[①]重庆中院最早成立了经济审判庭，当年的9月份，最高人民法院设立经济审判庭。2000年，最高人民法院进行以大民事审判格局为重要内容的机构改革，取消了经济审判庭。[②]随之引发了民商法学界关于民商分立与民商合一的大讨论，商事类纠纷也随着我国经济的发展数量不断增多，最高人民法院将民二庭定位为商事审判庭。各地法院虽然名称上都是称为民×庭，但仍区分民事庭与商事庭，并逐步探索专业化审判机制，以案由划分庭室的同时，也设置了一些专业化审判庭室甚至专业化审判法院。

随着司法体制改革的深入推进，特别是法官员额工作的逐步落实，为切实破解案多人少矛盾，各地均有法院开始探索大民事审判格局，打破民事、商事审判员之间的界限，设置融合式庭室，培养复合型法官，如北京市第三中级人民法院、甘肃省白银市中级人民法院、黑龙江省鸡西市鸡冠区人民法院等。

回顾我国民商庭室的设置历史，可以发现商事审判的发展与我国经济的发展紧密契合。改革开放催生了经济审判庭，市场经济的繁荣推动了大民事格局，而经济形态的不断创新、市场分工的不断细化推动了专业审判庭室的出现。现今

① 1955年4月北京中院成立之初曾设经济建设保护庭，但因案件减少，下半年就被撤销。参见《北京市高、中级法院公告正式成立》，载《人民法院报》2007年8月11日，第1版。转引自刘忠：《论中国法院的分庭管理制度》，载《法制与社会发展》2009年第5期，第125页。

② 佟季、邢朔：《民事审判在起落中走向精细化》，载中国法院网：http：//old.chinacourt.org/html/article/200909/30/376121.shtml，最后访问日期：2017年3月30日。

的中国，究竟需要什么样的中国法官？一国的法律反映了一国的政治共识或妥协，是回应特定社会具体问题的，因此司法是政治性的，法学也因此是地方性的。①2015 年 1 月 8 日，习近平总书记在中国 – 拉共体论坛首届部长级会议开幕式的致辞中强调："中国经济发展进入了新常态，今后一个时期将继续保持中高速增长。"经济的新常态，意味着中国经济正在向形态更为高级、分工更为复杂、结构更为合理的阶段演化。从这个角度而言，高速发展下中国经济不断转型升级，对专家型法官的切实需求并未发生改变。而从另一个角度而言，市场经济体制下，全民创业、万众创新的热潮之下，民事关系与商事关系紧密相连，每个人都会参与到商事活动中来，民商事关系很难完全割裂出来，这也要求民商事法官具有大局思维，能够做到兼容并蓄、融会贯通。

（二）他山之石——域外法院的机构设置实践

经济不断转型升级形势下的中国法院和中国法官，面对的案件无论是从数量上还是复杂性上，都是前所未有的。从历史视角研究之后，我们再将目光投向海外，也许从其他国家的法官发展轨迹中能找寻到答案。

美国法院采双轨制，但不论是联邦法院抑或是州法院，美国法官一向被称之为"全能法官"，任何案件都可以审理，不区分民事案件与商事案件。在德国，虽然司法权由联邦和州共享，但各州法院受联邦法院制约。在德国普通法院的体系下，分为初级法院、州法院、州高等法院以及联邦普通法院。初级法院和州高等法院均不区分民事庭与商事庭，但在州法院区分民事法庭和商事法庭。② 法国法院的双轨制体系分为司法法院和行政法院，而司法法院又包括了普通法院和专门法院。专门法院是指审理普通民事案件之外案件的特别法院，主要包括商事法院、社会保险事务法院、劳资法院等。并非所有的城市都设有商事法院，在没有商事法院的地方，其业务由普通法院审理。而商事法院的法官一般不是职业法官，而是商人。③ 日本法院分为四级，即最高法院，高等法院，地方法院、家庭法院和简易法院，其中地方法院和家庭法院为一个审级，简易法院为最低一级法院。除了家庭法官为专门审理家室纠纷的专门法院外，其他法院并不区分民事法官或是商事法官，法官审理各类型民商事案件。④

---

① ［美］理查德·波斯纳：《法官如何思考》，苏力译，北京大学出版社 2015 年版，第 XIV 页。

② 德国国际合作机构与国家法官学院组织的法律适用方法培训班教材中绘制了《德意志联邦共和国法院结构一览表》（2011 年 2 月版）。

③ 刘心魁、陈海光：《法国司法制度的特色与发展》，载《法律与适用》2004 年第 7 期，第 73~76 页。

④ 参见日本最高院网站：http：//www.courts.go.jp/map.html，最后访问日期：2017 年 4 月 7 日。

（三）理论辨析——商法乃民法无法承受之重

在考虑民商事庭室设置的问题上，有一个不容回避且一直争议颇大的问题，即民事庭与商事庭是否有必要分别设立。笔者认为民事法官与商事法官是否应当分别培养的根本在于民事案件与商事案件的审判理念是否存在差异性。根据调查问卷的结果显示，36.79% 的受访者认为民商事案件的审判有很大差异，53.77% 的受访者认为民商事案件的审判理念虽然有差异，但差异不大，剩余 9.43% 的受访者认为两者并不存在差异性。

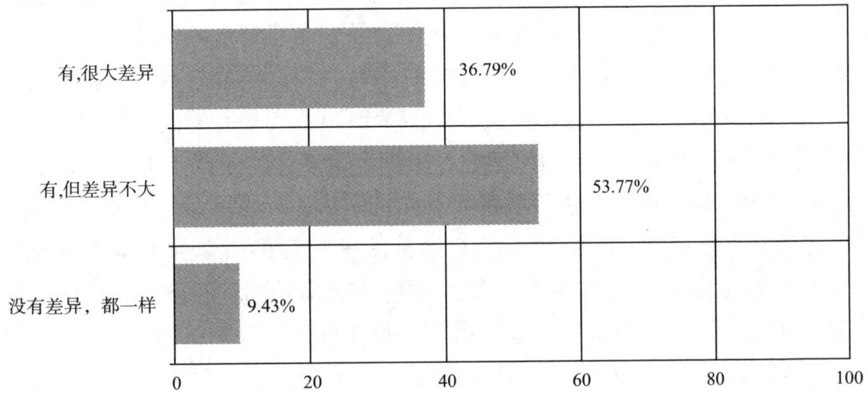

图 3　民事案件与商事案件的审判理念差异

与此同时，我们做了另外一项调查，如果需要调动岗位（民事庭与商事庭之间调动），是否能够胜任。我们发现，近一半（46.23%）的受访者认为自己可以适应，但是需要一段时间去调整；35.85% 的受访者认为自己能够很快适应。但另有 16.04% 和 1.89% 的受访者认为自己难以适应或根本无法适应。

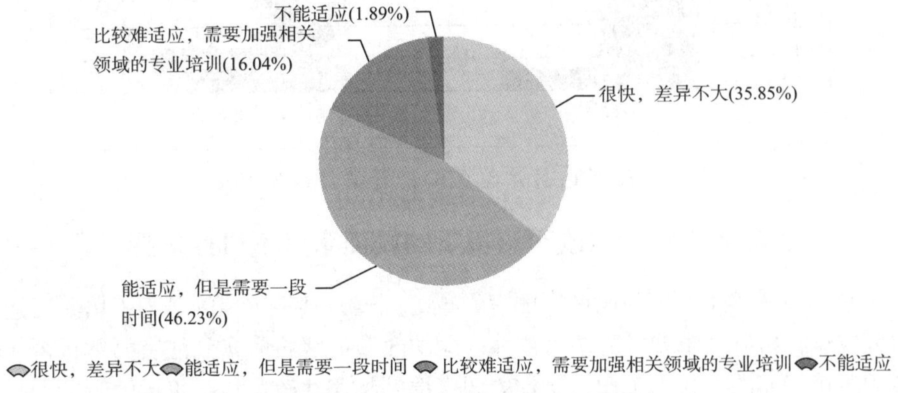

图 4　民商事之间岗位调动适应性调查

由此可以看出，民事案件与商事案件之间的审判理念存在差异是绝大多数法官认同的，但是差异有多大，观点各异。笔者认为，商事与民事在审判理念上至少存在以下区别（见表 4）。

表 4　民商事审判思维的比较分析

比较内容	民事	商事
价值取向	公平	效率
保护对象	人	交易活动
适用规则	法律法规、交易规则、交易习惯	法律法规
审判方式	人际关系、调解有其重要性	商事规则、判决更为重要

无可厚非，民法总则中的基本原则，包括平等、自愿、公平、诚信、公序良俗等对于商事审判同样适用，但也应当认识到随着市场经济的逐步发展，特别是供给侧结构性调整的大背景下，商法品格的独特性日益凸显，故在此语境下民商事案件完全混审，容易导致在审判实践中忽视商事裁判独有的内在规律，习惯于用传统的民事审判思维来处理商事案件，影响商事案件的处理效果。以 B 市 C 区法院为例，2016 年 C 区法院为缓解商事庭的结案压力，将所有的民间借贷纠纷案件划由速裁庭进行审理，2016 年全年 C 区法院一共有 37 个民间借贷案件提起上诉，其中二审发回改判的达 14 件，发改率为 37.8%。对比 2015 年，C 区法院民间借贷纠纷案件上诉 52 件，二审发回改判的仅 7 件，发改率仅为 13%。案由调整之后，该区的民间借贷纠纷案件二审发改率上升了 24.8 个百分点。

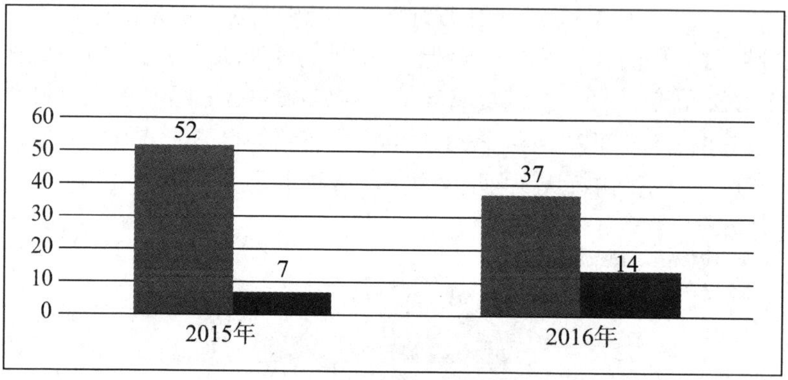

图 5　B 市 C 区法院民间借贷案件改发率对比

三、目标导向：司法改革语境下的民商事庭室机构选择

在司改语境下，探讨民商事庭室设置的问题，其根本目的是为了培养出适应审判权运行机制改革要求的法官群体。司法改革最终将落实到法官群体是否能够按照改革后新的方式去工作，法官的质素提升是司法改革持续推进的驱动力。法官是司法公正的实现者和捍卫者，法官群体的政治素养和业务能力，在一定程度上直接影响着司法公正的实现。特别是在我国社会民众对法官队伍还存在着不信

任的社会氛围下，通过构建符合我国实际的法官培养体系，保障法官培养制度改革积极稳妥向前推进，重新树立社会对法官的信任、对司法的信赖、对法治的信仰，显得尤为紧迫。

（一）明确目标：分级构建梯次法官培养体系

本文所探讨的民商事庭室设置模式及法官培养方向，是在司法改革的语境之下对审判现实需求的回应，是在目标导向下的梳理与重构，因此笔者认为应通过改革实现以下目的：

一是全面提升法官的审判能力。在司法改革背景下探讨某项制度的重新构建，其最基本的着眼点应当是以人为本，促进法官自身的职业发展，优化审判权的运行。通过庭室的重新设置，以制度推动法官各方面能力的提高。法官应该对各方面的案件都有所了解才能够在遇到新问题、新案件时发散思维，触类旁通。这看似与专家型法官的培养相悖，实则不然，笔者认为，整体上的我国法官应当是复合型或是全面性的人才，而有一批精英法官成长为专家型法官。

二是推动专家型法官的培养。2013 年的全国法院队伍建设工作会议提出加快“全国司法人才库”建设，2018 年前培养审判业务专家、专家型法官 3000 名。通过庭室的重新设置，能够培养一批专家型法官，切实回应社会经济发展对于司法工作的高要求、高标准。虽然专业化庭室的划分不代表专家型法官的养成，但能够为法官提供研究的素材与空间。专业化庭室的法官能够对某一类型案件有更深层次的了解，也有利于法官在之后的研究过程中发现问题、解决问题。

三是解决案多人少的矛盾。根据 2017 年最高人民法院工作报告，2016 年全国地方各级法院受理案件 1951.1 万件，审结、执结 1671.4 万件，同比分别上升 24.7% 和 21.1%。在坚持 39% 红线不动摇[①]的前提下，法官人数的减少与案件数量的增长这一矛盾如何妥善解决，始终是改革深化过程中的核心议题。如何通过庭室的重新设置，实现资源的优化配置，解决案件数量与法官数量不匹配的问题亦为司法改革必须直面和竭力破解的难题。员额制实行之后法官减少与案件数量激增的矛盾激化，员额法官之间的办案量不平衡也挫伤了部分法官的积极性。而在中、高级法院，这一矛盾则相对缓和。因此对审判庭室重新设置，推动法官工作岗位流动管理，平衡法官工作强度，提高法官工作积极性具有紧迫性和必要性。同时，也需要考虑法院实际情况，为法官工作考评机制的科学构建提供基础，推进法官考评的公平性。

系统论认为整体性、关联性、动态平衡性、时序性等是所有系统的基本特征。法官队伍的培养同样也是一项系统工程。最高人民法院将在今年，进行第四

① 时任中共中央政法委书记孟建柱同志 2016 年 7 月 18 日在全国司法体制改革推进会上指出，在案件多、办案人员不够的基层法院，可考虑把员额比例提高到 40%。

届审判业务专家的评选工作，分析前三届审判专家任职法院的职级情况（最高人民法院不在本文探讨范围之列），可以发现，我国法官专业化建设不仅需要专家型法官，还需形成分专业、多层次且具一定规模的专业化法官群体。从这个角度上而言，法官队伍的专业化并不意味着要立志于将所有法官培养成专家型法官。

表5 全国审判业务专家任职法院的层级情况统计

届数	法院层级	人数	占该届总人数比例
首届	高级法院	16	35.55%
	中级法院	13	28.88%
	基层法院	1	2.22%
第二届	高级法院	22	41.5%
	中级法院	14	26.41%
	基层法院	6	11.32%
第三届	高级法院	20	38.46%
	中级法院	18	34.62%
	基层法院	3	5.8%

专家分布情况呈高级人民法院——中级人民法院——基层人民法院的倒金字塔分布。这与不同层级法院功能定位及全国审判业务专家培养选拔条件有很大关系。高层级法院法官更侧重于研究型、规则形成型，更有机会参与司法解释及司法政策文件起草、承接上级法院课题并产出调研成果，也更适合专家法官成长。因此，笔者建议通过民商事审判庭室的架构最终所要达成的目标应是以培养复合型法官为基础，通过专业化培养和遴选机制，造就专家型法官，形成法官培养的金字塔式梯次模式。

（二）细化目标：从系统论角度细化法官培养体系

首先，法官队伍培养要注重整体性。司改以后，我国法官的养成模式将基本遵循法学专业院校毕业，通过公务员考试及司法考试，在基层审判一线积累历练，并通过进一步的职业培训、考核、逐级遴选的方式产生各级法官的法官队伍。因此必须用整体性的观点注重人才培养这条流水线上的各个环节的锻造。基层法院的庭室设置要以SO发展模式为主，全面掌握法律基本素养，将审判实践与理论知识相结合，在夯实基底的基础上建立起有利于专家型法官养成的科学机制。

其次，法官队伍培养要注重动态平衡。司改的推进对于催生人才培养的部分背景要素发生变化。在SO模式夯实基础后，要在更高层级的法院，推行相对专业化的WT模式。在有丰富审判实践经验的基础上，通过大要案的审理，专业知识的挖掘，更加注重对于某一领域的研究，产出高水平研究成果，成长为在所属审判领域富有建树、学术成果丰硕的审判业务专家。

再次，法官队伍培养要注重关联性。培养法官人才涉及很多要素，包括制度建设、环境营造、破格重用、公开选拔、考核考察等，这些要素相互关联、缺一不可。培养法官人才既要注重顶层制度建设，又要与时俱进、大胆创新；既要营造良好外部环境，又要激发人的内在动力。不断根据外部环境，调整人才培养的战略势在必行。

（三）目标达成路径：民商事审判庭室的整体框架

2014 年 10 月党的十八届四中全会通过的《中共中央关于全面推进依法治国若干重大问题的决定》提出："完善审级制度，一审重在解决事实认定和法律适用，二审重在解决事实法律争议、实现二审终审，再审重在解决依法纠错、维护裁判权威。"这从宏观上明确了各级法院的不同角色定位，也指导了改革过程中各级法院应当有所侧重，避免出现圆柱形的审判权运行体系，再结合上文明确及细化的目标导向，笔者认为民商事审判庭室的整体构建思路可以做如下尝试：

就基层法院而言，其职能定位在于解决事实认定和法律适用，可以弱化审判庭室的概念，庭室设置主要为行使行政管理职能，强化审判团队的理念。民商事案件的审判可以仅设一个庭室甚至不设庭室，而是由多个审判团队构成。团队之间随机分案，从而构建统一的考评体系，并通过考评和考评后的激励机制，来促使团队之间的良性竞争，切实破解收案数量不断增长的困境，实现基层法院对案件的快速过滤功能。另一方面，通过大批量各类型案件的审理，能够使得基层的初任法官们迅速成长，积累审判经验，同时通过加强培训交流、充分发挥法官会议的功能，推动裁判尺度的统一。

就中、高级法院而言，通过区分案由的专业化庭室设置，以培养专家型法官为目标，推动专业化审判。中、高级法院的侧重点应当在于终审的止争以及对于下级法院的纠错指导。专业化庭室设置有助于中高级法院对于类案的深入研究与准确把握。同时中、高级法院与下级法院之间应当增强交流，中、高级法院可以通过制定类案裁判指引等方式加强对下级法院的审判指导，源头把控案件质量。

（四）路径可行性分析：从"以案分庭"到"以人定庭"

归根结底，现在常用的专业化庭室设置模式是"以案分庭"，多是以案件量分庭，着力点在于解决增长的案件量。在某一类案件数量极速增长的情况下，将此类案件单独划拨出去，成立专门的审判庭室，例如各地法院往往单独设置专门审理婚姻家庭、劳动关系、涉房地产方向的审判庭室。这类庭室的设置考虑的因素可能仅仅局限于案件数量占比较大，与案件本身审理特点是否区分于其他类案件无关。而本文设定的架构目标是“以人定庭”，即在提升法官职业体素质的基础上，着力塑造更为优秀的专家型法官，转变的可行性在于以下方面：

一是我国法官自身的可塑性。虽然我国法官队伍建立之初的专业化水平并不高，但是自1995年《法官法》实施以来，法官的专业水平得到了极大提高。到2008年年底，全国法院干警本科及以上学历者20万余人（不仅限于法官），具有硕士、博士研究生以上学历的1万多人。[①]2013年与2008年相比，法官队伍中具有本科以上学历的人员所占比例提高了11.8个百分点，硕士以上学历人员提高了3.8个百分点。[②]近年来，法官队伍中硕士以上学历人员的比例不断提升，而新入职的大学生均已通过国家司法考试，对我国的各项法律制度都较为熟悉，因此在基层法院推行民商事混审，对于我国法官而言并不存在法律知识架构或是法学基础上的障碍。

二是管理体制上的可行性。《四五改革纲要》指出，司法改革之后，法官由省级统管。在国家和省一级分别设立由法官代表和社会有关人员参与的法官遴选委员会，实现法官遴选机制与法定任免机制的有效衔接。健全初任法官由高级人民法院统一招录，一律在基层人民法院任职机制。司法改革之后，初任法官一律在基层法院任职，因此在基层推行融合式庭审设置，使法官在任职初期全方面地接触各类型案件，有利于法官拓宽思路的同时，找到自己的兴趣点和擅长领域，并通过遴选方式进入中、高级法院的专业化庭室继续专业化审判和专业化研究。

三是审级职能保障案件质量。融合式庭室设置的最大隐忧在于基层案件的审判质量能否得以保障。一方面，虽然民商事案件确实具有审判理念上的区别，但是司法改革之后的员额法官均属于有着丰富审判经验和深厚法学理论的优秀法官，通过加强培训之后能够较快适应审判需求；另一方面，我国为二审终审，因此二审法院专业化庭室设置保障了各类型案件即使一审有所偏差，也能够通过审级监督予以纠正。改革总会有阵痛，但不改革就会有长痛。也许短期之内某类案件的审判质量有所下滑，但长期而言，无论是对法官自身能力的提升还是对于案件质量的增进都是有所裨益的。

结　语

法院庭室的设置看似是机构设置问题，其中内含着对于法官培养方向的考量。而民商事法官培养方向的问题绝不是孤立的人才培养模式问题，是对全面型法官和专家型法官这一实务界长期争论问题的缩影。放置于司法改革的外部背景

① 王斗斗：《时代关键词见证法官队伍30年变迁》，载《法制日报》2008年12月7日。转引自夏克勤、胡媛：《我国法官选任制度专业化改革思路》，载《人民司法》2014年第11期，第38~41页。

② 李娜：《高学历法官比例不断提升坚持任前必训文盲法盲混迹法官队伍已成尘封历史》，载《法制日报》2013年7月26日。转引自夏克勤、胡媛：《我国法官选任制度专业化改革思路》，载《人民司法》2014年第11期，第38~41页。

下，如何调整现有法官的培养方向，既遵循政策惯性的客观规律，尽可能地降低改革成本又能顺应司改各项政策落实的具体要求，引人深思。笔者最终建议以系统论的基本原理为依托，注重人才培养的整体性、关联性及动态平衡性，最终分级构建出以复合型法官队伍为基础，着重培养、遴选出专业型审判专家的培养之路。

法官员额制视野下执行机构改革路径研究
——以执行警务化为导向

周伟鹏 *

引　言

在法官员额制实施的背景下，审执分离将在未来的司法改革中不断深化，执行实施人员必然脱离出法官序列，执行警务化应运而生，已经成为当下执行机构的改革思路。笔者认为，在应对当前及今后严峻的执行情势，从执行专业化、执行效率以及职业保护等角度考虑，执行警务化是员额制后执行机构改革的必然趋势，“外分”警务化执行机构设置才能突破审执不清所造成的执行困局，由传统的法官主导执行转变为警务人员主导执行也才能有效解决执行难问题。本文将围绕如上论点进行阐述，并就员额制后执行机构设置提出自己的设想。

一、执行警务化的现实需求：法官员额制改革对执行机构的冲击

在原有执行模式下，执行实施人员借助执行信息化平台艰难应对“案多人少”的处境，勉强维持着执行机构的正常运转，法官员额制改革对执行机构的人员变动、执行模式等造成的冲击将可能打破原有“脆弱”的平衡。主要表现在：

（一）人员调整削弱执行力量

员额制后，由于执行机构保留员额法官比例的限制，不可避免地会有一批具有执行经验丰富的入额法官将调出执行队伍，而补充进入执行机构的主要有未入额助理审判员和临近退休、难以继续从事审判工作的“老法官”，前者多为青年干警，精力充沛但往往缺乏执行实务经验，后者审判经验丰富但可能难以承受高负荷的外勤任务，且在接收、消化信息化执行方面存在一定的难度，间接影响执行效率；甚至有一部分司法人员，或因为未能入额而心理有落差，或因为担忧今后入额、晋升受限等而选择放弃司法岗位。由于系统执行业务培训的缺失，员

* 作者单位：福建省龙海市人民法院。

额制后"执行骨干"的流出既是直接削弱"执行战斗力"，又减少了教导"新手"执行员的机会，这对执行机构来说可谓"双重打击"。

（二）执行员定位模糊影响执行成效

法官员额制前，执行员通常由审判员或助理审判员兼任，即将执行员定位为审判人员，以"主办不包办"[①]形式行使执行实施权（即执行审查权和执行实施事务权），但这一集权化的职权配置并未实现预期的执行高效率，反而造成审执不清的局面，加重了法官的工作负担，在一定程度上加剧消极执行、选择性执行及执行不规范等执行乱象的问题。员额制后，未入额的执行员将因为原有法官身份的丧失而难以继续行使执行审查权，在具体执行权配置问题，尤其是执行实施人员与员额法官的职权清单未明确的情况下，执行规范、执行效率都必然受到影响，而执行部门内入额的执行员将继续处于审执不分的尴尬局面。由于我国尚未确立独立的执行员序列管理体制，执行员"有名无实"尴尬角色定位将严重影响执行人员的职业尊荣感和工作积极性。

（三）配套机制缺失制约改革进程

我国的《法官法》以及最高人民法院出台的《关于执行权合理配置和科学运行的若干意见》都没有对执行人员的序列问题（包括执行员的准入、任命考核、职务晋升、职级评定、权责范围等）进行明确的规定，若执行实施人员转任司法警察后退出执行队伍或转为执行警务保障人员，那要求执行机构员额法官办理所有执行案件是不现实的，唯一的选择只能是转任的司法警察继续以"执行员"的身份办理执行案件，但具体执行人员转任司法警察之后的，员额前后编制、待遇衔接、晋升问题以及如何区别管理执行法官与执行实施人员等均亟待确立，都会一定程度上影响执行人员"转警"的积极性。执行警务化不是法官员额制改革的补充，而应是一项独立的制度改革，否则所谓的执行警务化改革将沦为解决执行实施人员待遇问题的举措，只涉及身份的转变，本质上还是原来的执行团队，无法改变、解决"执行难"问题。

执行警务化改革作为司法改革的重要内容，能够通过完成对执行机构的警务化改造提升执行强制力，消化法官员额制改革的冲击，具有巨大的实践价值和现实意义：一是留住、吸引人才，保障执行队伍的专业水平，推进执行队伍的警务化改造；二是明确员额法官与执行实施人员的角色定位，执行实施人员通过转任司法警察彻底脱离出审判队伍，突出审判的专业性和执行的强制性，有助于实现审执分离；三是执行实施人员纳入司法警察编制，实行警务化管理，建立有别于一般公务员的公安职业保障待遇，提高执行实施人员的工作积极性和职业

① 沈志先：《强制执行》，法律出版社 2012 年版，第 396 页。

尊荣感。[①]

二、执行警务化的模式比较：当前执行机构改革试点做法考量

究竟何为执行警务化？外界媒体与民众的解读更多的是法院执行工作将由警察或警务人员执行。这样的理解，虽然有失偏颇，但从很大层面反映出民众对于当前执行机构设置和执行难现状的不满意，以及对未来执行机构改革的期许。目前较为主流的观点认为，执行警务化应该是指构建与执行工作相适应的人员序列结构、强化层级管理模式、突出执行强制性和警务保障，最终提升执行的专业化水平，而非将执行在形式上打造成类似警察的强制队伍。[②] 也多基于如上理论，就执行警务化改革问题，各地法院经过研究、论证开展了很多类型的尝试，而对于执行警务人员的“角色”定位直接影响了各地执行机构的设置问题。

（一）临时协助执行模式

司法警察完全按照执行法官或执行员的指挥参与执行，主要提供执行辅助与保障，具体为执行传唤、拘传、拘留和参与对判决、裁定的财产查封、扣押、冻结或没收活动两大类，通常在“执行大会战”活动或涉及重大、敏感执行案件时由执行局向法警大队临时调警参与执行，执行局与法警大队相独立，为了便于部门协作，执行局与法警大队由一名副院长统一分管。莒县法院正是实行执行局与法警大队归口管理模式，以“民生执行大会战”“执行风暴”等活动为契机临时将法警队员编入执行小组，强效打击、震慑了一批顽固“老赖”，取得不俗的战果。[③] 但实践中，由于执行局与法警大队不同部门职责的限制，执行局在向分管领导呈批调警申请前通常需要先就调警时间、人数与法警大队协商一致，这显然无法及时、高效保障执行用警需求，司法警察参与执行难以常态化。在笔者看来，司法警察在临时协助执行模式中只是临时性的执行辅助人员，不属于执行实施人员，此种模式还不能算作警务化改造。

（二）专门协助执行模式

早在执行警务化改革提出之前，各地法院已有司法警察派驻执行局的做法，组建专门的执行警务机构一方面是为了满足日益严峻的执行用警需要，另一方面也是为员额制后执行实施人员转任司法警察提供保障。2016 年 5 月份，福建宁德

① 徐霄桐：《中国法院审执改革 浙江尝试执行裁决与实施相分离》，载财经网：http：//yuanchuang.caijing.com.cn/2015/0713/3924478.shtml，最后访问日期：2017 年 6 月 12 日。

② 王圣杰、陈岚：《执行警务化——司法职业化改造中的执行设定》，载《台法青联》微信公众号，2016 年 11 月 01 日。

③ 张玉刚、刘永保：《执行警务化淌出执行新思路》，载《人民法院报》2014 年 10 月 25 日，第 3 版。

法院在全国率先成立专门的执行警务组，派驻执行局，由执行局统一调配，执行法官在一线执行时均配备执行警务人员参与执行[①]，这种做法在上海高院得到深化和完善。上海法院在推行执行实施人员转任司法警察的基础上在全市三级法院分别建立了执行警察专门机构和队伍，在司法警察体制内增设专门执行司法警察机构，派驻执行局，并按照“统一管理，分级指挥”的原则，警政、警训、警衔管理由法警部门负责，日常管理教育、考勤、考核等由执行局负责，在职责方面也是依法对被执行人实施拘传、拘留，在执行法官指挥下实施强制性执行措施等。[②]此类模式的优势除了能为执行提供全方位且常态化的警务保障之外，更重要的还在于将一批具备执行专业知识及执行经验的一线执行实施人员纳入执行警察队伍，能够有效提高警务化执行的专业性和规范性。在专门执行警察队伍中，无论是从法警队伍中调入，还是由执行实施人员转任，其主要的职责是协助执行法官从事各类执行事务，本质上属于执行实施人员。但以上两种尝试均存在不同部门的衔接问题，前者只是临时协助模式的“升级版”，后者将转任司法警察的原执行实施人员脱离出执行机构，形式上减少执行队伍办案人数，司法警察仍是“被动响应”，执行警务化改造未涉及于执行机构本身。

（三）团队执行模式

执行团队是指以法官为核心，按照“1+N+N+N”模式配备法官、法官助理、书记员和司法警察，负责办理各类执行实施案件的工作团队，这类执行模式是在法官员额制后审判团队办案模式的基础上的延伸性尝试，执行案件由执行法官主导，通过配置法官助理、书记员、司法警察“武装”执行法官行使各类执行实施权，司法警察作为执行团队的重要组成要素，提供强有力的执行保障。2017年以来，牡丹江市九个基层法院在全国率先组建执行警务局，增加执行法警136人，构建“员额法官＋执行员＋书记员＋执行法警”的执行团队模式，即员额法官主导执行，执行员实施执行，执行法警保障执行，书记员辅助执行。[③]我国台湾地区法院“执行局”也是采用这种模式，执行法官拥有全部执行权能。从执行警务局的人员组成分析，牡丹江法院的改革是在员额制后原有法律框架内保留执行员的基础上引入执行法警，未涉及对执行员的警务化改造，无法回避执行员序列问题，且执行法警作用仍是传统的参与、辅助执行。同样是执行团队办案模式，笔者更认同江苏高院《关于推行执行团队办案模式的指导意见（试行）》的

① 黄锦清：《宁德中院成立我省首个执行警务组》，载福建法院网：http：//fjfy.chinacourt.org/article/detail/2016/07/id/2013439.shtml，最后访问日期：2017年06月11日。

② 邱悦：《上海司改“破冰”第三年 执行体制机制改革“改”了什么？》，载《人民法院报》2017年7月18日，第1版。

③ 郑建华、王宏光：《牡丹江法院率先全面成立执行警务局》，载牡丹江市中级人民法院网站：http：//mdjzy.hljcourt.gov.cn/public/detail.php？id=2770，最后访问日期：2017年6月11日。

团队配置“法官+法官助理+书记员+司法警察”，其中法院政法编制内行使执行实施权人员转化为司法警察，司法警察负责“外出办理被执行人财产查控和解除措施，执行拘传、拘留、搜查、查封、扣押、冻结、强制迁出等需现场采取的强制执行措施和解除措施”及相应法律文书的制作等，即司法警察不至沦为“机器”，而是赋予其一定的、与职位功能相匹配的审查、判断权，这样的职权设置能充分发挥“新型”执行警务人员的“司法属性和行政属性”，也更能调动执行人员转警的积极性。从个案角度，一个固定的团队办理一起执行案件肯定比单兵作战或几个执行员临时“组团打怪”来得优越高效，但作为核心的法官将主导承办高于原来几倍的案件量，即使分工再完美，在法官责任制下顶着如此高压也分身无术则必然无法在宏观上保证执行案件的整体效率和质量。

（四）“分权式”执行模式

关于民事执行权的内部划分问题，学界多主张二分说，即执行裁决权与执行实施权，而执行实施权又可细化为执行命令权（或执行审查权）与执行实施事务权。[①] 执行裁决权从执行局内部剥离，由审判执行监督庭行使，已是理论与实践达成的共识。成都法院在探索建立执行局、执行分局、执行大队三级管理模式的基础上，深化执行权与审判权“二次分离”改革，建立明晰的职责清单，形成以执行法官为审查主体、司法警察为实施主体的执行人力资源配置模式，留任执行局或未进入法官员额的从事执行实施的人员转入司法警察编制。[②] 海南省第二中级人民法院也是以“三权（审判权、审查权、实施权）”分离推进执行警务化的体制改革，法官通过签发或提请签发执行裁定、令状主导执行实施案件的办理，司法警察以执行员的身份独立完成具有可执行性的特定执行行为和对被执行人财产采取的各类强制措施。法警支队成立“执行警务大队”派驻执行局，派驻法警来源于现职警员和符合条件的现职法官助理、书记员转任。[③] 可以看出，“分权式”执行模式是在现有执行框架内尊重执行实施人员转任司法警察的特殊改革背景下肯定司法警察作为执行实施主体的地位，有助于推动警务人员主导执行的机构设想。唯一矛盾的是，执行法官行使执行审查权而归入执行机构，司法警察以执行员身份实施执行却因编制问题而以派驻形式脱离出执行机构。

纵观以上执行模式，设置专门的执行警务机构、执行团队化以及“分权式”

---

① 宋春龙：《审执分离原理及其展开——以肖建国教授关于审执分离的论述为中心》，载《民事程序法研究》第十六辑，第37页。

② 胡思行、邵鹏：《机构设置层级化+执行运行警务化+案件管理一体化 成都中院发出解决执行难“动员令”》，载《人民法院报》2016年8月10日，第4版。

③ 刘月梅、吴娟：《海南二中院试行“三权”分离执行改革 破解执行难》，载海南省高级人民法院网站：http：//www.hicourt.gov.cn/xwztc/show_news.asp？newsid=2016-9-29-10-0-42，最后访问日期：2017年6月11日。

执行无疑对强化执行权威和效率大有裨益，但我国执行机构的警务化改革史多是将司法警察定位为参与、辅助的角色，法官主导执行这一根源问题未能得到改变。法院内部“干不了审判干执行”“重审轻执”观念原本就根深蒂固，执行实施人员转任司法警察则在员额制后难免陷入更“尴尬不堪”的处境。执行首要凸显强制，法官的职权在于依法行使裁判权，以“文官”的身份主导甚至实施执行实是“错位”，不利于法官的职业保护，各地频繁发生的暴力抗执事件不得不引起反思。故，笔者认为，以法官为主导的执行体制改革既不符合审执分离的要求，也难以真正实现执行机构的警务化改造。

三、执行警务化的进路探索：法官员额制后执行机构的合理改造

当前执行机构的改革虽需要受限于现行法律制度，但在形式上却可以设法予以突破。结合上述执行模式的利弊，笔者认为，第一，执行机构的设置在形式应独立出法院，执行并非只是审判的延续，执行机构应是行使与审判同等重要职能的且与审判部门相对独立的组织，这也是为了避免法官主导、越权（超越审判权）干预执行；第二，在职权划分上需严格深化审执分离，建立明确的权责清单，规范执行；第三，执行机构的人员配置上应是执行警察（具有执行员身份）、司法警察及执行辅助人员，还可以考虑吸纳公安部门内符合条件的警务人员，最大限度武装执行机构的强制力；第四，执行的相关调查工作及强制措施的采取由执行警务团队实施；第五，员额法官附设执行机构，以“被动授权式”形式执行审查权。

（一）执行警务化的理论基础

对于执行权的定位，笔者认为，执行权具有司法属性和行政化属性，执行机构的外分并不改变其本质属性。审执分离，即是审执“分权”，是执行警务化的前提，而彻底的审执分离不仅是执行裁决权与执行实施权分离，还必须是执行审查权与执行实施事务权的再分离，具体应为执行裁决权、执行审查权由员额法官行使，执行实施事务权由司法警察以执行员的身份独立行使。执行裁决权、执行审查权属于执行权的司法属性，需凸显“居中、公正”的价值判断，执行实施机构实行警务化意在强化执行权的行政化属性，充分展现其执行性、强制性以追求效率最大化，但执行权绝非因此属于行政权范畴。若执行行为归属于行政行为，那一旦当事人、案外人对执行行为产生争议，其无疑需诉诸行政诉讼，也闲置了原有法律框架内的执行异议程序，执行权属行政权的观点在50多年前的日本已出现，并被日本理论界抛弃。[①] 执行权的行使归根到底并非直接按照法律规范对

① 宋春龙：《审执分离原理及其展开——以肖建国教授关于审执分离的论述为中心》，载《民事程序法研究》第十六辑，第36页、第42页。

公共事务实施行政管理，而是需由员额法官通过签发或提请签发执行裁定、执行决定等方可实施，这也是执行审查权需与执行实施事务权分离的根本理由。

（二）执行警务化的机构设置

1.“外分”执行警务局

执行机构外分是执行专业化的必由路径，而警务化是实现执行效率的保证。专门、独立的执行警务局设置，能将符合条件的执行实施人员纳入警察编制并留任执行机构，而非脱离队伍编入法警大队，从根本上提高执行机构的地位，在形式上摆脱法院“边缘”“附属”机构的错误观念，提高执行人员的工作积极性，实现执行机构的警务化融合。笔者建议，借鉴最高人民法院批准试点法院——河北唐山法院“垂直统管跨区执行新模式”与四川成都法院的“机构设置层级化”的做法，整合现有两级法院执行人力资源，建立类似“执行警务局、执行警务分局、执行警务大队”三级管理模式，在县、区法院层面，实行执行实施机构、职能和人员与法院彻底外分的“外分”执行警务局机构设置体系，这样的改革尝试可以有效解决“提级执行、跨区执行、交叉执行、委托执行”等问题，改变原有各县、区执行局“各自为政”“信息不通”“参与分配不及时”等执行局面。[①] 可以预见的未来，若上述“外分”“层级”“垂直统管”执行机构设置在市、县（区）两级法院试点成功，必然会推动我国建立与四级法院设置相对应且独立的执行机构体系。

2.人员组成与管理

执行警务人员由执行警察、司法警察、执行辅助人员构成，实行半军事化管理。在现有法律体制内，执行警察通过任命执行员办理执行案件，由未入额的助理审判员、审判员以及具备执行专业知识及执行经验的一线执行实施人员转任，并按一定比例配备司法警察及执行辅助人员（含政法编制书记员），符合执行员任命条件的司法警察、政法编制的辅助人员经过考核合格的也可任命执行员，履行执行警察的职责。司法警察主要从法院编制的法警大队选调，也可考虑从公安部门中招募一定比例，司法警察在执行警务局中所占的比例应不低于执行警察，以保证执行机构的警务化属性，避免警务化“原班人马”流于形式。基于执行团队的稳定性及专业化考虑，员额制改革完成后，执行警察、司法警察及执行辅助人员应统一向社会招募，并建立系统的执行业务培训、准入、考核等。上级执行机构的人员任命从下级执行机构优秀执行人员中选任，畅通执行人员的晋升渠道。警务化初期，执行警务人员统一参照司法警察编制管理，并积极探索建立专门的执行人员序列管理体制（见图1）。

① 张伟刚、白龙飞：《打造垂直统管跨区执行新模式——河北唐山中院执行体制机制改革调查》，载《人民法院报》2016年6月26日，第1版。

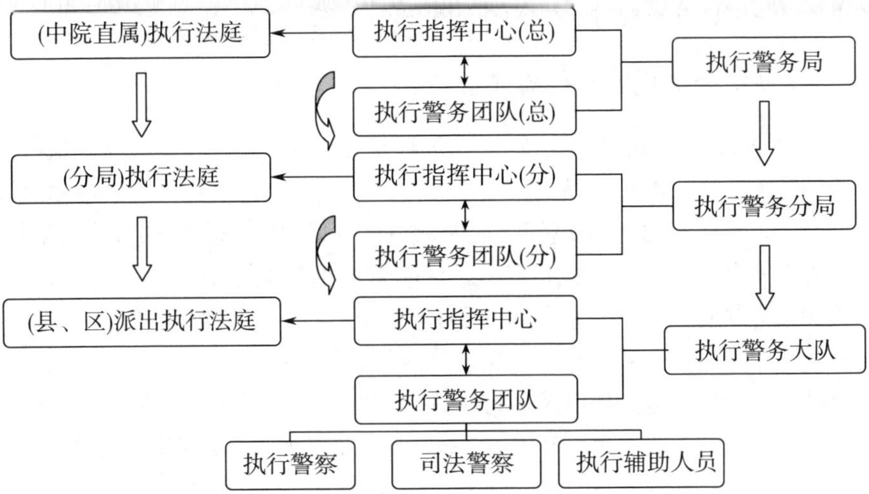

图 1　执行警务局三级管理分布图

（三）执行警务化的职权划分

“分权”是规范执行的要义，权责清晰才能消除审执不清，但这必须在强大的执行强制力保障下谈论才不至于苍白。执行警务人员并非员额法官，只能按照法律规定行使执行实施事务权，主要分为两类：具有可执行性的特定执行行为（返还、恢复原状、清场交付等）和须对被执行财产采取查控、处置、交付、分配等强制执行措施，前者执行人员可依生效判决采取强制措施，后者则多涉及人身自由限制和财产的实质性分配，需由执行人员进行调查后由法官裁定、决定等再行采取。

笔者以金钱债务执行为例，大致归纳执行机构至少需承担如下职权：（1）立案，由执行机构进行立案审查可以有效减少、避免执行立案不当或错误的问题；（2）发出执行通知书、报告财产令、限制高消费令等；（3）查询、调查被执行人的财产情况以及传唤被执行人、利害关系人接受询问；（4）依调查情况取得法官的决定、裁定及院长指令对被执行人进行失信惩戒、限制出入境、司法拘留，对被执行人财产进行查封、扣押、冻结、评估、拍卖、交付等以及相对应执行措施的解除；（5）执行款物的收缴与发放，涉及多个债权人的款项发放按分配方案执行；（6）办理结案手续，归档。另外，基于执行调查权的需要，考虑以警务化改革为契机，赋予执行警务局一定的侦查权，解决长期以来普遍被执行人下落不明财产难寻、拒执罪衔接不通畅等问题。在现有执行框架下，执行机构作为法院的内部机构，赋予执行机构侦查权会因形成法院“自侦自审”局面而面临非议和改革阻力，执行警务局的独立、外分恰好可以回避这个问题。对于因执行审查权的分离而担忧执行衔接不畅导致效率低下的问题，这是执行运动模式需要考虑和解决的事项，不能以此无视审执分离的本质要求。

（四）执行警务化的运行模式

执行警务局打破原有执行法官一人包案到底的办案模式，不断完善执行指挥中心的功能配置，在内部分设财产查控、财产处置、执行信息化、款物发放等具体工作部门，实行集约化的执行工作流程管理。基于执行效率与执行规范的双重考虑，可借鉴英国“令状”执行模式（法院依申请签发令状、裁定后实施程序）以及美国联邦执行官模式（法院裁定后授权司法行政部门的司法警察实施），依托执行指挥中心采取“被动授权实施型分离体制”与团队执行相结合模式，即将采取执行措施的执行审查权以及执行实施中的异议裁决权留在法院，将依法裁定实施的事务由独立于法院的“警务化”执行机构的执行团队取得法院授权办理。[①]具体为：

1.“派出”执行法庭

法院设立“专门派出法庭”派驻执行警务局[②]，行使执行审查权，执行法庭可根据实际情况组建若干“执行法官 + 法官助理 + 书记员”审判团队分别受理执行警务团队的各项裁定、决定请求，并通过执行指挥中心完成与执行警务局的执行事务衔接以及对重大、敏感、复杂执行事项的监督。派驻的形式更能凸显警务化执行的优势特性。执行法官主要由原执行局入额法官担任，避免优秀执行人才的流失，同时建立执行法官与诉讼法官轮岗制度，每一任轮岗年限不少于三年，以及限定法官助理申请入额需具备三年以上执行工作经验，保证执行法庭与执行警察的人员需求与稳定，缓解、消除审判与执行的脱节现象，提供法院生效裁判文书的可执行性和易执行性，维护司法权威。笔者认为，所有的诉讼法官都应该经过执行岗位的锻炼，执行经验丰富的诉讼法官在制作裁判文书时通常会习惯性地将执行问题纳入具体判项的考虑，而显得更贴近现实。

2. 执行警务团队

“单兵作战”的执行模式已经在实践中暴露出种种弊端，可参照“执行团队模式”组建“1+N+1”执行警务团队，以执行警察为核心，配置 1~2 名司法警察和 1 名执行辅助人员，精兵强将式的小团队更容易解决基层法院人员编制问题以及案件基数的压力，也能更快速、灵活地应当各类执行事务。执行团队依托执行指挥中心开展执行事务，充分发挥信息化执行平台的功能优势，提高执行工作的数据化水平，畅通与执行法庭的衔接。同时，不断提高物质装备的警务化水平，强化传统执行举措的执行力、震慑力，让“老赖”无所遁形。

---

① 张永红：《审执分离体制改革的理论基础与路径选择》，载《民事程序法研究》第十六辑，第 63 页、第 67 页、第 69 页。

② 石时态、张坤世：《论民事执行的警务化改造》，载《湘潭大学学报》2010 年第 6 期，第 25 页。

另外，对于执行裁定、决定不服的依照现行法律规定的执行异议、复议程序处理。对于具体实施的执行行为发生争议，认为执行警察执行不当、错误的，当事人或案外人可向执行法官申请监督建议，执行法官可依法对具体执行实施行为的合法性、合理性进行审查，审查后发现具体执行行为确有不当、错误的，可向执行警务局发出限期整改建议；若执行警务局未按期整改或执行法官认为具体执行行为并无不当的，书面驳回当事人或案外人的监督申请并告知其有权向上一级执行警务部门申请复议，复议程序适用执行复议处理。

（五）执行警务化的立法保障

1. 打破原有执行立法框架

关于民事执行的立法体例，我国偏向吸收模式，即将民事执行制度置于民事诉讼法之中，成为民事诉讼法的组成部分，这在很大程度上限制了民事执行的立法框架和进程，也是“执行审判化”现象的根源所在。由于我国《民事诉讼法》执行程序的规定较为笼统，实际操作性不强，无法应对复杂多样的执行实践，最高人民法院虽有出台一批司法解释在具体操作层面进一步说明或指引，但由于效力层级问题难以突破基本法或上位法，执行人员在办理执行案件时常有束手束脚的无奈感，可以说“执行难”与“执行乱”问题有很大原因是现行执行法律体制不健全造成的。加快我国民事执行单行立法，从顶层设计打破原有执行体制的弊端，才能为应对我国的执行现状提供完备的法律保障。无论从改革的现状，还是审判与执行的本质差异，民事执行单行立法都是趋势，法国、俄罗斯、日本等国家也都由原来的吸收模式或混合模式转变为单行法模式。[①]

2. 融合执行警务化理念

司法改革背景下，法官员额制在深化审执分离的同时也推动了执行警务化的改革，执行单行立法应将执行警务化理念融入其中。基于执行警察职业的特殊性，应建立有别于公安保障制度的准入、任命考核、职务晋升、职级评定等人员管理制度，明确其角色定位，完善职业保障。执行警务局的职权在从执行实施权中分离出来后亦需在法律规范中予以明确范围和具体内容，这是规范执行的基本要求。

结　语

纵然执行警务化改革尚处于探索阶段，还有很多法律与现实的问题亟待解决，但它所具有的巨大功能优势与制度价值值得我们去尝试、去推进、去完善。可以期许，在全面实行警务化执行的未来，司法救助及无财产可供执行的终结本次程序将成为执行的例外，司法公信力得到极大的提升，社会诚信也回温。

① 肖建国：《中国民事执行立法的模式选择》，载《当代法学》2011 年第 1 期，第 20 页。

人民法院审判监督机构的改革：基础、渐进与未来

王玲芳 *

序 言

十九大报告明确提出，深化司法体制综合配套改革，全面落实司法责任制，努力让人民群众在每一个司法案件中感受到公平正义。司法改革的“四梁八柱”主体工程已经建竣，接下来的司法改革将侧重于综合配套的改革措施，努力建设一个成龙配套、系统完备的司法制度。相对于法院外部监督，基于诉讼法规定的审判监督程序和院庭长行使的审判监督职责构成了法院审判监督的主要内容。机构设置是法院管理体制的直观体现，但机构外壳下的权力配置则是法院管理体制的实质之所在。[①] 法院审判监督机构的设置关系司法权力的优化配置，关系法院内部的职责界定，因此在新型审判权运行机制下，如何整合现有法院审判监督职能，有序衔接审判监督程序和院、庭长监督职责，从而科学设置高效权威的审判监督机构是人民法院面临的一项重要课题。

一、最高人民法院审监庭职能变化的启示

（一）最高人民法院审监庭的职能变化

2014 年最高人民法院在立案二庭的基础上成立环境资源审判庭，此前由立案二庭承担的对当事人申请再审审查的工作转由各业务庭承担。鉴于当事人申请再审案件的庞大数量及审监庭本身的人员设置和审判条件的限制，审监庭仅承担针对最高人民检察院的抗诉案件、本院自提案件和本院生效裁判的再审审查和审理工作，而当事人申请再审的案件则归口到各审判业务庭进行。我国三大诉讼法规定了审判监督程序，但《人民法院组织法》及诉讼法中并未就审理再审的审查和审理机构进行规定。随着诉讼法的修改和司法改革的进行，四级法院如何科学设

* 作者单位：北京市第一中级人民法院。

① 梁平:《“管理—审判” 二元架构下法院内部机构设置与权力运行研究》，载《法学论坛》2017 年 5 月。

置审判监督机构，充分实现审判监督程序的功能价值，值得认真研究。最高人民法院的审监庭职能变化，尤其是其中的一些有益做法给未来审监机构的改革提供了良好的借鉴。

（二）再审审查和审理职能合并的启示

首先，由一个部门承担再审审查和审理工作，有助于统一再审案件审查和审理的标准，防止出现提起再审的案件再审后仍维持原判的情况。再审审查程序因其只作出程序处理，这就决定了其仅对是否符合再审申请的期限、形式进行初步审查，而再审审理则需要进行实体判决，审理的目的、要求和层次就决定了两个程序的认识可能不一致，从而导致再审审查得出的结论很容易与再审的结果产生矛盾。而如果再审审查认为"确有错误"的案件，经再审审理却认为原判是正确的，并予以维持，这就会导致当事人认知上的混乱，削弱法院裁判的权威。其次，再审审查程序与再审有效对接的连续制，既符合"立审分立"的内在精神，也能有效地避免审查、审理分立的种种问题。从制度设计的科学性角度而言，对于审判监督工作分工，建议实行再审审查程序与再审的连续制，即立案庭负责形式审查，凡申诉（申请再审）符合形式要件的（类似于民事案件的起诉审查）均予以立案，由审监庭负责再审审查和再审，由同一个审判组织进行审查和审理就会避免认识矛盾的问题。[①] 再次，由业务庭对下级法院生效裁判进行审判监督，有利于充分发挥审级监督的作用和功能，有利于直接规范上下级法院的裁判标准。

（三）继续深化改革之必要

1. 司改后院、庭长审判监督职责与审监程序的交叉

司法改革后，"让审理者裁判，由裁判者负责"改变了以往院、庭长对案件审理的行政审批，建立了新型审判权运行机制。《最高人民法院关于完善人民法院司法责任制的若干意见》明确了院、庭长的审判监督职责。审判监督职责是为避免个案审判中法官能力不足或审判权的滥用，就程序与实体事项，由院、庭长依法行使知情、异议、提议等职责，与审判权是"一种相互制约、彼此独立的平行关系"。[②] 审监程序与院、庭长监督职责的目的都是为了纠正错误判决，维护司法裁判权威，院、庭长通过法定方式行使监督职责包括但不限于对确有错误的案件提起再审程序，通过审判监督程序再审的案件来开展案件评查工作。院、庭长的审判监督职责在提起再审、提交法院专业法官会议、提交审委会讨论用于统一裁判尺度与审判监督程序存在交集，而在设立审判管理办公室之前，审监庭一直

① 何鑑伟、杨兴明：《审判监督制度运行中的问题及改革出路》，载《法学杂志》2005 年第 1 期。
② 贺小荣：《如何牵住司法责任制这个牛鼻子》，载《人民法院报》2015 年 9 月 23 日，第 5 版。

承担着开展案件评查的职能。

2. 司改后审监部门审判权运行机制面临的问题

诉讼法仍保留同级法院对本院生效裁判进行再审审查的权力，那么同一法院的不同业务庭室能否有权撤销该院的生效判决？如果有，又需要什么样的程序要求？司法改革前，再审审查庭如果拟提起再审案件，需层层汇报到主管院长及特殊情况下上审委会讨论决定；司法改革后，在运行新型审判权运行机制后，再审审查庭的合议庭能否直接作出撤销本院生效裁决的认定？以前的模式能否继续运行？新的模式如何确定？这些既关系到审监程序的审判权运行，也关系到是否及如何设置再审审查庭及审监庭。

二、基础改革：合并再审审查和审理机构

（一）现有审查与再审部门分立的现状

根据笔者的不完全统计，最高人民法院和部分高级人民法院已经实现了再审审查、再审职能的合并，按照提起再审的不同途径来划分审监庭的收案范围，但是仍有不少法院仍保留再审审查庭与审监庭分立。在部门分立的模式下，再审审查庭负责对当事人申请再审案件的审查，如果符合再审条件则移送审监庭进行再审。审监庭则就提起的案件进行实体审理。此外，有法院的立案庭兼有再审审查的职能。立案庭审查后提起再审，交由审监庭进行实体审理。虽然再审案件的审理程序从理论上可将其划分为审查和实体审理这两个阶段，但是这两阶段并不必然需要对应两个不同的部门或两个审判组织。为了对应再审案件的理论阶段而分设再审审查和再审审理机构，司法实践中会产生非因程序问题提起再审的案件，经过实体审理后又认为原判是正确的，极大伤害了司法权威。这种情况并不少见，为避免这种矛盾，再审审查庭和审监庭就案件的再审问题会建立会商或沟通机制，但因案件尚未进入到实体审理阶段，此阶段仍可能不会涉及案件的核心问题，会商效果难免也差强人意。

（二）再审审查和审理职能合并下的机构设置

最高人民法院取消立案庭的再审审查功能，实行“谁提起谁审理”的再审工作模式，符合审判监督的司法规律，按照提起再审的不同途径来划分审监庭的收案范围，值得推广至全国法院。在审判监督机构的改革中，审查与再审审理部门的合二为一是最为紧迫、最为基础的一项内容。因分设部门导致的侵蚀法院生效裁判权威的事件屡有发生，亟须改变现有设置。再审审查、审理职能合并还是审判监督机构改革的基础，审判组织在对案件审查时就要对实体上是否存在诉讼法规定的再审情形作出判断，以保持审查认定与再审判决的一致。随着法院内设

机构的改革，再审审查庭和审监庭的机构设置、功能探讨应当列入具体议程，并确立职能合并基础上的审监庭设置。实践中，在再审审查和审理职能合并的基础上，有法院取消立案庭的再审审查功能，有法院将再审审查庭并入审监庭又划分为审监一庭和审监二庭，不管在改革方式上如何变化，核心就是要由一个审判组织来行使再审审查和再审审理的职能，不需要增加额外环节的再审程序。

三、渐进模式：保留审监庭设置基础上的功能结构优化

（一）构建审级监督的审监程序

相对于上诉审程序而言，审监程序是一种补充救济程序，也就是说它是一种有限制的只适用少数情形的救济程序。[①] 其中向谁申请再审的问题，不仅涉及审监功能的实现，也决定着各级法院审判监督机构的设置。以《民事诉讼法》为例，1991 年《民事诉讼法》第 178 条规定，当事人可以向原审人民法院或者上一级人民法院申请再审；到 2007 年修正时第 178 条规定，当事人可以向上一级人民法院申请再审；再到 2012、2017 年修正后第 199 条规定，当事人可以向上一级人民法院申请再审；当事人一方人数众多或者当事人双方为公民的案件，也可以向原审人民法院申请再审。《民事诉讼法》关于申请再审的法院一直使用的都是“可以”，现阶段虽然逐步限缩向原审人民法院申请再审，但仍将继续存在这一规定。而向原审法院申请再审的一大诟病在于审监庭对本院已生效裁判进行审判监督的内部监督机制是难以实现审监程序纠错的根本性功能。内部机构监督的结果缺乏司法权威性，不符合诉讼的本质规律，亦难有说服力。审判监督程序必须实行审级监督，不断限制向原审法院申请再审的范围，以体现审级监督权威性、严肃性和公正性，符合诉讼程序的理性本质和规律性，也较易于为公众所接受。[②]

（二）四级法院审监庭受理案件范围及审判权运行模式

1. 在审级监督的基础上由业务庭承担当事人申请再审的案件

虽然最高人民法院确立了当事人申请再审的案件由相关审判业务庭进行审查再审，但是在高、中、基层法院并未完全建立这样工作模式，当上级法院将案件指令再审或发回重审时，将产生上级法院业务庭的裁判标准与下级法院业务庭裁判标准的差异，或上级审监庭的裁判标准与下级法院业务庭之间的裁判尺度差异以及同一法院审监庭与业务庭的裁判标准差异。多数时候，审监庭承担着沟通上下级法院、沟通不同业务庭室的桥梁作用，不仅是要领会上级法院指令、发回案

---

① 江必新：《论民事审判监督制度之完善》，载《中国法学》2011 年第 5 期。

② 刘锐锋：《创建科学的审判监督程序实现司法公正》，载百度文库：https：//wenku.baidu.com/view/Oaf7f5d4b14e852458fb5723.html。

件的原因，还要取得本院业务庭的认同。

实践中，当事人申请再审的案件占再审案件绝大多数，也限于审监庭有限的人手和配置而将当事人申请的再审案件交由业务庭审理，但恰恰是这种安排会完全发挥审级监督的作用，一方面，上级法院业务庭不仅通过上诉程序来纠正一审裁判错误，也通过审监程序来监督一审生效裁判，除了具体的审查标准不同外，并未改变审级监督的本质。业务庭裁定撤销原审法院判决，指令再审或者进行再审后，发回重审，不仅可以保持审查和再审审理的连贯性，而且有助于从审级监督的模式来统一上下级法院业务庭案件的裁判标准。另一方面，就业务庭的案件裁判尺度由上下级法院进行统一更为直接高效，减少中间环节，因此在当事人申请再审案件量大的高级法院和部分中级法院完全可以照此模式将再审案件进行分流。在此基础上，审监庭仅针对抗诉案件、本院提审案件、本院生效案件进行再审审查及审理。

2. 新型审判权运行机制下的审监庭审判权运行要求

三大诉讼法的审判监督程序中，审判组织对再审申请案件的审查和再审行使的仍是审判权，那么审监程序审判组织的审判权和原审的审判权有何差异，如果说上级法院基于审级监督撤销下级法院的判决属于制度安排和法律规定，但是在再审审查环节，同一法院的再审审查部门能否撤销业务庭室的生效裁判，值得商榷。由于诉讼法没有规定审判庭的诉讼地位，因此赋予审判庭以一定的审判权尤其是直接改变法官判决意见的权力是不适宜的。根据现实中提交审判委员会讨论案件需要逐级提交的惯例，建议将审判庭审查作为是否将案件提交审判委员会讨论的一个环节，放在院长或副院长审查之前。① 正如《德国法院组织法》还设置了扩大合议庭和联合审判庭机制，当最高人民法院出现或可能出现合议庭之间意见冲突时，通过这一机制确保终审法院判决之间的一致。② 新型审判权运行模式下，取消了之前向院、庭长的层层汇报制，审监庭合议庭裁判案件要么依法行使审判权，要么将案件提交更高一级的审判组织决定。

根据诉讼法关于人民法院不同的审判监督程序规定，按照上述审监庭的业务范围设计，最高人民法院的审监庭负担着最高人民检察院提出的抗诉案件的审理，本院自行提审的案件及针对本院生效裁判的再审审查和审理。高、中级人民法院审监庭审理抗诉案件、本院自行提审的案件及本院生效案件的再审审查和审理。基层人民法院的审监庭则审理本院生效案件的审查和审理。可见，在未建立完全的审级监督模式下的审判监督程序，四级法院都有审监庭审查、审理本院生效裁判的工作，通过审监程序提起再审及进行再审审理的案件表明同一案件在

---

① 范明志:《优化法院内部职权配置的空间与向度》，载《法律适用》2012 年第 8 期。

② 傅郁林:《审级制度的建构原理——从民事程序视角的比较分析》，载《中国社会科学》2002 年第 4 期。

同一法院存在不同的认识，因此更应当通过更高一级的审判组织来统一裁判尺度，合议庭应当将拟提起再审的意见提交审委会讨论决定，并服从审委会的讨论意见。

（三）整合完善审监庭的职能内容

1. 审判监督程序与院、庭长监督职责的有效衔接

审判监督程序承载的职责是监督违法，引起但不承担争议解决的功能，因此应注重审监程序与院、庭长审判监督职责的衔接，整合、优化配置法院内部的审判监督职能。基于院、庭长通过组织化的方式行使监督职责，主要行使的是知情、异议和提议的职责，可以明确院、庭长是合议庭之间、审判庭之间、合议庭与审委会之间信息流动的主要载体。[①]因此，发现不同审判组织之间法律适用的不统一并通过特定程序促进解决，是院、庭长履行审判监督的核心职责，该职责是法院内的其他组织和部门难以替代的。此外，院长对本院已经发生法律效力的判决书、裁定书、调解书，发现确有错误认为需要再审的，提交审判委员会讨论决定是否再审；院、庭长行使审判监督职责包括通过旁听案件庭审、查阅案件卷宗、开展案件评查、接待处理信访当事人投诉举报等方式。

2. 整合法院内部审判监督机构职能

在前述界定审监庭仅对本院自行提审、对本院生效案件再审监督的情况下，审监案件受理范围进一步精简，有条件将其他属于审判监督职能的内容整合到审监庭，探索大审监的工作定位。审监庭的职能不仅包括案件再审、案件质量管理、统一全院裁判尺度，而且还包括采取案件质量评查、庭审旁听、定期审监工作通报、案例分析等多种监督方式，监督的重点转向立案、保全、收取诉讼费用、开庭审理、调解到裁决、执行等各个程序环节，使监督从办案结果监督向办案全过程的监督转变。审监庭依托案件质量评查、错案评定追究，在审判监督系统内建立错案分析通报制度和梯级差错标准；根据被上级法院改判发回的情况，对最高人民法院指令再审案件的结果也将进行追踪，并对相关情况进行排位，定期通报，切实发挥法院审监职能。

---

① 北京市第一中级人民法院课题组：《关于健全完善院庭长审判管理监督职责的调查研究》，课题组组成人员：课题主持人吉罗洪，课题负责人马立娜，课题组成员胡嘉荣、伍涛、吴学永、陈荣、高春乾、范琳，课题主要执笔人高春乾。

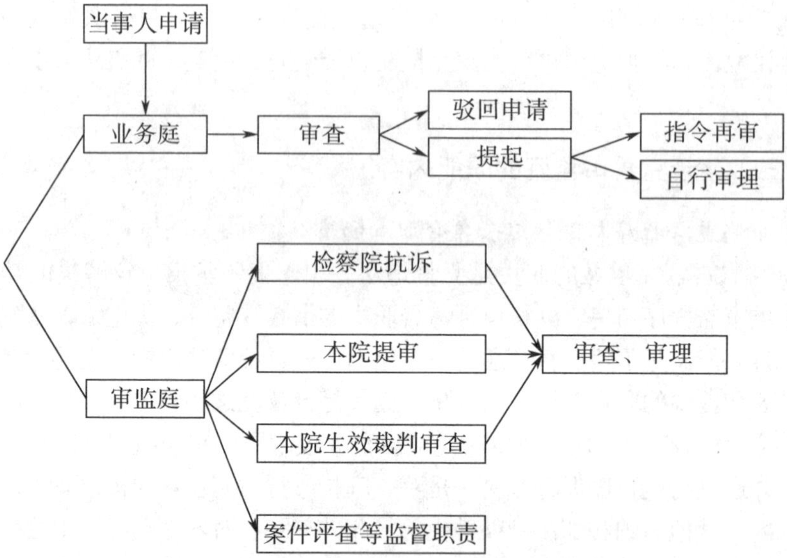

图 1

四、未来方向：探索建立审监业务综合管理平台

时任最高人民法院常务副院长沈德咏曾提出：我们提出审判监督改革，不是要削弱，更不是要取消审判监督工作。最高人民法院成立审判监督庭的目的，就是要加强审判监督工作，因为审判监督是确保司法公正的最后一个环节。我们要在加强审判监督工作的同时，进行审判监督改革。[①] 今天当我们讨论未来审判监督机构改革的理想模式时，也是为了更好地实现、强化审判监督职能，建立符合司法规律的权威的审判监督组织。

（一）审判监督机构改革的基本要求

1. 精简

现有法院承担审判监督职能的组织和人员包括再审审查庭、审监庭、审管办和院、庭长，属于矩阵式设置结构，审判监督职能被分割为块状，容易产生多头监督、错位监督等弊端。而改革审判监督机构首先要从现有机构职能入手，整合现有院、庭长审判监督职责，做好与审监程序的衔接，院、庭长审判监督管理从"层级化"转变为"扁平化"。按照组织结构变革理论，需要从审判资源的配置方式入手，从层级化向扁平化的审判组织结构改革，优化法院内部职权配置，解决多头监督的问题。监督管理主体的多元化、层级的多层次，逐步转变为"组织化""扁平化"的监督管理。审判监督的基本职能是审查已生效的裁判，这一工作

① 沈德咏：《审判监督工作改革若干问题》，载《人民司法》2001 年第 8 期。

本身要求审监工作人员应当具有更高的法律素养和实务经验，因此从事审查审理再审案件的、评查案件的均应为该领域的员额法官，且应当是员额法官中的资深法官，只有这样才能实现审监程序纠错维护权威的功能，确保案件评查工作真正成为规范审判行为、纠错和定责的可信赖途径。

2. 权威

审监程序不同于普通的诉讼程序，它承载着纠错和维护司法权威的功能，因此当适用审监程序撤销生效裁判时，其审判组织的组成、审判权的行使应当与普通诉讼程序存在差别。审监庭针对抗诉案件，本院提审案件及本院生效裁判进行审查和审理时，同样也会产生上级审监庭的裁判标准与下级法院业务庭之间的裁判尺度差异。审监庭通常为弥合自身和业务庭裁判、上级法院审监庭与本院业务庭的分歧而多方沟通协调，且在现有的机构设置中，审监庭并不具有特殊层级，其难以在多方沟通中及时有效的解决分歧。因此笔者认为，随机组成包括院、庭长在内的各专业领域的资深法官组成的合议庭，负责审查抗诉案件，本院提审案件及本院生效裁判案件，以避免诸多中间环节，有利于充分发挥院、庭长的监督职能，有利于统一法院内部及上下级法院的裁判尺度。同时，改革院长的监督模式，除了院长对程序性事项的审批权，需要依托现有组织对院内审判进行监督，改革过去院长提起再审的案件的模式，通过授权相关机构在组织化的行使监督职责，通过承办重大、敏感、疑难、复杂、新类型等案件，尤其是上级法院指令再审和本院提审案件来发挥有效的监督作用，来有效统一院内不同审判庭室、上下级法院之间的分歧。

3. 多样化

审判监督机构设置的多样化主要在于，首先，《人民法院组织法》规定的法院内部机构与诉讼程序法规定的法院任务之间的对应关系存在多种可能。[①]法院组织法关于法院内部机构的规定本身具有概括性、灵活性，诉讼法也没有将审判监督程序具体分配到法院内部机构，因此，具体法院内部机构的职能配置就会存在多种解释。其次，诉讼法的审监程序决定了各级法院的审监任务轻重不同。以修改后的《民事诉讼法》为例，由于提级再审致最高和高级人民法院的再审案件大幅上升，而基层法院的案件受理则大幅下降，因此四级法院是否设置专门的审判监督机构及如何设置，应根据各自审判工作实际来确定。最后，经济社会发展不同，导致法院规模、案件数量和人员配置不同，如人口超大型城市北、上、广、深和西部地广人稀相比，案件数量相差悬殊，同时再审案件也呈现不同特点，需要根据各地的具体情况设置不同的审判监督机构。

① 范明志：《优化法院内部职权配置的空间与向度》，载《法律适用》2012 年第 8 期。

（二）探索设立扁平化的审判监督业务综合平台

1. 审监业务综合管理平台的架构

在渐进模式的基础上，借鉴北京四中院的司改经验，[①] 建立大审监模式下的审监业务综合管理平台，以实现审判监督管理的扁平化，为审判权的有序运行提供保障和服务。审监业务综合管理平台本身不同于业务庭的设置，其内部行政人员仅从事组织、服务等日常事务工作，涉及审判监督职责的履行则依托审委会或依托审委会下设的专家委员会，未建立专家委员会的法院则依托某专业领域的资深法官，通过随机挑选上述资深法官开展案件再审的审查和审理工作，在审级监督的基础上确保审监程序的权威性，同时也充分发挥审委会在总结审判经验、研究重大疑难法律问题等方面的作用。此外，审监业务综合管理平台还应配套建立差错案件两级质询制度、案件质量评查、案件讲评通报制度、专业审判综述指导制度，确保法院内部审判监督职能的切实发挥。平台具有开放性和灵活性，视四级法院具体的审判工作实际需要而决定是否将审判管理、审判研究纳入其中，实现更大范围上的扁平化管理。

2. 审监业务综合管理平台上的审监队伍组成

探索设立扁平化的审判监督业务综合平台是为了更好的实现审监职能，而其中审监队伍是关键。长久以来，审判监督工作队伍力量不足，学历和业务水平不高制约着审监职能的发挥。在逐渐改革审判监督机构设置的基础上，为达到纠错维护司法权威的审判监督目标，在员额制改革的背景下，借助现有审判资源，开拓新的途径，建立一支资深、专业的审监队伍。综合上述考量，笔者认为应从以下两方面着手：一方面，成立以资深法官组成的再审审理组织，资深法官主要来源于包括院庭长在内的各专业领域的资深法官。《人民法院组织法（草案）》第 41 条规定，高级以上人民法院根据审判工作需要，可以在审判委员会内设刑事审判、民事行政审判等专业委员会，讨论决定重大、疑难案件。可以从专业委员会中随机选取资深法官，专门审理抗诉案件、本院自提案件，以体现对非正常救济途径再审程序的重视，确保作出的再审裁判具有权威性。如果在一定时期内，某类再审案件数量过多，则可以建立一个再审的常设合议庭，常设合议庭仍应当来源于资深法官或专职审委会委员。另一方面，组建以退休法官为主的案件评查小组，通过返聘等方式吸收专业领域退休法官专门从事案件评查，确保从事审判监督工作的业务水平，且不占用正式员额编制的法官。

3. 法院审监机构设置的多样化

《人民法院组织法（草案）》第 26 条规定“人民法院根据审判工作需要，可

① 吴在存:《以平台建设为抓手构建扁平化管理新模式》，载《人民法院报》2016 年 5 月 25 日，第 8 版。

以设必要的审判庭。法官员额较少的中级人民法院和基层人民法院，可以设综合审判庭或者不设审判庭”。可见，审判业务庭的设置种类并无统一要求，应根据审判工作需要，包括法院层级、案件数量、类型、员额法官数量等情况综合予以考量。随着民事、行政申请再审上提一级的审级调整后，高、中、基层人民法院办理审判监督案件的数量呈倒三角关系，高级人民法院案件数占三分之二以上，中级人民法院占百分之三十，基层人民法院的再审审查案件数量很少，再加上将当事人申请再审的案件交由业务庭进行审查和审理，审监庭的案件数量势必进一步减少，加之从事审判监督人员的高度专业性的要求，因此有必要将来在基层可以不再设置审监庭，依托审监业务综合管理平台中的审委会审理再审案件，其他审监工作并入法院管理、研究当中；而在中、高及最高人民法院则视具体的再审案件数在平台模式基础上设立 1~3 个常设的再审团队，以正常开展案件的审查和审理工作。

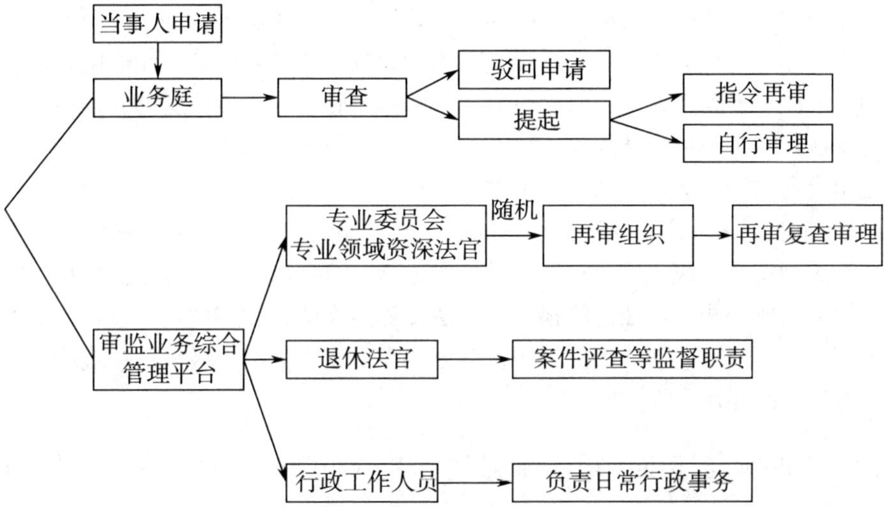

图 2

结　语

针对审判监督机构的设置，最高人民法院已经做了有益的探索和示范，接下来各级法院应尽快合并再审审查和审理职能机构，做到“谁提起谁审理”，改革明确侵蚀生效裁判司法权威的再审环节。同时，根据审判工作需求，特别是再审案件数量、类型等具体情况，逐步进行改革探索，最终是要建立一个符合司法规律、激发司法效能、更加保障和服务权威公正审判的审判监督机构。

司法改革背景下法院研究室职能的定位与重建

马文基 * 付瑞娟 **

党的十八大和党的十八届三中、四中、五中全会对司法体制改革作出了整体部署。各地法院积极探索，并取得了阶段性的成果。2017 年年初，全国法院司法体制改革的重要内容——员额制改革基本完成。改革推进过程中，对研究室的定位稍有争议，但最高人民法院已经通过正式文件对此予以了明确，即研究室是综合业务部门。在员额制改革的过程中，关于研究室的法官能否入额的问题，得到了圆满解决，最高人民法院对此也有明确的指导意见，各地法院都允许研究室的法官入额。但是不可否认的是，员额制的改革对研究室的职能有一定的冲击，主要是研究室法官入额以后从研究室调整至审判一线，削弱了研究室的力量。以笔者所在地区法院为例，员额制改革以后，多数基层法院研究室入额法官全部调离，充实到审判一线，这让本来力量薄弱的基层法院研究室开展工作更加捉襟见肘，只能完成一些常规任务的报送，无法发挥类案研究、审判经验总结、课题撰写等职能，研究室的功能大打折扣，甚至存在存废之争。中级人民法院和高级人民法院的情况要好一些。①

一、冲突与迷惑：司法体制改革中员额制改革对研究室职能的冲击与影响

在司法改革员额制改革过程中，各地法院关于研究室的定位（即研究室是业务部门还是行政部门）曾经有过很大的争议，实际上最高人民法院关于这个问题已经作出了明确规定②，笔者在此不再赘述。法官员额制改革完成后，全国多数

* 作者单位：内蒙古自治区包头市中级人民法院。
** 作者单位：内蒙古自治区包头市中级人民法院。

① 笔者所在地区的高级人民法院研究室设一个合议庭，所在盟市的中院研究室和审判管理办公室合设一个合议庭，基本上保持了审判人员的稳定。

② 关于研究室的定性问题，实际上早在 1995 年，最高人民法院就以法函〔1995〕62 号文件针对北京市高级人民法院《关于法院研究室是否属审判业务部门的请示》作出了回复，对研究室的主要职责进行了明确，并明确研究室是一个综合性的审判业务部门，其人员属于审判业务人员。凡符合《法官法》规定的条件的，均应任命审判职务。

法院研究室的入额法官都调离研究室充实到审判一线，有的法院在研究室保留了部分法官员额，个别法院在研究室保留了合议庭①，有的法院研究室入额法官参与办案②，也有部分法院尤其是基层法院，将研究室的入额法官全部调离，甚至法官助理也调离至审判一线。这种岗位的调整无可厚非，是司法改革的应然要求，但是审判人员的调整不可避免地对研究室职能③的发挥造成了一定的冲击，如笔者所在地区的十个基层法院有四家法院将研究室合并到了审判管理办公室或者办公室，剩下的六家法院研究室都不设法官员额。此种情况下，研究室的职能可能会受到很大的影响，有待进一步观察与研究。此外，还有一种政策性的引导就是，以后招录的新人都不愿意到研究室工作，研究室和审判业务部门的交流桥梁也被阻断了。因此，在目前全国多数法院仍保留研究室的情况下，员额制改革对研究室职能的冲击是很严重的，应该引起重视。

二、存在与价值：研究室功能强化的必要性分析

研究室的工作跟审判工作息息相关，尤其是实务调研、课题承担、审判经验总结等工作都是更高层次的审判工作，对统一裁判标准、法院的发展和领导的决策举足轻重。在司法改革背景下，取消院庭长审批案件的权力，让“审理者裁判，由裁判者负责”，这是司法规律的回归，更是司法事业的进步。但是在推进改革的过程中，会不断出现一些新情况和新问题，如裁判标准不统一的问题可能会在短期内更加突出、上下两级法院缺少业务上的沟通、专业法官会议和审委会讨论的案件经验总结与提炼要求更高等。这些问题的凸显，一方面要引起各级法院领导层的高度重视，另一方面要依托研究室发挥职能作用。但研究室职能的发挥，需要依托一支精通法律、擅长调研总结、具备一定写作能力的调研队伍。在改革之前，全国法院的多数研究室是具备这个能力的，尤其是南方地区法院的研究室可以说是人才济济，④人员配备比较强（部分法院员额制改革之前人员配备情况见表1），每年学术成果丰硕，有力推动了审判工作，研究室的成绩也得到了高

① 如内蒙古自治区高院下文要求，在研究室、审管办设置一定比例的法官员额，内蒙古自治区高院在研究室和审判管理办公室各设一个合议庭；河南新乡中级人民法院把研究室和政治部、办公室等行政部门加以合并，将符合条件的法官全部调离；吉林省法院综合审判业务部门的法官符合条件的全部入额，但是承担一线法官60%的案件。

② 如成都中级人民法院将研究室、审判管理办公室的入额法官全部编入合议庭参与办案，取得了很好的效果。内蒙古自治区包头中院、临河中院都有将研究室法官编入审判业务庭审理案件的探索。

③ 法院研究室的职能主要是审判研究、专项调研、审委会会务、编印杂志等。层级不同，职能有所差异，有的基层法院的研究室还承担文字材料、宣传等事务，中级以上法院的研究室还承担着请示案件的答复这一职能。但是调查研究是各级法院研究室的主要职能。

④ 笔者在2013年和2014年有机会去江苏高院和吉林中院调研，这两家法院研究室的人员配备比较强，阵容强大，都在10人以上，每年承担了大量的课题研究，甚至出版专业方面的书籍，研究室号称是法院的智囊团，在法院的地位非常突出。

度认可①。笔者所在的法院，虽地处少数民族地区但是管理层对研究室工作一直高度重视，近年来调研工作也取得了优异的成绩（笔者所在法院近五年调查研究获奖情况见表2）。改革之后，随着人员的调整，研究室的传统工作受到了一定的影响，但这只是司法体制改革推进过程中人力资源配置的问题，和司法改革并不冲突，遗憾的是在改革的过程中，我们的部分法院没有与时俱进，没有及时采取应对措施。

表1 部分法院员额制改革之前人员配备情况

法院名称	江苏高院	浙江高院	内蒙古高院	北京二中院	上海一中院
研究室人员数（人）	37	12	12	10	16

表2 2011~2016年市中院获奖情况统计表

	论文	司法统计分析	典型案例	稿件采用
国家级	25	3	4	6
自治区级	10	5	5	8

三、反思与重建：法院研究室功能的传承与拓展

调查研究是成事之基，谋事之本，自来为各级领导所重视。周强院长在《大力加强调查研究 努力推进公正司法》一文中指出："在全面推进依法治国进程中，如何充分发挥调查研究在促进人民法院科学发展方面的基础性作用，如何用调查研究成果推进依法独立公正司法和提升司法公信力，是摆在人民法院面前的重大课题"。②调查研究工作对法院的发展具有重要作用，用之得当，事半功倍。调查研究是法院研究室的主要职能，研究室既是调查研究的组织者，也是具体的实施者。在司法体制改革的大背景下，新的问题层出不穷，如案件裁判标准的统一、专业法官会议的运行情况、审委会改革的情况等一系列问题亟待解决，需要研究室这样的专门部门去调研总结与分析研究，为领导决策与司法改革的顺利推进提供翔实的科学依据。除此之外，随着案件数量激增和法院司法体制改革的"去行政化"，如何加强同级法官之间、上下级法院之间的业务沟通，显得紧迫而重要，研究室作为综合审判业务部门，可以在这方面有所突破和作为。在这种形

① 如湖南高院研究室在2014年被记集体一等功，该院自2014年以来，研究室在学术论文获奖、课题研究等方面取得了优异的成绩。参见《湖南高院研究室被记集体一等功》，载中华人民共和国最高人民法院网站：http：//www.court.gov.cn/shenpan-xiangqing-6242.html，最后访问日期：2017年7月29日。

② 周强：《大力加强调查研究 努力推进公正司法》，载中国长安网：http：//www.chinapeace.gov.cn/，最后访问日期：2017年7月29日。

势下，研究室可谓任重而道远，需积极发挥职能作用[①]，进一步拓展职能，以问题为导向，精心去谋划、实施、总结并提出解决方案，为法院的发展、领导的决策、审判执行等工作的提升贡献力量。

（一）厘清认识，精准定位

在司法体制改革的过程中，要明确法院研究室的职能，首先要对研究室部门的性质进行精准定位。正如笔者前文所述，研究室是综合审判业务部门，因此，研究室需要开展综合审判业务工作，当然也包括承担一定的审判工作。目前，部分基层法院将法律专业的工作人员从研究室调离，研究室的职能主要是宣传、综合文字材料、日常调研工作。当然，在目前司法改革的大背景下，整合行政部门、综合部门的职能，压缩部门和人员数量，无可厚非，这也是中央司法改革的明确要求。但是研究室专业的调查研究职能不可或缺，一定数量的专业人员配备很有必要。在司法改革的背景下，法院研究室经过员额制改革的洗礼之后，更应该准确定位研究室是综合审判业务部门。这方面可以借鉴部分南方法院对研究室的定位[②]，结合司法改革推进过程中的新情况，新问题，积极谋划，参与办案，深度调研，从专业法官会议、审委会会议的改革等方面入手，循序渐进，切实发挥研究室服务审判执行工作、服务领导决策、服务法院发展的作用。

（二）保留法官，发挥作用

在法官员额制的推进过程中，部分法院在研究室保留了员额，有的法院在研究室设置了合议庭，这不失为一种有益的探索，这些探索一方面给研究室的法官参与办案提供了途径和平台，另一方面研究室的入额法官可以根据审判实践中发现的丰富素材和形成的一些思考开展相关领域的调研。此外，研究室人员的稳定也确保了研究室传统工作如课题的承担、常规调研等不受影响，同时研究室的法官参与办案，也为法官搭建了研究室和业务庭互相交流的平台，对法院的发展和

① 《最高人民法院关于加强人民法院调查研究工作的规定》中规定各级人民法院调查研究机构的主要具体职责是：（1）提出开展调查研究工作的建议和计划；组织落实本院领导或者上级法院指定、委托的调查研究课题任务；协调本院审判庭和其他部门开展综合性的调查研究活动；组织交流和推广调查研究成果。（2）总结审判工作经验，为领导科学决策和宏观指导提出意见和建议。（3）办理解答或者向上级人民法院请示本院和下级人民法院在审判实践中遇到的具体适用法律问题的有关事宜。（4）参与有关法律、法规、规章和司法解释的研究、修改工作。（5）起草有关审判工作的规范性文件，掌握审判工作综合情况。（6）承担司法统计、统计分析和统计监督工作。（7）协助院领导开展审判工作管理，完成院领导交办的其他工作。

② 笔者从广东法院网站上查阅到了最高人民法院会议纪要关于研究室职能定位的主要精神：一是研究室定位为综合性审判业务部门，研究室法官符合入额条件的，可以入额。二是研究室要立足四个服务（服务党和国家工作大局、服务人民法院科学发展、服务党组和领导决定、服务审判执行工作），做好四个研究（研究法律、研究政策、研究审判、研究案件）。三是研究室要建立合议庭，参与办案。四是加强研究室与审判庭之间的人员互动交流，形成常态化交流机制。

研究室的发展都有所益处。

（三）立足调研 拓展职能

在司法改革顺利推进的大背景下，员额制改革后人员的调整对研究室的冲击很大，部分法院甚至出现了研究室等综合审判业务部门存废之争。在这种形势下，笔者认为在最高人民法院高度重视研究室，研究室职能很重要的情况下，研究室的职能不可缺位，各级法院研究室应重新定位，拓展职能，全面提升自身工作能力，与时俱进，尤其是欠发达地区法院的研究室，应向最高人民法院研究室和南方地区法院研究室学习，为领导决策、司法改革的顺利推进、审判执行工作中审判经验的总结等贡献力量。笔者认为目前法院研究室的职能应紧密结合司法改革，继续以调查研究为中心，适度拓展职能，研究室的入额法官要审理案件，有条件的法院可在研究室设置合议庭审理一定数量的案件。如吉林省法院综合审判业务部门的法官符合条件的全部入额，但是承担一线法官 60% 的案件。这种模式可以借鉴。笔者所在法院的研究室符合条件的法官全部入额，同时在研究室设一个合议庭，审理全院入额法官 50% 的案件，运行效果很好。笔者认为拓展后的法院研究室的职能如下图所示：

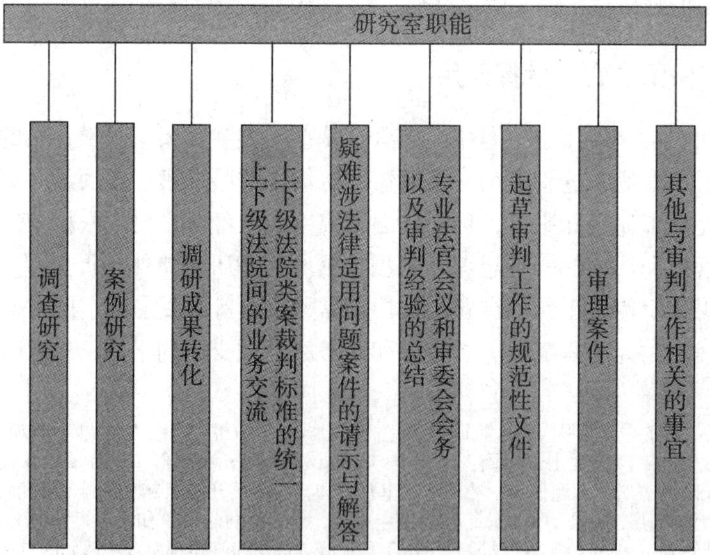

四、探索与实践：研究室职能的实现路径

研究室的职能明确以后，要采取多种途径去实现这些职能，只有在实践中充分发挥这些职能，研究室的各项工作才有生命力。笔者认为围绕研究室在司法改革背景下新的职能，可从以下几个路径实现：

（一）组织学习指导性案例

案例指导制度是一项具有中国特色的司法制度，是规范司法裁判、保障法律准确适用的一项改革。[①]十八届四中全会《中共中央关于全面深化改革若干重大问题的决定》指出："加强和规范司法解释和案例指导，统一法律适用标准"。[②]最高人民法院从2011年发布首批指导性案例至今，已发布16批87件指导性案例，很好地指导了审判实践工作，起到了统一裁判标准，引领社会价值的作用。笔者所在法院每年都将最高人民法院发布的指导性案例汇编成册供法官们学习，法官们在审判实践中也能自觉参考指导性案例。近三年，笔者所在法院有多起案件引用了指导性案例，取得了良好的法律效果。但是笔者发现，部分基层法院有的案件本可以引用指导性案例，但却没有引用，导致案件上诉到中院以后中院进行了改判，这些个案虽然数量不多，但是随着我国对指导性案例工作的日益重视，组织法官学习指导性案例很有必要。在目前案件数量激增，法官疲于应付的现状下，部分法官没有时间学习指导性案例，导致部分案件裁判标准不一。研究室可以采取多种方式组织各个领域的法官学习相关的指导性案例，培养法官关注指导性案例、自觉学习指导性案例，灵活运用指导性案例的习惯，切实发挥指导性案例的作用。

（二）定期举办法律沙龙

举办法律沙龙是促进法院系统进行业务学习，加强业务交流的有益途径。针对审判实践中存在的疑难问题，研究室可定期举办法律沙龙，组织法官、律师、高校教师等人士参加。对于在法律沙龙讨论中能达成共识的意见经提炼总结后以专报的形式公布。对于分歧比较大的问题，由研究室组织相关领域的法官、学者进一步研究并公布研究成果。该项活动可给资深法官、年轻法官提供展示风采的平台，发挥资深法官的"传帮带"作用，倒逼年轻法官快速成长，打造专家法官，建设理论精深、审判娴熟的法官队伍，提升法官的理论水平和法院的软实力。

（三）扩大和高校、律师事务所等机构的合作

搭建法院审判执行实务和高校理论合作的纽带与桥梁，搭建法院和律师事务所实务交流的平台，对于促进各方业务水平的提升具有重要意义。合作方可通过

---

① 刘黎明：《浅议建立指导性案例制度过程中出现问题和完善建议》，载《中国法治》2015年7月16日。

② 《中共中央关于全面深化改革若干重大问题的决定》，载凤凰网：http：//finance.ifeng.com/a/20131115/11093995_0.shtml，最后访问日期：2017年7月29日。

参与重大课题、案例的研究等途径，发挥理论与实务相结合优势，充分利用高校在理论研究、师资力量、大数据分析等方面的优势，推动法院理论研究和案例研究等工作。条件成熟时可邀请高校在法院建立教学科研实践基地，法院可选派年轻干警去高校授课，推进法院与高校的互动。双方可不定期邀请相关人员参加各自组织的研讨会。联合举办大型论坛和主题征文。法院每年可以和律师事务所开展某类案件审理情况的实务研究，借助大数据平台形成富有成效的调研成果。合作才能共赢，沟通才能促进。

（四）发布典型案例

近年来，各级法院高度重视发布典型案例，笔者所在地区的高级人民法院定期发布典型案例，取得了很好的社会效果，也起到了统一裁判标准的作用。①但是，中、基层法院发布的典型案例相对比较少。笔者认为，有条件的中基层法院也可发布典型案例，如在“三八”妇女节、“五一劳动节”“六一儿童节”、重阳节等重要节日，研究室和相关业务庭联合发布典型案例，以案说法，切实发挥典型案例的指引和导向作用，传递正能量，促进社会和谐，弘扬社会主义核心价值观。典型案例可通过新闻发布会的形式进行发布，同时将典型案例在法院公众号、地方媒体上予以刊登，以扩大影响。此外，为了解决法官撰写典型案例积极性不足的问题，可将案例工作纳入绩效考核，与法官的评先评优、晋级晋职相挂钩。

（五）举办案例分析研讨会

随着司法体制改革的纵深推进，还权于法官、还权于合议庭改革目标基本实现，统一裁判标准、加强疑难问题研究、加大上下两级法院间的业务沟通很有必要。笔者认为在目前最高人民法院越来越重视案例研究的政策指引下②，定期举行案例分析研讨会是一种很好的形式。一方面审委会③可以进行相类似案例的研究，另一方面研究室可以组织相关业务庭室进行案例的分析与研讨，如可针对某类案件的发改情况进行分析研讨，可针对某类刑事案件、民事案件等进行分析研讨等，以起到上下两级法院相互沟通，统一裁判标准的作用。

（六）开展专项调研活动

开展专项调研活动是法院研究室最基本的职能。研究室可联合相关业务部

---

① 自治区高院于 2016 年共发布了三批典型案例共 22 件。

② 周强：《加强案例研究 提升司法能力和水平》，载中华人民共和国最高人民法院法院网站：http://www.court.gov.cn/zixun-xiangqing-54702.html，最后访问日期：2017 年 7 月 29 日。

③ 司法体制改革后，审委会只讨论法律适用问题，审委会讨论案件的数量将大大减少。

门，针对审判实践中存在的疑难问题，进行专项调研活动。也可以对新颁布实施的法律、司法解释的贯彻落实情况进行调研，总结在审判实践中出现的新问题新情况，并通过出台会议纪要、形成专项调研报告等形式加以解决。

（七）建立调研工作的常规考核机制

为了建立调研工作的良性发展机制，需要建章立制，可探索建立调研工作的奖励机制。法院可在年底对审判业务部门和基层法院的调研工作进行考核通报，同时将调研工作纳入法院的绩效考核范围之内。鼓励各业务庭和基层法院平时将审判实践中存在的疑难问题报送上级法院研究室进行备案，为上级法院开展课题研究、举办法律沙龙等提供议题，对于被采纳的议题将在年底考核中予以体现。逐步破解研究室和各审判业务庭、基层法院沟通不畅、联系不多的问题，逐步打破“审而不研、研而不审”的格局。

结　语

2017年，是法院司法体制改革的关键之年。目前法官员额制改革已经完成，正在有条不紊地推进司法责任制等改革任务，法院的各项工作面临着新的改革与挑战。法院研究室作为综合审判业务部门，应顺势而为，勇挑重担，有所作为，积极应对司法改革带来的新情况、新问题，拓展职能，发挥作用，加强调查研究，多出调研精品，积极进行成果转化，同时应树立大调研的意识，将入额法官调研积极性充分调动起来，群策群力，建立司法改革后调查研究工作的长效机制，形成大调研的良好格局，切实发挥调研工作“谋事之基、成事之道”的基础性作用，巩固“调研是更高层次审判”的战略性地位，让丰硕的调研成果更好地服务司法决策，服务审判执行工作，服务法院改革发展，为法院的科学发展提供理论支撑，推动法院的软实力更上新的台阶。

全面深化改革背景下人民法院内设财物管理机构改革问题探讨

唐虎梅* 史为栋**

人民法院的财物管理工作是一项基础性工作，也是专业性很强的一项工作。人民法院的财物管理机构是人民法院财物管理的组织载体，是人民法院组织机构的重要组成部分。加强新形势下人民法院财物管理机构建设，对于深化司法体制改革，建设中国特色的司法保障体制、制度和机制，保障人民法院依法独立公正行使审判权有着特殊的重要意义。2016年8月8日，中央机构编制委员会办公室、最高人民法院下发的《省以下人民法院内设机构改革试点方案》(以下简称《改革试点方案》)，要求"合理整合非审判业务机构"。这既对改革完善人民法院内设财物管理机构设置提出了明确要求，也为加强新形势下人民法院内设财物管理机构建设提供了政策依据和难得的历史机遇。为此，笔者从当前人民法院财物管理机构建设存在的问题和全面深化改革背景下相关改革对人民法院财物管理提出的新要求等方面，就加强新形势下人民法院内设财物管理机构建设的目标方向进行分析探讨，并在此基础上提出改革完善人民法院财物管理机构设置的具体设计建议方案。

一、当前人民法院内设财物管理机构建设中存在的问题

人民法院财物管理是司法管理体制的重要组成部分。中华人民共和国成立以来，除特殊历史时期外，人民法院的财物管理工作由各级人民法院设置的司法行政工作机构承担。而财物管理在人民法院内部的机构设置和职能配置，却一直随着人们对法治原则和诉讼规律的认识、各项审判工作的发展和财物管理工作专业化所引发的业务细分而不断调整。如在2000年的机构改革中，最高人民法院将计划财务管理局、机关事务管理局、技术局整合，组建了最高人民法院司法行政装备管理局和机关服务中心；2013年10月，最高人民法院又将信息技术工作的相关职能从司法行政装备管理局中剥离，组建了信息技术服务中心。人民法院财物

---

* 作者单位：最高人民法院。
** 作者单位：最高人民法院。

管理机构整合、分化，为人民法院全面履行审判职能、促进各项司法事业的发展发挥了积极作用。但在实践中，也暴露出一些不适应司法规律、经济规律和人民法院财物管理自身特点的问题，在一定程度上影响了人民法院财物管理工作职能的有效发挥和自身的科学发展。这主要表现在以下方面：

一是机构设置不统一。目前大多数高级人民法院和部分中级人民法院、基层人民法院设置了与最高人民法院相对应的司法行政装备管理部门、服务中心、信息中心，但有的设置了2个部门，有的仅设置了司法行政装备管理部门，还有部分中级人民法院和大多数基层人民法院财物管理工作均设在办公室内。由于财物管理机构设置不统一、不规范，致使上下级法院之间在财物管理工作中难以有效对接，不同地区、同一地区不同法院之间财物管理工作发展不平衡，管理水平也有较大差异。

二是上下关系不明确。多年来上下级法院之间的财物管理究竟是领导关系还是指导关系，始终模糊不清，导致管理乏力，监督不力，人民法院对财物管理的标准、规定和要求难以在全国范围内得到全面落实。这既不适应全国法院一盘棋的要求，也影响了人民法院财物保障和管理整体能力的提高和作用的发挥。

三是职责内容不固定。与人民法院其他工作相比，财物管理工作由于其综合性、服务性、保障性等特点，决定其工作内容的开放性、发散性和不固定性等特征。不同时期、经济发达地区与不发达地区之间、同一地区不同法院之间，法院内设财物管理部门的职能配置和工作内容差别很大。有的职能比较宽泛，有的比较狭窄。有的受机构职能调整和人为因素影响，关心、重视和比较满意的，交给的职能就可能多一些；反之，则少一些。由于职能内容不确定，边界不清晰，加上管理上存在一定的随意性，实践中导致同一法院内的司法行政机构之间权责不明晰、职能交叉、工作重叠，工作越位、错位、缺位等问题时有发生。

四是专业化程度不高。在法院内部机构设置上，长期强调加强审判部门、弱化行政部门，法院财物管理机构特别是财务机构级别低，从属于其他司法行政工作，经费预算的龙头地位和作用难以发挥。在人员配备方面，财物部门人员编制少、专业化程度和素质低，造成工作低水平、低效率。这既不符合财物管理工作的基本要求，也降低了财物管理的公信力和对审判执行工作的保障水平。

五是内外关系不法定。目前尚未有人民法院财物保障和管理的专门法律和法规。人民法院无论是在预算管理方式上、还是在法院与政府财物职能部门的管理关系上，均与行政部门一致。这种状况，既未体现法院特点及独立行使审判权的要求，也在很大程度上制约了人民法院财物管理机构的建设和完善。

二、相关改革对人民法院内设财物管理机构建设提出的新要求、新挑战

党的十八大以来，各项改革全面推进，改革的整体框架已经确立，改革方案初步确定，具体改革举措不断推出并逐步实施。司法体制改革、财税体制改革等多项领域的重大改革举措，都对人民法院的财物管理提出了新的要求、新的挑战。

（一）省以下法院财物统管改革提出的新要求

十八届三中全会决定指出，“改革司法管理体制，推动省以下地方法院人财物统一管理”。推进省以下法院财物统管改革，实行市县级法院财物收到省级统一管理，是人民法院经费保障制度和管理制度的一次重大改革，给人民法院财物管理提出了全新的要求：

一是人民法院经费要实行完全的预算制。无论是来自地方政府、还是中央政府，无论是财政资金、还是建设资金，都要通过完整、足额的年初预算取得，编制到各法院的年度预算中。

二是最高人民法院和省级人民法院在经费管理方面职能需要拓展。从原来基本管本级，拓展到既要管本级，还要管好系统的大量工作。包括：按照财物统一管理的需要，最高人民法院和高级人民法院将负责对法院系统经费保障政策及财务制度的研究制定和组织实施；承担法院系统预算计划编制、预算执行控制、决算编报等工作任务；配合财政、发展改革等部门对法院系统资金和项目的规划、计划以及预算的下达工作；指导和监督下级法院财物工作；组织财物管理人员业务培训等工作。

三是人民法院财物管理工作机制需要改变。为确保法院经费管理科学合理、公平公正，需要建立法院经费管理民主化决策机制；为保证人民法院财物管理工作的规范、高效、有序，需要加强上级法院对下级法院财物保障管理的领导；为全面正确履行财物管理职能，要强化财物管理部门对预算、执行、监督的全过程常态化管理责任，建立公正严密、有效接受内外部监督的法院财物保障管理监督体系等。

（二）人民法院财物管理体制改革提出的新要求

十八届四中全会决定指出，“改革司法机关人财物管理体制，探索实行法院、检察院司法行政事务管理权和审判权、检察权相分离”。推进人民法院审判权与司法行政事务管理权相分离改革，主要是为了排除人、财、物的配置和管理对审判权的干扰，确保人民法院依法独立公正地行使审判权。目前，人民法院审判权

与司法行政事务管理权相分离改革虽然尚在研究和探索中，但笔者认为，对人民法院财物管理而言，推进人民法院审判权与司法行政事务管理权相分离改革，就是要从国家治理体系和治理能力现代化的高度，从建立有利于促进司法公正的人民法院财物管理体制、制度和工作机制入手，最大限度地实现财物管理对审判工作的有效支撑和充分保障。其内容要求至少要包括以下两个方面：

一方面，要适应司法权力运行机制改革的需要，从国家层面建立和完善有别于一般行政机关的法院预算制度，增强人民法院在经费预算方面的主导权，保证人民法院预算编制的独立性和完整性；同时，赋予最高人民法院和省级法院一定的财政职能。如：在经费支出方面，最高人民法院要负责协调有关部门研究制定法院系统经费及基本建设保障政策、标准、原则，组织编制全国法院经费及建设规划，研究确定经费及投资支出的方向和重点等，统筹协调涉及全国法院经费保障工作，提高法院经费支出的计划性和整体效益；在经费管理方面，省级要负责组织本省法院预算编制、预算执行和预算监督等方面的日常管理，统一指导监督下级法院执行国家经费保障管理的法律法规及各项政策，确保管好用好经费；在调控方面，最高人民法院可在中央财政、发展改革等部门确定的经费及投资总原则、总规模下，根据不同年度审判业务工作方向、重点及各地方法院的具体情况，统筹安排经费和项目等。

另一方面，要在人民法院内部厘清审判权和司法行政事务管理权的边界，采取合理的隔离机制，让二者彼此配合、高效运转，使司法行政事务既服务于审判工作，又不妨碍法官独立审判。这就要求作为司法行政事务管理重要组成部分的人民法院财物管理，要在服从人民法院审判业务需要的前提下，在机构、职能和人员等方面与审判业务相对分离。同时，还要通过建立科学合理的领导体制、规范高效的工作机制、公正严密的监督体系，厘清上下级法院之间财物管理方面的关系，保障法官在法院财物管理方面的决策主导权和对财物管理工作的监督权，避免法院内部财物管理权对审判权的干扰。

（三）司法及财政预算等其他方面改革对人民法院财物管理提出的新挑战

作为公共部门，法院的存在和职能的行使一刻也离不开物质资源的投入和消耗。而确保这一过程持续有序进行的则是财物管理工作。法院财物管理的这一特征，意味着法院任何业务的设定、开展和绩效，都会反映到财物管理业务上。同时，作为专业性的管理工作，人民法院财物管理工作也需要遵循财政、经济规律以及相关的财物管理制度、纪律，处理好人民法院与外部各机关部门财物方面存在的计划、组织、指挥、协调、控制等关系，如经费预算的提出、编制、审查、批准、拨付、使用、监督等过程中各方存在的权利制约关系。因此，人民法院财物管理工作，不仅要适应人民法院财物管理体制改革的要求，实现自身改革目标，同时，还必须既满足法官员额制改革、法院工作人员分类管理改革、设立巡回法庭和跨行政区划法院、立案登记制改革等其他司法改革措施的要求；也要适应包括预算制度改革、国库制度改革、审计制度改革、完善政府间财政关系、新《预算法》的贯彻实施等财政预算体制改革和国有资产管理改革的趋势和要求。随着这些改革措施的逐步落实，人民法院的财物管理工作也面临着许多新的挑战，主要是：

一是保障管理任务更加繁重。按照中央确定的司法改革方案，最高人民法院设立了6个巡回法庭，今后还要探索设立跨行政区划的人民法院办理跨地区案件，实行立案登记制使人民法院受理的案件呈“井喷式”增长，加之省以下法院财物省级统管改革等等。这些司法体制改革的相关配套改革，不仅大大增加了最高人民法院和省级法院财物管理的“半径”，而且也大大增加了保障管理的难度和成本。

二是管理责任更加严格。政府职能转变和行政体制改革要求既分权制约又提高效率。分权制约即决策、执行与监督相分离，避免权力滥用和无序；提高效率则是对计划、组织、指挥、协调、控制等行政管理“五大要素”进行优化配置，避免僵化和低效。这就要求人民法院在经费预算和物资投入方案的提出、编制、审查、批准、拨付、使用、监督等过程的各个环节权责都得到科学的制度化界定。新修改后实施的《预算法》增强了预算的完整性和透明度，改进了预算控制方式，规范了财政转移支付制度，加强了预算执行的规范性，加大了人大对预算审查监督力度，强化了对违反预算工作的法律责任。这需要人民法院必须牢固树立职权法定和权责统一观念，强化以预算制为核心的管理职责，不断提高财物管理的规范化和法制化水平。

三是管理能力要求更高。按照最新的预算改革要求，人民法院与其他公共部门一样，不仅需要编制每年一度的部门预算，而且还需要编制中期（三年）预算计划；根据省以下人民法院财物统管改革的要求，市县级法院都要按照省级财政的要求编制统一、规范、严格的预算；基本建设项目要编制更加规范的五年规划和年度实施计划并严格实施；下一步对于行政事业类国有资产管理也需要进行改革。这对于人民法院财物管理方式的转变和财务管理能力的提高，都提出了更高的要求，也使得财物管理专业化特征更加突出。

三、加强新形势下人民法院财物管理机构建设的目标方向

人民法院的财物管理权和审判权是两种有着不同内在规律性要求的权力。审判权则具有立场的中立性、启动的被动性、裁决的终极性、追求公正价值目标等特征，并要求法官独立办案、审级独立、审级监督；而人民法院的财物管理权是

源于、服务于或者说是对审判权起辅助作用的司法行政事务管理权，具有行政权的集中、统一、命令、服从以及有限的主动性和有限处理权等核心特征，在运行方式上要求采用行政化的上下级领导关系，以求得行政事务处理的快捷与效率。因此，改革完善人民法院财物管理机构设置，要在严格遵循《改革试点方案》所确定的精简效能、服务审判、分级设置和统筹推进四项原则的基础上，还要遵循人民法院财物管理机构和职能建设的内在规律，以问题和需求为导向，结合当前人民法院财物管理机构建设存在的问题和相关改革对人民法院财物管理体制提出的新要求，进一步明确加强新形势下人民法院财物管理机构建设的目标方向，为制定具体的人民法院内设财物管理机构改革方案提供依据。通过上文的分析，笔者认为，加强新形势下人民法院财物管理机构建设，需要重点解决以下问题：

一要遵循司法规律，健全人民法院财物管理决策执行体系，保证财物管理工作符合服务保障审判工作的特点和需求。财物管理虽然是人民法院的一项基础性工作，但财物管理职能在人民法院体系的各种权力配置中是从属于审判职能的，处于服务性或辅助性地位。这意味着涉及物质资源投入的业务工作，都要服从于法院审判的公正与效率之需，应当让法官在人民法院财物管理的决策中起主导作用。但目前各级法院法官队伍庞大，由全体法官行使财物管理决策权还不现实，同时按照审判权与司法行政事务管理权相分离改革要求，审判权与司法行政事务管理权要建立相应的隔离机制。有鉴于此，笔者认为，一方面，应当顺应国家治理体系和治理能力现代化的要求，通过制定专门法律或在正在修订的《人民法院组织法》中增加人民法院财物管理方面的内容，从法律层面明确对人民法院财物保障的原则、方式、水平，人民法院与人大、政府财政及发展改革等部门间在财物管理中的职权配置，使得与法院财物管理相关的各职能部门关系法定。另一方面，要在最高人民法院和省市高级人民法院设立以法官为主体、本级法院财物管理机构负责人和人大、政府相关部门负责人参加的人民法院财物管理工作决策机构——司法保障委员会，建立院长领导、司法保障委员会决策、人民法院财物管理机构执行的人民法院财物管理决策执行新机制，以体现法官在人民法院财物管理工作决策方面的主导性，增强人民法院财物管理工作决策的民主性、科学性，确保财物管理工作围绕审判工作进行。

二要遵循行政机构发展和建设的内在规律，完善职能配置，保证人民法院财物管理职能的完整、全面履行。职能是指组织或者机构本身具有的功能或者应起的作用，涉及管什么、怎么管、管到什么程度、怎么发挥作用等问题，是履职尽责的基础。职能配置全面完整、科学合理、相对稳定，机构运转才会顺畅、作用也会更大。改革完善人民法院内设财物管理机构设置，要坚持职能化建设方向，一方面，厘清财物管理与审判管理、人事管理、综合事务管理等相关职能的边界，明确财物管理的范围和权限，保证人民法院财物管理职能完整、全面的履行，避免因职责不清所导致的越位、错位、缺位等问题发生。另一方面，要加强财物管理的集中统一。集中统一是实践证明的有效方式。政出多门、多头管理、“小而全”“大而全”往往难以形成合力，影响服务保障的效果，也不利于资源的集约高效利用。按照《改革试点方案》中明确的精简效能原则，人民法院的财物管理工作要由一个部门整体负责，全国法院在横向上尽可能一致。这有利于增强专业性，有利于减少层级、提高效率、实现集约，有利于统一政策、统一方式、统一效果。

三要遵循公共管理和经济规律，建立管办分离财物管理工作新机制，保证财物管理工作的规范性。“管事的不能管钱，管钱的不能管事”，是现代公共预算管理中的一个基本逻辑。按照这一要求，改革完善人民法院内设财物管理机构设置，还要按照将“管事”与“管钱”职能分开的原则，对人民法院现有的司法行政装备管理、后勤服务、信息技术等机构进行整合，实行管办分离，把经费管理、服务保障、成本控制、政策制定等相关职能分别在财物管理机构内部不同内设部门或岗位进行二、三次配置，将财物管理职能科学、合理地配置到内设不同部门或不同岗位，同时，建立健全财物管理的各项工作制度、考核评价和监督制约机制，确保人民法院财物管理工作既运行高效规范，又监督制约有力。

四要按照职业化、专业化要求，同步调整配置财物管理人员，保证人民法院财物管理工作对人员能力素质的要求。随着各项改革的深入推进，人民法院财物管理职责大大拓展，既要管本级、又要管下级，任务将大为增加；要求大大提高，从原来的报账制、临时性，到负责预算、执行、监督的全过程经常化管理。这对人民法院财物管理人员的能力素质提出更高要求。根据2014年12月15日中央全面深化改革领导小组第三次会议审议通过的《关于司法体制改革试点若干问题的框架意见》，国家将法院工作人员分为法官、审判辅助人员和司法行政人员，实行分类管理。法官队伍通过正规化、专业化和职业化建设，提升职业素养和专业水平；人民法院财物管理人员同样要走一条正规化、专业化、职业化之路。只有这样，才能真正实现财物管理工作有效地支撑、保障、服务审判工作。因此，在改革完善人民法院财物保障管理机构过程中，要同步调整配置财物管理人员，实现司法行政人员专业化、职业化。首先，要根据财物管理岗位职责要求及人员编制和业务工作量情况，配备足够的专职人员及一定数量具有相应专业技术职称人员。其次，要澄清什么人都可以做财物管理人员的错误认识。各级法院从事财物管理特别是从事财务管理的人员必须具有相应的专业知识；包括财物管理在内的司法行政人员非经法定程序不能成为法官，有法官身份的审判人员如果想成为财物管理人员应当具备相应的专业知识，放弃法官身份。同时，还要高度重视法院财物管理领导干部的配备，通过调整各级法院现有领导配置结构等方式，实现财物管理领导的专业化配置，确保地方法院财物统管改革和法院财政职能增加后接得住、管得了、管得好，确保法院财物保障管理各项工作与法院审判业务改革相适应。

四、人民法院财物管理机构设置改革具体建议

综上所述，笔者认为，改革完善人民法院财物管理机构设置，加强新形势下人民法院财物管理机构建设，是人民法院财物管理体制改革的内在要求，是落实中央全面深化改革、适应司法体制改革、财政预算体制改革等相关改革要求的必然选择，也是解决当前人民法院财物管理机构建设中突出问题的现实需要。人民法院要把改革完善人民法院财物管理机构设置，加强新形势下人民法院财物管理机构建设作为人民法院内设机构改革的一项重要内容，按照《改革试点方案》的要求和人民法院财物管理机构和职能建设内在规律的目标要求，坚持问题和需求导向，通盘考虑，建立设置科学合理、职能划分明确、运行高效顺畅、符合审判机关特点和审判权运行规律的财物管理机构，为人民法院充分发挥审判职能提供有力保障。

根据《改革试点方案》确定的指导思想和基本原则，结合上文分析，笔者就人民法院内设财物管理机构设置改革方案的具体设计，提出以下建议。

（一）最高人民法院

1. 在最高人民法院设立司法保障委员会

委员会由最高人民法院院长（首席大法官）领导，以法官为主体构成，吸收下级法院院长代表、人大、财政、发改等相关政府部门负责人、最高人民法院财物管理机构负责领导参加。其日常办事机构设在最高人民法院司法保障局。

主要职责是：负责统筹最高人民法院预算编制，即审议和决定法院日常运行、办案业务、装备购置、基础设施建设等预算编制；负责审议中央对地方法院转移支付资金分配、基本建设投资计划安排，负责审议和决定经费、装备、建设等标准及规划，负责审议和通过法院经费保障和管理相关政策。

2. 在最高人民法院设立司法保障局

按照精简、统一、效能原则和“大部门制”要求，有机整合最高人民法院现在的司法行政装备管理局、服务中心、信息化管理等部门现有的与财物管理职能相关的机构，统一划归最高人民法院司法保障局，作为最高人民法院司法保障委员会的办事机构和唯一承担全部财物管理职能的机构。

最高人民法院司法保障局的架构要参照最高人民法院政治部的设置模式，规格高于最高人民法院其他内设机构。该局局长不应进入审判委员会，但应进党组。司法保障局设立四个内设机构：一是规划财务司，负责全国法院经费保障规划、编制，经费保障和管理政策制定，经费、装备、建设等标准制定，最高人民

法院预算拟定编制；二是机关事务管理司，负责本级法院机关事务，即本级机关财务、资产配置、采购、基建、后勤服务；三是技术保障司，负责人民法院信息化规划、标准和规范的制定及组织实施，人民法院信息化的管理和指导，最高人民法院信息化建设、维护和管理等；四是司法技术司，负责为最高人民法院审判工作提供技术咨询、审核服务，办理最高人民法院对外委托、评估、审计、拍卖等工作，监督、指导全国法院司法技术辅助工作等。

（二）省以下人民法院

1. 在省一级设立司法保障委员会

委员会由省高级人民法院院长领导，高级法院审判及相关部门负责人、中级和基层法院院长、一线从事审判业务的法官推选的法官代表，省财政、发改部门负责人和省高院司法保障局负责人参加。办事机构设在省高院司法保障局。

省级司法保障委员会是统筹省以下法院经费保障和管理的决策机构，统筹省级以下法院预算拟定编制。负责审议和决定省级以下（含省级）全口径经费预算拟定编制，负责审议和决定本地区法院经费、装备、建设等标准及规划，负责审议和通过全省性法院经费保障和管理相关政策。

2. 在高级人民法院设立司法保障局

该局职能包括但不限于：（1）省级法院司法保障委员会的工作机构，负责落实司法保障委员会制定的规则，拟定需要提交该委员会审议的各项工作方案，完成该委员会下达的任务。（2）负责与省级人大及相关政府部门沟通协调。（3）作为高级法院财物管理机构，为高级法院提供财物保障和管理服务。（4）作为中级和基层法院财物保障管理的领导机构，负责指导各级法院日常运行、办案业务、装备购置、基础设施建设等经费预算和计划的编制、情况统计和信息披露工作。反映、协调、解决中级和基层法院在具体审务保障过程中所遇到的问题。（5）组织实施中央层面司法保障政策、标准，根据本地情况制定具体实施办法并提交相关决策机构通过；汇总分析本省司法保障业务情况，并向最高人民法院司法保障局报告。

其架构和内设机构可参照最高人民法院相应做法。

3. 中级、基层人民法院设置专门的财物保障机构

根据省以下法院财物实行省级统管的要求和国家对行政事业单位实行内部控制规范的要求，在中、基层法院设立与业务庭、办同级的财务科（室），在本院院长领导下，负责本院预算编制和执行、经费管理控制等工作，省级法院需要中级法院配合的相关工作；物的管理由综合办公室负责。这样，将财的管理与物的管理相分离，既加强保障，又规范管理，使中基层法院财物管理不会因财物统管改革的新变化而手足无措、混乱无力，影响审判执行工作正常开展。

（三）上下级法院财物管理之间的关系

第一，最高人民法院司法保障委员会与省级司法保障委员会之间没有直接隶属关系，但是最高人民法院司法保障委员会批准制定的规划、标准与政策对省司法保障委员会工作有强制性约束。第二，最高人民法院司法保障局与高级人民法院司法保障局之间为业务指导和监督关系。第三，省高级人民法院司法保障局与中级、基层人民法院设置的专门财物保障机构之间应为业务领导关系。

司法改革下要素式审判团队构建

——以Y市法院的实证分析为视角

车志平 *

导　言

审判团队组建是司法改革的产物，也是司法改革中的关键一环，其目的在于建立权责一致的审判权力运行机制，真正实现“让审理者裁判，由裁判者负责”，进一步提升司法公信力。组建好、运行好审判团队，对于突出办案职责、提高审判质效、提升司法公信是非常必要的。司法的现代化、科学化必然要求建立科学合理审判团队，形成符合审判规律的人员结构和职能分工。在当前司法改革深入开展的情况下，如何构建科学合理的审判团队，是一个新课题，是司法改革中最为重要的一环。对此本文试通过要素式分析，以期寻求构建审判团队的路径所在。

一、内涵界定：审判团队的目标透视和要素解析

（一）动因：构建审判团队是司法改革依循法治的必然之路

从世界各国尤其是转型国家司法改革的核心进程来看，无不遵循着司法规律和本土经验之间的融合与转化，在规律和现实之间寻求某种通行的平衡。英国在世纪之交由于原有宪政体制在现代英国政治生活中不断受到冲击，作出相应的司法改革有一定的被动性；日本的司法改革则主要是由于其战后长期的经济快速发展的影响，社会多种力量出于共同的需要。中国此次司法改革，是在立足中国国情的基础上，坚持传统法治文化的传承、依循法治的基本规律，借鉴主流法治文化精髓，在坚持从理念到规律再到实践的原则下展开的。当前新型审判团队的构建既要趋同司法改革的大背景，也要契合试点地区具体的司法环境，如地方的经济发展水平、法院人员结构、案件总量与类别等要素。

* 作者单位：湖北省宜昌市中级人民法院。

（二）目标：构建审判团队是新型审判权运行机制建立的基础

现代司法改革的方向和目的在于形成权责明确、协调配合、高效运转的审判工作运行机制。通过以主审法官为核心的新型审判团队建设，以审判权依法独立运行实现审与判的统一，以审判监督各负其责实现权与责的统一，以审判管理扁平化与精细化的运行实现去行政化与去地方化的统一。通过构建科学的审判团队为诉讼程序"瘦身"，从而集中消化诉讼程序的"臃肿"、附属部分，确保法官集中力量解决诉讼中的核心问题；让司法辅助人员使用大量精力做好事务性工作，从而为法官发挥其司法智慧、作出正确的裁判提供优化的程序条件。

（三）核心：构建审判团队是打造法官精英化的土壤

从团队的主体角度看，法官精英化是内核。法治社会的不断进步和现代司法理念的不断深化要求法官构成在知识广度上更多元，在知识储备上更精细，职业素养上更严苛，诉讼地位上更核心。根据美国社会学家金斯利和威尔伯特穆尔的观点，"某些社会角色需要难得的天才或经过长期训练的人来扮演"。① 法官的精英化定位决定了审判团队的构建必须考虑主审法官核心地位的确定以及审判团队成员的优化组合与配置，实现审判质效的最大化和人才价值的最大程度发挥，从而从整体上依托"精英裁判"提升审判团队的司法效率和裁判的公信力。

（四）载体：构建审判团队是法院"去行政化"的关键

从团队的管理角度看，法院"去行政化"是载体。法院内部历史原因形成的金字塔式的管理层级，使得领导权威、行政决策异化，审判管理权、行政管理权、审判权界限模糊。"审、判分离"的弊端违背了审判的"亲历性"原则，不利于审判独立和司法公正的实现。鉴于此，审判团队的构建必须要改变法院管理中审判权的弱势地位，从制度层面削弱行政权对审判权的干扰。一方面，通过审判团队的构建，在审判团队内部构成一个相对稳定的行政管理单元。另一方面，通过审判团队的审判权独立运行，使审判结果最大限度的回归法治本质。

二、路径考察：审判团队组建的实践经验、构建因素和运行原则

世界各国法院的审判团队也有不同的构造模式。美国最高法院大法官称自己的团队就像一个小型律师事务所，有各方面人才为自己的裁判提供支持；而土耳其、葡萄牙等国的法官只有事务方面的辅助人员，而基本上没有法律方面的助理。审判团队建设直接关系到司法公正和司法效率的实现，因此全国各地法院非常重视，积极开展探索，创新了多种构成模式。

① ［美］伊恩·罗伯逊：《社会学》，黄育馥译，商务印书馆1990年版，第178页。

（一）审判团队组建的实践经验

1. 突出权限要素的项目团队模式——福田、横琴法院

广东的福田法院、横琴法院立足特区特点，提出借鉴和参考现代企业“项目团队”的管理模式和港澳台等地法官工作机制的司法体制构造，开创了新型审判团队工作机制设计。深圳福田法院取消庭长、副庭长层级，将原来由庭长、副庭长行使的案件审批权、人员管理权下放给审判长，赋予审判长相对完整、独立的审判职权。珠海横琴新区法院立足新设法院的实际，以“1+3+1”的模式组建审判团队，由1名法官、3名法官助理、1名书记员；取消院、庭长对案件的审批权。①

2. 突出责任要素的双翼模式——栖霞、淮安法院

江苏的栖霞、淮安法院立足地域特点和院情，均采取了两种不同的模式适应不同的需要。南京市栖霞区法院组建了五人制②和三人制③两种审判团队。五人制为形式化的审判团队，庭长对审判员的案件质量负责，审判员办案以自己的名义进行，主审法官不能决定法官助理及书记员的人员；三人制为实质性的审判团队，完全按照主审法官的意志来选择法官助理及书记员。④淮安法院则采取“1+1+1”模式和“1+1”模式组建审判团队。“1+1+1”模式，即1名主审法官、1名法官助理、1名书记员组成一个审判团队。主审法官在案件审理中主要负责主持庭审和签发法律文书等核心工作；法官助理主要负责组织调解、草拟调解文书等辅助工作，其他事务性工作由书记员承担。“1+1”模式审判团队在形式上与传统的一审一书相同，法官负责审判事务，书记员负责事务性工作。

3. 突出案件要素的专业模式——厦门法院

厦门中院以专业审判为核心，从理顺“人”与“案”的关系入手，优化审判团队，推进扁平化管理。保留审判庭框架，对现有合议庭进行优化，设置“3+1=1+N”的模式。每个审判团队按3名法官配1名助理、1名书记员，根据需要随机抽取陪审员参与案件审理，同时对接若干调解员，充分发挥多元化纠纷解决机制作用，拓展审判团队的外延。同时综合考虑案件类型、数量、难易和增长趋势，对团队审理的案件范围进行归类区分，并选取类型案件进行调剂，实行类型案件为主、审理调剂案件为辅的专业审判模式。

4. 突出主体要素的跟人模式——天河法院

广州天河区中院组建审判团队以“跟人”为配备原则。将“法官＋法官助理

---

① 王小梅：《司法改革经验、挑战与突破微观——以广东试点为例》，载《人民论坛》2014年第12期。

② 1名审判长、1名审判员、1名法官助理、2名书记员。

③ 1名审判长、1名法官助理、1名书记员。

④ 汪敏：《审判团队建设推进路经研究》，载《中国审判论坛获奖论文汇编》2015年6月。

+ 书记员 + 速录员 + 法警”的配备比例设定为 1：1：1：0.5：0.5。审判团队由 1 名主审法官统领、指挥、协调，1 名法官助理协助法官处理案件程序性工作，1 名书记员从事送达、通知、校对、归档等程序性事务。同时两名法官可以共用 1 名速录员和 1 名法警，完成记录和庭审安保工作。[①]

就审判团队的构建而言，以上模式之间并不存在明显的优劣之分，不能轻易放大或缩小各自所具有的优势或缺陷。审判团队要发挥其最大的功效，关键在于适合自身实际，符合审判权运行的内在规律。不同地区的法院，不同层级的法院要采用的审判团队模式是不一样的，甚至可以是多种模式团队的组合。比如，中高级人民法院多审理疑难复杂案件、有较大社会影响的案件，“1+1+1”模式就更适应此类案件的审理特点；而承担大量简易程序审理、案件体量庞大的基层人民法院，“1+1”模式为主，“1+1+1”模式为补充的审判团队建制，更有其存在合理性。

（二）审判团队的构建因素

审判团队的有效运行并非员额法官、法官助理、书记员的简单组合，其内在的运行力量受到人员的素养和能力的影响，同时，工作压力和人际之间的搭配是影响团队工作质效的重要因素。

1. 审判团队构建的压力因素

审判团队的组建的压力主要是案多人少。在主审法官负责制的审判模式下，中、基层法院即使按照 39% 的法官员额比例，法官数量将大为减少，而基层法院受理了全国 80% 的案件，导致基层法官不堪重负。在一些经济发达地区的法院，由于案件数量多，在基层法院法官员额少、法官等级低、案件数量多的情况下，审判团队的案件压力与工作动力明显不符，不仅加剧了基层法院的人案矛盾，也会使不同层级的法官工作处于长期不均衡状态。

2. 审判团队构建的人力因素

构建审判团队除了员额法官有限之外，重要的困扰因素是法官助理的人员短缺和动力不足。一是自我认同感。当下法官员额制改革是在法院现有人数基础上进行的硬着陆，从而使原来身份平等的法官，因某些原因而不能再担任法官，一些法官会产生心理落差。二是社会认同感。在公务员招考中，由于现阶段法官助理并非法律职务，社会认同度不高，导致法官助理职位报考数极低，以 Y 市法院为例，2016 年全市 16 个基层法院只有三个法院的法官助理职位达到了招考比例，其余均未达到公务考试要求的招考比例[②]。三是职业认同感。有些审判团队的组合在年龄、经验、性格、人数等方面不一定合拍，导致法官助理的职责不清，法官

① 天河法院课题组：《天河法院审判辅助人员管理机制改革报告》，载《广州审判》2016 年第 1 期。
② 数据来源于 Y 市中级人法院政治部。

与法官助理协调不够，互补不足。

3. 审判团队构建的能力因素

审判团队的有效运行离不开法官的素养，特别是对疑难案件的把控。在审判团队组建初期，很多法院采取专业法官会议的制度来讨论疑难案件或进行业务学习。但实践中，由于动力不足，专业法官会议召集难度，效果亦不理想。在业务学习方面，由于案件压力较大，学习的热情和时间并不多。同时法院审判咨询机制没有建立，审判团队没有智力支持系统，导致遇到疑难案件难以及时得到专业支撑。

（三）审判团队的运行规则

审判权实际运行的公正性、权威性很大程度上取决于法院成熟的审判运行机制，其运行必须坚持审判权与审判管理权的区分运行，坚持审判权的内部分工的独立运行，坚持对审判团队监督追责机制的同步并行。

1. 审判权与审判管理权、审判监督权的区分运行原则

审判团队的科学组建和有效运行的前提是合理界定审判权、审判管理权和审判监督权的权力边界和行使方式，使三种权力各归其位，各司其职，形成以审判权为核心、以审判管理权与审判监督权为保障的审判权利体系。对审判权和审判管理权、审判监督权进行区分，即承办案件的法官行使审判权，院、庭长，审判长行使审判管理权，院、庭长对全院、全庭的案件及审判行为进行监督，合议庭成员之间应当相互监督、制约。①

2. 放权与监督同步并行原则

从团队的运转角度看，放权与监督并行是双轮。“放权”是落实“让审理者裁判，由裁判者负责”的要求，让法官真正独立裁判，独自负责，这是审判权力回归司法规律的本意。新型审判团队的构建需要破除审判权不合规范的行政化弊端，通过“下放”审判裁判权，使员额法官独立行使审判权来打破权力运行的垂直结构。但放权不是放任，审判团队的运行必须把握有权必受监督的原则，通过建立评价机制、问责机制、惩戒机制、退出机制等实现对审判权的科学监督和有效管理。

3. 独立性与整体性并存原则

团队若调配不合理，就会造成较多重复劳动或交叉工作，进而影响团队工作的独立性和整体性，因此，团队内和团队间的配合均应达到合理的水准，重复劳动情形应降低到最低水平，使得团队运作既不失其独立性，各团队间的工作又充分体现整体性。其一是合理界定团队内部关系和责任，落实合议庭作为审判组织对案件审理共同负责的法律属性，着力消除合议庭运作中“合而不议”“形合实

① 方乐：《审判权内部运行机制改革的制度资源与模式选择》，载《法学》2015 年第 3 期。

独”等问题。其二是改革法律文书签发方式，合议庭成员应当对法律文书的制作共同负责，共同签发。

三、探索突破：以Y市法院审判团队组建的实证分析为视角

审判团队的构建作为司法改革的重要配套部分，其试点模式应在各方面具有代表性才更适合推广。Y市法院作为经济、社会、地域、人口、案件都具有代表性的法院，能够代表大多数法院的情况和方向。因此，笔者试选择Y市法院作为审判团队构建的切入点，以期对审判团队建设起到引领示范作用。

（一）Y市法院司法审判队伍现状

在法院机构构成层面，Y市法院下辖16个基层法院。下辖法院，三分之一在山区，三分之一在平原，三分之一在城区，可谓三分特色，极具代表性。在人员构成层面，全市法院在编人员1087人，其中中院实在编人员191人，中院在编人员中，大学本科以上学历171人，占91.94%，研究生比例占23%，学历层次较高。在收结案层面，2015年，全市法院共受理各类案件42 571件，审执结34 891件。其中，中院共受理各类案件5324件，审执结4940件。在员额法官层面，全市法院首批共有418名法官入额，员额比例为33.8%，其中，中院共有69名法官入额。[①]

（二）Y市法院审判团队构建要素式思维模式

Y市法院遵循司法改革的方向和精神，根据人员规模、特质和案件数量、类别等因素，组合、融合审判资源，探索出切合自身实际的“要素式思维”审判团队构建模式。

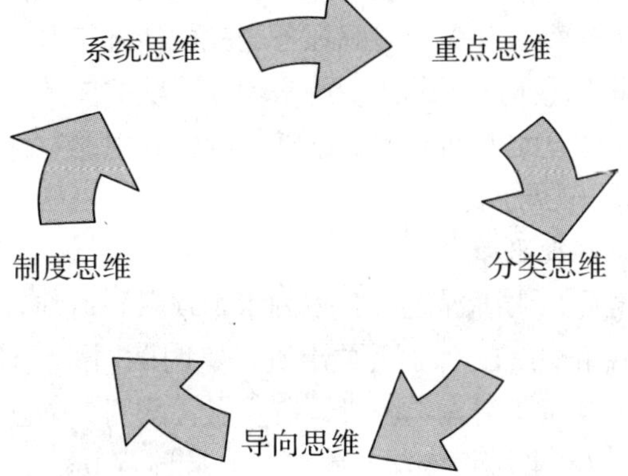

图1 Y市法院审判团队组建理念图

① 数据来源于Y市中级人法院政治部。

1. 整合要素——系统思维

该院通过自愿选择和“拉郎配”并用的方式，按照3（名员额法官）+1（名法官助理）+1（名书记员）的模式，组建了23个新的审判团队，由院领导或庭长对团队进行管理和负责。组建过程以系统思维为指导，根据每名员额法官、审辅人员的年龄、工作年限、业务专长、性格特点、职业习惯、群众评价等因素，进行优化组合，促使团队成员搭配恰当、工作互促、能力互补，实现绩效最大化。在组建过程中从整体上把握好力量资源分配的总体趋势，使审判资源配置合理、公平，实现系统思维在审判团队组建中的有效作用。

2. 案类要素——重点思维

系统思维侧重于“面”，重点思维侧重于“点”，只有点面结合，才能整体把握，有的放矢。Y市中院在审判团队组建中考虑到不同种类案件的数量、办案流程，诉讼要求以及部分案件类型的复杂性、专业性，对任务较重的业务进行资源倾斜。如根据受理案件数量比例，则将资源和力量向民事审判部门倾斜，从事民事审判的员额法官有33人，审判团队有11个，确保将审判资源分配的合理性。

3. 人员要素——分类思维

分类思维主要是考虑到司法改革过渡期的不同情况，进而采取不同的方式整合审判资源。比如Y市法院针对法官助理的不同情况，对其进行分类管理和使用，将法官助理分为两类，一类是具有法律职务且男年满50周岁以上，女年满45周岁以上的人员，要求继续办案；另一类是具有审判资格的未入额年轻法官助理，实行导师制，在导师的指导下从事审判辅助工作。

4. 激励要素——导向思维

导向思维在于树立一种能够激发团队价值行动及心态的引导，从而将审判的外部管理与团队的内部自觉性结合起来，以推动审判质效的提升。在新的审判团队组建完成后，Y市法院以建立科学合理的考核机制引导团队加强执法办案，通过突出指标考核，让入额法官审判目标任务的完成情况与退额结合起来，激发办案积极性；通过为审判团队配齐硬件设施来树立司法的庄严，提升审判团队的责任感和尊荣感；在案件分配方面，实行以随机分案为主的案件分配制度，促进收结平衡，树立公平竞争的导向。

5. 责任要素——制度思维

强化法官履职考评，明确界定各类审判组织权限和审判人员职责。为抓好司法责任制的落实，Y市法院出台了《关于进一步明确司法责任制的规定》，明确界定各类审判组织权限和审判人员职责；制定了《裁判文书签发及用院印管理规定》，规定主审法官为文书质量的第一责任人。同时建立法官业绩评价体系和业绩档案，以法官日常履职情况、办案数量、审判质量、司法技能、廉洁自律等为主要内容，确保客观考察法官业绩。[①]

（三）对Y市法院审判团队的成效评价

Y市中院以五大要素式思维理念，组建了“4 2 2”“4 1 2”“3 1 1”“3 2 1”“3 2 2”“2 2 1”“2 1 1”“1 1 1”八种审判团队组合模式。新的审判团队组建后运行成效显著。在2016年3月至6月，即组建后的三个多月，该院结案率达到82.73%，同比上升12.83个百分点。员额法官的人均结案率为85.07%，同比上升了20.47个百分点，各项指标大幅提升。但是在参照Y市中院模式进行审判团队组建改革的Y市各个基层法院的情况却效果各异。全市16个基层法院，法官人均理想结案数从最多的158.66件到最少的21.55件，前者工作量是后者的七倍；法官人均实际结案数从最多的62.4件到最少的12.75件，中间相差四倍。收案数排名前三名法院，审判团队构建分别采取的是“4 1 2”“4 2 2”“1 1 1”模式。[②]之所以存在具体模式和实际运行的差异，除了各个法院的具体情况不同，如编制数和实有干警数、所在地区经济社会发展水平不同，还存在对审判团队的目标方向、组合搭配、文化渲染、奖惩机制等要素的不同认知、把握和具体操作方面。

四、思索进路：要素式审判团队模式构建

结合Y市法院审判团队的构建思维，以及全国试点法院的经验，借鉴国外的审判团队形成理念，笔者认为，司法改革背景下的审判团队组建需要根据审判的规律和团队的要素，结合改革场景的实际，科学合理的构建现代审判团队的目标、组合、运行及文化等要素，通过要素式的具体构建，以保障审判团队的运行可操作性，实现司法改革在提升司法效率和司法公信方面的可期待性。

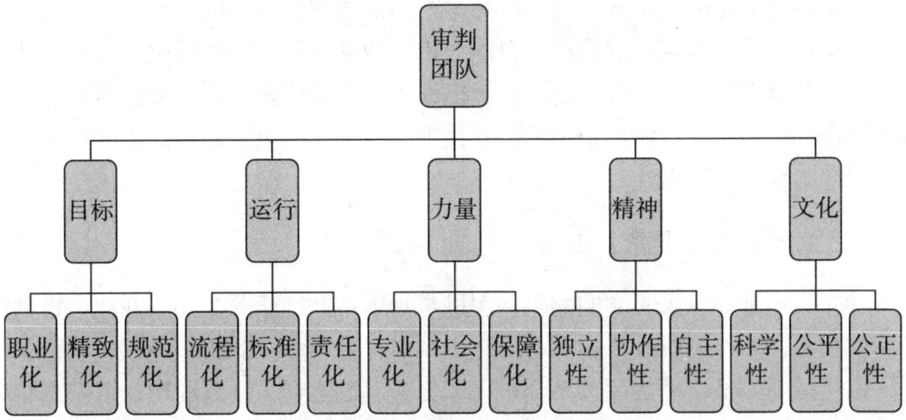

图2 现代审判团队要素模式构建图

① 资料来源于Y市中级人民法院审判管理办公室。
② 资料来源于Y市中级人民法院审判管理办公室。

（一）团队目标要素：职业 + 精致 + 规范

树立团队目标的作用在于明确团队组建的目的和意义，树立审判团队的战略方向。根据司法改革对司法运行机制和责任制的要求，审判团队主要有三个目标：第一，职业化。职业化意味着审判团队与其他团队的本质区别，它是以审判为职业，以居中裁判为核心，以司法工作人员为主体，以主审法官负责制为中心，审判组织结构、资源配置以及运行机制必须科学合理，符合司法规律。第二，精致化。精致化就是要求审判团队在组建中必须明确界定审判团队的职权范围和职权关系，完善职权独立、审与判合一、权责利统一的审判权运行机制，实现主审法官、合议庭、审判委员会权责利内容明确、界限清晰，避免职权混同、职责不清。第三，规范化。规范化就是各主体的审判职权和监督、管理职权配置有相应的规定依循，建立和完善管理规范、责任规范、流程规范，实现有规可循、有章可依，构建科学严密、规范透明、制约有效的团队运行规范体系。

（二）团队运行要素：流程 + 标准 + 责任

强化审判流程管理的工作的流程化、标准化、责任化，使团队中成员之间协作顺畅，工作相互咬合，高效运转。第一，流程化。按照诉讼流程节点明确团队成员的职责和权限。按照诉讼流程，将审判团队运作分为庭前准备、案件庭审、文书制作和宣判结案等阶段，制定自登记立案直至文书上网等多个流程节点操作规则，每个环节操作、每个节点管控都明确职责和权限，各主体在各流程节点中交互式参与，协作互动，形成一套完整的团队运行线路图。第二，标准化。一方面是要求细化主审法官、合议庭其他成员、法官助理和书记员的工作任务标准，让各个主体有明确的职责导向指引。另一方面是指案件审判的标准化，实现同类案件的审理模式、裁判标准的统一，提高审判效率。第三，责任化。建立团队职责清单，明确主审法官、合议庭成员承担庭审、合议的责任；明确法官助理承担辅助性工作的责任；明确书记员承担具体事务性工作的责任，形成责任清晰、合理、严格团队责任模式。

（三）团队力量要素：专业 + 社会 + 保障

第一，专业化。人类文明的每一次进步都离不开社会分工的专业化。审判活动同样如此，随着司法改革的不断深化，审判分工专业化的趋势越来越明晰。法官、司法辅助人员、司法行政人员实行分类管理，法官、法官助理和书记员职权职责划分更加细化，这些都为审判专业化提供了基础。审判团队专业化重要的一个内容就是审判方向的专业分类，如根据案件的类型、数量、难易和增长趋势，同类案件由同一审判团队审理，实现同类案件的模板化审判，统一裁判尺度。第二，社会化。审判团队的内部力量毕竟有限，因此需要向外借力，以补充力量资源的缺陷和不足。如建立法律实习生制度，从在读研究生和优秀本科生中遴选实习助理；探索司法雇员，购买社会服务，吸纳社会法律从业人员到法院从事审判辅助工作；引入社会化智力支持，委托第三方咨询为审判工作提供理论支持。第三，保障化。“巧妇难为无米之炊”，任何团队的有效运行都建立在一定的物质基础上。现代审判团队的科学健康有序运行需要有力的物质财力保障、充分的司法人力保障、强力的科技信息保障、合理的职级待遇保障。

（四）团队精神要素：独立 + 协作 + 自主

第一，独立性。审判权作为一种判断权，带有强烈的个人属性，因此需要主审法官具有独立的裁判能力，应从法律精神中去分析、阐述并应用法律原则解决每一个案件。同时法官应当培养独立的人格和对社会生活的超然，以理性和平和应对各种干扰和诱惑。第二，协作性。审判一线是一项系统工程，是一项团队工作，需要团队成员之间的相互配合与支持。主审法官在审判工作中，离不开法官助理的合理安排工作和书记员基础性的辅助[①]，三者之间既有领导与被领导的关系，也有辅助与被辅助的关系，还有指导与被指导的关系。另外，审判团队也需要与法院其他部门的协作配合，比如委托鉴定评估、人民陪审员参审等阶段性工作可以在全院范围内集中处理。第三，自主性。自主性就是赋予主审法官根据审判团队的结构需要具有自主选择法官助理和书记员的权力。赋予主审法官对法官助理的选择权，是审判团队专业化、团队化的必然判断。

（五）团队文化要素：科学 + 公平 + 公正

第一，科学性。科学性体现在审判团队的运行机制是否符合审判规律，无论是审判团队的组建，还是人员比例构成、职责配置、运行流程以及对团队进行考评奖惩都要遵循司法规律，符合法律规定，并要与现有的体制机制相协调，不能天马行空，脱离客观实际和条件。第二，公平性。公平性就是要遵循程序正义的分配理论，[②]主要体现在权责利的平衡、职责安排和业绩考核等方面。考核要注重审判团队的质量和效率，而司法保障则要与严苛的司法责任制相匹配，而不能顾此失彼，失衡不公。[③]第三，公正性。一方面指法官要有公正之心，要有公正裁判的信念，以程序的公正和结果的公正彰显司法的公信；另一方面是指对法官的奖惩要公正，防止奖励不公带来的审判团队内部不和谐，防止惩罚不公带来的伤害和打击，要根据主体的过错程度合理确定各自责任，同时要赋予奖惩主体的陈

---

① 周迅：《法官员额制与审判现代化》，载《审判研究》2016 年第 3 期。

② 参见［美］罗尔斯：《正义论》，何怀宏译，北京大学出版社 2005 年版。

③ 陈显江：《审判团队改革的探索与实践》，载《山东审判》2014 年第 6 期。

述权、辩解权和申诉权等程序性保障。

结语：满怀信心的期待

在法律的质量和民众对法律的信仰尚未成熟的时节，构建司法改革下的现代化审判团队，必然使员额法官鼎力在权力与责任的坐标体系下，为司法改革的推进担当“燃灯者”。正如拉尔夫·甘茨所说的：“法官的职责不仅在于实现社会公正，更要解决实际问题，并以此推动司法公正…”。[①] 探索建立与司法规律相符又适应审判实际的审判团队是我国司法改革领域的一个重要组成部分，是实现员额法官独立担当和团队协作共进的必要路径。只要我们立足现实、开拓创新，建立起与司法规律相符又适应审判实际的审判团队一定能够实现。

① ［美］拉尔夫·甘茨：《美国马萨诸塞州最高法院首席大法官 2014 年司法年度报告》，李妙奇译，载《人民法院报》2015 年 2 月 6 日，第 8 版。

法院非审判业务机构改革的实证研究
——以S市中级人民法院十年非审判业务部门议题为基础的分析

甘国明 *

一、问题与材料

为推进审判权力运行机制改革，进一步落实司法责任制，建立以审判工作为中心的机构设置模式和人员配置方式，人民法院内设机构改革势在必行[①]。现阶段人民法院的内设机构按照是否从事审判工作，主要可以分为审判业务机构和从事非审判业务机构。无论是审判权运行机制改革，还是法院人员分类管理以及司法责任制改革，我们更多的是关注审判人员以及审判机构的改革。党的十九大报告指出，要“深化司法体制综合配套改革，全面落实司法责任制，努力让人民群众在每一个司法案件中感受到公平正义”。这就要求法院下一步的改革要更加注重各项改革举措的协调性、联动性和配套性，在法院内设机构改革方面，不仅仅要关注审判业务机构的改革，也应协调推进非审判业务机构的改革。同时，人、财、物省级统管的深入推进，更使人民法院非审判业务部门工作内容发生深刻变化，关注并研究非审判业务机构的改革具有重要的现实意义。

法院非审判业务机构不仅要承担法院人员的组织人事管理、审判案件管理、司法行政事务以及其他后勤服务保障等职责，还要负责落实外部党政部门有关要求，与外部党政部门、社会公众保持必要的联系和沟通。法院院长和院党组对于法院的事务管理也都通过法院的非审判业务机构来实现。为了进一步核实法院非审判业务部门的角色和功能，笔者调取了S市中级人民法院（以下简称S市中院）院史馆中有关非审判业务机构设置的历史变化以及2007年至2016年《大事记》。这些《大事记》中清晰的记载了该院党组会、院长办公会以及审判委员会讨论的有关非审判业务机构所提出的相关议题。本文将通过分析议题所涉及的事

---

* 作者单位：辽宁省沈阳市中级人民法院。

① 为推动人民法院内设机构改革，中央机构编制委员会办公室和最高人民法院于2016年8月18日联合印发了《省以下人民法院内设机构改革试点方案》的通知（法〔2016〕282号），就省以下人民法院内设机构改革，研究提出了试点方案。

务入手，考察法院非审判业务机构职责内容、特点以及不同机构之间的关系，并以法院非审判业务机构角色和功能为主线，挖掘实践中非审判业务机构在法院工作中究竟扮演何种角色、发挥怎样的功能，进而揭示与其共生的现实语境。在此基础上，本文还试图结合深化司法体制改革的现实背景，提出对法院非审判业务机构改革的建议。

二、非审判业务机构设置与运作特征

（一）非审判业务机构的设置迅速扩张

1951年第一个法院组织法规《人民法院暂行组织条例》规定："案件多的县级人民法院得分设刑事、民事审判庭。""省级人民法院设刑事、民事审判庭。""最高人民法院设刑事、民事审判庭，并得设其他专门审判庭。"1954年《人民法院组织法》规定，基层法院可以设刑事审判庭和民事审判庭。中院设刑事审判庭和民事审判庭，在必要的时候可以设其他审判庭。1979年《人民法院组织法》在基本条文上保持与1954年相同表述，规定基层法院可以设刑事审判庭和民事审判庭，处理刑事案件和处理婚姻等民事纠纷。这种庭室设置是作为纠纷裁判机关的法院最初级的、最本色的功能体现，恰当地反映出当时中国社会形态高度同质化、简单化的特点。[①] 然而，随着经济社会快速发展，司法环境发生深刻变化，法院承担的功能角色增加，内设机构配置开始与日俱增。近年来，借着关注民生、生态保护等理由，劳动争议、环境保护、金融等专业审判庭纷纷挂牌成立，形成新一轮扩张的趋势。在法院审判机构扩展的同时，各类非审判业务机构也迅速扩张。以S市中院为例，1979年之前非审判部门只有办公室和信访处，从1979年到2009年非审判部门增设了研究室、人事处、宣传处、教育处、监察处、法官学院、机关党委、技术处、老干部工作处、督查室、计财处、机关后勤服务中心。2009年至2016年又增设了审管办、行政处、信息化处。非审判业务机构设置较改革开放前增加了6倍。

（二）非审判业务机构事务增加

法院在组织设计上受社会形态复杂性因素决定较重。社会形态复杂性一方面受社会分工影响，另一方面与社会变迁的剧烈程度与不确定性程度相关。作为一种社会组织，法院的功能担当状态直接表达了由社会分工和社会变迁等因素推动的社会复杂性程度。由于社会分工无限细化趋势的加强，作为应对社会分工的社会组织的功能分化呈现同一样态。[②] 由于法院在政治框架中的从属地位以及法

① 刘忠：《论中国法院的分庭管理制度》，载《法制与社会发展》2009年第5期。
② 参见刘忠：《论中国法院的分庭管理制度》，载《法制与社会发展》2009年第5期。

院内部管理的功能分化，来自法院外部职责任务和法院内部管理的需要，非审判业务机构的司法行政工作随之增加。通过分析 S 市中院近十年来非审判业务机构提交相关决策会议的非审判议题来看，也明显体现出了增加的态势（详见图 1）。2007 年非审判议题为 140 件次，而到 2016 年议题数量为 225 件次，最多的 2013 年议题数量达到 282 件次，是 2007 年的 2 倍多。结合法院非审判业务机构的增加以及议题数量的变化可知，法院非审判事务的迅速增加促使法院非审判部门的不断扩张；而不断扩张的非审判部门也都从自身工作角度提出需要领导层决策的相关议题。从而出现非审判事务与非审判部门双增长的现状。

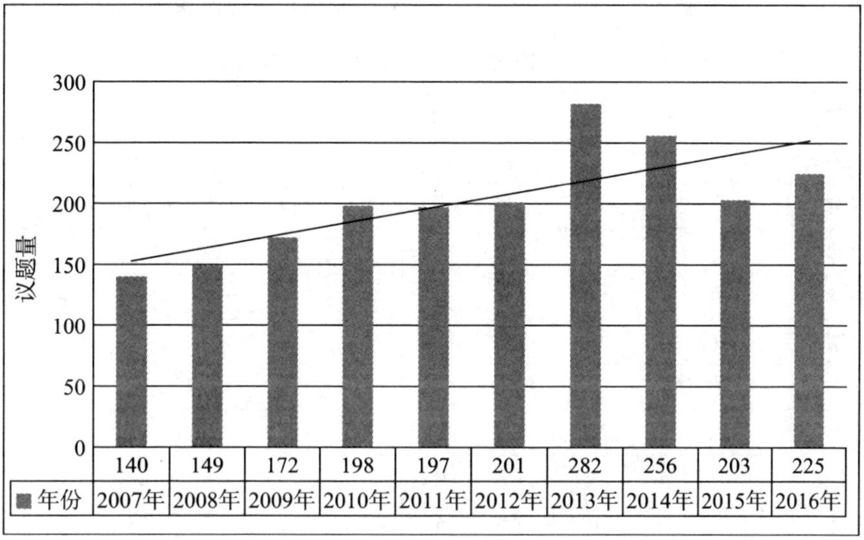

图 1　S 市中院十年非审判业务机构议题数量情况

（三）非审判业务机构事务量不均衡

通过考察 S 市中院近十年非审判部门提交审议的提议发现（详见表 1），涉及人事的议题每年都是最多的，并且要远远高于其他部门提交的议题数量，十年来涉及人事议题达到 692 件次，占十年议题总数的 34%。占据议题总数第二和第三的分别是教育处和审管办。教育处之所以提交议题数量较多是因为教育处不仅仅负责全院法官、司法辅助人员的教育培训工作，还负责每年全院人员的考核表彰、评先选优等工作，由于这些工作涉及法院每个人切身利益，因此，此项工作的开展情况需要向院决策机构提交报告，供讨论决定。S 市中院从 2010 年设立审管办，2011 年最高人民法院下发《关于加强人民法院审判管理工作的若干意见》的通知后，审判管理成为法院审判实践的热点，审管办需要向院党组、审判委员会及时汇报全院审判动态以及案件质量评查结果等信息，供法院决策层对审判业务进行宏观管理。提交议题较少的部门分别是技术处、老干部处、法官培训学院，这几个部门主要负责沟通协调、选定鉴定机构、为退休老干部提供服务以及法官续职培训，日常工作中较少需要法院决策层决定事项，也没有需要审判委员会讨论事项，因此，这几个部门提交议题相对较少。虽然，提交讨论的议题多少不能绝对准确反映这些非审判业务部门工作量的多少，但还是能够反映出不同部门事务量的不平衡。通过上述数据可知，对于法院人事管理、考核、评比、待遇发放等具体负责的人事处、教育处以及负责全院审判进行管理的审管办，是法院决策层配置法院组织内部人、财、物等资源的主要执行机构，是法院政务管理的核心工作，这些部门所从事的事务量无疑也是最多的。

表 1　S 市中院十年非审判业务部门提交议题详情

	2007	2008	2009	2010	2011	2012	2013	2014	2015	2016	总和
监察室	11	6	3	7	11	6	18	16	10	11	99
人事处	49	69	65	75	64	72	76	62	70	90	692
研究室	8	10	12	2		5	17	18	18	17	107
办公室	18	16	19	20	12	12	22	12	3	9	143
信访办	5	7	11	9	9	13	16	17	8	8	103
教育处	14	13	25	27	21	13	11	27	19	9	179
宣传处	2			3	14	25	18	8	6	13	89
老干部处	2	1	2	1	2	1	3	2	1	2	17
机关党委	6	3	9	15	12	8	20	18	22	27	140
督查室	17	17	10	6	6	5	11	15	14	7	108
计财处	5	5	7	4	9	9	8	7	5	6	65
技术处	2	2	2		2	1	9	4	1		23
服务中心	1		7	6	6	3	14	2	3	2	44
审管办				23	28	28	34	25	13	16	167
法官学院					1		1	4		2	8
行政处							4	19	10	6	39
总和	140	149	172	198	197	201	282	256	203	225	2023

（四）非审判业务机构职责存在变化与交叉

结合 S 市中院十年来非审判业务机构提交议题数量的变化以及议题的具体内容可知，非审判业务机构职责存在较大的变化，同时，非审判部门之间的职责也存在一定程度的交叉。在职责变化方面，研究室提交的议题在 2013 年以后持续增加，一方面是自上而下的司法改革带来研究室事务增加，另一方面是原来由办公室负责的综合材料职责转由研究室负责。原来由办公室负责的办公楼改造、维护以及办公用品保障等职能也于2013年由新成立的行政处负责。评先选优工作原由教育处负责，在2011年至2013该项工作转由宣传处负责，在2014年以后又由教育处负责。审判管理工作由原来的督查室负责，在2010年审管办成立后，该项工作全部由审管办负责，督查室只负责与人大代表、政协委员提案、意见、建议办理以及联络等工作。上级以及同级党组织的各项主题教育活动也由原来的教育处转由机关党委组织负责。在职责交叉方面，教育处与法官培训学院均有法官培训职能。人事处、教育处、机关党委也都有部分评先选优职能。行政处与后勤服务中心在服务保障职能上相同。通过以上议题变化情况可知，虽然上述非审判职能在不同部门之间移转，造成不同部门之间事务量发生变化，但是这些非审判事务本身并没有减少，处于增加状态。部门职责存在交叉的原因主要是分工细致所导致的，例如，有关评先选优工作，组织人事部门有关公务员考核中的评先选优由人事处负责，法院系统的先进个人、先进集体评选工作等由教育处负责，由党群组织评选的先进典型则由机关党委负责。

三、非审判业务机构现状成因与负面效应

（一）非审判业务机构现状的成因

现阶段法院内部数目庞大的非审判业务机构的设置与法院繁杂的非审判事务直接相关，这些非审判事务的产生又与法院在政治架构中的地位、法院自身内部分工以及法院管理模式紧密相关。

1. 法院在特定政治权力结构中所处的位置

由于“当代中国社会的整合机制是以党政部门为核心的，司法部门只是党政社会治理链条中的一环。”[①] 与这种社会整合机制相适应，法院需要服务于党政部门的“中心工作”，需要具备明确的“大局意识”。从S市中院相关会议审议的议题来看，有一些议题涉及落实党委、政府有关决策，为其提供司法保障措施；涉及沟通人大、政协，落实人大代表、政协委员提案、建议；涉及全市信访稳定以及党组织各项专题学习等内容。这些非审判事务都需要法院通过非审判部门具体组织实施。法院工作人员的招录、干部的选拔任用、职级、待遇以及法院经费管理、办公楼改造、办公用品集中采购等事务都需要法院与外部相关部门沟通协调，具体操作。因此，为完成这些事务必然需要组织相关人员，成立相关部门或机构。

① 左卫民:《中国法院院长角色的实证研究》，载《中国法学》2014年第1期。

2. 法院自身内部管理细化

随着社会经济转型，法院在社会经济生活中的作用愈加凸显，社会对法院的功能期待更为复杂、多元而迫切，由此导致法院系统的组织规模急速扩张。这使得法院在内部结构样态上发生很大变化。[①] 法院在内部管理上的功能分化，法院内部庭、处、室设置渐多，尤其是在审判庭设置上，到2001年中央编委提出《地方各级人民法院机构改革意见》的二十余年间，庭室数量每五年都要向上翻高一次。[②] 以S市中院为例，1979年之前只有3个审判业务部门，2016年审判业务部门已经达到23个（含研究室和审管办两个综合审判业务部门），一共增长了6倍多。法院内设审判庭室内部不断的分化、细化，受整个社会政治经济形态变迁的影响，但同时也使得法院自身也产生了复杂性问题，比如庭室之间的冲突、法官行为监控和庞杂的行政事务，从而产生克服新的复杂性问题的需要。这些问题涉及法院的审判业务部门以及与之相关的流程管理、审判质量评估、案件评查等审判管理以及涉及法院的综合管理部门和相关的法院人、财、物的管理等司法行政事务。为此，法院内部设立了大量的非审判事务性机构，专门管理由于大量庭室设立出现的行政事务以及内部监督。除了上述审判庭室增加和细化对非审判业务机构的影响之外，增设非审判业务机构还可以解决法院干部职数、职级的期待。与党政机构相比，法院的职级职数极为有限，传统激励措施难在当今时代发挥作用，而通过增加内设机构及其职数的方式可以缓解法院干警这一现实需求。S市中院2016年非审判部门正处级负责人16名，副处级23人，如果没有相应的机构部门，无论如何也不能解决这么多干部职级与职务。

3. 法院管理模式惯性

法院管理模式是法院对其各种活动，尤其是审判业务活动进行管控的一套体系，具体包含规定法院内部各个参与者权责关系的一系列规则、关系、制度和程序。经过长期实践探索、调整和总结，中国法院已逐步形成了一套较稳定的以“中国式科层制”为特色的，“多主体、层级化、复合式”的审判业务运行机制和管理体制。这样一个科层化的管控体系使得中国法院在组织结构和运行逻辑上呈现出与行政机关高度的同质性。[③] 法院名义上尽管不是党政机关，但内部机构几乎是行政机关的翻版，在非审判业务部门，有人事处→组织部、人事部门，宣传处→宣传部门，审管办→考绩部门，研究室→政研室，办公室→办公厅，司法行政装备处（科）→机关事务管理局，纪检监察室→纪检监察局等等，管理模式也与行政机关相似。法院内部管理主要包括对于案件的管理和对法院人、财、物等非审判业务的管理。对于案件的管理主要是由一线办案法官组成的合议庭、副庭

---

① 左卫民：《中国法院院长角色的实证研究》，载《中国法学》2014年第1期。

② 刘忠：《论中国法院的分庭管理制度》，载《法制与社会发展》2009年第5期。

③ 左卫民：《中国法院院长角色的实证研究》，载《中国法学》2014年第1期。

长、庭长、副院长、审判委员会层级结构。对于法院人、财、物管理以及落实上级法院、地方党委、政府、人大、政协有关决策等，院长以及法院决策机构都需要通过法院非审判业务部门具体负责管理和落实，法院非审判业务机构的运转和对相关人员的管理也变得行政化。非审判业务机构完全按照行政机关的领导与服从模式进行运转，各种事务层层审批、请示、汇报，工作人员的职级与待遇也完全以行政化模式对待。正是由于法院对于除审判之外的事务管理的需要，客观上促成了非审判业务部门管理模式的现状。

（二）非审判业务机构现状引发的负面效应

1. 重管理，轻服务

内容决定形式，形式服务于内容。从根本上说，权力和职能的内容决定了内设机构的设置形式。现阶段法院非审判业务职能部门的设置的主要目的在于实现对法院的管理，而并非是以服务审判工作为重心。法院非审判业务机构逐步强化管理职能，模糊了服务意识和部门设置之初确定的工作职责，成为实际的管理部门。使办案审判日益服从于行政事务上的科层制，也为大量非纯正司法事务涌入法院提供了正当性理由，使法院无法自主于社会各界的“期盼”和外部的管控，最终影响法官司法能力的强化和法院司法权威、司法公信的建树。①

2. 浪费优秀审判资源

随着法院非审判部门事务和机构的增多，很多原本办理案件的法官被分散安排在各个非审判部门。并且，很多非审判部门的正职和副职领导往往都是由曾多年从事审判工作，审判经验和业绩优秀的法官担任，使有限的优秀审判力量被分流，加剧了人案矛盾。近些年，法院为了缓解人案矛盾，每年均招录高学历年轻人才充实法院队伍，但有很大一部分被分配到非审判部门工作，未能达到缓解审判一线工作压力的目的，而这些人员不能在审判一线得到锻炼，不利于其审判实践经验的积累，也不利于法院审判工作的长远发展。

3. 职能界限模糊

法院复杂的非审判业务机构设置尽管数量齐备，但却存在职能定位模糊、职能交叉、部门之间冲突日益增多的问题。法院很多非审判业务机构往往具有双重或多重职能，审管办、研究室、信访处等部门在从事行政管理工作的同时也要参与审判工作。非审判业务机构增长迅速，过多的管理层次造成管理难度加大费用增多，信息交流速度减慢，工作人员缺乏自主性和创造性。分工过细造成各部门副职多，工作之间的协调成本高，影响了法院的总体工作效率和工作质量。

① 刘忠：《论中国法院的分庭管理制度》，载《法制与社会发展》2009 年第 5 期。

四、非审判业务机构改革的条件与建议

党的十八届三中全会对司法改革进行了顶层设计，司法责任制等综合性改革取得显著成效，为法院非审判业务机构后的改革提供了现实条件。

（一）法院非审判业务机构改革的条件

1. 法院人员分类管理改革的成果，为法院非审判业务机构人员改革提供了内部条件

法院人员分类改革将法院工作人员分为法官、审判辅助人员和司法行政人员三类，三类人员各司其职、各负其责、各得其所，其中最为核心的内容就是法官员额制改革。截止到 2017 年 6 月最高人民法院入额工作结束，全国法院员额法官遴选工作完成。同时，全国法院已基本完成首批员额法官单独职务序列等级确认工作。积极落实与法官单独职务序列相衔接、有别于其他公务员的工资制度，实行与法官工作职责、实际业绩紧密关联的工资分配机制。行政级别与法官等级评定、晋升适当脱离，缩小了行政职级不同带来的收入差距，原来职务、职级不高的员额法官收入得到部分增加，从而使法院非审判业务机构具有法官任职条件的人员愿意回归一线办案岗位。即使暂时未能入额的人员也愿意争取回到审判部门从事审判辅助工作，为将来入额办理案件积累阅历和经验。这就解决了非审判业务机构改革中人员如何安置的问题。

2. 法院人、财、物省级统管的积极推动，为法院非审判业务机构职能改革提供了外部条件

建立法官由省级统一遴选并按法定程序任免的机制，中级、基层法院院长均已实现由省级党委管理；省以下地方法院的机构编制管理工作，由省以下分级管理上收至省级统一管理，全国多数省份已顺利完成编制统一管理改革；部分地方已建立起省级财政经费统一管理机制，为省级法院统筹法官员额、调配司法资源创造了有利条件。[①] 人、财、物省级统管将对下级法院非审判业务机构的事务管理带来重大影响，下级法院的法官选任、职务晋级晋升、工资待遇的确定、法院财务管理以及其他行政管理等工作将大大减少。非审判业务机构职责事务的大幅减少，为非审判业务机构改革提供了外部条件。

① 徐家新:《坚定不移推进司法责任制为核心的综合性改革落地见效》，载《人民法院报》2017 年 10 月 16 日，第 2 版。

（二）改革非审判业务机构的建议[①]

1. 以审判为中心，突出服务保障职能

法院的主要职责是依法审理案件，法院的主业便是审判，法院非审判业务部门的工作应坚持以服务审判工作为中心，任何审判管理制度行使都应以服务和保障审判权的正当行使为核心内容。非审判业务机构改革要适应以审判权为核心的审判权力运行机制，遵循审判工作规律和司法工作特点，立足法院实际情况，坚持司法力量应当主要配置到审判岗位上，机构设置重点向审判部门倾斜、司法资源重点向审判部门配置，避免非审判部门与审判部门数量倒挂。就人员配备而言，要把审判力量充实到办案一线，让那些素质高、审判经验丰富的法官真正回到办案一线，同时让年轻的审判辅助人员得到长期的、专门的法律技能训练，培养他们成为高素质法官。

2. 裁撤部分机构，力求精简化

不断增加法院非审判业务机构，不仅会造成运行与监督成本增加，还会出现职能交叉，忙闲不均问题。应当按照精简要求，裁撤不必要机构，以机构的精简带动人员的精简，实现管理层级简化，人员结构相对合理的良好格局。例如：法院的老干部处（负责为老干部提供服务工作）、技术处（负责司法鉴定沟通协调工作）、督查室（负责联系人大代表、政协委员）等部门，由于其工作任务量很少，仅有的工作也可以合并到其他机构，这些部门完全可以进行裁撤或者大幅度减少其人员配置，从而实现精简化。构建清晰精简的法院非审判业务机构，不仅可以减少“官帽子”，而且可以扭转法官们希望成为“带长的法官”的官本位冲动，客观上有助于消散行政化氛围[②]。要按照司法改革的要求，根据各级法院的办案情况、人员编制情况，对现有内设机构进行精简，形成职责清晰、分工明确、运转高效、协调配合的组织结构。同时，对于裁撤部分非审判业务机构也要因地制宜，立足各地实际，不能搞“一刀切”。[③]

3. 整合现有机构，减少管理层级

围绕“让审理者裁判，由裁判者负责”为目标的司法责任制改革，取消行政化的案件审批制，确立了法官、合议庭办案主体地位。在确立法官办案主体地位的同时，法院也应牢固树立“放权不是去监督管理、取消个案审批不等于取消司法监督”的理念，通过制定权力职责清单、明确法官惩戒规则、建立专业法官

① 法院纪检监察、执行部门以及司法警察队伍虽然属于非审判业务机构，鉴于职责的特殊性以及有其他专门性规定，对这些非审判业务机构相关改革问题本文不做讨论。

② 随着法官单独职务序列的推行，法官寻求职务的提升带来政治地位和经济待遇的提高已经没有那么重要，因而，减少职数已经时机成熟。

③ 刘曼：《徐家新在全国部分法院司法改革工作座谈会上强调发扬“钉钉子”精神敢啃硬骨头扎实推进辅助人员管理和内设机构改革》，载《人民法院报》2015年11月27日，第1版。

会议制度、完善信息化审判管理、加强司法标准化建设等方式，确保管理监督不缺位。[①]因此，法院非审判业务机构的设置应当围绕服务法官办案主体地位，以及加强监督管理两方面进行。建议对现有非审判部门则按职能归并，成立保障服务、审判管理、党政管理三个部门，将现有的办公室、财务处、行政处、服务中心、技术处部门职能整合到保障服务部；将研究室、审管办、督查室部分职能整合到审判管理部；将人事处、教育处、宣传处、机关党委整合到党政管理部。使这些职能相近的职能部门履行职责更为统一，管理权更为集中，有利于形成一套政令通畅、运转高效的行政管理机制，提高司法行政部门服务审判工作的效率。

4. 设置过渡期，稳步推进改革

裁撤以及整合法院非审判业务机构必然涉及原有部门领导和工作人员如何安置分流的问题。为减少改革的阻力以及维护相关人员的权益，应当设置一定期限的过渡期。在过渡期内，对于有法官任职资格的领导和工作人员可以通过员额法官遴选程序成为员额法官，对于未能进入员额的，可以进入审判部门从事审判辅助工作，原有待遇保持不变；对于没有法官任职资格的领导，根据其本人意愿，适合继续担任领导职务的可以担任整合后的部门领导，不适合继续担任领导职务的以及没有法官任职资格的其他工作人员，又不愿意交流到审判部门从事审判辅助工作的，可以继续在整合后的机构工作，但不再担任领导职务，所有人员待遇不变。以后，法院按照法官条件招录的人员不应该再安排到非审判业务机构，法院招录人员中应单独招录司法行政人员，并应明确招录后不能从事审判工作，提高司法行政人员队伍的专业化和稳定性。

---

① 参见徐家新：《坚定不移推进司法责任制为核心的综合性改革落地见效》，载《人民法院报》2017年10月16日，第2版。

第三篇　司法管理方式改革

高级人民法院职能的调整与优化
——基于司法行政管理的功能定位

邓志伟 * 徐远太 ** 陆银清 ***

司法机关人财物省级统管作为中共中央全面深化改革、建设法治中国的重要组成部分，其目的在于去“地方化”，“性质上属于司法行政事务”。[①] 但现今如何统管的具体操作细节，中央并没有进行勾勒，存在多个选项的选择。不过新一轮司法改革是体制改革，高级人民法院作为改革的牵动部位，上联国家，下接中级和基层人民法院，法院的人、财、物改革必然牵涉高级法院司法行政职能的转变。在新的改革背景下，围绕高级法院的司法行政管理职能定位、目标、推进策略，牵涉问题错综复杂，如何厘清这些问题，实有研究必要。

一、宏观透视：高级法院司法行政管理功能的定位与演进

任何制度的形成都不是自然生成，而是受到诸多历史、文化、政治等条件的交替影响。高级法院司法行政管理功能的定位与演变只有放在我国具体国情和相关发展脉络中，才能浮现其大致的轮廓。

（一）高级法院职能的和洽性

结构性方位是“是社会对其位置的行为期待”。[②] 高级法院作为权力格局的重要主体，不仅是司法机构，更是通过自身资源以及与相关治理主体的互动实现其功能特质。根据我国法律的规定，高级法院在地方权力的架构中，受省级党委的领导，接受省级人大的监督。同时，在四级法院差序格局中，高级法院具有承上启下的作用，是辖区内最高审级的司法单位。高级法院在如此多种角色丛下，不仅要践行好审判功能，更要扮演好官方代言人的管理功能，即对地方行政机关

---

* 作者单位：湖南省高级人民法院。
** 作者单位：湖南省怀化市中级人民法院。
*** 作者单位：湖南省怀化市中级人民法院。

① 张建伟：《司法机关人财物：谁来管，如何管》，载《中国党政干部论坛》2015 年第 4 期。
② 刘润忠：《试析结构功能主义及其社会理论》，载《天津社会科学》2005 第 5 期。

的行政行为进行司法审查，依法监督与指导下级法院的审判。在党政主导下的法院改革，唯有履行上述的功能方能拥有其存在的合法性，而司法行政管理权很大程度上源于高级法院这种“存在即合理”的角色结构理论。

（二）系统结构演进：外部分化与整合的轮回

审判权与司法行政管理是高级法院系统的两大结构，而高级法院作为“一个整体的均衡的自我调解和相互支持的系统，结构内的各部分都对整体发挥作用；同时，通过不断的分化与整合，维持整体的动态的均衡秩序”。① 这在审判权与司法行政管理权的关系改革过程中得到有效验证。在中华人民共和国成立后与改革开放初期，我国曾将司法行政部门定位为“政法机关的组织部、宣传部、教育部和后勤部”，② 承担法院的司法行政事务。但在 1959 年以及 1982 年后，法院承担了全部的司法行政事权，高级法院形成了“‘两权混同’的自行管理阶段”。③ 而我国目前省级统管改革，就是有意打破司法行政化色彩浓厚的司法权力运行模式，高级法院“两权混同”的现象必要面临着分离。

表 1　我国有关司法行政事务管理模式的变化情况

序号	依 据	实施时间	主要内容	管理机关
1	《人民法院组织法》第 14 条	1954 年	各级人民法院的司法行政工作由司法行政机关管理。	司法行政机关
2	全国人大会议决定	1959 年	各级人民法院已经健全，司法部无单独设立必要。	法院
3	《人民法院组织法》第 17 条、第 47 条	1979 年	各级人民法院的司法行政工作由司法行政机关管理。	司法行政机关
4	司法部和最高人民法院“（82）司发办字第 218 号”	1982 年	司法行政工作事项移交最高人民法院管理，各省（自治区、直辖市）司法厅（局）管理的同类工作交由各省（自治区、直辖市）高级人民法院管理。	法院

（三）功能扩展：内部组织资源与功能分析

法院的司法行政工作由“分立制”被改为“合一制”后，司法行政与其他公权力没什么区别，“不同的只是它的目的”，④ 其本质上当然还是行政权，自然能行使所有行政问题，如行政组织、行政运作、人事行政、财物行政等等，功能上在

---

① 侯钧生：《西方社会学理论教程》，南开大学出版社 2006 年版，第 168 页。

② 司法部研究室：《我国司法行政体制的历史沿革》，载中国普法网：http：//www.legalinfo.gov.cn/moj/misc/2004-07/07/content_114728.htm.，最后访问日期：2015 年 7 月 24 日。

③ 徐汉明：《论司法权与司法行政管理权的分离》，载《中国法学》2015 年第 4 期。

④ 苏永钦：《司法行政组织的发展趋势——从审判独立和国家给付义务的紧张关系谈起》，载《法治斌教授纪念论文集》，台湾地区元照出版社 2004 年版，第 45 页。

于辅助审判的公平、正确以迅速实现审判目的。只不过"司法机关自己管理自己内部事务的结果，连带着也牵动并扩大司法行政权的观念与范围"。[①] 从我国法院上下级的管理体制来看，司法行政权的任务不再像过去仅限于管理、监督本级与下级法官，而是承担着落实上级政策、管理下级法院的职责。目前各高级法院下发的行政事务性通知每年都有数百份，几乎每份所涉及内容也逐年丰富，高级法院对下的关系程度和管理力度可见一斑。（见图 1）

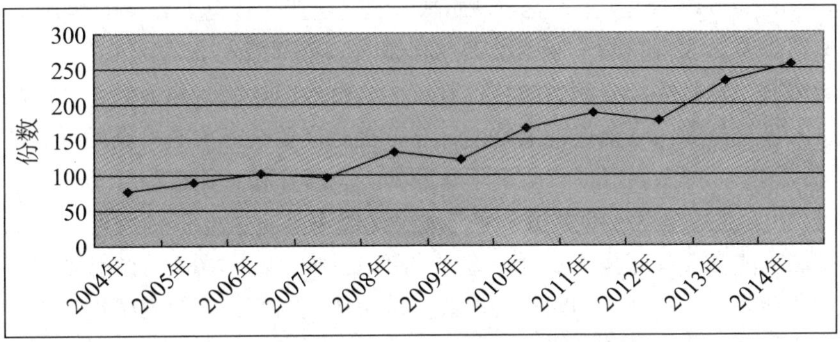

图 1　某高级法院与下级法院非审判关系"通知"数量年度变化图

二、路径探析：司法行政管理功能发挥的域外组织管理经验

人、财、物省级统管后，如何优化我国司法行政管理的运行机制，减少高级法院的"弱性"，抑制其负功能，在域外有以美国、日本、西班牙等国家地区为代表的三种管理模式。

（一）域外三种司法行政管理制度[②]

综观各国司法行政的管理，根据法院管理模式的主体，可以分为行政型、司法委员会型和司法自治型的管理模式，具体如下（见表 2）：

1. 行政型法院管理模式：隶属于行政体系的管理机制

这类国家一般采取内阁制居多，对国会负责，审判权与司法行政权外部分离，司法行政权由独任的行政机关管理决策，不过为了扩大参与度，在有些情况下将部分权限交给委员会管理。此种管理模式又可以分为两种：一种如奥地利等国家由司法部进行统一管理，另一种因应多元审判体系而分由不同部门掌管司法行政事务，例如德国。

2. 司法委员会型法院管理模式：独立于行政体系的管理机制

以"委员会""司法会议"等机制管理司法行政，几乎都是从隶属于行政体

① 詹淳惠：《论司法权中之司法行政作用》，我国台湾地区成功大学 2010 年硕士学位论文，第 19 页。

② 该部分主要借鉴了我国台湾地区苏永钦教授的研究成果，在此表示感谢。

系修正而来。该模式可以细分为纯粹以法律专业自治的司法行政管理机制，例如西班牙、挪威；以及混合法律专业和政治部门为代表模式，如意大利、葡萄牙、丹麦、南非等国家。这种管理模式主体既非法院，也不是狭义的行政机关，例如“意大利的最高司法会议被界定为‘宪法保障机制’”。[①] 在此种模式下法院享有较多管理权限的自由，其委员会组成人员主要以检察官、法官、其他社会成员等人员构成。在改革过程中，纯粹以法官为代表的“法官本位主义”遭到了排除，不过“多数的委员会在比例上都是以法官成员占了过半，以落实自治的理念”。[②]

3. 司法自治型法院管理模式：自主司法部门的管理机制

该模式由法院成立专门机构自行管理司法行政的机制，具有强化司法部门独立的意义，对外则代表整个司法部门，不存在对行政与立法的隶属关系，具体可以分为：第一，由法官群体自行管理。例如美国联邦和各州在整合了各个法院的基础上，而建立法官自治的司法行政管理组织。第二是由最高法院行使，例如日本最高法院法官会议就是司法行政管理的决策机构，韩国司法行政管理“由首席大法官和其他大法官组成的大法院议会，是大法院内部最高权力机构，决定重大行政事务”。[③]

表 2　三种司法行政管理模式与相关因素调和的情况表

组织类型 \ 相关因素		审判独立	司法给付	权力制衡	功能因素	民意因素	责任因素	代表国家及地区
行政型法院管理模式	Aa 隶属于行政体系：由司法行政机关主管	低	高	中	低	高	高	奥地利
	Ab 隶属于行政体系：由各行政机关主管	低	高	低	中	高	高	德国
司法委员会型法院管理模式	Ba 独立于行政体系：法律专业自治	高	中	高	高	低	低	西班牙、挪威
	Bb 独立于行政体系：混合专业与其他代表	中	中	高	中	中	中	意大利、葡萄牙、丹麦、南非
司法自治型法院管理模式	Ca 自主司法部门：法官社群自治	高	中	高	中	低	低	美国联邦及各州
	Cb 自主司法部门：终审法院	中	低	高	低	低	低	日本、韩国

① 我国台湾地区“最高行政院”：《北欧五国行政诉讼制度考察报告》，第 147 页。

② 徐汉明：《论司法权与司法行政管理权的分离》，载《中国法学》2015 年第 4 期，第 25 页。

③ 张德友：《韩国大法院的附属机构》，载微信公众平台：http：//mp.weixin.qq.com/s？__biz=MjM5MjUyNTg2MA==&mid=200252954&idx=2&sn=3119d5ff56e2af73b364e5878cd5eaa7，最后访问日期：2015 年 7 月 29 日。

（二）归整评论：民主与法治原则的调和

三种司法行政管理机制的形成，受到历史、文化、政治等因素的交替影响。司法行政权的存在，究其实质是为了保障当事人的诉讼权利，同时使法律得到有效的实施。但为了达上述目的，必须先要保障审判的独立。这项“铁”的原则在三种司法行政管理类型中，核心的问题就是要协调好法治原则与民主原则。

具体来说，依法行使审判权只需要法官专业知识，不一定需要通过司法民主取得正当性，但是“管理”审判权的司法行政权，不能跟审判权画上等号，如果没有民意的基础，可能就会失去监督，导致权力的滥用。不过如果司法行政过分强调民主原则，则可能削弱了法院的自主性，间接可能损害审判的独立。但是反过来如果过分强调法治原则，建立密不通风的司法行政管理机制，虽然提高了司法管理的效率，但“在建立密不通风的司法行政管理机制，就会形成‘法官本位主义’”，抛弃了真正要落实的诉讼权保障。由此可见，司法行政的管理如何设计，牵涉到法治和民主这两个原则的冲突与调配。

不过从各国司法行政的中央组织机制来看，可以看出各国在法治原则和民主原则上所作的价值选择值得我国借鉴（见表 2）。各国依其国情选择适合自己的司法行政管理制度，并设法由配套制度弥补其某些先天不足，比如采取 Ba 类型管理的西班牙，则是在宪法上规定了司法委员会由法官、律师、教授所组成的人员构成，突出了讨论的民主性。将司法行政由最高裁判所管理的日本，所要考虑的已经不是法律本位主义，而是“最高裁判所本位主义”，以致“俄罗斯在设计法官资格委员会时，特别以日本与外界相隔绝的司法行政体系作为反面教材，认为此一行政组织会造成内部法官思想的僵化”。①

（三）启示：建立我国司法委员会型法院管理“混合”模式

关于司法行政的管理，每个国家都依据各自的社会背景、发展阶段作出最适合的选择，没有什么放诸四海而皆准的规范公式。我国目前法院人财物归省管的改革，虽然尚未厘清到底归高级法院管理，还是由其他部门管理，但笔者认为根据司法规律的要求，结合我国实际，在我国法院人财物归省级统管后，应设立司法委员会型法院管理“混合”模式。

1. 有利于维护审级的独立

在设计司法行政管理机制时，司法自治型模式固然可以保障部门独立，但若权力集中在高级法院，采取如日本的司法自治型模式，下级法院的法官将不够独立，不小于行政型法院管理模式的外部行政权威胁。这样制度设计是避免了法院

① 詹淳惠：《论司法权中之司法行政作用》，我国台湾地区成功大学 2010 年硕士学位论文，第 124 页。

“地方化”，却使“人财物统一管理可能导致上级法院对下级法院的行政性约束力增强，上下级关系行政化的问题不仅不能解决，反而有可能有所强化”。[①]

2. 有利于避免行政权的干预

我国此次改革，就是切除法院对地方的资源依赖。如果采取行政型法院管理模式，也只是“换汤不换药”，即审判权只是改为依赖行政机关的上级机关获取资源而生存，“存在着行政干预司法的危险，同时易造成法官与司法人员沟通的不畅与矛盾冲突”。[②] 同时，建国后我国法院的司法行政管理模式中，司法行政机关管理法院行政事务引起的问题很多，最终不得不由法院自行管理政事务，而与我国有些类似的是，“在法国和意大利曾经存在有关行政压制司法的情形，所以两个国家通过国家司法委员会的方式保证法官的独立”。[③]

3. 有利于缓冲复杂环境对审判组织的影响

组织理论认为，组织面对外部环境多样性的递增，相关职能和部门会随之增加，但却导致组织职能和部门的交叉性和复杂性。“组织应付不确定性的传统方法是建立缓冲部门，围绕技术核心，并且在环境和组织之间交换原材料、资源和货币，帮助核心技术有效发挥作用”。[④] 我国高级法院当前面对司法的复杂性和不确定性日益增多，司法行政功能保障审判运行日益重要，随之而来却出现了其行政机构不断“繁殖”。因此，建立司法委员会型法院管理模式恰能缓冲外部环境对高级法院领导下全省法院系统的影响，独立审判实现得以显现。

三、技术突破：高级法院司法行政管理功能发挥的具体建构

司法委员会型法院管理“混合”模式如何具体构建，到底是设立在省高级法院，还是设立在省人大，抑或是省政法委，如何确保该制度有效的运行，这些都需要一些精准的技术制度支撑，建立司法委员会型法院管理“混合”模式必须找准突破口，完善功能为以后的全国法院改革积累经验、创造条件。

（一）原则的调节：结构张力与系统稳定

制度主义认为，研究组织不能脱离其所在的环境和网络关系，法院管理模式是要受到政治、经济等司法场域外的因素影响。我国是单一制国家，高度重视司法统一和权威，并把司法权规定为中央事权，所有法院理论上应当都是国家设立

① 龙宗智、袁坚：《深化改革背景下对司法行政化的遏制》，载《法学研究》2014 年第 1 期。

② 赵元松：《司法管理省级统管背景下法院管理模式选择与运作路径》，载贺荣主编：《司法体制改革与民商事法律适用问题研究——全国法院第 26 届学术讨论会获奖论文集》，人民法院出版社 2014 年版，第 115 页。

③ 梁三利：《法院管理模式研究》，南京理工大学 2008 年博士学位论文，第 217 页。

④ ［美］理查德·达夫特：《组织理论与设计精要》，李维安译，机械工业出版社 1999 年版，第 43 页。

的，只是现阶段受条件限制，中央强调地方司法权暂由省级统管。因此，我国高级法院改革后承担的司法行政管理相关职能以设立司法行政管理委员会的管理直接向省级人大常委会来负责的模式为宜，它符合了以下几种原则：一是党官干部原则。我国的一切干部均归于党管，这是地方法院省级统管改革必须坚持的基本原则，任何关于此项改革的政策制定，必须要严格以该项原则作为指引。二是坚持人民代表监督原则。我国法院由人民代表大会选举产生，并接受其监督，“省级统管可理解为由省级人大产生地方各级法院，各级法院对省级人大负责”，[①] 司法行政管理委员会向省人大负责符合我国的根本政治制度构建，有利于民主的监督。三是符合司法规律原则。相对于司法规律来说，为了确保法院之间的审级独立，“省以下地方法院人财物统一管理并非法院内部的‘垂直管理’”，[②] 司法行政委员归省级人大管理，有利于维护高级法院对下级法院的监督关系。三是组织专业化分工原则。“一个合理高效的运作机制可以尽量减少司法成本，提高司法效益”，[③] 毕竟高级法院的法官很多时候不是好的管理者，所以司法行政管理要也应当最大限度的专业化。

（二）构建司法区行政管理委员会——以中部某省为例

1. 设立司法区行政管理委员会

结合我国目前各省辖区面积的具体情形，对于地域面积大、法院数量多的省份，可不再设立全省唯一的司法行政管理委员会，而是将一个省份划分成若干司法区，设立省级司法区行政管理委员会。这样设置是基于以下几个因素的考量：第一，管理成本问题。在人财物归省级统管下，特别是将全省范围内三级法院统一纳入省一级财政预算单位，管理成本无疑会很高。例如湖南省有 13 个地级市，1 个自治州，122 县级市，如果这些地区财政划拨预算都要到省财政厅预算与划拨，由于财政厅对三级法院的具体情况不甚了解，自然要求高级法院参与和协调它的划拨数额、标准，预算的复杂性很大，成本自然会提高，更破坏了审级独立。从公开的试点来看，也是“先由市、县法院形成初步预算方案，再直接向省级财政部门编报”，[④] 这也无疑增加财政厅的工作成本，还可能出现各自法院的“猫腻”问题。二是管理民主问题。长株潭地区在湖南省的案件数量最多，而湘西地区案件数量最少，如果设立一个司法行政管理委员会一起讨论，因委员来源的有限性，不可能全部了解各个法院的情况，例各地区法官到底是由“人头”数计算，还是以案件数量计算肯定存在区别和争论。统一“人事物”的决定将会影

① 王庆丰：《省以下地方法院人财物统一管理的四个关系》，载《人民司法》2015 年第 5 期。
② 何帆：《法院人财物统管并非“垂直管理”》，载《法律资讯》2013 年 11 期。
③ 徐汉明：《论司法权与司法行政管理权的分离》，载《中国法学》2015 年第 4 期。
④ 邓新建：《广东公布司法体制改革试点方案》，载《法治日报》2014 年 11 月 28 日，第 1 版。

响管理的差异性，管理无法得到有效的发挥。第三，考虑地域文化、地缘因素。省级司法行政管理委员会的设立，要充分考虑地域文化因素，这样才能实现该地区司法行政服务审判的目的。例如湖南张家界、怀化、湘西自治州等地区主要是少数民族聚居地，在语言文化有很多相似性。人财物的管理，自然要突出“民族”性特色。因此，在设立省级司法区司法行政管理司法委员会时，尽量将相同或类似的地区进行划分，才能避免省级法院的“垂直领导”，切合各地区法院人财物的实际需要。

为此，笔者考虑管理成本、管理民主、地域文化等综合因素，在湖南省设立三个省级司法区行政管理委员会（见表3）：一是为了能反应长株潭地区案件过多与复杂性，实现人财物管理的匹配，湖南高院、长株潭等地区成立一个司法行政管理委员会；二是湘西司法管理委员会，主要在于该地区如何结合地域文化的特殊性调配人财物，尤其要保障民族地区“民族人才”的培育，包括双语法官与其他民族管理人才；三是湘南与湘北司法管理委员会，这一地区经济条件相当，案件数量处于湖南省的中等水平，地域文化也有很多相似的地方。

表3　湖南省省级司法区行政管理委员会的区域情况表

序号	名称	管理地区	管理主要衡量因素
1	长株潭司法行政管理委员会	高院、长沙地区法院、株洲地区法院、湘潭地区法院	管理成本、管理民主（案件数量）
2	湘西司法管行政理委员会	怀化地区法院、湘西地区法院、张家界地区法院、邵阳地区法院、永州地区法院	管理成本、地域文化
3	湘南与湘北司法行政管理委员会	郴州地区法院、衡阳地区法院、娄底地区法院、益阳地区法院、常德地区法院、岳阳地区法院	管理成本、管理民主（案件数量）

2. 各司法区行政管理委员会的人员构成

各司法区行政管理委员会要结合自己辖区实际，人员构成上体现价值的多元性。总体人员结构由1/3法院系统的人、1/3人大和相关机关人员及1/3其他社会人士组成。具体来说，长株潭、湘南与湘北司法行政管理委员会的人员构成，由该地区的部分基层法院、中级法院院长和高级法院相关人员组成，并吸收熟悉该地区具体情况的政府人员、社会专业人员参加。对于湘西司法行政管理委员会的人员构成，要注意吸收熟悉少数民族特性的法官、社会专业人员参加，所占比例要达到组成人员2/5，以保证决策的民主性和专业性。为了确保组成人员来源的广泛性，“组织这样的一个委员会，然后设置一个最低条件，人人可报名，只要符合条件就报名”。[①] 例如湘西司法行政管理委员会可以制定学历比其他两个委员会较低的报名条件，而其他两个地区应更多设置吸引律师和法学专家可以参加

① 陈瑞华：《机遇与希冀：司法体制改革新谈》，载《中国法律评论》2015年第2期。

的条件。此外，各区司法行政委员由省人大常委会任命，任期五年，连任不得超过两年，并应向社会各界公示，接受异议。

（三）司法区行政管理委员会运行机制

1. 总体运行归纳

根据管理学原理，司法行政权兼具了决策与实施权，两权的分开才能避免权力的滥用。因此，司法行政管理委员会整体负责法院相关司法行政政策的讨论，整体上代表审判机关就行政事务对人大负责（见图 2）。考虑到司法行政委员均为兼职，无法处理日常事务，应将司法区行政委员会办公室设置在省级人大独立设置，负责司法行政委员会的日常工作。各区司法行政委员每年应召开会议至少两次，会议应在省人大会议（包括常委会）召开前的一个多月，会议审议事项为各部门提出的财政预算、人员编制、法官惩戒等事项，司法委员会实行表决制，以过半数以上通过，再提请人大会议通过。

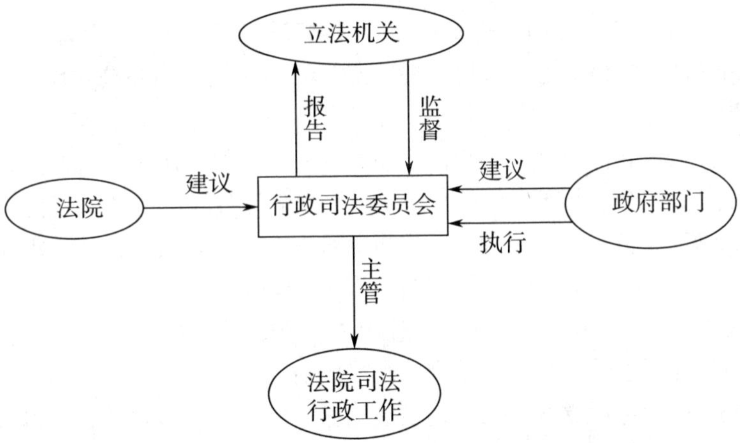

图 2　司法行政委员会工作流程图

2. 具体决策的执行

司法行政管理委员会作出的讨论草案，经过省人大通过后，其他部门负责具体执行。这样既能避免两级法院统管后可能出现新的行政化问题，又能实现集权和分权的统一（见表 4）。

表 4　统管后高级法院司法行政事务的相关管理机制 ①

讨论机关	决定机关	执行机关	执行事务	调整 主要考虑原则
各区司法行政委员会（讨论各执行部门的草案、意见等，提请省人大决定）	省人大会议	省财政厅	财政预算、划拨	司法规律原则
		省组织人事部门执行，省高级法院协助执行	其他人事事项、陪审员人事、书记员人事草案拟定与执行	专业原则
		省纪委执行，省高级法院协管	监督检查的意见与执行	党管 干部原则
		省司法厅为主、省高级法院协管	设立的教育、培训机构；初任法官培训草案与执行	专业原则
		省公安厅	司法警察调配与换岗	专业原则
		省组织人事部门	机构、人员编制管理	党管干部原则、司法规律原则

从上表可以知，在设立司法行政管理委员会的前提下，按照前述的党管干部、司法规律、专业等三大原则，将高级法院以前和即将可能承担的司法行政管理职能，由省级各个部门执行。首先，诚如我国学者指出，“我国当前的司法改革，未将司法行政机关作统合思考是一大遗憾”，② 更没有将公安厅作为考量。笔者认为为了能够培养法院相关人员的专业化，避免司法改革后司法行政人员与机构的增多，可以将高级法院负担的大量教育、培训等行政事务划归为司法行政机关负责执行，高级法院负责协助。同时，“在全省各级法院统一前提下，也可以将安全保障等警务工作考虑划归公安机关管理，由公安机关依法承担司法警察职责任务”。③ 其次，司法改革后各级法院的机构管理与编制，应交由组织人事部门主管（执行），特别对于省人大同意司法行政委员会（相当于司法财政委员会）讨论决定的各级法院财政预算草案，应交由财政厅划拨、调配，而不能交由高级法院行使，以此体现党管干部原则以及维护审级之间的审判独立。再次，对于各部门执行的司法行政事务初步方案制定，应由各司法区的市、县形成初步方案后，直接向交由各执行部门编报，再提请各司法区司法行政管理委员会讨论，以减少预算的成本和各法院“猫腻”问题，体现管理的民主。

结　语

在当前的司法体制下，上下级法院形成的司法行政运行模式痼疾难除，而遵循司法规律，实现审级独立，高级法院要勇于面对人、财、物省管的争论，提出有效的解决方案，实现司法行政权内性的蝶变。毋庸置疑，建立符合我国司法行

① 审判管理、信息、档案等具有司法辅助功能，宜由法院自行管理，在此限于篇幅，不再展开论述。

② 张建伟:《司法机关人财物：谁来管，如何管》，载《中国党政干部论坛》2015 年第 4 期。

③ 梁三利:《法院管理模式研究》，南京理工大学 2008 年博士学位论文，第 217 页。

政管理模式，要充分考虑我国的特殊国情，借鉴其他国家或地区先进的经验，使司法行政管理功能合法有效地发挥其功能。本文对于法院人财物归省管后设立司法区行政管理委员的答案探讨，只是诸多改革的多项选择方案之一，难免有所鄙陋，以求教方家，以期破解当前对人、财、物统管种种困局有所助益。

“后司改”人民法院管理模式之探
——以 F 中院扇形管理模式为例

欧阳春 * 易 艳 ** 夏文忠 ***

2013年以来，中国的司法体制终于迎来了“体制性”和“基础性”改革的时机。如果说以往的改革[①]主要涉及的是诉讼程序、证据规则等技术问题，那么，这一轮的司法体制改革所触动的则是长期以来影响司法公正的体制性机制性的深层次问题。经历了几轮司法改革后，如今新一轮的司法体制改革[②]中需要面对的都是硬骨头，涉及利益调整和体制改革，许多举措也是新生事物，改革路上不可避免会遇到一些问题和困难。

而在法院内部管理方面，最高人民法院在《关于全面深化人民法院改革的意见——人民法院第四个五年改革纲要（2014-2018）》中提出要推动人民法院内设机构改革，按照科学、精简、高效的工作要求，推进扁平化管理，逐步建立以服务审判工作为重心的法院内设机构设置模式。在新一轮司法改革中，深圳、珠海等地方法院也提出各自的管理模式，具有各自特点。本文拟结合司改目标，以上述法院为样本来辩证分析，探索构建比较符合中级法院实际情况的内部管理模式。

一、“后司改”人民法院管理模式改革的落脚点

党的十八届三中全会和四中全会决定确定了司法改革的基本蓝图，特别是四中全会专题研究全面依法治国的问题，首次提出许多新理念新战略新举措，并突出加强了顶层设计，为人民法院司法改革指明了目标方向、基本原则和具体路

* 作者单位：福建省福州市中级人民法院。
** 作者单位：福建省福州市中级人民法院。
*** 作者单位：福建省福州市中级人民法院。

① 早在20世纪90年代，中国法院就开始了以强化庭审功能、扩大审判公开、推进司法职业化建设为重点的改革历程。中国共产党第十五次全国代表大会以来，最高人民法院在法院组织体系、法官制度、诉讼程序、审判方式、执行制度、司法管理等方面，开展了一系列大规模的改革，并发布了三个“人民法院五年改革纲要”。这三个纲要是2013年之前中国法院改革的基本纲领和依据。

② 本文将这一轮即十八大以来的司法改革所处的历史时段界定为“后司改”时代。

径。按照中央重大改革先行试点的部署要求，涉及四项重大改革，即完善司法人员分类管理、完善司法责任制、健全司法人员职业保障、推动省以下地方法院人财物统一管理，从 2014 年 6 月开始已经分批在全国范围内开展试点。最高人民法院则在《关于全面深化司法体制改革的意见——人民法院第四个五年改革纲要（2014-2018）》中共确定 65 项改革举措，改革目标在于坚持以法官为主体，以服务审判工作为重心，建立分类科学、结构合理、分工明确、保障有力的法院。可见，司改的力度与决心之大，司法发展必将进入新的篇章。

（一）司法管理体制之现状

在改革的深水区中，"牵一发而动全身"，因其牵涉到众多方的利益，在法院内部管理方面，渐渐地浮出两种"声音"：一种"声音"说，慢慢改，不要急于打破现有法院内部管理体制；而另一种"声音"则主张改革要彻底，必须打破旧体制，要紧抓机遇形成符合司法规律的法院内部新型管理模式。

众所周知，司法权公正高效运作依赖于符合其国情的法院管理结构，目前的法院管理已表现出明显的体制变化。

表 1

	旧体制	新体制
具体表现	法院内部管理层级多；内设机构冗多；膨胀的行政人员和部门挤占司法资源。	按照科学、精简、高效的工作要求，推进扁平化管理，建立以服务审判工作为重心的法院内设机构设置模式，实现法院行政事务管理权和审判权的相对分离。
	对法院所有人员实行"一箩筐"式管理方式；各庭处室人员工作量与工作强度不均。	实现法院人员分类管理。
	行政性要素进入审判，审、判分离：审委会运作方式行政化；院长、庭长裁决案件；领导审批程序代替合议程序。	通过司法责任制改革，完善主审法官、合议庭办案责任制，建立"审理者裁判，裁判者负责"的审判权运行机制。
	对法官采取"类公务员"管理方式，法官地位与待遇取决于行政职级。	推动省级以下法院人员统一管理改革；建立有别于普通公务员的法官管理制度；建立法官专业职务序列，实现法官等级与行政职级的脱钩，并建立按期晋升与择优选升相结合的法官等级晋升制度；建立与法官单独职务序列配套的工资制度。
	在强势的审判管理、司法行政管理之下，管理人员和部门与法官之间形成"管与被管"的上下位关系。	明确以审判权为核心，以审判管理权和审判监督权为保障，实现司法责任制与监督管理的有机统一。
总体特征	司法行政化	尊重司法规律，体现司法权力属性。

总结传统法院管理体制的诸多表现，其根源在于组织行政性。而在管理结构

上则表现为塔状结构。司法行政化是中国法院在法治进程的一定阶段，尤其是初期阶段，不可避免的制度选择和行为选择；在历史的法院管理实践中，以行政方式运作司法，虽然弊端严重，但在给定的司法约束条件下，特定方式、一定限度的行政化，也可能产生某种积极效果。①

然而，行政化的司法毕竟有悖司法规律；行政力量又天然具有扩张性，如果不予遏制，它将日益侵蚀司法的领地，压缩司法活动的空间，损害司法的权威并抑制司法的功能。从上表新旧体制对比可见，改革后的法院管理将发生翻天覆地的变化，改革在不断向审判规律靠近，让司法回归司法，让司法活动展现司法应当具备的本质属性②。而“让法院更像法院，让法官更像法官”③，就是要求在方法和路径上从司法的本质出发，以司法本身应有的四种属性为逻辑维度，整体推进改革。

（二）司法目的之回归

传统塔状结构的法院管理模式表现出来的特征已与十八大司改后的现代司法体制格格不入，法院组织机构的设立、审判权运行的管理、法官指导诉讼活动的开展都应符合“公正与效率”这一司法目标。“后司改”法院管理中应该尤其注意的是打破科层等级制，主要表现在：

1. 改变塔状结构的层级化决策方式

庭长的案件审批制度是层级化决策方式的重要表现形式，审批行为是事实上的审判决策行为，其并未以审批人对案件的亲自审理为基础，实质是对主审法官或合议庭完整审判权的分割与占夺，而庭长自身作为法定审判人员享有的审判权亦以案件审批的方式异化呈现。层级化决策方式割裂的不仅是主审法官或合议庭的完整审判权，还包括庭长自身本应享有的审判权。“后司改”时代以审判为中心的法院审判权力运行机制的建立，审判权力和责任应该是落实到法官和合议庭身上，实行主审法官、合议庭办案责任制，“法官的上司是宪法和法律”，只服从自己手中的案件，法官直接签署签发自己的裁判文书，庭长不应该再对其未直接参加审理案件的裁判文书进行审核签发。那么，庭长的行政职务设置就没有存在的依据和必要性。

2. 取消塔状结构中众多庭处室的设置

审判人员以庭室划分，完成本庭工作任务，人员相对固定，流动性不强，其

① 如以行政弥补司法，即在司法要素不足或司法人员素质不高的情况下，以行政手段做适当弥补，以维系基本的司法公正；以行政抗制行政，即在外部行政性干预较大的情况下，以法院自身的行政化力量和手段抗制外部干预，维系基本的审判运行条件。

② 本质属性指：法的独立性、职业性、公正性、权威性。参见蒋惠岭：《论法院的管理职能》，载《法律适用》2004 年第 8 期，第 7 页。

③ 周强院长曾说过，司法改革的一个客观结果应当是“让法院更像法院，让法官更像法官”。

问题表现在：一方面，业务庭的存在已然沦为对法官、合议庭施加行政管理的“帮手”，形成行政权侵入审判权之势；另一方面，其限制了审判庭内部法官、书记员及其他人员的流动，导致无法根据类型案件数量的变动情况及时、科学地调配办案力量。这与“后司改”时代人员动态管理理念不适合；此外，现有法院内部综合后勤部门机构设置庞大，工作效率不高，其完全照搬行政机关的工作方法，组织学习、加强领导，使得法官在繁忙的审判工作中还要兼顾各种政治表现，处于行政化的被监督、被领导、被组织地位。“后司改”时代实行扁平化管理，要求建立科学高效精简的管理结构，对法院人员实行分类管理与动态管理，明确以审判权为核心，以审判管理权和审判监督权为保障，审判组织形式改变，形成众多审判团队。自然而然，审判庭及众多行政后勤部门失去存在的必要性。

3. 改变塔状结构中法官“晋升”模式

按照科层制原理构建起来的法院组织管理模式，大多数法院审判人员晋升模式基本遵循了优秀的法官提拔为副庭长、优秀的副庭长提拔为庭长、庭长再向更高级别的“行政官员”晋升的轨迹，这种层级递升模式提拔的“领导”，虽具有良好的业务能力、丰富的审判经验和敏锐的大局观念，却日渐远离审判台，导致法院最佳审判资源虚置，总是未能最大限度发挥审判精英的作用。并且，这种塔状结构只能诱导处于基层的法官无心“正规化、专业化、职业化”三化建设，而有意“行政”升迁之路，大批优秀法官随着职务加身，逐渐放弃“三化”。“后司改”时代对加强法院队伍“三化”建设的强调，是对法官职业特点和司法本质的回归，在审判资源最优化配置方面，只有改变现有“晋升”模式，通过保障资深法官的审判权，优化年轻法官的成长环境，才能实现审判资源的科学分工和优化配置。

二、“后司改”人民法院管理模式的合理构建

在司法改革理想与改革现实之间，还存在着“一河之隔”，因而各地法院在此过程中做了大量有益的探索并取得了显著成绩。

（一）改革试点法院新型管理模式的辩证分析

纵观党的十八大以来，我国各地改革试点法院结合各自实际，在法院内部管理模式方面都在进行探索与试行，经过考察，其中较为典型、媒体公众予以较多关注度的法院主要有珠海横琴法院、深圳前海法院、北京四中院等[①]。

珠海横琴法院：配备一名院长、两名副院长，不设审判庭，内设机构表现为“三办一局一队”（即审判管理、人事监察、司法政务三个办公室，一个执行局，

① 关于珠海横琴法院、深圳前海法院，最高人民法院在2014年全国“两会”上的工作报告中提出“支持珠海横琴、深圳前海等地先行先试，探索建立新的法院工作模式。”北京四中院是我国首批跨行政区划改革试点法院之一。

一个法警队），传统的庭长审判管理职责主要由审判管理办公室及法官会议履行，行政管理职责主要由院长、人事监察办公室及司法政务办公室履行。设立法官考评委员会，主要负责指导对法官的培训、考核、评议工作。

深圳前海法院：配备一名院长、两名副院长，取消传统法院内部的业务庭设置，内设机构有两个：司法政务处和审判事务处。副院长分管审判业务，司法政务处、审判事务处直接对院长负责，两者在机构设置与人员配置上的完全分离。

北京四中院：领导班子仅由五人组成，内设机构有十个，包括五个审判业务庭，另设执行局、综合行政办公室、司法服务办公室、监察室和法警支队各一个，内设机构数量和领导职数较传统综合性中级法院均实现大幅压缩。

1. 可借鉴性

究其共性，这三个法院均在淡化司法机关行政色彩，使机构和人员配置更加符合审判权运行的规律和专业化特点，提升法官在审判中的主体地位及职业化水平等方面做出了前瞻性、大跨越性的探索与“试水”。主要表现在：减少组织层级、缩减司法行政组织、精简行政事务，对法院工作人员实行分类管理。[①] 这些都是“后司改”时代，人民法院内部管理模式扁平化管理不可或缺的元素，在构建现代法院新型管理模式时应当借鉴与延承。

2. 不可直接复制性

但也应看到，各地法院在管理体制改革呈现出的不同模式，是基于各自司法实践的总结探索，有的侧重于司法效率，有的侧重于审判独立与司法公正，有的则侧重于民主自治，可以说司法管理的高度复杂性使得我们很难断言其优劣。那么，其作为“司改样板间”成色如何，能否在全国法院范围内复制，则还需辩证分析。

（1）从体量上看，对于横琴法院、前海法院，不难发现，二者都是肩负着探索法院综合改革重任的“新型法院”，是作为最高人民法院明确要求建设的综合性司法改革示范法院的“实践新样本”而在十八大后才揭牌成立，先天就具有机构设置新、运行机制新、人员管理新的得天独厚优势，尤其是横琴法院，体量小，整个法院才几名入额法官，据统计该院人员配置和年收案量（即使增加到2000件）只相当于珠三角一个基层法庭的规模，法院各类行政事务相对较少，因而设置“三办”足以解决日常管理需要。而对于全国众多现有传统法院来说，具有受旧体制影响深、法院人员众多、内设机构历来冗多、各类管理事务多样等特点，要扔掉沉重的历史包袱，重新构造法院新管理模式，则“改造老房子似乎比设计一个新房子更难”。

① 这也是改革的目标之一：最高人民法院在《关于全面深化人民法院改革的意见——人民法院第四个五年改革纲要（2014-2018）》中提出要推动人民法院内设机构改革，按照科学、精简、高效的工作要求，推进扁平化管理，逐步建立以服务审判工作为重心的法院内设机构设置模式。

（2）从内部机构设置上看，前海法院被称为我国内设机构最精简的法院，在院长之下，仅设置了两个副院长与两个综合部门（司法政务处和审判事务处）并列，其中两个副院长分管审判业务，司法政务处负责人事党务监察、行政事务、司法警务等工作，审判事务处负责诉讼服务、审判管理、司法辅助事务等工作。从其职能来看，虽然审判事务处具体承担有审判管理的职能，但两个副院长的职能表现出来的是作为一个“过渡节点”仍然承担着审判业务的管理职能[①]（即审判管理），这里面则存在职能重合的嫌疑，或者可以理解为前海法院将审判管理职能的具体事务作了分工并分别交由副院长和审判事务处承担。实际上，加强审判管理已然成为当今世界司法发展的重要趋势，未来法院的审判管理职能定为应该是服务审判的专业化管理[②]，需要运用科学的手段使管理系统化，合理设置专门审判管理机构，最终落脚在提高审判部门、人员的审判能力和素质，促进审判质效的提升。笔者分析，从现实意义上看，前海法院这种架构及职能分工，还具有过渡妥协性，副院长还起着分担职能部门工作的“把关”性作用，这是需要改进的。

此外，北京四中院在内部机构设置上，并未取消传统法院内部的业务庭设置，在具体运行中是否还存在庭长、院长等行政领导干涉专职法官审判的可能性，这也是我们应当注意的问题。在其十个内设机构中，除去五个业务庭和常见的执行局、法警支队和监察室外，只剩下综合行政办公室和司法服务办公室。其中，司法服务办公室作为审判辅助部门，职能设置是内外司法服务综合管理，可见其院的所有司法行政事务均归综合行政办公室管理，其像“大麻袋”包揽了过多管理事务，不分性质与类别，不免有“兜底”的意味。

（二）扁平化管理理念下法院管理模式的重塑——以F中级法院为例

从上述改革试点法院的分析可见，其或没有历史包袱（如横琴和前海法院），或改革的不够彻底（北京四中院）。而目前，国内大多数法院背负着众多“旧部件”，难以快步进入理想化组织模式。但我们可以以问题为导向，凸显现实，在强调改革科学性前提下，用“旧部件”拼装出新样板。在司法改革的大浪潮中，无论是横琴法院、前海法院还是北京四中院，其都勇于改革创新，具有落实“让审理者裁判，由裁判者负责”的司法改革精神。我们要做的是学习其精神，借鉴其有益探索，根据全国法院的普遍情况，构建出适用于以笔者所在F中院为例的这类法院实际情况的现代法院内部管理模式。

在此基础上，笔者提出“后司改”法院内部扇形管理模式（见图1）：

---

① 基于其是综合性司法改革示范法院，笔者认为，前海法院两个副院长“负责审判业务”的职能设置应该不是传统意义上的审判具体事项，因而只能是审判业务相关的指导管理事项。

② 刘澍：《中国法院审判管理改革的结构性调整》，载《北京社会科学》2016年第3期，第9页。

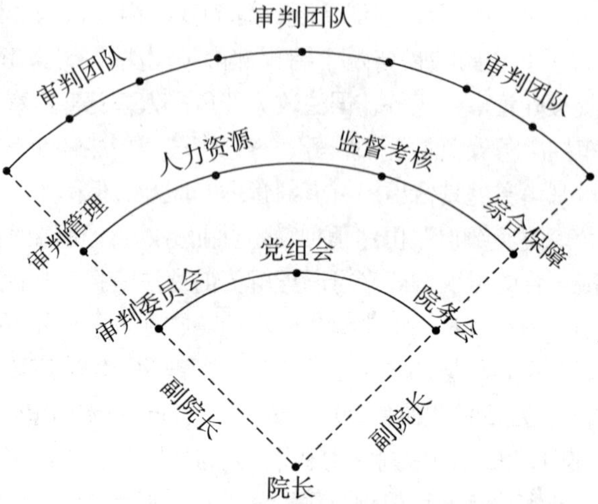

图 1

这种模式[①]的建构，并非一种凭空构想，而是以改革法院科层行政官僚体制及法官审判权的运行体制为出发点，结合法院实际运行情况提出。其司法实践基础在于：

1. 以“以法官为主体、以审判为中心”为宗旨，因地制宜设置机构

“思路决定出路”，法院扇形管理模式并非对现有法院内设机构简单地排列组合，单纯追求建立层次单一的管理机构，而是在扁平化管理理念下，从院长开始到各职能部门围绕审判职能，以服务审判为主导，来辐射全院各类事务与全院人员。具体表现在：

（1）在法院内部非行政化结构框架内，无须设置众多带有行政管理色彩的副院长，只需设置协调法院内部关系、实现全面管理的院长和协助院长分别管理“人”和“案”的两名副院长。

（2）不能单纯为追求精简而精简，而是结合法院内部人员多、具体事务多的实际情况，以科学、精简、高效为原则，突出管理的组织性、效率性，围绕法院管理机构的服务、保障、监督和管理四大核心职能，以职能设置决定机构内容，打破原有庭处室格局，从而因地制宜地设立执行机构来取代传统法院的内设20多个机构，实现权力集中、事务集中、管理集中，避免对一线审判工作造成牵绊。

2. 撤销带有行政管理权的审判庭设置，庭长“回归审判”

“后司改”法院在“去行政化”改革中，在不断向良性的审判组织运行机制靠近，实行司法人员分类管理，优化审判资源配置方式，其突破口就在于打破以

① 在扇形管理结构图中，需要说明的是，因目前关于执行员序列、法警序列正进行审执分离改革及警务化管理改革，还未形成定论，故不在本模式中体现。

审判庭为管理单元的法院机构模式，代之以审判团队作为基本的办案单元和管理单元，同时摈弃以案件审批为主的个案监督方式，将审判权落实到审判长、主审法官和合议庭。撤销审判庭，相应地也应撤销审判部门的行政职位（庭长、副庭长），庭长、副庭长应该参与办案，办理案件不仅是他们作为资深法官的重要表现，也是审判资源的合理使用。庭长“回归审判”将改变优秀法官的评价标准和培养路向，并让更多的优秀法官不是通过竞争法院行政管理职位进入管理阶层而是留在审判队伍，通过参与重大、复杂、疑难案件的审理展示审判技能，成为真正的“资深法官”，并带动一大批法官的成长。

三、“后司改”法院内部扇形管理模式的具体设计与运行

在具体设计与运行上，扇形模式表现为“1+2+3+4+‘5’”的结构：法院院长作为扇子的圆钉、法院管理事务的总指挥，2个副院长作为左右手协助院长管理法院全面工作，同时依托3个会议作为审判事务和司法政务决策机制，4个管理机构作为具体的执行部门，“5”则为泛指，表现为众多审判团队，并在法院内部处于主体地位。这些主体和机构在在扇形管理模式中相辅相成，构成一个有机法院管理系统。

（一）院长

基于组织管理高效率、集中化和统一裁判的需要，任何时期，院长在法院行政管理中都应当是一个强有力的“领导者”。这里所谓的“领导者”是在法院审判管理和行政管理事务特别是重大事项中扮演着一个“总指挥”的角色，发挥组织、协调作用。法院日常的、具体的管理活动可交由专门的集体组织和管理机构去决策、执行。

院长集“党、政、法”（党组书记、行政长官、法官）于一身，其首先是一名入额法官，但在法院管理结构中，应更突出强调院长的管理职能，具体体现在：（1）履行审判管理和监督职责，主要是在宏观层面上统筹、指导、监督本院各项审判工作；（2）行政指挥权，协调法院内部审判组织之间，审判组织和行政管理组织之间的关系，促进法院内部组织科学、高效运行；（3）对外代表权，院长作为本院的首席法官和最高领导，对外代表本院协调与党委、人大、政协、政府和上级法院等部门的关系。

（二）两个副院长

法院内部的扁平化结构一旦形成，无须设置那么多院领导职数，只需任命两名副院长协助院长实现法院全面的管理职能。与当前法院内部层级式管理模式不同的是，副院长作为院长的“左膀右臂”，并不具体领导或分管审判团队，更不

再对法官审判的案件进行审批，仅是协助统筹管理本院审判管理事务和司法行政事务。副院长的职权也包含了审判权、审判监督管理权和行政指挥权三个方面。

（三）三个决策机制

作为组织管理，法院管理的重大事项的决策权并非由院长一人行使，而是根据各类事项的性质分别由不同的权力机构以集体决策的方式行使。根据决策和管理的需要，法院党组会、审判委员会、院务会三个集体决策机构是当前各地法院较为普遍的组织形式。这三个会议机制在司法改革后相当一段长时间内仍有其存在的必要。扇形结构里不同的是，对其职能定位加以改造，更突出强调遵循司法管理规律。

1. 党组会

坚持党的领导是我国司法体制改革的政治优势和重要特征，是确保中国特色社会主义司法制度不变色的前提。法院党组在法院工作中将始终发挥领导核心作用。传统法院党组会成员通常由院长、副院长、纪检组长、政治部主任、执行局长以及部分庭处室的正职领导组成，在缩减院领导数量和撤销庭长职位的改革情况下，党组会成员可由院长、副院长以及部分管理机构负责人、资深法官组成。党组会对法院重大事项部署具有决策权。①

2. 审判委员会

《最高人民法院关于全面深化人民法院改革的意见》已提出应合理定位审判委员会职能②，因此，审判委员会的组织性质应当是审判管理组织和审判业务咨询组织，而不应是最高审判组织。审判委员会委员可由院长、副院长作为常任委员，由审判团队推选的资深法官作为非常任委员组成，发挥总结审判经验、提炼审判规则、提供法律意见、发布指导案例等职能。

此外，分别设立刑事、民事、行政等审判领域法官组成的专业法官会议。专业法官会议制度设计的目标在于指导审判实践、统一裁判尺度、总结审判规律，其具体职能主要包括三方面：一是为法官、合议庭正确理解和适用法律提供咨询意见，专业法官会议对提交讨论的案件所发表的专业性意见仅作为参考和借鉴，不具有强制执行力；二是作为审委会讨论案件的先行过滤机制，通过疑难案件研讨并出具咨询意见，大量减少进入审委会讨论的案件数量，同时预判个案中可能

① 党组会主要履行以下职责：贯彻执行党的方针政策，研究部署全市法院重大工作部署和决策，审议年度工作总结和安排，讨论决定本院队伍建设、精神文明建设、廉政建设等方面重要问题，研究决定干部推荐、考核、任免、奖惩等。

②《最高人民法院关于全面深化人民法院改革的意见——人民法院第四个五年改革纲要（2014-2018）》第32条：改革审判委员会工作机制。合理定位审判委员会职能，强化审判委员会总结审判经验、讨论决定审判工作重大事项的宏观指导职能。建立审判委员会讨论事项的先行过滤机制，规范审判委员会讨论案件的范围。除法律规定的情形和涉及国家外交、安全和社会稳定的重大复杂案件外，审判委员会主要讨论案件的法律适用问题。

存在的风险，提出是否需提请审委会讨论的建议；三是通过总结个案研究中存在的普遍问题，及时汇总、梳理类型化案件的信息流，定期推介典型案例，统一法律适用和裁判尺度。专业法官会议由各业务领域审判经验丰富、理论功底深厚的精英法官组成，根据工作需要可邀请法学教授、行业专家等院外人士参加。专业法官会议主任可实行“轮值制”，由会议成员轮流担任，负责组织召开和协调会议相关事务。

3. 院务会

院务会的职责主要是传达贯彻上级单位工作部署要求，讨论研究全院性司法行政工作事项，讨论决定本院阶段性工作总结和安排以及其他需集体讨论决定的事项。院务会由院长、副院长、执行机构负责人、审判团队成员代表等参加，实行集体领导、民主决策。

（四）四个执行机构

据分析，法院的各类事务大多可归为审判管理、人力资源、监督考核和综合保障这四大类。如笔者所在F中院现有综合行政管理部门12个，基本是各地法院的“标配”，这些管理部门的职能基本可整合到上述四个分类中（见图2）。基于科学、精简原则，应在法院设立相应的四个执行机构，作为三个决策机制决定内容的“四驾马车”在全院内实现各类事务的高效运转。

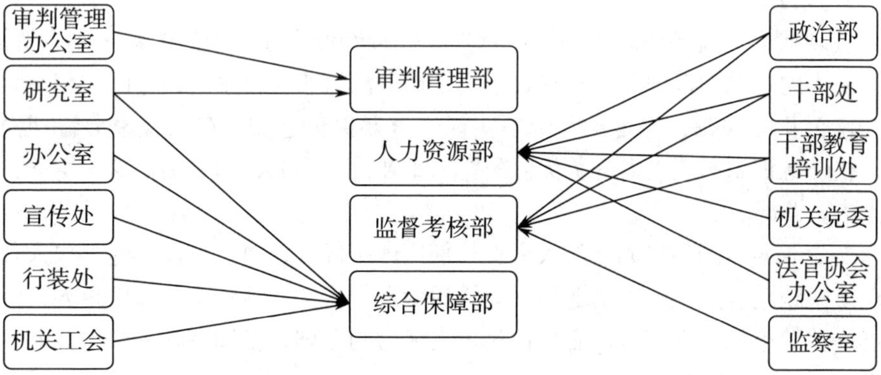

图2

上述相关管理部门和职能整合，并非对现有机构和人员简单地排列组合，而是在去行政化理念下，精简机构和人员，整合工作职能，实行一人多岗多责，做到人少不缺位，从而节约行政资源，促进工作效率提高。四个专门执行机构的职能主要是在院长（副院长）及“三会”指导下，服务、保障、监督和管理审判活动。四者自身之间则存在着内在互动关系（如图3）：

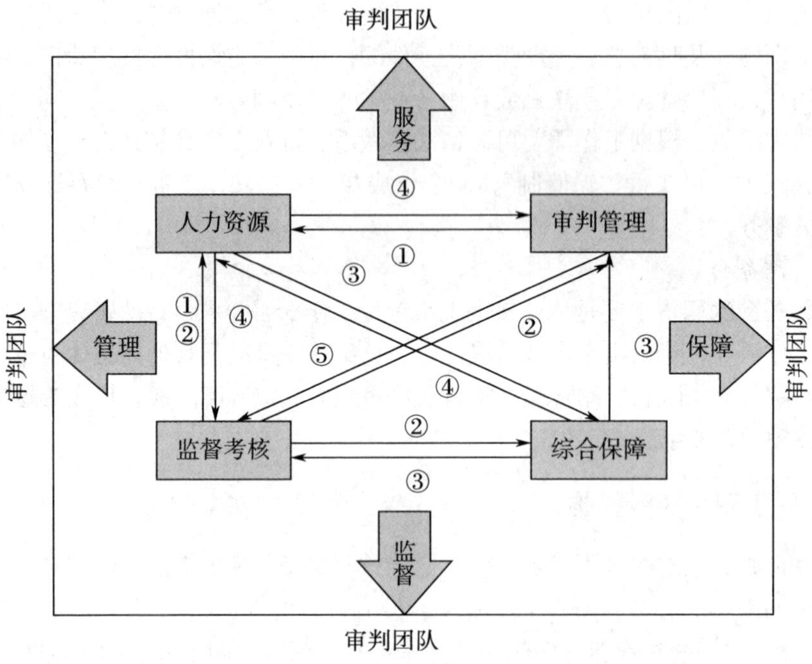

①影响人力资源配置 ②监督考核 ③服务保障 ④人力资源管理 ⑤提供考核依据

图 3

1. 人力资源部[①]

在现代人力资源管理学中，法官作为一种专业人才，当然的属于人力资源。而司法人力资源的合理配置及有效运用是提升法官职业化水平，进而实现有效率的司法公正的关键，也是司改亟须实现的重要目标之一。在法院扇形管理模式中，格外意识到司法人力资源优化配置的重要性，因而，围绕法官这一主体，设立人力资源部。

与之相对应的传统的法院人事管理部门即干部处，对法官及其他工作人员的管理方式缺乏差异化，简单地将人力资源管理作为“人事档案”管理。人力资源管理并非简单的人事安排，应是针对个人能力的管理，以期调动每个主体的主观能动性，实现整体功效。

人力资源部负责全院各类人员的管理，其运行的主要目的在于实现司法领域的“帕累托最优”[②]，即在有限的审判资源条件下，通过合理配置审判资源，主要

① 人力资源部门主要职责包括思想政治、组织人事、工资福利、表彰奖励、培训教育、机关党建、团委工作等，同时负责办理党组会的日常工作。

② 所谓“帕累托最优”，指的是资源分配的一种理想状态，即假定固定的一群人和可分配的资源，从一种分配状态到另一种状态的变化中，在没有使任何人境况变坏的前提下，也不可能再使某些人的处境变好。

是配置司法工作人员，实现法院工作，特别是诉讼效益最大的状态。[①]科学的人力资源管理，首先，要充分掌握本院人力资源的整体情况，包括各类人员数量、年龄构成、性别比例、素质差异等，从而采取优化人员结构、调配人员分布等措施。其次，要处理好人力资源管理部与其他部门之间的关系。人力资源管理部不是孤立存在的，与审判团队、审判管理部、监督考核部、综合保障部是相互联系、相互影响的互动关系。人力资源部要为他们招录、提供、配置、调整、培养合适的人才，淘汰与岗位不相适应的人员。审判管理部与人力资源管理部分享审判数据资源和统计分析情况，作为人力资源调配的依据，从而实现案件与法官均衡分布。人力资源部门要接受监督考核部门的绩效考评、工作监督等。综合保障部门尽最大努力服务保障人力资源部门的职能发挥。再次，要善于辨识一个人的长处，从而为组织创造最大的价值。要更多地注入人力资源管理新理念，把“活的人管活”，根据个体差异（年龄、审判经历、专业方向等），充分、合理、动态地管理，科学、有效地分配人员。要把办案能手充实到审判一线，把管理人才放在合适的管理岗位上，实现“人尽其才、事得其人、人事相宜”。只有科学的人力资源配置才能协调促进法院整体职能的运转。

2. 审判管理部[②]

审判管理，应当是动态管理，涉及立案、审判、执行、归档等全程监控、全程管理，要以“大数据、大格局、大服务”理念为指导，信息化建设为支撑，构建分类科学、信息全面的司法统计标准体系，功能完备的审判数据中心和有效运行的实证分析平台。案件与人力资源一样是“活”的，审判管理部要充分发挥主观能动性，深入分析审判工作运行的整体态势，挖掘影响案件质量与效率的各种问题，总结规律，掌握动向，提出前瞻性的对策建议，并及时将审判数据和统计分析结果反馈给办案法官。院长根据数据平台和审判管理部提供的信息，及时指挥调整有利于审判质效提升的审判管理制度。

审判管理部的职能与案件息息相关，一方面应明晰其自身定位，虽然称为“审判管理”部，但其职能并非管理法官或案件，不能插手干预法官独立办案，而是为法官和审判团队服务，保障程序公开公正、督促其重视审判质效，辅助支持审判工作。审判管理部门应加强与各审判团队的沟通交流，形成合力，共同促进全院审执工作。另一方面，审判管理的工作性质决定了其组成人员应当包含具有法官身份的人员，具备一定的审判经验，并熟悉案件审理过程中各个节点的控制。

---

① 李锋、任金花：《“1+1+1”审判模式的经济学分析》，载《当代学术论坛》2013年第10期。

② 审判管理部门主要职责包括审判流程管理、案件质量评查、审判运行态势分析、审判绩效管理、审判业务协调、司法公开工作、立案和诉讼服务、司法调研和统计分析等。同时作为审判委员会办事机构和决策督办机构。

审判管理部与人力资源部紧密结合，可以每月根据案件类别、数量、审限状况、结案情况等进行分析，及时与人力资源部互通数据，为人力资源部配置、调动、调整审判资源随时提供信息，从而达到案件均衡、人力均衡、最大限度发挥审判资源创造能力的目的，建立起一种“以案决定人、以人承受案”的具有内在逻辑关系的司法状态。

3. 监督考核部[①]

监督考核部的职能对象主要分为“人”和“案”。最高人民法院江必新副院长指出：“在强调法官独立审判的背景下，司法改革过程一定要把对法官的监督放在重要位置上。”对于法官及其他工作人员的监督，要侧重于其司法行为和廉洁性，应避免涉及法官审理案件的实体问题。

在“案”的考核上，当前各地法院对于审判质效的考评主要是针对审判业务部门层面，最高人民法院制定一系列质效评估指标体系，各省法院根据具体情况细化指标，而这些指标内容繁多，不尽合理。以法官为中心的“后司改”时代，法官考核评估体系应以遵循司法规律，保障法官独立办案和独立判断为基线，取消一些有悖于司法规律的数据排名考核，如上诉率、裁撤率、调解率、改判率等，只需保留审限内结案率等少数必要的约束性指标，其他评估指标只作为分析审判运行态势的数据参考。

4. 综合保障部[②]

综合保障部以服务、保障审判工作为重心，负责为法院审判活动提供各项综合服务和后勤支持。综合保障部作为较纯粹的司法政务管理部门，囊括了当前近三分之一的行政事务，并作为各类临时性工作的承办部门，事务纷繁复杂。而在司法行政人员数量精简的情况下，综合保障部可以通过购买社会化服务的途径解决人员不足的问题，如对外委托司法技术鉴定、公务车辆管理等。

（五）审判团队

审判团队的组织形式取代行政化的审判庭的机构设置。基于过渡期间的需要，可以依案件的类型和数量设立若干专门的审判团队，最终实现全部组建成综合性审判团队。审判团队不隶属于任何领导或机构，审判团队由法官或法官与人民陪审员，以及法官助理、书记员和其他必要的辅助人员组成，形成“1 个合议

① 监督考核部门的主要职责包括制定执行廉政建设制度，查处违反党纪政纪和审判纪律案件，处理检举、控告法院工作人员来信来访，负责上级纪检监察部门交办任务；负责法官、审判辅助人员和司法行政人员绩效考核；负责办理法官遴选（惩戒）日常相关工作等。

② 综合保障部门主要负责综合文字、信息宣传、机要保密、文印印鉴、档案图书、会务接待、刊物编辑、司法装备、财务管理、法院文化建设、信息化建设、法庭建设、综治工作、车辆保障、干警关怀、对外联络、法院安保等，协助办理人大代表、政协委员提案，负责司法鉴定及其他专业性技术工作。同时，负责办理院务会相关事务。

庭 +N 名法官助理 +N 名书记员”的模式。在案件分配方面，审判管理部门负责立案工作和案件分配，直接将案件分至各入额法官，实行随机分案为主、指定分案为辅的案件分配制度。在合议庭分工方面，由承办案件的法官担任审判长，合议庭成员权力地位平等，在阅卷、庭审、合议等环节中共同参与、相互监督制约。在文书制作方面，独任法官审理案件形成的裁判文书由其独立签发，合议庭审理案件形成的裁判文书由合议庭成员共同签署后印发。在审判业务方面，由专业法官会议、法官联席会议等内部咨询机构替代当前院、庭领导的业务指导。

（六）党支部建设

在坚持党的领导下，法院独立行使审判权是我们处理党的领导与法院行使审判权关系的基本立场，党在我国政治生活中的领导地位从未动摇，因而基于党建工作的需要，实行支部建在团队上，由一个或若干审判团队的法官、审判辅助人员党员组成一个党支部，实行“以党建带队建，以队建促审判”。此外，还应在四个执行机构分别建立的相应支部。

结 语

不可否认，相当一部分人已对司法行政化习以为常，甚至将司法行政化界定为中国特色法院体制和司法运作的应有形态。这种认识若被传导印证和强化，最终将使中国司法体制重走“老路”。司法改革是人民法院一场深刻的自我革命，笔者认为，中央已经为法院的改革打足了气，鼓励地方探索，并允许试错。在本文提出的人民法院扇形管理模式中，还有些后续问题需要细化与解决，比如要处理好上下级法院之间、法院系统与党政系统之间的关系；模式中各个主体和机构之间是相辅相成的有机整体，应加强互相之间的沟通协作，在运行过程中特别要注重实现管理部门与一线审判团队之间的调和；随着改革全面推进，要妥善处理与其他国家机关之间的平行对接等等。限于本文篇幅有限，笔者将继续深入研究下去。

论“分署垂直式”的法院新型司法行政事务管理模式的构建

林 娜*

前 言

“探索实行法院司法行政事务管理权和审判权相分离”是党的十八届四中全会明确提出的改革任务[①]。虽然到目前为止改革方案尚未出台，但这个阶段恰恰是理论研究可以有所贡献的最佳契机。那么，对在理论界和实务界一直没有“入流”的法院司法行政事务管理权来说，其边界在哪里？属性是什么？是否为固有权力？可否再作拆分归属？需要分层独立还是垂直统一？特别是如何设计法院司法行政事务管理权和审判权相分离的改革方案以解决现有问题？

针对以上种种，本文试图在研究法院司法行政事务管理权的权力属性、权力边界的基础上，从理论、历史、其他国家或地区三个维度解决法院司法行政事务管理权的归属问题，再对当前管理体制所暴露出的问题进行分析，最后对于未来的改革路径与方案提出自己的初步思考。

一、重新认识看似寻常的法院司法行政事务管理权

法院司法行政事务管理权，看似是个人人都能说上几句的熟悉话题，但对于这项权力的边界在哪里、权力的属性是什么、其与审判权的关系又如何等问题，就需要做严谨的科学分析。

（一）法院司法行政事务管理权的“同心圆”结构

从学科角度分析，法院司法行政事务管理关涉政治学、法学、社会学、管理学等多个学科[②]，跨度大，理论深，其“复杂性”是客观存在的。对于法院司法行政事务管理权的具体内容，有专家认为应从案件审理、系统运转和机关运转三个

* 作者单位：北京市高级人民法院。

① 《中共中央关于全面推进依法治国若干重大问题的决定》，载中国经济网：http：//www.ce.cn/xwzx/gnsz/gdxw/201410/28/t20141028_3795791.shtml，最后访问日期：2015 年 5 月 6 日。

② 董治良：《法院管理浅论》，载《国家检察官学院学报》，2005 年第 5 期，第 97 页。

层次概括为审判管理、外部管理和事务管理①，也有专家认为法院行政事务管理应分为审判业务管理、行政管理和组织人事管理②。众说纷纭，不一而足。

在笔者看来，以与案件审判的亲疏为标准，法院司法行政事务管理权的结构用“同心圆”理论来解释最为恰当。

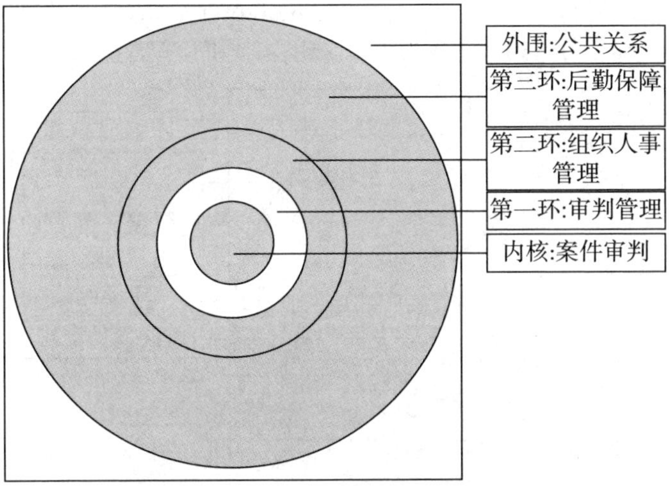

图 1　法院司法行政事务管理权的“同心圆”结构

表 1　法院司法行政事务管理权的分类

分布	概念	内容
第一环	审判管理	审判质量管理、审判流程管理、司法统计等
第二环	组织人事管理	人事任免、法官日常培训与管理、人民陪审员管理等
第三环	后勤保障管理	财务管理、经费保障、档案管理、场所与技术维护等
外　围	公共关系	与社会、媒体、党委、政府的沟通及党政任务的完成

在图 1 所示同心圆中，法院工作的内核始终是案件审判，其外的其他事务属法院司法行政管理范畴，如同心圆般层层围绕审判内核，为其提供服务与保障。以与案件审判的亲疏为标准，法院司法行政事务管理权概分四个层次（见表 1）：第一环同心圆——与案件审判直接相关的事务管理（不涉及案件实体审理），其主要内容为当前的各项审判管理事务；第二环同心圆——不直接与案件审判发生关联但与审判队伍直接相关的法院事务管理，即组织人事管理；第三环同心圆——与法院行使审判权所需的物质保障相关的法院事务管理，即后勤保障管理；同心圆的外围——法院与党委、政府部门、社会、媒体之间的沟通联系以及党政任务的完成，这些实质上即管理学中的公共关系。

① 蒋惠岭：《论法院的管理职能》，载《法律适用》，2004 年第 8 期，第 8~9 页。
② 董治良：《法院管理浅论》，载《国家检察官学院学报》，2005 年第 5 期，第 98 页。

（二）法院司法行政事务管理权的权力属性——是法院的固有权力还是法定权力

固有权力（Inherent Power）指与生俱来的或者必然依附的权力，其行使主体是特定的不可变更的。而法定权力（Statutory Power）则是由法律规定而获得的权力，其行使主体是可变的，即权力可依法由主体甲转移至主体乙。

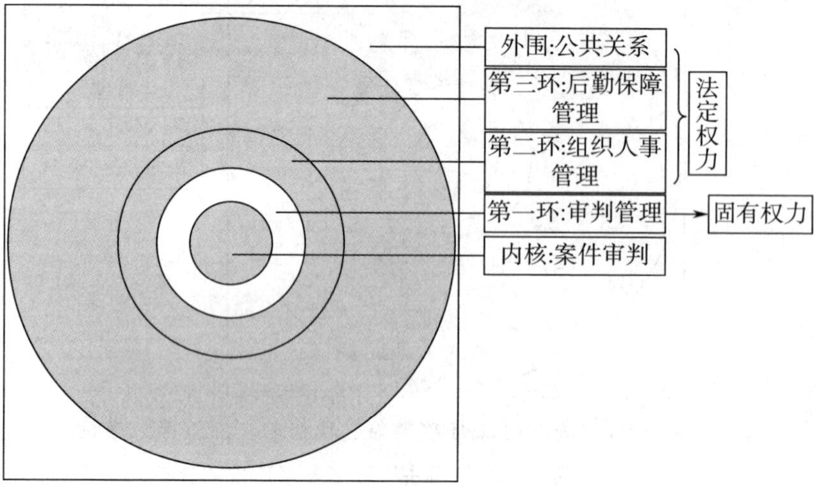

图 2　法院司法行政事务管理权的权力属性

如图 2 所示，按照前述同心圆理论，审判管理作为与每个案件的审判过程均密不可分的工作范畴，是法院的固有权力，因此必须由法院行使。而其他与案件审判并非直接关联的与法院人财物密切关联的组织人事管理、后勤保障管理以及处理公共关系的事务权，属于法定权力，是依法可被转移的权力。这也在一定程度上解释了为何从历史的纵向维度研究，我国法院司法行政事务管理权中的大部分权能曾一度经历与法院的分分合合；同时也解释了为何从其他国家或地区的横向维度研究，其他国家和地区存在不同的法院司法行政事务管理权归属模式，有的归法院自管，有的归司法部或司法委员会管理。这些在下文将详细阐述。

二、司法脱离行政权之后的挣扎——如何从“行政的司法”阴影中走出来

（一）从理论维度分析法院司法行政事务管理权与审判权的关系

司法权从行政权中分出，是“权力分立”理论产生后的重大法治实践，最早是美国在这方面做了比较彻底的尝试，尔后被绝大多数国家所采纳。但是，行政依然对司法有着支配性的影响，具体表现在行政机关在长时间内掌管着司法机关

的行政管理事务。换句话说，司法权力的独立存在并没有当然解决好它与司法行政事务管理权之间的关系问题。从本质上讲，“司法行政事务管理”应当是为了实现司法的根本目标，为了让司法的本质属性得到最大程度的还原和体现而存在的一种支持、保障、管理职能。法院司法行政事务管理权在国内外公认的价值有三项。一是从属性价值。没有审判权就不可能有法院的司法行政事务管理权。法院司法行政事务管理权是为审判权而生的，这种从属性是绝对的从属性。二是保障性价值。法院司法行政事务管理为法院提供合格的司法人才、提供经费预算、保障法庭的充足和安全、保障排除外部的干扰。三是相对分立性价值。如果将审判权和法院司法行政事务管理权相混，则势必会影响审判权的科学运行机制，也很难有管理的效率。因此，法院司法行政事务管理权必须走出行政的阴影，真正成为“司法的行政”而非“行政的司法”。

而回顾世界法治发展历程，司法作为一种独立的功能从行政当中摆脱出来之后，多多少少依然残留着司法附属于行政的基本设施的印记，也就是“行政的司法”或称作“行政管理司法”。如果司法与行政之间的关系没有摆正，司法被行政管理，法院的审判属性被行政湮没，那么司法的独立性与公正性势必受到侵蚀，审判工作在法院的核心地位亦将被动摇，这些显然是不符合审判工作要求的。这种“行政管理司法”的做法在 1970 年代以前的欧洲甚至是当今的德国、法国都有明显的痕迹。以行政管理司法或带有这种色彩的做法是备受诟病的，所以美国、日本、韩国、包括我国台湾地区都采取强了有力的措施，消除了这种痕迹。

（二）从历史维度分析我国法院司法行政事务管理权的分合之路

不仅从理论上讲，法院管理中的大部分事务是可剥离的，历史发展轨迹也证实了这一点。如表 2 所示，从可考资料看，从新民主主义革命时期以来，我国法院司法行政事务管理权经历了与法院分分合合的不断反复，大体可以分为三种类型，一是分立型，二是合一型，三是混合型。

表 2　我国法院司法行政事务管理权发展沿革[①]

时期		类型	表现
中华人民共和国成立前	第二次国内革命战争时期（1927~1937）	混合型	中华苏维埃共和国成立后，实行审判权和司法行政权在中央分立、在地方合一的原则。 1. 在中央实行审判与司法行政“分立制”，由司法人民委员部负责全苏区司法行政事宜，临时最高法庭（最高法院）则专司审判事宜。 2. 在地方采用审判与司法行政“合一制”，即由各级裁判部兼管审判工作和司法行政工作。
	抗日战争时期（1937~1945）	合一型	抗日战争时期，各边区根据地司法机关的设置大同小异，审判机关为同级政府的组成部分，在同级政府的统一领导下，既管审判工作，也管司法行政工作。
	解放战争时期（1945~1949）	前期：合一型	解放战争初期，各解放区继续审判与司法行政“合一制”的管理体制，即由司法机关首长或司法机关内部的专设机构掌管司法行政事宜。
		后期：混合型	解放战争后期，各大行政区成立司法部，主管全区司法行政工作；但在省以下，仍实行审判与司法行政“合一制”，由各级人民法院兼管司法行政。
中华人民共和国成立后	1954 年宪法颁布前（1949~1954）	混合型	1. 中央设置最高人民法院、司法部，在各大行政区设最高人民法院分院、司法部，实行审判、司法行政的“分立制”。 2. 各省、市、县只设人民法院，在地区设省人民法院分院，不专设司法行政机关，即实行审判、司法行政的“合一制”。
	1954 年宪法颁布后（1954~1976）	前期：混合制	1954 年宪法及 1954 年人民法院组织法公布后，中央人民政府司法部改称中华人民共和国司法部，各大行政区司法部随着大行政区的撤销而撤销，在各省、自治区、直辖市设司法厅（局），专署设司法处（科），负责地方司法行政事宜。基层人民法院设专人管理司法行政工作。
		后期：合一制	1959 年，全国人大二届一次会议通过了国务院的议案，决定：撤销司法部，原司法部主管的工作由最高人民法院管理。随着司法部的撤销，各省、自治区、直辖市司法厅（局）也随之相应予以撤销，在人民法院内设司法行政机构，司法行政工作由人民法院兼管，从中央到地方，实行审判与司法行政的“合一制”。
	改革开放时期（1976~）	前期：分立制	1979 年人民法院组织法规定，“各级人民法院的司法行政工作由司法行政机关管理”。同年，恢复设立司法部。到 1980 年底，从中央到地方都恢复了司法行政机关。
		后期：合一制	1982 年 8 月，人民法院司法行政工作从司法行政机关移交由最高人民法院、地方各级人民法院和专门人民法院自行管理。1983 年，人民法院组织法做了相应修改。

法院的司法行政事务管理与法院的审判工作几乎是同时产生的——任何机构的运转和特定职能的实现，都必然辅之以相应的管理工作。[②]一定意义上，从新

① 蔡诚：《当代中国的司法行政工作》，当代中国出版社 1995 年版，第 4~5 页、第 9~10 页、第 12~27 页、第 62~63 页。

② 蒋惠岭：《论法院的管理职能》，载《法律适用》，2004 年第 8 期，第 7 页。

民主主义革命时期至今，法院司法行政事务管理权与审判机关之间已经分分合合了五个回合，但仍以合一制即法院自管模式为主，并且在漫长曲折的分合之后，1982 年，法院的司法行政工作从司法行政机关重新移交回法院自行管理，并延续至今。在过去的三十多年中，法院司法行政事务管理工作由法院自行管理的模式已几乎成为一种传统被沿袭下来。

从客观的历史维度看法院司法行政事务管理权的归属问题，可以说，司法行政事务由法院自行管理是适合当前法院的运转规律的，可以坚持也应当坚持。

（三）从其他国家或地区维度分析我国法院司法行政事务管理权的归属

在以历史沿革为基线进行了域内的纵向梳理之后，笔者对现阶段的法院管理做了横向比较。对于法院的司法行政事务，其他国家或地区法院的实践做法，如表 3 所示，可以归结为“两种类型、四种模式”。第一种类型是法院自行管理型，包括以日本和韩国为代表的事务局模式、以我国台湾地区为代表的司法院模式和以美国为代表的司法会议模式；第二种类型是由法院以外的其他机构管理的司法委员会统管型，典型代表是法国模式[①]。

表 3　其他国家或地区法院司法行政事务管理制度模式简介

法院自行管理型				司法委员会统管型
事务局模式		司法院模式	司法会议模式	司法委员会模式
日本	韩国	我国台湾地区	美国	法国
由最高法院主管。最高法院院长是主要负责人。 最高法院设“事务总局”，作为日常管理机构。各高等法院设立司法局。	由最高法院主管。最高法院设立法官委员会，就重大问题作出决策。最高法院院长负责司法行政事务，并任命 1 名大法官担任全国法院管理部长，主管司法行政事务，下设各种管理机构处理日常行政事务。	我国台港地区的司法行政事务由“司法院”主管。院长综理司法行政事务。 “司法院”下设民事厅、行政厅、少年家事厅、司法行政厅等。	美国由三级法院代表（主要是首席法官）组成的“司法会议”（也称为“司法委员会”）作为决策机构。 下设各专业委员会，分管程序、建设、调解、纪律等事务，委员均由各级法院的法官兼任，定期开会研究。	法国法院的行政管理（主要是人事管理）由“最高司法委员会”下设的“法官委员会”承担。法官委员会有 10 名成员，其中法官 7 人，外界推选的代表 3 人。

从表 3 可见，目前其他国家或地区实践以法院自行管理型为主。日本最高法院设置事务总局和裁判部门，事务总局承担司法行政职责，裁判部门承担审判职责[②]；韩国法院的司法行政工作在国会领导下，由法院自行管理，最高法院设立大

① 韩苏琳编译：《美英德法四国司法制度概况》，人民法院出版社 2008 年版，第 439~440 页。
② 见 http：//www.courts.go.jp/saikosai/about/sosiki/index.html，最后访问日期：2015 年 5 月 30 日。

法官委员会作为决策机构，设立全国法院行政管理部作为实施机构①；我国台湾地区的司法行政事务由“司法院”主管，“司法院院长”综理司法行政事务；美国国会成立“联邦司法会议”，作为法院司法行政事务管理的决策机构，向国会负责，联邦司法会议的执行机构是联邦法院行政事务管理局②。而欧洲国家尤其是北欧国家大多采用非法院自管的模式，有的直接交给司法部管理。不过，欧洲大陆各国也在努力突破传统模式，将法院司法行政事务移交给一个独立的司法委员会来管理，以减弱或逐步消除“行政的司法”的痕迹。

综上所述，一些国家的行政机关管理法院司法行政事务，确有其历史原因和现实考虑，但总的发展趋势仍然是法院自行管理行政事务的范围越来越大，至少也会通过混合型的司法委员会进行管理。那么，中国的“审判权与法院司法行政事务管理权分离”的改革应当建立在科学的理论基础上，考虑中国“分合”之路，也要考虑世界范围内的大趋势。

三、现行中国法院司法行政事务管理模式存在的问题和弊端

中国审判事业走到今天正日趋完善，这当中法院司法行政事务管理工作贡献很大，但同时随着对法院司法行政事务管理工作的地位、性质、组织、内容以及运行规律的研究的不断深入，我们也发现在法院内部，法院司法行政事务管理与法院审判过于近密甚至混同的权力配置在一定程度上侵蚀了审判权在法院的核心地位。由此，在法院内部构建一套司法行政事务管理权与审判权相对分离的法院管理模式，进一步确保法院依法独立公正行使审判权，成为对时代要求的回应。如果研究中国法院司法行政事务管理模式的历史沿革和其他国家或地区比较，其作用是“以史为鉴”，借“他山之石”来确定法院司法行政事务管理权的主体的话，那么，接下来研究和反思中国法院司法行政事务管理的现状，则是为了对现行管理模式的弊端和不足进行准确定位。

总体而言，现行法院司法行政事务管理体制的问题和弊端可以概括为两个方面。一方面，从法院内部看，司法行政事务管理与审判工作行权模式的混同已成痼疾；另一方面，从整个法院系统看，各个法院司法行政事务“碎片化”问题严重，且“各自为政”、上下不能一以贯之。

（一）混杂不清的司法行政事务管理权与审判权

第一，在法院内部，法院审判权与司法行政事务管理权的行权模式混同，导致法院整体的行政化色彩较浓。由于院、庭长一人双岗的身份二重性，院、庭长

---

① 见 http：//eng.scourt.go.kr/eng/supreme/affilorg_intro.jsp，最后访问日期：2015 年 5 月 30 日。

② 见 http：//www.uscourts.gov/about-federal-courts/governance-judicial-conference，最后访问日期：2015 年 5 月 31 日。

在行使审判权过程中往往忽略了双重角色的剥离，转以听取汇报、审批文书等行政化手段在案件审判重要节点“把关”，导致行权模式混同不清，审判权运行机制中本不应出现的行政化决策方式模糊了法院以审判为中心的司法角色。当然，在完善“让审理者裁判，由裁判者负责”的司法责任制的过程中，这一状况有所好转。①

第二，部分法院除审判工作外，往往需要按照地方党委政府的部署，额外承担诸如拆迁联合执法等与法院审判无关的任务。

（二）“碎片化”的法院司法行政事务管理权

在我国现行的司法权（含法院司法行政事务管理权）的结构中，除了权力混杂不清的问题之外，还存在着法院司法行政事务管理权的“不垂直”、不统一、碎片化的问题。由于众所周知的原因，“碎片化”首先体现在法院司法行政事务管理权有一部分由法院行使，但还有更多的管理权分别由党委、政法委、组织部门以及政府的人事部门、财政部门、司法行政部门行使。不过，考虑到主题的需求，在这里只对法院系统行使的管理权的不统一、碎片化问题略加分析。

第一，限于地方政权在司法管理体制方面的作用，上下级法院之间在管理权方面的统一关系被割断。例如，由于区县党政部门掌握着对法院的大部分重大事项的管理权，所以上级法院对区县法院的相关事项的管理、标准便失去作用。这样，上下级法院之间在司法管理权方面并没有建立起管理权所固有的垂直、一体化的关系。

第二，上级法院对于下级法院的管理权行使过程中，由于没有法定的垂直管理关系，所以其制约、监督、惩戒、制裁等措施无法发挥作用。往往是下级法院依靠对上级法院的尊重、礼貌，而按照上级法院的管理措施去行事。但一旦遇到上级法院的管理措施（命令）与下级法院的意志发生矛盾时，或者下级法院遇到当地党政部门直接行使管理权的情形时，便可以没有顾忌地违反上级法院的管理措施，而且也不会受到什么制裁。

第三，管人与管事相脱节。下级法院行使行政管理权的人员属于本法院管理，而上级法院部署的司法行政管理事项需要这些人员去落实，但上级法院对这些人员并没有管理权。这就造成了一种管人与管事的脱节。当前正努力推行的法院人财物省级统管中关于人的省级统管，尚将重点落在法官的省级统管上，对于司法行政人员的省级统管还未进入重点视野。

---

① 2017 年 4 月 12 日，最高人民法院发布《最高人民法院关于落实司法责任制完善审判监督管理机制的意见（试行）》。文件要求，确保“让审理者裁判，由裁判者负责”，除审判委员会讨论决定的案件外，院庭长对其未直接参加审理案件的裁判文书不再进行审核签发，也不得变相审批案件；各级人民法院应完善院庭长审判监督管理权力清单。见环球网：http：//china.huanqiu.com/hot/2017-04/10494791.html，最后访问日期：2017 年 10 月 1 日。

所有这些，一方面使得法院的审判属性不够凸显；另一方面又令法院的司法行政事务管理工作在成效上没有显现出应有的便捷、高效、统一，反而影响了审判职能的独立行使。为使法院回归更纯粹的审判属性，我们必须改革法院司法行政事务管理权配置和构造。针对以上两大块问题，笔者认为，宜在法院内部建立“分署垂直式”的司法行政事务管理模式。下面分别论述。

四、按照科学管理的原则构建法院内部“分署式”的法院司法行政事务管理模式

我国法院自1982年自行管理司法行政事务后，逐渐显现出的一大弊端就是审判与司法行政混杂不清，包括审判与司法行政行权模式混同、组织机构设置不合理以及人员配置交叉等。因此，在法院内部构建“分署式”的法院司法行政事务管理模式显得尤为必要。“分署式”的管理模式不仅是我国法院司法行政事务管理工作的科学要求，也是其他国家或地区法院的主流做法，在下面的“改革思路”部分，将结合其他国家或地区情况逐点说明。

（一）改革思路

第一，审判行政分离，杜绝交叉。在法院内部，改革后的法院司法行政事务管理权运行机制必须严格与审判权分离。审判权应依司法规律运行，法院司法行政事务管理权则依行政规律运行，两种运行机制不得交叉，更不得混同。法院司法行政事务管理权限必须严格限定于为审判权的独立依法公正行使提供周边保障的非案件审理事项。从其他国家或地区经验也可以看出，保持法院管理和法院审判之间的绝对或者相对分离，是为了避免行政管理权影响审判或由此产生的嫌疑。不论是法院自行管理型还是司法委员会统管型，其法院司法行政事务管理和法院审判的相对分离甚至绝对分离，都为避免法院管理干预审判提供了十分有利的先决条件。

第二，组织机构分署，并行不悖。在组织机构设置上，改革后的法院司法行政事务管理权运行机制应组建新型行政事务管理局作为人民法院司法行政事务的执行机关，按照决策机关的决定办理具体事务，稳固确立司法行政为审判服务的角色定位，司法行政事务管理局作为一个服务性部门与法院审判业务部门并行不悖。其他国家或地区虽有不同的实践类型和模式，但“审判至上、一切为审判服务”的理念是共通无误的，法院司法行政事务管理与审判工作二者之间服务与被服务的关系是稳固且显著的。

第三，人力资源分类，合理配置。在法院司法行政事务管理权运行机制实现“分署垂直式”设置的同时，还应对人力资源做科学的分类管理。法官应最大限度地充实到审判一线，走职业化发展道路；司法行政机构中，除了重要职务由法

官担任外，其余的根据岗位需要招录具备相应特长的人员，并单独设计适于司法行政机构的职业发展路径。从其他国家或地区实践可得，此为通例。而令人兴奋的是，我国在这一点上已跟上了步伐——党的十八届三中全会《决定》明确要求“完善司法人员分类管理制度”。[①]

（二）具体设想

一是在最高人民法院设置法院管理事务的最高决策组织。最高人民法院设立“全国法官委员会”，作为法院管理的最高决策组织。全国法官委员会设置审判指南专门委员会、人事管理专门委员会、审判研究和管理专门委员会、财政预算与经费专门委员会、外宣和公关专门委员会、法官职业道德专门委员会等六个专门委员会。

二是各级法院设立法官代表委员会。最高人民法院、高级法院、中级法院、基层法院各自设置“法官代表委员会”，作为讨论决定本院除审判工作以外的其他重要司法行政事务管理事项的决策机构。

三是建立统一的法院司法行政事务管理决策的执行机构。在法院内部建立司法行政事务管理局作为专门机构，执行“全国法官委员会”或各级法院“法官代表委员会”关于法院司法行政事务管理的决策。最高人民法院设立司法行政事务管理总局，下设人事管理局、政务管理保障局、审判研究和管理局等三个事务局，统管法院内部所有除审判工作以外的事务。

五、按照法院司法行政事务管理权的“行政属性”构建“垂直式”的法院司法行政事务管理模式

人人都会反对上下级法院的垂直关系，但这并不能否认司法行政事务管理体制的最佳模式依然是垂直模式，因为这是法院司法行政事务管理的“行政属性”所决定的。从前面的分析来看，一个碎片化、不统一的管理体制对于维护审判独立、提高审判效率、实现司法公正，都具有一定的破坏作用。当然，必须指出的是，这里所强调的垂直管理体系与当前司法体制改革中一些学者所抨击的破坏审级独立、加强行政控制的情况完全是两码事。

（一）改革思路

在前述共识之下，垂直结构的法院司法行政事务管理模式应当包括以下内容：

第一，上下一体化。上下一体化，是指从最高人民法院（若我国实行省级统

---

① 《十八届三中全会〈决定〉、公报、说明（全文）》，载中国经济网：http://www.ce.cn/xwzx/gnsz/szyw/201311/18/t20131118_1767104.shtml，最后访问日期：2015 年 6 月 6 日。

管，则是省高院）到基层法院，都适用一个行政管理体系，而不是分层而治、分级管理。当然，按照行政管理的规律实行适当的授权、委托管理是允许的，但从权力系属方面以及权力的来源方面，必须实现一体化。一是司法行政事务管理权的权力来源统一。权力可以来源于最终行使司法行政事务管理权的机构。对此，其他国家或地区有相关实践经验。比如，在韩国，权力来源是最高法院；在美国，则是司法会议；而在北欧国家，通常是司法委员会。二是司法行政事务管理的操作标准统一。不论在最高人民法院，还是在基层法院，它们在司法行政管理方面都遵从统一的标准。

第二，事务统一规划、布局。法院所有的司法行政事务，只要不是那些完全委托给各级法院自行管理的内容（通常是那些不太重要的），都由管理中枢统一规划、统一安排、统一调配，而不是由各个法院各行其是、自立标准，最终导致无法提供统一的司法服务，导致影响案件审判的正常进行。比如，在美国，由司法会议负责重要事项的决策，由司法行政管理办公室负责决策事项的实施。具体来说，美国的司法会议统一制定发展规划，如“长期发展规划”或五年规划，由司法会议的各个专业委员会以及司法行政管理办公室去落实。再比如，日本最高法院事务总局领导、监督、指挥下级法院事务局，事务总局通常以制定统一规则的方式领导下级法院事务局，当然，也会以命令、通报、公告等方式指导、监督下级法院的司法行政工作。

第三，实现人员统管。我国法院正在进行的司法体制改革，特别是人财物的省级统管，是实现法院司法行政事务管理垂直结构的制度前提。关于人的统管，既包括法官的统管，也包括司法行政人员的统管。在澳大利亚、德国，法院的行政人员基本上都属于司法部的人员，只是派遣到法院执行行政事务。法院对这些人员只有使用权、支配权，但并没有管理权。这种做法可以比较好地贯彻分署垂直的原则，但是，也有一种声音认为这样不利于提高管理效率。就我国而言，笔者认为在司法行政事务管理机构与审判机构分署的基础上，可以结合已经确定的建立符合职业特点的司法人员管理制度和完善司法人员分类管理制度等改革任务，明确法院司法行政事务管理执行机构的工作岗位按照普通公务员标准由省高院进行统一招录、分配、调配，实现统一管理。

（二）具体设想

一是各级法院设置统一的组织管理模式。地方各级法院按照最高人民法院司法行政事务管理的组织结构设置相应部门。最高人民法院负责本院司法行政人员的招录工作。各省、直辖市、自治区高级人民法院负责本地区各级法院的司法行政人员招录工作，按照公务员招考标准统一招录、分配、调配。

二是明确由最高人民法院监督、指导全国法院司法行政事务。最高人民法院的司法行政事务管理总局监督、指导下级人民法院的司法行政事务，最高人民法院制定的有关司法行政事务的规则、规章，对下级人民法院有效；下级人民法院每年年初应逐级上报上一年度开展司法服务、司法保障等工作的基本情况。

三是理顺上下级法院的审判管理机制和经费管理机制。一方面，最高人民法院进一步完善全国法院的统一的审判管理制度、案件评查制度、司法统计制度、司法档案管理制度等，建立科学的、符合司法规律的审判绩效考评体系。下级法院的审判管理机制按照最高人民法院制定的标准实施，接受上级法院的监督和管理。另一方面，地方各级人民法院的人员经费、日常运行公用经费均由省级财政负担；办案业务经费和业务装备经费由中央财政统一负担。地方各级人民法院的诉讼费由省级财政统一管理。待条件成熟时，逐步将全国法院工作经费全额纳入中央财政预算，经全国人民代表大会审议通过后执行。

四是改革法官选任委员会并建立法官惩戒委员会。第一，设立中央和省级的法官选任委员会，负责法官资格的审查工作。改革法官考评委员会，从事审判工作的法官应占到法院考评委员会委员的二分之一以上。法官考评委员会结合本院实际，制定更加科学合理、更加符合审判规律的考评方法。第二，各级人民法院成立法官惩戒委员会，完善法官惩戒程序。惩戒委员会主任由本院院长兼任，吸收一定比例的法院外人士担任委员，办事机构设在纪检监察部门。院长可以根据惩戒委员会的决议提请任免机关罢免法官职务。法官违反法定职责或职业道德的，应当给予纪律惩戒。

结　语

由于法院的司法行政事务工作由法院自行管理已基本形成社会共识，因此本文没有将过多笔墨用在法院司法行政事务管理权的行使主体的论证上，而是在确定了法院司法行政事务由法院自管的前提下，重点阐述如何有针对性地构建“分署垂直式”的法院新型司法行政事务管理模式——在法院内部单独设立与审判部门分署并行的司法行政事务管理局（包括决策机构和实施机构）；对人员实行分类管理，决策机构由法官构成，实施机构除少数领导岗位外均由行政人员构成；上下级法院的司法行政事务管理机构之间实行垂直管理；以“分署垂直式”的法院新型司法行政事务管理模式为依法独立公正行使审判权这一核心工作提供统一、高效、便捷的服务与保障。

精简与优化：法院内设机构改革评价指标体系的架构设想与初步运用

——以C市法院内设机构改革试点为样本的分析

徐贵勇 * 庞舜之 ** 张 虹 ***

一、评价指标体系对推进内设机构改革的作用机理

内设机构改革是否达到预期改革目的，实现改革主要内容的落地生根，除了内设机构改革工作本身外，评价工作也是一个关键。任何一项改革都需要借助一定规则或标准对改革本身进行评价。内设机构改革涉及的体系交错、内容庞杂、牵涉面极广，推进难度更大。评价指标本身作为一种分析量化规则的工具，不仅可以对内设机构改革进行定性分析，还可以进行量化分析。在定性的基础上进行精准的量化分析，内设机构改革的基本状况才能够得以全面掌握。通过不同层次、不同类别评价指标对内设机构改革某一方面的举措进行客观评定并赋予一定的分值，对内设机构改革提供一种可供量化规则分析的途径和方式方法，从而推动内设机构改革本身不断完善。

二、构建法院内设机构改革评价机制的理论建构

（一）基于层次分析法（AHP）的评价体系

层次分析法，又称AHP，是从运筹学的角度提出的一种多方案或多目标的决策方法。首先，所要解决的问题或达到的效果为其总目标，然后，按照一定的逻辑顺序将总目标分解为若干具体指标；其次，按照各指标间的逻辑顺序，进一步分解为若干递进的层次结构；进而，按照一定的定性或定量标准，设置各指标的权重，形成一个多层次的分析结构模型；最后，在前述基础上进行定性和定量分

* 作者单位：四川省成都市中级人民法院。
** 作者单位：四川省成都市龙泉驿区人民法院。
*** 作者单位：四川省成都市双流区人民法院。

析并进行一致性检测。[①] 对法院内设机构改革的效果进行评价，是一项非常庞杂且具体的系统工程，需要运用层次分析法对改革目标逐层细化，进而搭建评价体系的初步框架。

（二）基于德尔菲法的评价体系

相较于层次分析法，德尔菲法（Delphi）产生时间更早，首创于 20 世纪 40 年代，是一种利用专家和主观判断的方法。但它不同于传统的专家会议预测法，德尔菲法在征集专家意见时采取匿名方式，专家们可以无所顾忌地独立表达意见；首轮征集后对各专家共同否定的问题予以筛除，并再次匿名征求专家意见，如此循环往复多轮。德尔菲法，克服了传统方法"跟随领导意见"的偏倚，因而得出的结论更加客观。[②]

（三）基于结构熵理论的组织结构有序度评价体系

熵是对系统状态的一种定量化描述，可以用来表征特定组织结构的宏观有序程度。作为系统有序程度的一种度量，熵理论目前已经应用到几乎所有的学科领域。[③] 建立在结构熵理论上的系统有序度评价体系，主要考察该系统中信息传递的速度和信息传递的准确性两方面指标。在树形组织架构中结构熵评价理论得到广泛应用。[④] 在树形结构组织框架中，层次越多，信息的传递速度就越慢，与此同时信息传送的准确度也大大降低。

（四）基于多机构协作模型的团队整合度评价体系

一项制度或改革的推行往往需要多个机构或部门的协调联动，需要解决不同层级或不同部门之间利益如何协调一致的问题。在实践中，又延伸出多机构协作模型的团队整合度评价体系。该评价体系将团队运行、目标愿景、内在认同、业务规范作为四大重要环节，并辅以协同一致的共同激励机制，以促成各个机构就"共同目标"和"内在认同"达成良好共识，进而推动多机构协作模型的正常运转和有效运作，通过多部门的协作，实现单位的向心力，推动单位工作整

① 参见徐新鹏、尹新哲、马大来：《基于层次分析法的统筹城乡户籍制度改革政策评价的应用研究》，载《西北人口》2013 年第 4 期。

② 邓芳：《采用德尔菲法构建精神卫生立法评价指标框架》，中南大学 2014 年硕士学位论文，第 7~8 页。

③ 王兆强：《序和熵两大科学疑案》，广东教育出版社 1995 年版。转引自刘铁忠、李志祥、彭学君：《基于结构熵模型的企业安全管理系统组织结构评价方法》，载《科技管理研究》2005 年第 2 期，第 148~154 页。

④ 刘铁忠、李志祥、彭学君：《基于结构熵模型的企业安全管理系统组织结构评价方法》，载《科技管理研究》2005 年第 2 期，第 148~154 页。

体跃升。[①]

（五）基于模糊综合评估法的评价体系

模糊综合评价方法是主要通过构建一些模糊判断矩阵来评价事物的量化评价方法。采用的方式包括一级模糊综合评价和多级综合评价的方法。其评价的步骤为：首先，构建模糊子集；然后，分析并量化各待评事物的影响因素，将影响因素与每个子集建立一个隶属度，从而建立综合评价矩阵；接着，设置这些因素的评价权向量，权向量具体可根据每个因素对子集的影响程度进行综合认定；最后，根据权向量计算结果，进而得出评价结论。[②]具体权向量考虑因素见表1。

表1 模糊综合评估法常见权向量构成表

特点	程度			
体现权向量	不明显	明显	不明显	明显
影响权向量	弱	弱	强	强
利用权向量	不充分	不充分	比较充分	充分
类型（对子集）	主因素突出	主因素突出	加权平均	加权平均

（六）五种理论对内设机构评价指标体系构建的借鉴价值

通过对前述内设机构改革评价5种理论的介绍，囿于内设机构评价体系的复杂性和不同层级法院的多样性，我们认为对于法院内设机构改革评价指标体系的架构，应该综合采用各种评价方法。五种评价方法的借鉴和参考价值，详细情况见图1。

① 参见唐文熙、张研、张亮：《我国卫生服务体系整合改革中多机构协作模型的建构与效果评价：一项农村社区干预实验》，载《中国卫生政策研究》2016年第10期。

② 汤沛：《基于模糊评估法和层次分析法的网络安全态势评估研究》，载《网络安全技术与应用》2015年第10期。

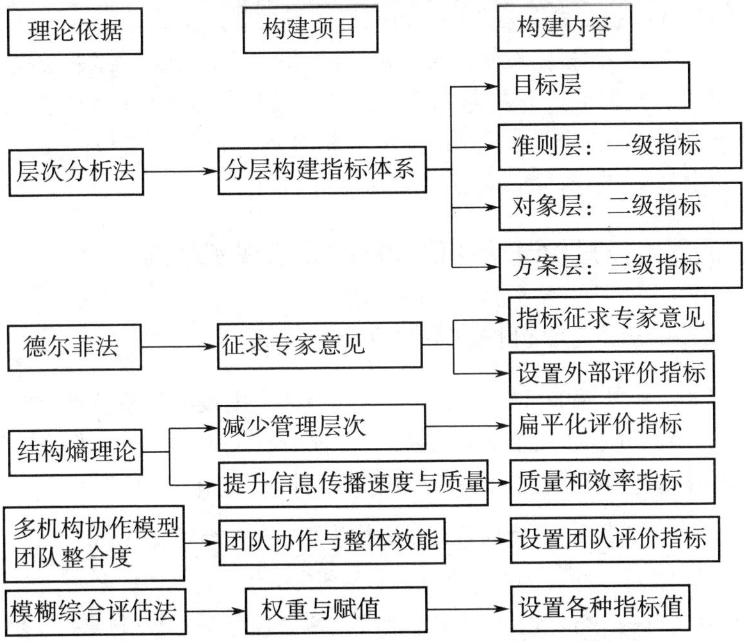

图 1　法院内设机构改革评价指标体系理论借鉴图谱

1. 从层次分析的方法来看

可以将内设机构改革的总目标分解为若干具体指标，再按照内设机构所涉及的主要内容，确定各指标之间的逻辑顺序，进而将具体指标分解为若干递进的层次结构，如一级指标、二级指标、三级指标，从而形成一个多层次的内设机构评价指标体系分析结构模型。

2. 从德尔菲法来看

在整个内设机构评价指标构建过程中，一方面，注重收集专家学者对评价指标体系，特别是对司法改革、司法文明指标评价体系的学术研究成果，合理进行吸收借鉴；另一方面在指标体系的具体构建方面，注重收集专家的意见和建议。

3. 从结构熵理论来看

内设机构改革的核心就是精简机构、整合职能，减少信息传递的层级，提升信息传送的准确度。就法院工作而言，存在两个不同管理体系，一是基于司法权属性的案件审判管理监督体系，二是基于党政事务的管理体系。两个管理体系需遵循的组织结构、行权方式都不一样。因此，从结构熵理论来看，对于两个不同属性的事务，都应遵循该理论，减少管理层次，提升管理效率。

4. 从多机构协作模型的团队整合度来看

内设机构改革涉及法院各个机构及其人员，涉及的内容庞杂，主体多元，既包括主观认知、内在认同，还包括各个部门的业务工作；涉及法院各个部门的运行制度和运行机制。因此，整个内设机构改革涉及多机构进行协作的问题，从多机构协作模型的团队整合度为协作评价提供了参考和遵循。

5. 从模糊综合评估法来看。内设机构改革的很多工作，都无法精确具体量化，特别是对各指标值之间的逻辑关系、在内设机构改革中所处的分量大小等；因此就需要借助模糊评价法，通过深入分析各指标值的体现权向量、影响权向量、利用权向量来解决不同指标值的具体赋值问题。

三、法院内设机构改革评价指标体系的现实基础

（一）C 市法院内设机构改革试点自我完善所需

目前按照上级法院的部署，C 市法院共有 4 个内设机构改革试点法院，分别为 C 市中院，W、L、C 三个基层法院。① 目前四个试点法院的改革正在稳步推进，改革核心内容都是围绕内设机构进行整合、职能进行优化。见表 2。

表 2　C 市法院内设机构改革主要内容对比表

法院	机构整合情况
C 市中院	25 个内设机构，整合为刑事、民事、商事、行政四个审判管理部和司法执行部、诉讼保障部、诉讼监督部、司法政治部、司法政务部共 9 个大部。
W 法院	按专业化和扁平化的标准对内设机构进行调整，将原有的大审判庭划分为 11 个专业化审判庭室（团队）和 3 个执行庭室（团队）并集中处理行政性事务、剥离审判辅助事务。
L 法院	26 个内设机构，整合为刑事、民事、行政三个审判工作部和派出法庭工作部、执行警务工作部、诉讼立案调解部、审判管理研究部、司法行政保障部、政工人事党务部、纪律监督监察部共 10 个大部门
C 法院	20 个内设机构，整合为刑事、民事行政两个审判业务中心和执行指挥中心、审判管理中心、审判事务中心、审判保障中心共 6 个中心。

在 C 市四个试点法院开展的内设机构改革，基本上都是分审判执行业务、审判综合、司法行政三个类型进行内设机构改革，对审判业务部门进行扁平化管理，对非审判综合部门进行整合，其改革核心内容基本一致。以 C 市中院为例，内设机构改革主要涉及改革的目标、原则、管理层级、配套措施等内容。见表 3。改革试点为评价体系的构建提供了实践素材，同时通过评价也将促进内设机构改革的自我完善。

表 3　C 市中院内设机构改革主要内容表

改革项目	具体内容
目标	近期：职能划分科学；中期：团队管理扁平化；远期：机构运行规范化

① 2016 年 C 市中院受理案件人案比为 203.75，W 法院为 378.32，L 法院为 317.13，C 法院为 127.32，人案比计算方式为 2016 年旧存和新收案件数除以审判法官人数，人案比越大案件数越多。

（续表）

改革项目	具体内容
原则	遵循司法规律、服务审判中心、坚持精简效能、统筹分步推进、先后有序、内外有别、分合有度
机构整合	同表2（此处略）
管理层级	审判管理部：部——审判团队管理模式；司法执行部：总局——分局——大队；其他部：科处层级管理下的主办制
党组织设置	管理部建党支部、审判团队建党小组
内部管理机制	人事调配双条线管理；部级之间、大部之内、外部衔接进行运行管理
配套	目标考核、绩效考核、办公会务、党团事务、廉政监督、教育培训、技术保障、后勤管理等同步调整

（二）其他单位内设机构改革评价指标体系的实践样本

1. 高校组织机构改革评价体系

近年来我国一些高等院校纷纷进行了组织机构改革。某高校在改革前，组织机构主要是校长——副校长——处——科；校长——副校长——后勤服务部门，存在四级科层管理和三级科层管理并存的情况。总共设13个处级单位，17个科级单位。内设机构改革后，统一为三级科层式管理，即校长——副校长——处，共计18个处级单位，无科级单位。用结构熵理论分析高校机构改革前后，发现改革后的信息传输速度明显提高，而信息传输的质量也明显提高，进而从整体上提高了高校的运作效率和质量。①

2. 科研机构内设机构改革评价指标

以广东省属科研机构改革为例，按照前述德尔菲法与层次分析法。从政策和目标导向出发，从制度、机制、结构、经济、人才、基础、政策、效益八个指向，拟定了评价内容，并分别确立评价关注的重点。据此，制定了评估改革的评价指标体系。建立了定性与定量两套目标层、准则层、指标层，并对每个指标赋予一定的权重。在定量指标中设置了4个准则层，41个指标层；在定性指标中设置了7个准则层，54个指标层；合计11个准则层，95个指标层，设置的权重在0.0074至0.047之间。②

3. 其他单位内设机构改革评价指标的启示

从高校的内设机构改革来看，主要是借助结构熵理论，通过减少管理层次，进而提高信息传递的速度和质量，进而提高内设机构的运行效率。从科研机构

① 参见刘铁忠、李志祥、彭学君：《基于结构熵模型的企业安全管理系统组织结构评价方法》，载《科技管理研究》2005年第2期。

② 参见范旭、李胜会、韦小鸿、李文彬：《广东省属科研机构改革的评价指标体系探讨》，载《科学性与科学技术管理》2010年第3期。

内设机构改革来看，主要是通过定性和定量，从 11 个准则层、95 个指标层指标来进行评价。这对法院内设机构具体指标的设置及权重的确定均具有参考借鉴价值。

（三）C 市法院目标考核评价体系的运行参考

1. 法院目标考核基本架构

C 市中院存在四套考评体系，即上级法院的考核、市委的目标考核、对本院的目标考核和对下级法院的目标考核。在 C 市基层法院存在三套考评体系。其中，对内设机构各个部门的考核，其考核方式、考核内容直接与各部门的业绩密切相关。以 C 市中院为例，2017 年内设机构考核满分为 120 分，涉及 31 个考核内容，12 个考核责任部门，9 个大部分别制定相应的考核细则。

2. 目标考核评价的常见方法

根据前述考核内容、考评细则来看，对法院各部门的目标考评的常见方法除党组评价属于主观认知外，其余考评的常见的方法主要有：制定相关制度、计划、成立相关工作机构或部门；上报相关材料，完成交办工作；上级信息、调研文章发表、宣传稿件、案例、庭审、文书、学术论文等采用、获奖、获评情况；办案生成的审判质效数据指标；上级的各种表彰、领导的批示等；日常监督检查考核；各部门的日常通报；相关会议的经验交流等材料。

3. 对内设机构改革的评价情况

从目前 C 市中院的四套目标考评内容来看，在上级法院考评指标体系、同级党委考评指标体系、对下级法院的考评中均不直接涉及内设机构改革的考核内容，只是在本院对政治部的考核中提到，没有落实党组部署推进大部制管理模式，实现审判业务扁平化管理，扣 1 分，占比仅为 1.43%。

4. 对内设机构参与考评的问题及启示

从目前法院的目标考评体系来看，关于内设机构改革本身的考评基本不涉及，对本院政治部的考核内容少且占分比例较低。虽然现有考评体系不直接针对内设机构改革评价，但仍可作为衡量内设机构改革后，各机构效能的重要依据，同时也是构建内设机构评价体系的实践支撑。同时，按照 9 个大部进行考核的模式，为单独制定内设机构改革考评体系提供了参考和指引，其考评方式方法，也可提供借鉴。

（四）司法体制改革评价指标体系的有益借鉴

在司法体制改革过程中，无论是作为试点的法院还是学界都对司法体制改革评价指标体系进行了探索和研究，形成了很多有益的经验。这些经验不仅对内设机构改革指标体系本身具有参考价值，同时内设机构改革属于司法体制改革中的部分，其指标评价体系，也应该纳入司法体制改革评价体系中一并考虑。有学者指出司法体制改革评价指标体系应以公正与效率等司法价值为依托，以司法权配置为主线，采取硬指标与软指标相结合和过程评估与效果评估并重的思路进行设计，围绕价值指标、制度指标、文化指标、效果指标四个一级指标，设置10个二级指标，28个三级指标，赋值在25分至50分不等。[①]还有学者从司法文明的角度构建了司法文明指标体系，从司法制度、司法运作、司法主体、司法文件出发，设计出20个一级指标，32个二级指标，70个问卷题目，2套问卷91个变量。[②]

从以上司法改革评价指标和司法文明评价指标的构成来看，基本没有涉及内设机构改革本身的指标内容，但指标层次的设计、指标类别的划分、指标值的赋予等，对构建内设机构改革评价指标在操作层面可以提供一些参考和借鉴。

四、构建法院内设机构评价指标体系的框架设计

（一）构建内设机构考评指标体系的政策基础

1. 司法体制改革对内设机构改革提出的总体要求

《最高人民法院关于全面深化人民法院改革的意见——人民法院第四个五年改革纲要（2014-2018）》明确提出“推动人民法院内设机构改革。按照科学、精简、高效的工作要求，推进扁平化管理，逐步建立以服务审判工作为重心的法院内设机构设置模式。”第三次全国司法体制改革推进会明确指出，要以县级法院检察院为重点，推动省以下各级法院检察院进行内设机构改革，构建扁平化管理和专业化建设相结合的司法组织机构新体系，提高办案质量和效率。[③]《最高人民法院关于深入做好司法改革政策解读工作的通知》也对内设机构改革进行了详细解读。以上对内设机构改革的部署和要求，为评价体系的构建提供了政策依据。

2.《人民法院组织法》最新修正草案已预留空间

2017年8月第十二届全国人大常委会第二十九次会议对《人民法院组织法（修订草案）》进行常委会一审，该修订草案规定，根据审判工作需要，可以设必要的审判庭，员额较少的中基层法院，可以设综合审判庭或者不设审判庭，同时可以设必要的审判辅助机构和司法行政管理机构，让社会力量参与审判辅助工作

① 参见江国华、周海源：《司法体制改革评价指标体系的建构》，载《国家检察官学院学报》2015年第2期，第12~19页。

② 参见张保中、张中、吴洪淇等：《中国司法文明指数报告》，中国政法大学出版社2017年版，第5页、第35~37页。

③ 李阳：《孟建柱在全国司法体制改革推进会上强调主动拥抱新一轮科技革命全面深化司法体制改革努力创造更高水平的社会主义司法文明》，载《人民法院报》2017年7月12日，第1版。

和司法行政工作。[①] 人民法院组织法即将以法律的形式固定内设机构改革成果，同时也为改革预留了空间。

3. 内设机构改革试点方案的具体指引

2016年中央机构编制委员会办公室和最高人民法院联合印发了《省以下人民法院内设机构改革试点方案》，该方案对内设机构改革的原则、目标、工作重点进行了详细规定。为内设机构改革指标体系的构建指明了方向，提供了基本遵循。

（二）省以下法院内设机构试点方案的框架指引

1. 指标评价体系的基本思路指引

以审判工作为中心，建立设置科学合理、职能划分明确、运行高效顺畅，符合审判机关特点和审判权运行规律的内设机构体系，为人民法院充分发挥审判职能作用提供有力组织保障。

2. 指标评价体系的四个原则性指引

一是精简效能原则。在理顺职能、明确分工的基础上，严格控制机构规模，规范法院内设机构设置，适当整合机构，减少管理层级，提高工作效能。二是服务审判原则。按照审判工作规律和司法工作特点，突出审判业务机构审判职能，充分发挥非审判业务机构服务保障职能，促进审判体系和审判能力现代化。三是分级设置原则。结合各级法院的审级职能、办案数量、人员编制等情况，因地制宜设置内设机构。四是统筹推进原则。与司法责任制、法官员额制、审判辅助人员管理制度等改革有效衔接、同步推进。

3. 指标评价体系的基本构成指引

一是科学合理设置审判业务机构。审判庭实行扁平化管理，综合考虑专业划分、法官人数、人员编制、案件数量等因素进行设置。二是合理整合非审判业务机构。综合考虑职能相关性，整合职能交叉、业务相近的非审判业务机构，撤并与审判机关职能无直接关联的机构。三是严格控制机构规模。内设机构数量原则上只减不增，杜绝1人或2人庭（室）现象。机构精简、整合后空出的编制，应向基层和审判一线调配使用。

（三）内设机构评价指标体系的目标预设

司法体制改革的总体要求，试点改革方案和《人民法院组织法》的修订草案，明确了内设机构改革的基本要求，即机构精简是基础，职能优化是关键，构建评价体系，应紧紧围绕顶层设计者的改革意图进行设计。通过指标评价体系应实现以下5项目标：

---

① 荆龙:《人民法院组织法首次"大修"》，载《人民法院报》2017年8月29日，第4版。

1. 促进审判质效提升

此次司法改革的效果如何，最终要通过审判案件的效果来进行评价，内设机构改革的最终目标还是要推动法院审判职能的充分发挥。

2. 机构设置科学合理

法院内设机构设置是否科学合理是内设机构改革的基础。科学合理的内设机构设置可以使法院各机构、分工明确，职责清晰，确保审判执行工作更加顺畅。

3. 职能设置明显优化

机构改革重在职能优化，现行法院内设机构仍然存在职能交叉重叠，综合性事务协调处理难度大、责任落实不到位等问题。因此，职能优化是内设机构改革必须实现的目标之一，通过理顺职能职责，确保各内设机构职能充分发挥，进而提升法院整体工作效能。

4. 机构运行高效顺畅

机构的运行顺畅是内设机构改革的关键所在，也是决定内设机构改革成败的关键，通过各个内设机构的团结协作，凸显团队的整体协助能力。就法院而言，内设机构运行的顺畅机制体现为审判质效的提升，让人民群众在每一个司法案件中都感受到公平正义。

5. 符合审判机关特点和审判运行规律

审判业务是法院工作的核心，无论是内设机构撤并还是机构职能的优化，都必须突出审判主业。同时尊重审判工作规律，服务于审判主业，建立与审判权运行规律相适用的内设机构组织架构。

（四）内设机构改革评价指标体系的原则设定

1. 依法依政策原则

指标体系严格依据法律、法规、司法解释以及相关文件、政策进行设定。

2. 客观可量化的原则

在评价指标设定时，在兼顾主观认知的基础上，尽可能设置一些可评价、可量化、具备可操作性的评估指标。

3. 突出重点的原则

指标体系的设定既要全面反映法院的各项工作，更要突出重点，抓住影响审判工作效率的要害和关键环节。

4. 过程与结果并重的原则

对改革过程和改革结果进行全面评估，真实反映法院内设机构改革的各项工作，凸显法院在内设机构改革中的主动作为与突破创新。

5. 评价与改革互动原则

评价不是目的，而是发现问题，调整改革的手段；通过评价发现问题，通过解决问题促进评价指标体系不断完善。

6. 内外评价并举的原则

在指标的选取中，既有内部办案系统的质效大数据，不同层级、不同部门对工作衔接的相互评价，也有党委、上级法院对法院工作的外部评价。

7. 便捷高效的原则

审判质效、公文流转效率等指标依托数据系统直接提取，尽量不重复考评、无用考评，尽量避免增加被考评对象负担。

8. 中基层法院兼顾原则

在审判执行方面中级法院和基层法院有着同样的职能要求，而且从四个试点法院内设机构改革总体情况来看，均遵循大部制改革的思路，对审判业务部门进行扁平化管理，减少综合部门的管理层级，很多改革内容存在共性，因此在评价指标设计上按照大部制改革的思路，实现对中级法院和基层法院内设机构改革进行评价。

（五）内设机构改革评价指标体系的指标构建

根据前述内设机构改革的 5 项目标和 8 项原则，我们设计了 6 个一级指标，20 个二级指标，39 个三级指标，在每个三级指标，确定了相应的评价方式，总分为 100 分。其中改革框架搭建 10 分，机构设置及职能优化各 20 分，机构运行顺畅 15 分，促进审判和法院整体工作 18 分，影响力和第三方评价 17 分。

1. 一级指标的设想思路

第一项为“改革框架搭建”。改革框架搭建是内设机构改革开展的前期准备性工作，反映了改革的理性程度。内设机构改革的科学性主要论证改革的必要性、可行性，为改革提供理论支撑。内设机构工作机制是确定改革的领导组织机构，需要相关部门对改革进行总体设计、统筹协调、整体推进、督促落实。改革方案是对改革措施作出的安排，具有较强的方向性、预见性，有利于明确工作目标，减少工作失误。

第二项为“机构设置科学合理”。内设机构设置科学合理是改革的主要内容和重要价值取向；精简机构是内设机构改革的基础，也是改革的重点和难点。二级指标主要对按扁平化管理方式组建审判业务部门、合理整合非审判业务机构、内设机构数量和管理层级减少，编制、领导职数及待遇不核减等进行评价。

第三项为“内设机构职能优化”。内设机构职能优化，是内设机构改革的关键，主要解决职能交叉重叠的问题。在设置二级指标时，主要将法院的各种事务分为审判事务、审判综合保障事务、党政事务三类分别进行评价，实现事务的集约化高效处理。

第四项为“内设机构运行顺畅”。运行是否顺畅是检验内设机构改革成败的关键，是内设机构设置科学合理、职能优化后的动态验证，也是内设机构改革的关键所在。分为“审判执行业务机构运行顺畅”“诉讼保障、诉讼监督运行顺畅”与“司法党政事务运行顺畅”三个二级指标，与前述内设机构事务分类相对应。

第五项为“促进审判和推动法院工作”。内设机构改革应当按照审判工作规律和司法工作特点，突出审判业务机构审判职能，充分发挥非审判业务机构服务保障职能，促进审判体系和审判能力现代化。因有效的改革能提升队伍的整体能力，更大限度发挥个体潜力，故将“干警能力提升”作为二级指标。“提升审判质效”是司法改革的核心价值追求，也是法院的核心职能；“促进法院整体工作提升”，主要是通过法院整体工作的提升，来反映内设机构改革成效。

第六项为“影响力及第三方评价”。改革的成效是否让法院干警、社会公认、让司法受众有更多的获得感，是检验改革成败与否所不可或缺的组成部分。“法院干警对内设机构改革的知悉度、支持率和效果认可度”直观反映了法院干警对内设机构改革本身的影响力和评价；职业共同体、社会公众和党政机构对内设机构改革的知悉度、支持率直观反映了法院外部内设机构改革的影响力和评价。同时将内设机构改革本身“受到上级领导的肯定”“相关经验做法被采纳推广”作为改革效果的评价指标。

2. 二级指标的实现途径

在 20 项二级指标之下，设立了 39 项三级指标，分值为 2 至 7 分，三级指标是对二级指标的进一步细化，以增强考评的精确性和客观性。在评价体系中，一级指标是价值取向，二级指标是重要目标，三级指标则是解决二级指标如何实现的问题。

表 4　内设机构改革评价指标体系构成表

一级指标	分值	二级指标	三级指标	指标代码	分值
改革框架搭建	10	内设机构改革的科学性	开展摸底调查形成内设机构改革可行性报告	0101	2
		内设机构工作机制	党组专题研究，成立领导小组，有计划、有部署、有分工	0102	3
		工作方案	制定总体改革方案	0103	2
			审执业务部门、审判业务综合部门、行政部门制定各自的内设机构改革具体方案	0104	3

（续表）

一级指标	分值	二级指标	三级指标	指标代码	分值
机构设置科学合理	20	科学设置审判业务机构	对审判执行业务机构实行扁平化管理	0201	2
			按领域分设审判部门，落实法官、合议庭、审委会办案责任制	0202	2
			组建专业化扁平化的审判团队	0203	2
			组建专业法官会议	0204	2
		合理整合非审判机构	整合审判综合业务部门	0205	3
			整合法院内设行政部门	0206	3
		精简内设机构	内设机构数量总数较少	0207	2
			内设机构管理层级较少	0208	2
			法院编制领导职数及待遇不核减	0209	2
内设机构职能优化	20	审执事务职能优化	三大审判事务职能优化	0301	5
			执行事务职能优化	0302	3
		审判综合事务职能优化	诉讼保障事务职能优化	0303	3
			诉讼监督事务职能优化	0304	3
		党政事务职能优化	司法政务事务职能优化	0305	3
			司法政治事务职能优化	0306	3
机构运行顺畅	15	审判执行业务机构运行顺畅	审判团队运行顺畅	0401	3
			专业法官会议运行顺畅	0402	2
			审委会运行顺畅	0403	2
		诉讼保障、诉讼监督运行顺畅	诉讼保障运行顺畅	0404	2
			诉讼监督运行顺畅	0405	2
		司法党政事务运行顺畅	党务事项运行顺畅	0406	2
			政务事项运行顺畅	0407	2
促进审判和推动法院工作	18	干警能力提升	员额法官、审判辅助人员、行政人员各项能力有效提升	0501	5
		提升审判质效	办案质效显著提升	0502	7
			法官对通过机构改革提升审判质效的认可度	0503	2
		促进法院整体工作提升	参与上级法院考评的得分或名次取得进步	0504	2
			参与当地党委的目标考评的得分或名次取得进步	0505	2

（续表）

一级指标	分值	二级指标	三级指标	指标代码	分值
影响力及第三方评价	17	对法院干警的影响力	法院工作人员对内设机构改革的知悉度、支持率、效果的认可度	0601	3
		对社会公众和党政机构的影响力	社会公众和党政机关人员对内设机构改革的知悉度和支持率	0602	2
		对法律职业共同体的影响力	法律职业共同体对内设机构改革的知悉度和支持率	0603	2
		第三方对法院工作的评价	省法院组织的对法院工作的第三方测评	0604	2
		内设改革经验做法得到推广	内设机构改革经验做法被党委领导、上级法院领导肯定性批示	0605	2
			内设机构改革经验做法在会议上进行交流	0606	2
			内设机构改革经验做法被有关部门采纳推广	0607	2
			内设机构改革经验做法被相关媒体报道推广	0608	2

（六）内设机构改革评价的组织实施

1. 评价主体

从评价主体来看，虽然一切改革的目的最终都是围绕方便群众，但由于内设机构改革是法院系统内部自发进行的改革，改革的措施实施于法院内部，为了提高评价效率、及时调整改革措施，目前宜以内部组织评价，具体由负责该项改革的领导小组组织实施。

2. 实施方式

从目前的评价指标体系构成来看，主要通过主观调查问卷、办案数据提取、办公数据提取、相关运行制度通报等简便、易行的方式进行评价，避免评价过程的繁琐化，不增加改革额外的工作量。

3. 评价周期

因内设机构改革的涉及面很多，很多措施落地见效还需要一个过程，基于同其他法院目前考评体系指标的借鉴，一般以一个年度作为评价的时间周期。

4. 结果应用

因现阶段内设机构改革正在探索试点的过程中，虽然从全国范围看取得了管理层级大大简化，审判职能明显优化的成绩。但从整体推进来看，进度仍然缓慢，各项措施和方法正处在逐步完善的过程中，因此目前内设机构改革的评价仅供研究和发现问题、促进改革的角度出发，不作为考评的依据和参考。

五、法院内设机构评价指标体系的初步运用——以C市中院为样本的分析

（一）C市法院内设机构改革评价样本的选择

根据C市4个试点法院的内设机构改革的基本情况，我们选择C市中院作为内设机构改革评价指标体系样本进行分析，主要基于以下几点考虑：第一，C市中院具备评价的基础，目前C市中院内设机构改革框架搭建基本完成，各项改革方案、制度不断完善，2017年6月运行的刑事审判部更是取得了明显效果，具备初步运用评价的基础。第二，C市中院统筹试点的优势，C市中院对下辖的3个试点基层法院内设机构改革试点工作均负有指导、管理、监督等职责，以C市中院进行样本分析，可以兼顾基层法院的一些情况。第三，4个试点法院改革的核心内容基本相同，4个试点法院对审判业务部门都是进行扁平化管理，C市中院、C法院、L法院都进行大部制改革，内设机构大量精简。第四，中级法院内设改革难度更大，对解决难度小的基层法院机构整合更具有示范效应。《最高人民法院关于深入做好司法改革政策解读工作的通知》指出的“内设机构改革在基层人民法院先行试点，改革条件比较成熟的高级、中级人民法院可结合实际进行探索”这其中蕴含了中级法院相比基层法院内设机构的难度更大，如果中级法院内设机构改革难题解决了，那么解决基层法院的问题就相对容易得多。

（二）三级指标评价方法的本地化设计构想及初步运用

前述三级指标的框架设计解决了内设机构改革评价的内容及各自分值构成情况，但每个法院的实际情况不同，在具体评价方法和标准上应根据法院的实际情况设计。在三级指标后，结合C市中院实际，参考四套目标考核体系的评价方法，确定了各项指标评价的方法或标准。具体评价方法为：第一类完成行动类，完成相关要求即得分。第二类成效评估类，主要通过提取办案质效指标体系进行评价。第三类主观认知类，主要通过对相关人员对内设机构的认知度、支持度、效果认可度等主观认知情况进行评价。并结合C市中院市级进行初步评价，详见表5。

表 5 C 市中级法院内设机构改革三级指标评价方法及初步评价情况

指标代码	评价方法	评价情况	得分
0101	形成内设机构改革可行性报告的，得 2 分。	已完成。	2
0102	党组专题研究并成立领导小组，得 3 分。领导小组未形成工作计划、未召开会议部署工作、未明确分工的，缺一项扣 1 分。		3
0103	制定总体工作方案，得 2 分。		2
0104	以各个部制定具体改革方案的完成率计算得分。	完成率 55.56%。	2.22
0201	实现对审判执行组织的扁平化管理，即在各类审判执行组织只存在一个管理层级，得 2 分。	已完成或已实现。	2
0202	按刑事、民事（含商事）、行政、执行设立审判部门得 1 分；落实法官、合议庭、审委会办案责任制得 1 分。		2
0203	各审判执行部门内部构建若干由员额法官（含院庭长）、审判辅助人员组成的审判团队，得 2 分		2
0204	三大审判和执行均成立专业法官会议，得 2 分。		2
0205	按照审判综合事务的性质，整合诉讼监督事务和诉讼保障事务内设机构，得 3 分。		3
0206	按照行政事务的性质，整合党务、行政事务内设机构得 3 分。		3
0207	改革后内设机构总数减少的得 1 分，增加的不得分；每减少 1 个内设机构得 0.1 分，最高 2 分。（暂不考虑法院内部和外部机构差别）	现阶段从法院内部来讲，仅减少一个内设机构。	1.1
0208	审判业务部实现“部——审判团队”扁平化管理的得 0. 5 分；按照执行一体化改革要求，实现“总局管总、分局管案、大队管办”三级管理模式的得 0.5 分；审判综合部门涉审判事务实现“部——审判团队”扁平化管理的得 0.5 分；审判综合部门、行政综合部门管理层次减少的得 0.5 分，不减少的不得分。	审判综合部门、行政综合部门管理层次未发生减少。	1.5
0209	内设机构改革后，法院编制数、领导职数及待遇没有核减的得 2 分，其中一项出现核减的扣 1 分。	不存在核减。	2

（续表）

指标代码	评价方法	评价情况	得分
0301	遵守司法规律，实现送达、文书扫描归档、庭审记录等非审判核心事务的剥离得2分；实现党务、行政事务日常组织、协调工作从审判团队的剥离得1分；根据实际积极开展知识产权、家事审判、环境资源审判等“3+1”综合审判得2分。	送达外包尚未完全实现扣0.5分；除刑事审判部外，其他各部的党务、行政事务性工作尚未从各内设机构发生真正剥离，此项工作完成度为11.11%，得0.11分；其余已完成。	3.65
0302	实现对被执行人财产查控事务的网络化、集约化，得1分；实现对查控财产处置事务的集约化、高效化、公开化，得1分；实现对失信被执行人信用惩戒事务的联动化、多样化、一体化，得0.5分；实现对拒执被执行人打击事务的精准化、惩罚化，得0.5分。	已实现对查控财产处置事务的集约化、公开化，但资产处置效率还不高，该项得0.67分；其余已实现。	2.67
0303	实现对诉讼服务事务的集约化、前台化、衔接化的，得1分；实现对警务保障事务的安全化、秩序化的，得1分；实现对办案的信息化全程支撑的，得1分。	目前信息化对办案支撑存在先发劣势，与先进地区相比仍有差距，支撑作用尚未完全发挥，得0.5分；其余已基本实现。	2.5
0304	实现审判监督事务的独立化、集约化的，得1分；实现审判管理事务的集约化、精准化、静默化的，得1分；实现司法调研、文秘信息、宣传事务的精准化、集约化的，得1分。	已实现。	3
0305	实现司法政务事项，包括党务、办会、装备、财务等事项的集约化、高效化的，得3分。		3
0306	实现司法政治事务，包括纪律监察、干部人事管理、培训、离退人员管理与服务等事务的集约化、高效化的，得3分。		3
0401	制定审判团队运行制度，0.5分；形成常态化的审判团队例会制度，0.5分；实现对审判团队人员的动态调整；0.5分；审判团队“七个一”[①]完成率折算，1.5分。	截至2017年9月刑事审判团队“七个一”完成率45.71%，折算计0.69分；其余已实现。	2.19
0402	制定专业法官会议运行制度，实现专业法官会议常态化通报，得1分；专业法官会议月均召开次数与改革前持平的得0.5分，降低的不得分，每增加1件，计0.1分，最多不超过0.5分。	按照2017年1至9月，月均28.55次，同比2016年度月均27.58件，计算得分0.5+0.1，得0.6分，其余已实现。	1.6

① C市中院审判团队“七个一”为：一篇获奖调研文章，一批类案指导意见，一个具有实践指导意义的合理化建议并转化，一个典型案例，一批简报、信息或外宣材料，一个优秀庭审，一篇优秀判决书。

（续表）

指标代码	评价方法	评价情况	得分
0403	制定审委会议事规则等运行制度，得1分；审委会统一裁判制度功能切实发挥，按审委会审议议题比例折算计分，1分。	按照2017年1至9月审委会议题比例16.5%，折算计分为0.17分，其余已实现。	1.17
0404	按照诉讼保障、诉讼监督、司法政治、司法政务各部门办公系统中公文统计中拟稿、传阅（含下发）文稿的增长幅度计算，持平的得1分，降低的不得分；按增长幅度计分，最多加1分。	增长52.32%。	1.52
0405		增长4.47%。	1.04
0406		增长25.9%。	1.26
0407		增长45.3%。	1.45
0501	按照员额法官、审判辅助人员、行政人员平均绩效考核得分比例折算计分，5分	平均绩效考核得分93.8分。	4.69
0502	院庭领导回归司法职能2分，院领导结案数同比增加的得1分，按增幅比例加分，加分不超过1分；办案效率提升2分，法官人均结案数同比增加得1分，按增幅比例加分，加分不超过1分；办案质量提升2分，生效案件改发率，降低的得1分，按降低幅度加分；办案效果提升1分，服判息诉率降低得0.5分，按降低幅度加分。	2017年1~9月院庭领导审结同比增长143.73%得2分；法官人均结数案同比上升30.59%，得1.31分；生效案件改发率未下降不得分；服判息诉率降低2.17%，得0.52分。	5.83
0503	按照调查问卷中法院工作人员对内设机构改革对促进审判质效的认可度折算计分，2分。	认可度为13.46%。	0.27
0504	在上级法院的目标考核工作中获得目标考评特等奖、先进或一等奖的得2分；考评排名在所有同序列考评单位30%至70%的得1分，排名最后30%的，不得分。	因2017年度上级法院暂未考核，暂以2016年参考，C市中院获特等奖，在所有中级法院排名中位列第一，得2分。	2
0505	获得先进的得2分，得分排名所有考评单位30%至70%的得1分，排名所有考评单位最后30%的，不得分。	因2017年度市委暂未考核，2016年C市中院在市委目标考评中被评为先进。	2
0601	按照对法院调查问卷中法院工作人员对改革的知晓度、支持率、效果认可度，折算计分，3分。	知晓度74.6.%，支持率85.71%，效果认可度为42.86%。	2.03
0602	按照对党政人员及群众调查问卷中党政人员及群众对改革的知晓度、支持率折算计分，2分。	知晓度43.12%，支持率89.35%。	1.32
0603	按照对法律职业共同体调查问卷中法律职业共同体对改革的知晓度、支持率折算计分，2分。	知晓度51.66%，支持率89.4%。	1.41
0604	按照上级法院组织的第三方测评得分比例计算得分，2分。	因2017年度上级法院组织的第三方测评尚未开始，在2016年测评中，C市中院得分88.2分，计1.77。	1.77

（续表）

指标代码	评价方法	评价情况	得分
0605	国家级、省部级、厅局级领导肯定性批示、会议经验交流、机关采纳按级别每次加1分、0.5分、0.3分，每项上限均为2分。	最高人民法院院领导对《关于对C市法院执行“一体化”改革工作》作出肯定性批示。	1
0606		2017年全市法院院长座谈会上，刑事审判部就大部制改革进行经验交流，计0.3分。	0.3
0607		执行一体化改革做法被最高人民法院采纳，发文要求全国法院参考借鉴，计1分。	1
0608	在国家级、省级、市级媒体宣传报道的，每篇加1分、0.5分、0.3分。同一内容被不同层级、不同形式媒体采用以最高级别，书面媒体报道计分。此项上限为2分。	2017年5月中央电视台到C市中院拍摄大部制改革宣传资料。	1

（三）得分总体情况

通过以上6个一级指标的得分情况，经初步评价C市中院内设机构评价值为80.49分。改革框架搭建得9.22分，得分比例为92.2%；机构设置科学合理得18.6分，得分比例为93%；内设机构职能优化得17.82分，得分比例为89.1%；机构运行顺畅得10.23分，得分比例为68.2%；促进审判和推动法院工作得14.79分，得分比例为73.95%；影响力及第三方评价得9.83分，得分比例为57.82%。

（四）对评价结果及评价指标体系的评价

总体上看，改革框架搭建、机构设置、职能优化方面得分较高。但在内设机构运行方面、促进审判和法院工作方面、影响力及第三方评价方面得分比例较低，仍有较大提升空间。这种评价结果与C市中院开展的内设机构改革实际情况基本吻合，大的改革框架，职能和机构整合的设想基本形成，但在内设机构精简方面、非审判执行部门管理层次减少方面还存在一些问题，在机构运行和效果呈现方面还有待进一步改进。

同时通过指标评价体系的初步运用，也发现本评价体系还有待进一步改进：第一，某些指标的科学性问题，静态方面的评价指标，如制度构建、职能整合方面较为清楚，但动态评价的指标的科学性还有待论证，特别是司法保障部、司法服务部、司法政务部、司法政治部的运行评价，目前的评价指标略显单一，还不能完全反映运行情况。第二，相关评价指标数据的滞后性问题。由于各种考核的时间因素，特别是上级法院的考评，市委的目标考评，省法院组织的第三方测评，在 2017 年底或 2018 年初才会有结果，本评价指标体系评价时，由于相关结果未出，只能使用 2016 年年度的数据，其时效性相对不足。

（五）通过评价发现的问题

1. 在制度建设方面，各个大部之间进度不一

按照 C 市中院的近中远三期目标和六项步骤有序推进，在“编制和领导职数不变”的原则底线上逐步运行、探索完善，首先在审判业务部门实施。而审判执行部门以刑事审判部最为完善，有的大部尚未制定运行实施方案，有的大部虽有实施方案，但相关运行制度、工作机制还需要进一步完善。

2. 在机构设置方面，庭室内部整合任重而道远

仅从法院内部来看，审判执行部门只有刑事审判部完成了刑一庭和刑二庭的内部整合；其他审判部门还未完全完成业务庭之间的整合；同时非审判业务部门的机构整合尚未取得较大实质性进展。从法院外部来看，受职级待遇等诸多因素的影响，目前法院对外内设机构并没有减少。同时审判辅助人员配置尚未达到省法院要求，还需要进一步配齐配强。

3. 在机构运行方面，衔接配合还需加强

审判团队“七个一”实现较为困难；专业法官会议解决法律疑难、为审判组织提供参考借鉴的作用还需要进一步发挥；审委会统一裁判尺度功能发挥不充分，议题占比总体较低。审判综合部门及司法行政部门整合后如何运行，还需要进一步思考和完善。

4. 在促进审判和法院整体工作方面，仍存在短板

C 市中院受案多人少的长期困扰，从整体上看办案效率显著提升，但生效案件改发率却略有上升，这表明 C 市中院在统一法律适用尺度，确保案件质量方面还有待进一步加强。

5. 在影响力和第三方评价方面，宣传和经验总结均需加强

目前，社会公众、党政机关、法律职业共同体对法院内设机构改革的期待很高，但是知晓率却不高；同时，由于内设机构改革正处在起步探索阶段，相关的经验做法还不多，得到上级充分肯定的也不多，因此我们在开展内设机构改革过程中，还需要加大经验总结，扩大内设机构改革的影响力。

第四篇　不同类型法院改革观察

现行法院内设机构运行的问题与思考
——以C市两级法院为样本

林　遥*　李任舟**

2017年10月，习近平总书记在党的第十九次全国代表大会中明确指出要全面推进依法治国，将深化司法体制综合配套改革，全面落实司法责任制，努力让人民群众在每一个司法案件中感受到公平正义。这是在党的十八届四中全会提到的“完善司法管理体制和司法权力运行机制，推进建立以审判为中心的司法制度”的基础上提出的更高法治要求。[①]我国法院系统长期存在的行政权与审判权交叉运行的现状，对审判权的独立运行带来负面影响。毫无疑问，新时期中，法院内设机构及人员配备的重整成为司法改革中极为关键的一环。如何最大程度提高司法资源利用效率，并在此基础上保障审判公正独立，是法院改革者必须思考的问题。本文将以S省C市法院为研究样本，以“审级差异、事务分工、权力运行”三个维度为牵引，对现行法院内设机构问题进行逻辑化、类型化研究，对导致法院内设机构设置、分工、运行的现实问题的原因提出观点性的结论，以实证考察角度，为准确回答法院内设机构“是否具有改革必要、如何选择改革路径、怎样进行改革操作”这一基础命题提供现实性、具象性参考。

一、三维考量：“科层制”法院内设机构的特点与合理性

（一）空间维度：点线面三维透视角度下法院内设机构运行特点

1. 从点上层面：单元内设机构以自身事务为边界呈相对专业化、独立化运转

从中、基层法院普遍性机构设置来看，以C市法院为例，以三大审判业务和执行业务为主线，分别对应设置民事审判庭、刑事审判庭、行政审判庭及执行局。其中，因民事案由繁杂，事务众多，又进一步将民庭实施专业化划分，其中

---

* 作者单位：四川省成都市中级人民法院。
** 作者单位：四川省成都市成华区人民法院。

① 付丽萍：《基层人民法院内设机构“去行政化”改革研究》，载《深化司法体制改革》2016年第2期。

基层法院一般细分为 2~3 个民事审判庭，C 市中院则细分为 6 个民事审判庭。同时，设置立案庭、审判管理办公室、研究室等审判综合部门提供审判服务、审判管理和决策支撑；设置政治处、办公室、监察室等行政综合部门，分别负责院内政工人事、行政管理和纪检监察工作，从而构建基本的庭室设置框架。同时，基层法院从“两便原则”出发，设置了不少派出法庭，C 市基层法院设置派出法庭的情况较为普遍，各法院平均设置的派出法庭个数在 3~5 各左右，其中三圈层 J 市法院派出法庭最多为 13 个[①]，一圈层 C 区法院派出法庭最少为 1 个，另有一圈层 W 区法院和 G 区法院未设立派出法庭。早期派出法庭负责审理该区域范围内的一审民事案件，随着近年来法院内设机构职能分化重组，派出法庭以地域 + 专业化审判的趋势越来越明显，如一圈层 J 区法院下设的三个派出法庭中，A1 法庭专门审理机动车交通事故纠纷案件，地处 C 市最大商圈的 A2 法庭专门审理借款合同纠纷案件。C 区法院下设 A3 法庭专门审判该院的机动车交通事故案件。

2. 从线性层面，法院内设机构呈现出垂直“科层化”和水平“并行化”运行特点

一是垂直条线上呈现出“科层化”运行特点。现有法院内设机构不区分审判事务和行政事务，在整体上采取行政机关的管理模式。以 C 市法院审判部门为样本分析，法院内部划分为“院长 - 副院长 - 庭长 - 副庭长 - 审判团队 - 干警”6 个层级。法院院长负责统领全院的审判、行政、人事工作。法院副院长分管领域内的审判、行政、人事工作。庭长是主持审判业务庭工作的中层负责人，副庭长协助庭长管理部分工作。案件的审理则由归属于审判业务庭的团队完成，审判团队通常由审判人员与审判辅助人员构成，审判团队负责人统筹安排团队人员日常事务。

二是水平条线上呈现出“审判事务条线”与“综合事务条线”并行的特点。从“审判业务条线”来看，C 市法院设置民事、刑事、行政三大审判庭，再设审判监督庭、执行局各自行使审判执行职能。其中，因民事案件数量较大，一般细化为 2~3 个审判庭按案由或案件繁简程度分门别类开展审判工作。从样本情况来看，主城区基层法院一般下设 3 个民事审判庭，区县法院一般下设 2 个民事审判庭（L 区、P 市法院等案件数量较多的远郊法院仍设立 3 个民事审判庭）；W 区法院则共下设 8 个民事审判庭。从“综合事务条线”来看，C 市两级法院审判综合部门一般包括审管办、研究室、技术室、法警队和诉服办五大部门。行政综合部门机构主要包括政治处、办公室和监察室三大部门。基层法院财务室内设于办公室之内，但个别法院将财务部门单独成立机构。如 W 区法院和 S 区法院专门成立计划财务装备科。此外，多数法院撤销或变更了“书记官室”，但仍有一圈

① 2016 年 5 月，经国务院及 S 省人民政府批准，J 市（县级市）改由 C 市代管。该市简行政区域分为 58 个乡镇街，因此派出法庭数量也位居 C 市 21 家基层法院第一。

层C区、二圈层Q区和L区、三圈层C市四个基层法院保留了该机构。

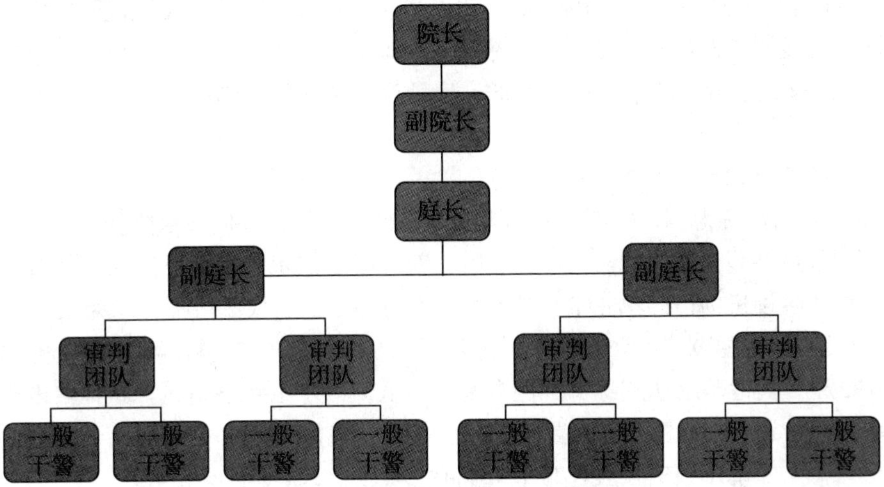

图1 C市基层法院管理层级图

3. 从面上层面，内设机构之间职能边界模糊、协作运转趋势愈加明显

法院内部呈现出多部门统一，多口径归口的运作特点，事务“区分+组合+交叉”现象明显。一是审判业务分配交叉，如基层法院诉讼服务中心与立案庭在提供诉讼引导、查询咨询、材料收转、判后答疑等诉讼服务与开展线上线下调解工作时难以完全分割等。二是行政事务分配交叉，如Q区法院书记官室负责对书记官管理、培训、教育和考核，职能与政治处发生重合；又如研究室承担重大稿件写作和宣传的职能，与办公室及政治处宣教功职能存在重合。同时，法院大项工作和重点改革项目多半为全院、全局性综合工程，一般采取单一部门牵头抓总、多个部门组织配合的方式来运行，也由此诞生了各种各样的“非编议事机构”。以C市中院为例，截至2016年院内以规范性文件确定的非编议事机构调整共计达22个。此外，法院的司法职能与传统社会职能、行政机关职能相混同，客观上模糊了审判机构和综合部门之间的边界。①

（二）时间维度：法院内设机构与同时期社会需求紧密联系，呈现时代性、历史性特点

1. 因新型业务出现而新设业务庭

C市中院于2006增设立未成年人案件综合审判庭、2016年民五庭加挂清算

① 尽管近年来最高人民法院、最高人民检察院出台文件，要求地方政府不得给法院、检察院摊派司法工作以外的各种行政事务，但在部分地方，法官还在根据地方政府的要求承担很多与审判不相关的职业外工作，如招商引资、打扫卫生、征地拆迁、结对帮困、下乡扶贫等。参见《赵仕杰、李春林、公丕祥、徐晓阳代表建议：对法官和检察官法实施情况应进行检查》，载《检察日报》2004年3月12日，第5版。

与破产审判庭牌子，2017年设立知识产权审判庭。基层法院如一圈层J区、G区两家法院和二圈层P区法院均设置了知识产权审判庭；二圈层X区法院和三圈层C区法院设置了速裁庭主要负责小额简易民事案件的审理；国家级自贸区所在的S区法院设置了劳动争议、道路交通、房地产三个专门审判庭，并专设自贸区审判团队。

2. 审判部门和综合部门数量趋同

以C市法院为例，C市中院的审判业务部门与综合部门数量比为12：13，综合部门数量略高于审判业务部门；C区法院、Q区法院审判业务部门比综合部门多1~2个内设机构；L区法院审判业务部门与综合部门数量持平，均为13个，D县、P县、X县、W区、C市、J区等基层法院综合部门数量仅比审判业务部门少1~2个，其他基层法院综合部门数量量略低，但差距并不明显。此种内设机构设置比例，致使司法资源的配置与实际业务的需求有一定不符。

表1 C市两级法院内设机构设置情况表（不完全统计）

序号	法院	审判业务部门	审判综合部门	行政综合部门
1	C市中院	12	7	6
2	W区法院	13	6	5
3	C区法院	8	7	3
4	G区法院	8	3	3
5	J1区法院	12	5	3
6	J2区法院	11	6	3
7	S区法院	16	4	4
8	P区法院	12	6	3
9	Q区法院	6	4	3
10	X区法院	11	5	3
11	L区法院	13	10	3
12	D县法院	9	4	4
13	J县法院	12	5	3
14	CZ市法院	11	6	3
15	P市法院	13	4	3
16	P县法院	10	5	4
17	Q市法院	13	3	3
18	X县法院	10	5	3

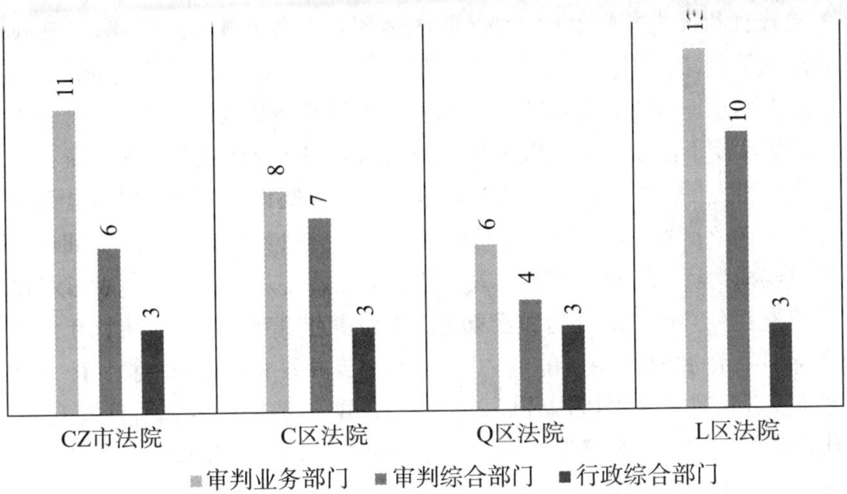

图 2 C 市法院审判业务部门数量小于或等于综合部门法院情况

（三）辩证维度：现行法院内设机构的合理性分析

有风方起浪，无潮水自平。正如德国哲学家黑格尔所言：存在即为合理[①]。法院内设机构以今天的面貌呈现在我们面前，亦是从新中国成立以来经历了多次调整与改革，在打磨和试错过程中不断契合时代发展的需要，并在推动我国法治进程和法院发展过程中发挥了特殊历史作用。

1. 现有机构设置有利于确保党的核心领导地位

党在十八届四中全会通过的《关于全面推进依法治国若干重大问题的决定》明确指出："要不断加强和改进党对全面推进依法治国的领导"。[②]马克斯·韦伯认为"科层制是特定权利的施用和服从关系的体现"[③]，现有法院内设机构偏向于"行政化""科层化"运行的特点更加有利于确保党在依法治国中的核心领导地位。首先，科层式管理模式有利于确保党的领导。在政治领导方面，由院党组集体决策大政方针，确保政治方向的正确性；在思想领导方面，可以积极传播党中央和院党组的思想；在组织领导方面，可以确保法院队伍在组织结构上的纯洁性。其次，现有机构设置有利于党的精神传达落实。科层制是"法律化的等级制度"，[④]下级法院对上级法院精神的服从和遵守成为司法活动中不可缺失的一环，作为最高指令的中央精神能够在科层式结构中畅通无阻传达至基层的每一个角落，保障了中央精神的落实。

① ［德］黑格尔：《法哲学原理》，商务印书馆 2016 年版。
② 莫纪宏：《坚持党的领导与依法治国》，载《法学研究》2014 年第 6 期。
③ ［德］马克斯·韦伯：《经济与社会》，阎克文译，上海人民出版社 2010 年版，第 55 页。
④ ［英］戴维·毕瑟姆：《马克斯·韦伯与现代政治理论》，徐鸿宾、徐京辉、康立伟译，吉林出版社 2015 年版，第 135 页。

2. 现行机构设置有利于行政事务、人事管理工作开展

科层式管理结构把整个社会变成一架非人格化的庞大机器，在细化分工的基础上不断提高功能效率，以保障社会组织最大限度地获取经济效益。[①] 就人才管理而言，科层制下法院机构设置虽然被诟病为“司法行政化”问题已久，但也有利于法院干警发展。[②] 我国四级法院地方行政区域层级划分吻合对应，如同在法院和党政部门之间搭建了“等量换算”的桥梁，可实现人才交流。同时，“科层式”组织架构为法官搭建了“阶梯式”晋升道路，使其在循序渐进地成长过程中并充分积累实践阅历。就物资调配而言，“科层式”管理结构让法院在大型活动开展之际具有资源整体调度的能力。如 2017 年 8 月 20 日至 9 月 1 日三天内，S 省高级人民法院在全省范围内开展“执行大会战”集中攻坚统一行动，三天内全省三级法院共 17 个中级法院院长、180 多个基层法院院长指挥调度，共出动干警 21 530 人次，出动警车 4689 台次，执结案件 4230 件。[③] 科层制机构模式在组织该种全域范围内的大规模审执案件中发挥了极强的效率优势和组织优势，有效保障了大型工作的如期推进。

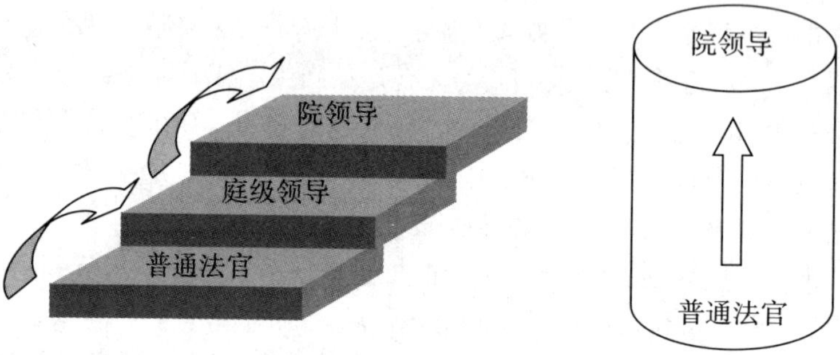

图 3　现有法官阶梯式晋升模式 vs. 扁平化管理下法官柱状晋升模式

3. 现行机构设置一定程度上有利于疑难案件的消化过滤和案件尺度的统一

现行法院机构设置中，“庭室”具有承上启下的作用，以庭室领导为代表的中层管理岗位占据了重要角色，庭室功能的强化不仅可以为法官提供裁判参考，形成疑难案件的消化过滤网，还有利于审判尺度的统一。在庭室充分发挥作用的情况下，在庭室中产生的复杂疑难案件数量较大，但真正具有典型性和指导性的案件并不占多数。这些案件经过合议庭过滤一次，再经过庭级层面过滤一次，最后到院庭长和审委会之处才是真正具有研究价值的复杂疑难案件，由此总结而成的审判经验与规律才带有指导性和普适性。正如 C 市中院分管民事审判工作的副院长在谈到庭室职能取舍中所言：“目前庭室职能的正常发挥有利于规则的形成

① 参见闻丽：《科层化：科层制组织的理性与非理性》，载《学术论坛》2005 年 12 月，第 35 页。
② 刘练军：《法院科层化的多米洛效应》，载《法律科学》2015 年第 3 期，第 28 页。
③ 《四川法院开展执行“大会战”3 天执行到位 10.8 亿元》，载四川省高级人民法院网站：http://118.122.95.223/xwzx/fydt/2017/09/14103744998.html，最后访问日期：2017 年 10 月 19 日。

和指引作用的发挥，打掉庭长、分管副院长的权威则可能出现裁判意见碎片化的问题。”

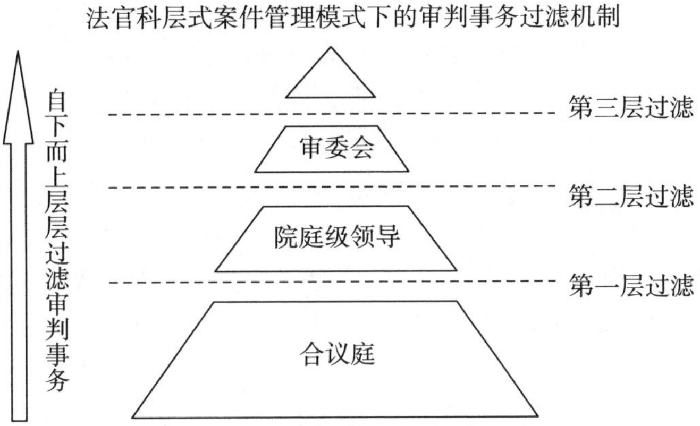

图 4　法官科层式案件管理模式下的审判事务过滤机制

二、考究症结：现行法院内设机构存在问题

（一）审判权运行维度问题分析

机构设置过多，分散审判力量。

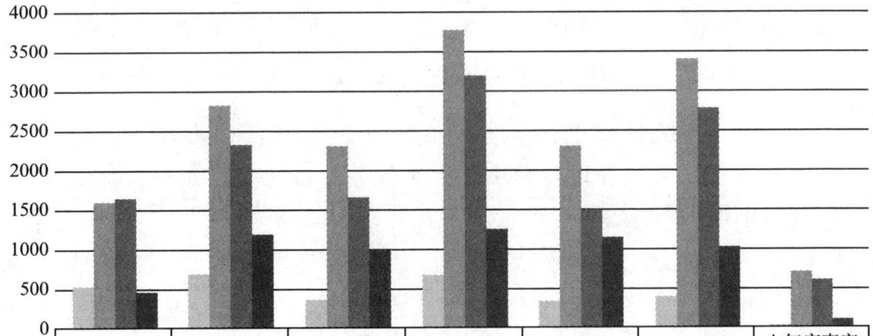

	民一庭(普通民事)	民二庭(金融、借贷纠纷)	知产庭(知识产权及涉外案件)	民四庭(房地产、建工)	民五庭(公司类案件)	民六庭(劳动争议案件)	少年家事审判庭(未成年及家事纠纷)
旧存	522	702	372	669	345	411	3
新收	1600	2812	2291	3765	2301	3389	714
审结	1650	2327	1653	3190	1500	2771	600
未结	472	1187	1010	1244	1146	1029	117

图 5　2017 年 C 市中院民事专业化审判庭案件量与民事传统业务庭案件量统计表

第一，法官分散安置到多个机构之中，使得有限的审判力量不断分流。一方面，审判综合部门的增加必将带来审判庭室法官人数的减少，对审判资源起了分流作用。以案件量较大的一圈层 C 区、W 区法院为例，研究室负责人均由员额

法官担任，同时还承担文秘信息宣传工作，因此办案数仅为普通员额法官收案量的 1/2 甚至 1/3。又如在 C 市 C 区法院中，审执监庭副庭长为员额法官配置，主要审理审执异议案件，案件审理类型为复杂繁类案件。按照 C 区法院员额法官办案任务标准，繁类案件审判法官需每年完成 240 件案件审理任务，但 C 区法院的审执监案件数量远未达到办案要求，则该名法官还需从民庭和行政庭调剂案件以补充差额。另一方面，“通过依案件性质对案件分流强化司法的专业化程度”增设的审判庭工作量不足，不得不挪借他庭案件审判，同时破坏两个庭的专业化审判。如 C 市中院传统审判业务庭民二庭在 2017 年 1~9 月的旧存数量为 669 件，而新设专业化审判庭少年家事审判庭旧存仅为 3 件，新收案件量民四庭为 3765 件，少年家事审判庭则仅为 714 件，新收案件量悬殊超过 5 倍。

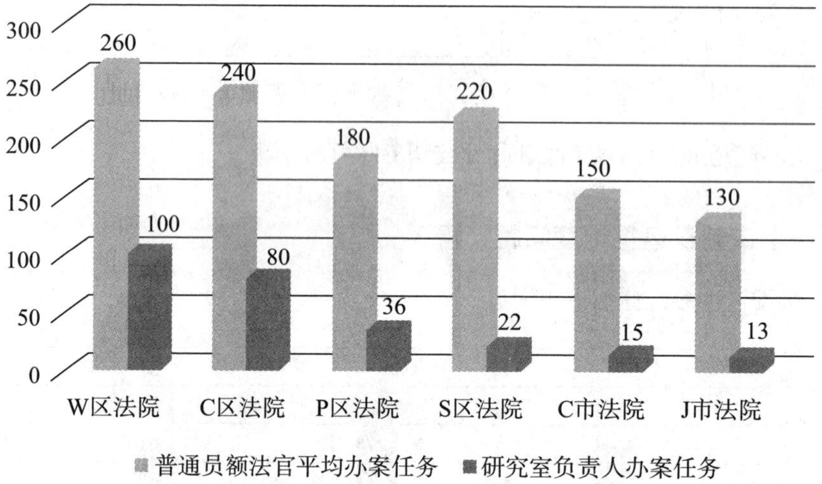

图 6　C 市部分基层法院普通员额法官办案任务与研究室负责人办案任务对比图[①]

第二，内设机构的增多客观增加了领导职数，具有丰富审判经验、业务能力强的资深法官和综合部门中坚力量成为“法院领导”，但办案数却有限。如图表所示，C 市中院院、局级领导 16 名，中层领导 52 名，院、庭领导占总编制人数的 15% 左右；其他基层法院中层领导数量多处于 20 名到 30 名之间，其中 L 区法院中层干部人数达到了 44 人。院级领导数量多处于 6 名到 10 名区间，W 区法院院级领导超过 10 人。从领导占比这一数据分析，大多数基层法院院、庭领导占比在 30% 以上，共 4 家基层法院领导占比超过了 40%，其中 L 区法院领导占比达到了 59.34%。同时，如 P 区法院地方特殊情况，法院得到当地组织部门许可，存在副职占用正职编制数量调配的情况。

① 因 C 市下辖基层法院较多，课题组选取了具有代表性的 6 家法院作为对比样本，分别是位于主城一圈层的 W 区法院和 C 区法院；位于二圈层的 P 区法院和 S 区法院；位于三圈层的 C 市法院和 J 市法院。

表 2　C 市法院领导人数与普通干警编制数对比表（不完全统计）

序号	法院名称	院（局）领导职数	中层正职数	中层副职数	普通干警编制数	领导数：干警数	领导占总编制比
1	C 市中院	16	52				
2	L 区法院	9	23	21	38	53：38 ≈ 140%	59.34%
3	D 县法院	9	14	12	50	35：50 ≈ 70%	43.20%
4	X 县法院	9	15	9	38	33：38 ≈ 87%	41.94%
5	P 市法院	8	21	19	68	48：68 ≈ 71%	41.38%
6	P 区法院	8	12	14	57	34：57 ≈ 60%	40%
7	P 县法院	9	18	6	33	33：33 ≈ 100%	39.66%
8	C 市法院	9	20	18	53	47：53 ≈ 87%	36.96%
9	J 县法院	8	20	19	68	47：68 ≈ 70%	35.79%
10	S 区法院	10	32	23	84	49：149 ≈ 33%	35.42%
11	Q 区法院	5	14	18	87	37：87 ≈ 43%	35.29%
12	J2 区法院	9	24	22	81	55：81 ≈ 68%	34.59%
13	Q 市法院	7	20	20	57	47：57 ≈ 82%	33.73%
14	C 区法院	11	22	11	71	44：71 ≈ 62%	32.40%
15	W 区法院	10	22	13	110	45：110 ≈ 41%	32.16%
16	J1 区法院	9	20	19	98	48：98 ≈ 49%	29.45%

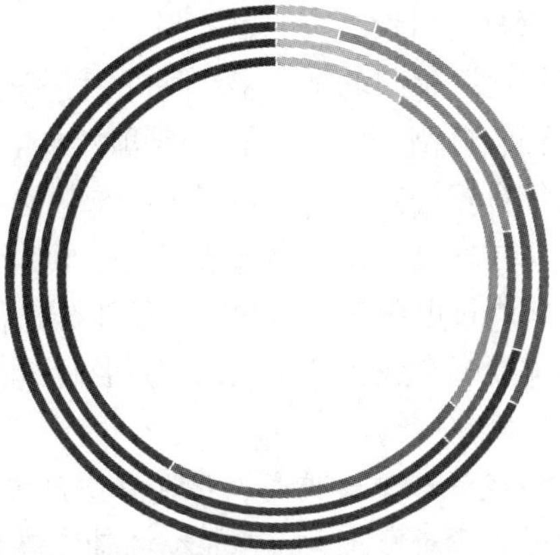

图 7　部分基层法院人员构成示意图[①]

① 主要选取了领导占比最大的 L 区法院、领导占比居中的 P 区、Q 区法院和领导占比最少的 J1 区法院最为对比参考，面积圈由内至外分别为 L 区法院、P 区法院、Q 区法院和 J1 区法院数据。

（二）综合事务管理维度问题分析

1. 职能交叉冲突较为明显

综合部门虽然大致职能区分为政治处“管人”、办公室“管物”、监察室“监督”、审管办“管业务”、研究室“作智库”，但具体而微上，仍然存在交错的问题。以J区法院研究室工作为例，2011年审管办成立后①，被剥离了司法统计和审判管理职能的研究室由于无法掌握审判综合情况或者案件信息，审判调研成了无源之水、无本之木。同时，研究室的职能定位也开始逐渐偏向行政部门，工作在开展过程中分别与政治处、办公室的相关工作交叉。如J区法院研究室负责外宣，政治处负责内宣，当对先进人物先进事迹进行宣传时，由政治处负责，当需要“由内而外”的宣传采访报道时，研究室就必须协助配合，仅因“内宣”“外宣”区别而僵硬分工。此种职能交错效率较为低下，不利于工作开展。

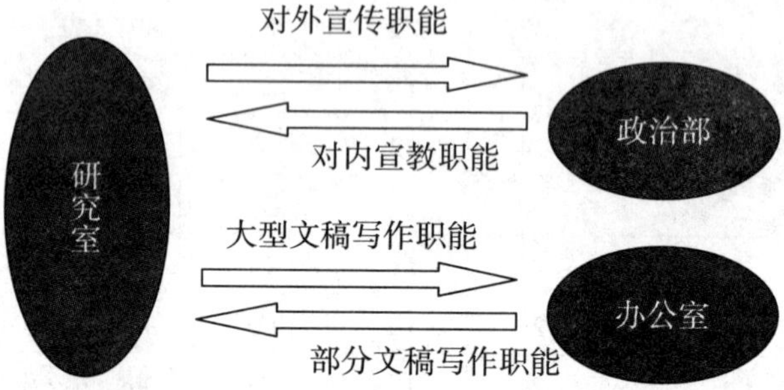

图8　中、基层法院研究室、政治部、办公室职能交叉示意图

2. 职能细分带来的管理碎片化

法院内设机构“碎片化”指向的是众多法院部门之间业务分割的情况，其弊端一是造成工作组织流程的分割。一个完整、连贯的综合业务流程往往被分割成许多部分或项目设置在综合管理部门，增加了各个部门之间的交流难度，使得整项工作运行时间长、协调成本高，还容易造成多头领导，下属人员无所适从的情形。同时，法院内设机构的过度分工，容易让法院工作分散化，无法创造整体效益，同时一项法院工作需要多个业务分割的部门进行协调配合，相应的工作效率也会变慢。②

3. 过多的管理层会造成管理重心偏高、信息壁垒严重

过多的管理层次造成管理难度加大，信息交流速度减慢，信息失真率高，工

① 2011年8月，J区法院审管办正式成立，原属研究室的司法统计、审判质效分析和运行态势分析、审委会记录、案件流程管理和质评等职能被划归审管办，且明确研究室和审管办同属审判业务综合部门。

② 参见陈爱武：《论家事审判机构之专门化——以家事法院为中心的比较研究》，载《法律科学》2012年第1期，第150页。

作之间的协调成本高，人力、物力资源耗费大。过高的管理层次，也会使得领导重心偏高，对下情知之较少，容易造成管理脱离实际，决策缺乏科学依据，从而造成工作失误。在规模比较大的法院里，审管办要直接管理上万案件的审理活动，政治处要面对全院几百名不同工作类别的干警，在通常情况下，职能部门很难驾驭如此大的管理跨度，无形中造成工作粗放凌乱，因而势必降低法院管理的质效。而各庭室部门之间缺乏平行沟通，一旦出现庭室利益冲突和沟通障碍，便会造成法院管理的不协调性。

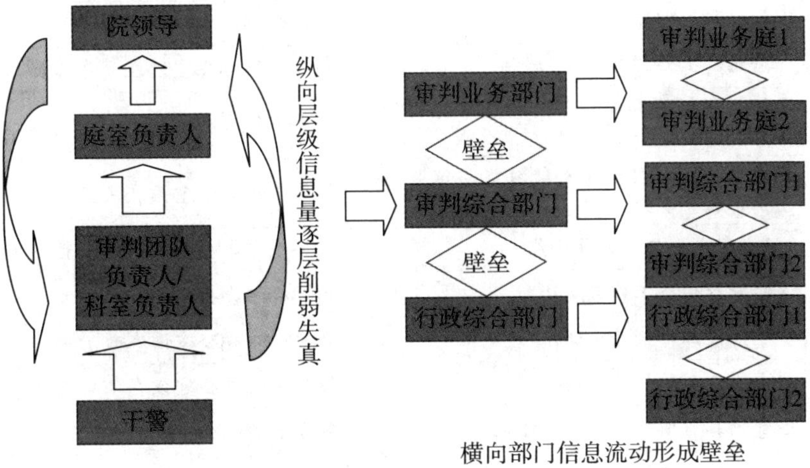

图 9　法院内设机构信息传递路径示意图

(三) 审级差异化特点维度问题分析

1. 中级人民法院存在的特殊问题

第一，中级法院内设机构与基层法院对口衔接不流畅。C 市中院和所辖 21 家基层法院主要表现在：一是多头考核评价。设定考核指标后多项任务多次考核。二是多头业务管理，中院职能部门通过召开片区会议、发布文件等方式指导下级法院工作，同个基层法院部门要对口 3~4 个部门的业务管理。三是多头人事管理。上级法院通过上挂乃至调动等方式对下级法院人员进行管理，加深了上下级法院的行政管理关系。

第二，中级法院部门壁垒和增设非编议事机构的现象更为突出。中级法院在四级法院中处于承上启下的传达枢纽地位，工作更多、难度更大，但其体量大、分工明确、人员流动小，内设机构壁垒较深，需要更高级别的领导“挂帅协调”“联合攻关”，因而非编议事机构更多，并呈现如下特点：一是非编议事机构功能并不直接指向“以审判为中心”。C 市中院现有的 22 个非编议事机构中，涉及服务党政大局的 6 个、服务党组的 2 个、党建思政的 2 个、信息化和网络安全的4个、后勤保障的6个；而涉及司改和审判业务的仅有3个，不到总数的15%[①]。而每个议事机构都需要定期或不定期召开各种协调会议，文山会海随之而来，而参会人员其实固定不变，很多工作时间消耗在协调会议中，挤占了法院资源。

表3　C市中院非编议事机构一览表

序号	非编议事机构	所设部门
1	司法改革领导小组	领导小组办公室设在研究室
2	审判执行管理监督委员会	委员会办公室设在审管办
3	综治维稳工作领导小组	领导小组办公室设在立案二庭
4	民间借贷纠纷和非法集资类刑事案件审判执行工作领导小组	领导小组办公室设在刑二庭
5	服务保障中国（S省）自由贸易试验区建设工作领导小组	领导小组办公室设在民五庭
6	“网络理事”工作领导小组	领导小组办公室设在诉讼服务办公室
7	网络意识形态工作领导小组	领导小组办公室设在研究室
8	基层建设工作领导小组	领导小组办公室设在政治部
9	安全管理工作领导小组	领导小组办公室设在法警支队
10	经费预算与项目管理领导小组	领导小组办公室设在行装处
11	保密密码工作领导小组	领导小组办公室设在院办公室
12	网络安全和信息化领导小组	领导小组办公室设在信息技术室
13	思想教育宣传工作领导小组	领导小组办公室设在政治部教育处
14	审判业务综合楼建设领导小组	领导小组办公室设在行装处
15	推进依法治市领导小组	领导小组办公室设在院办公室
16	外事工作领导小组	领导小组办公室设在院办公室
17	老干部工作领导小组	领导小组办公室设在离退处
18	爱国卫生和绿化领导小组	领导小组办公室设在行装处
19	目标绩效管理工作领导小组	领导小组办公室设在院办公室
20	重大文稿调研指导组	领导小组办公室设在研究室
21	妇女儿童工作领导小组	领导小组办公室设在少年家事庭
22	计划生育工作领导小组	领导小组办公室设在机关党办

第三，中级法院的管理成本和审判运行成本更大。以C市中院为代表的副省级城市中级法院，下设21家基层法院（为全国最多），在人力上，中级法院较之

① 这3个与审判业务相关的非编议事机构具体为司法改革领导小组、审判执行管理监督委员会、民间借贷纠纷和非法集资类刑事案件审判执行工作领导小组。

基层法院需要投入更大的人力到审判保障和后勤保障综合部门中，以确保对全市两级法院审判业务的全面监测管理，自身高难度的一审案件和21家基层法院的上诉案件、类案请示、重点改革工作和对口业务指导工作均需要大量审判人员参与其中；在物力和财力上，中级法院上要承担完成最高人民法院、高级人民法院的指导任务，下要负责对基层法院的监督管理费用，使得有限的物力财力资源更为紧张。

2. 基层人民法院存在的特殊性问题

第一，人员真空现象更为常见。C市基层法院人员编制整体有限，一般控制在100人左右，以P县、X县为代表的远郊法院人数甚至不足70人，而设置机构多在20个左右，岗位虚化的现象比较严重，岗位人均人数仅有3~7人，且“将多兵少”现象突出。二是部分岗位并无实际需要，因人员分配不够而出现“有岗无人”的情况。如C市法院下辖的CZ市、J区、P区等法院将“审监庭”与“审管办”合并，C区、W区则将“审监庭”归并入其他行政庭办公，审监庭仅保留庭长一个职位开展审判监督工作，成为典型的“光杆司令”庭室。此外，部分机构所承担的业务因时代更迭而逐渐消减，业务基础的丧失带来内设机构职能虚化，与该业务对应的内设机构同时面临撤减或转型，最明显的莫过于书记官室的变化。[①]

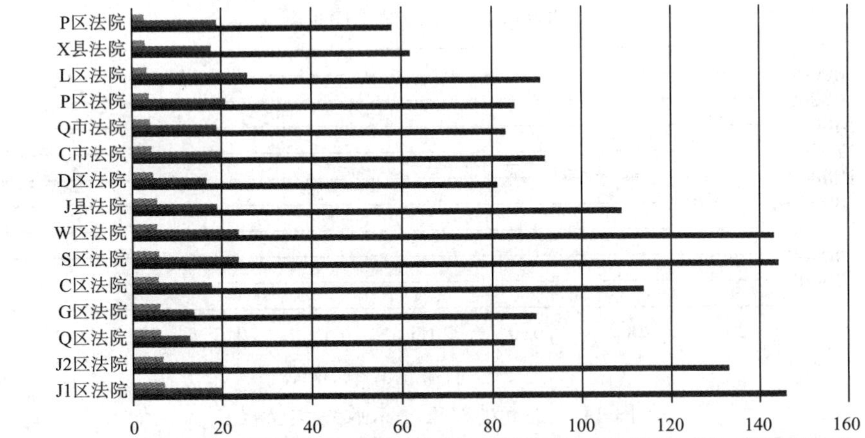

	J1区法院	J2区法院	Q区法院	G区法院	C区法院	S区法院	W区法院	J县法院	D区法院	C市法院	Q市法院	P区法院	L区法院	X县法院	P区法院
■机构平均人数	7.3	6.65	6.5	6.4	6.3	6	5.9	5.7	4.8	4.6	4.3	4.04	3.5	3.4	3
■机构数量	20	20	13	14	18	24	24	19	17	20	19	21	26	18	19
■在编人数	146	133	85	90	114	144	143	109	81	92	83	85	91	62	58

图10　C市基层法院机构在编人员及机构数量对比图

① 如一圈层J区、二圈层J县两家法院直接裁撤了书记官室；一圈层C区、二圈层S区、三圈层P县和Q县等法院将书记官室变更为其他庭室，发挥新的职能功效，其中，S区法院和C区法院变更为专业化审判庭室，P县法院和Q县法院分别变更为司法行政装备科和审管办。

第二，基层人民法庭职能发挥不够充分。基层人民法庭布局不全面、不优化，人民法院的“两便”原则发挥不够充分。以G区法院为例，目前G区管辖范围在地理位置上分为G南区、高G西区以及即将划入的临空经济区，G区法院的司法管辖也包括这些区域，除G南区外，其他两块区域均距离本院较远，难以满足该区域群众接受便捷的司法服务的需求，因此可以考虑用派出法庭的方式解决这一问题，在两区域设立临空经济区综合审判法庭与G西区法庭两个派出法庭，其中临空经济区综合审判法庭可以在原J市两个法庭受案范围外，主要负责审理临空经济区内刑事、行政、商事案件。

三、理性分析：现行法院内设机构问题的成因分析

（一）审判权运行维度成因分析

1. 法院“案多人少”矛盾催生组织机构膨胀

法院机构的膨胀是与法院自身拓展司法资源以应对求增长的思路紧密相关。C市法院近10年以来，收案量和结案量双双大幅上升，从8万件一路飙升至21万件，而这一数字在东部发达地区法院更为惊人。而这一时期，也是法院内设机构、尤其是审判业务庭大面积增设的高峰时期，二者成正比例关系明显。

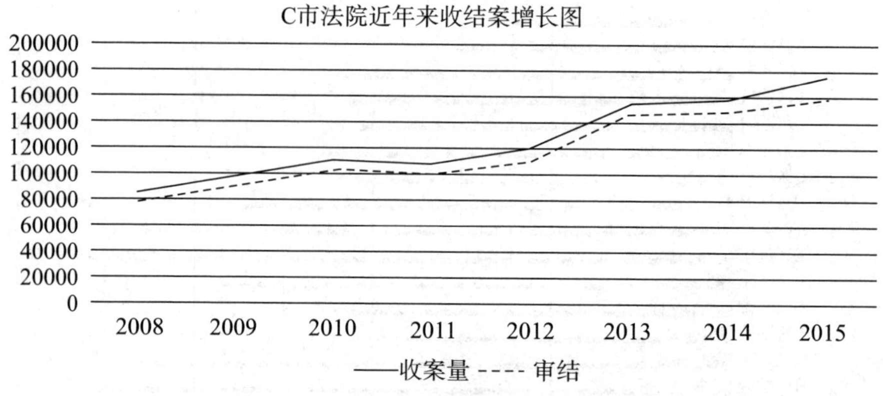

图11 C市法院近年来收结案情况图

2. 缺少管理幅度和工作量/人员配比的科学测算方法系

目前，人民法院的组织机构设计前端，缺少对管理幅度基本因素的考量，或者有考量却没有形成具有普适性、操作性的科学测算方法系统，仅单线考量法院案件总数与个体办案量之间的关系，对法院各类工作的复杂程度、管理者能力、人员的经验和知识水平、完成工作需要的协调程度、信息渠道状况等变量因素没有纳入考量范围，也就导致法院内设机构管理层级设计、管理岗位设定、部门人员配比上出现失衡。

3. 审判专业细化产生审判部门增设、独立

近年来，从审判专业化角度出发，劳动争议、环境保护、金融等专业审判庭纷纷“挂牌营业”。应当肯定设立专门类案审理部门的做法对提高司法公正大有裨益，但就法院内部机构设置而言，法院的内部机构设置越细，物力资源的投入必然增多，诉讼经济要求决定了法院的内部机构设置不宜过细。

（二）人员事务管理机制维度成因分析

1. 国家编制制度对法院内设机构的影响

编制是国家机关的组织机构、人员定额和内部结构的总称。内容主要包括两个方面，其一是内部机构数量，其二是机构的人数。编制具有经济意义，与经费相关，财政据此拨款以达节约与效率；编制具有组织意义，可使各类人员合理组织起来活动；编制具有法律意义，不列入编制就不合法，不被承认。换言之，违反编制就要追究责任。① 目前，法院的编制亦在政府人事部门，归当地编制委员会控制。法院在人员岗位、职级待遇上的切身利益，与地方编制直接挂钩，因而也就仿照行政机关设岗设职，在人员数额、职位和人员结构比例方面难以做到“以审判为中心”。

2. 缺少机构缩减、裁撤机制和人员分流出口

以法院非编议事机构为例，C市中院非编议事机构多达22个，这些机构设立只需一个文件，而如何撤销尚无定论、亦无实践，目前都是待这些机构所依托的工程结束后“自然消减”。但常设机构的成立依据就决定了比非编议事机构要严谨、正式、长久，独立部门缩减、裁撤或者合并时如何退出，需要程序进行规范。缩减和裁撤如果不能做到职务退出和人员分流，也容易沦为假缩减和假裁撤。从我国政府机构改革来看，改革开放以来各级政府进行了七次较大规模的机构改革，机构的精简与重组势必引起人员流动，人员分流问题一直是改革中的“拦路虎”，法院大部制改革同样不能回避这一问题。人员分流之所以成为大部制改革中的障碍，最主要是因为机构改革只能是一种“非帕累托最优”，不可能做到使所有人在相同的时间内获得相同的收益。

3. 集约化管理与市场化运作程度低

现在集约化已经成为现代管理提高效率与效益的一个基本取向，也为法院破解“案多人少”难题提供了一种可行的思路。法院职能受民众对公正的期盼和司法供给的需求影响，如果无法将诸如庭审记录、卷宗归档、司法送达、司法后勤保障等最基本的审判辅助事务社会化外包给市场、外包给企业来进行，就必须继续维持庞大、臃肿的法院内设机构来实现管理运行机能。出于同一原因，相应有

① 参见汪丽、冯其江：《人民法院内设机构设置问题探讨》，载江西科技师范大学网站：http：//cy.jxstnu.edu.cn/SzNav3/2014-03/01/NewsView-22223.html，最后访问日期：2017年8月12日。

意向从事、可以从事审判辅助性工作市场化服务的企业就永远无法发展壮大，司法服务社会化运作的市场就无法发展，法院内部运行就更需要以增设机构来包办一切。

（三）审级差异化问题维度的成因分析

1. 现有基层人民法院机构设置未能体现区域和法院体量差异

C 市法院为例，2016 年全年收案量 5000 件以下的基层法院为 3 家（D 县法院、P 县法院、X 县法院）；5000~10 000 件的基层法院为 8 家（Q2 区法院、D 市法院、J 县法院、W2 区法院、P 区法院、P 市法院、CZ 市法院、Q 市法院）；10 000~15 000 件的有 3 家（L 区法院、X 区法院、J 市法院）；15 000~20 000 件有 3 家（J2 区法院、C 区法院、S 区法院）；20 000 件以上的 4 家（Q1 区、W1 区法院、J1 区法院、G 区法院）。以 5000 件案件为一个量级，C 市 21 家基层法院在案件量上的差距达 4 倍之多，以全市法院人均办案量最少的 J 市法院和人均办案量最高的 G 区法院对比，二者的政法编制数是 181：104，但在基层法院体量差距、人员配比差距如此大的情况下，两家法院机构设置数却大体相同，可见现有基层法院在机构设置上未能体现差异性要求的情况。

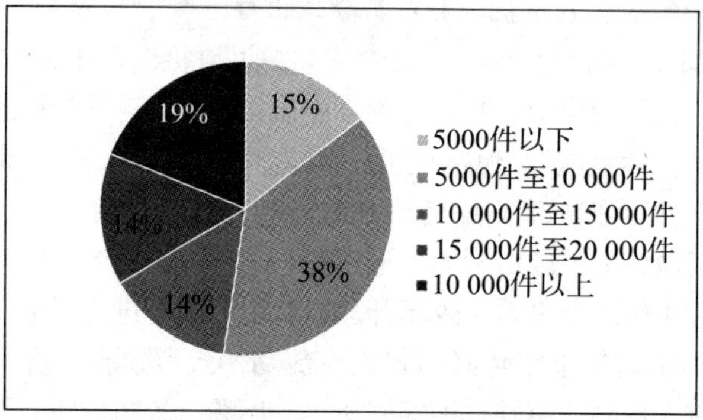

图 12　C 区基层法院收案体量构成图

2. 法院行政综合部门不顾实际强调上下级完全对口

上级法院只要有机构，就要求下级法院也要设立对口部门，而且要求要达到多少人，否则就是不重视，对上级不尊重。然而，中级以下法院不仅人手比较少，对口部门工作量也比较小，有的工作设立专门机构并配置相应人力实属没有必要。比如 C 市 C 区法院地处主城区，其对口设立的环境资源审判庭在 2017 年 1 月~9 月收到的环境资源保护类案件数量为 0，又如 C 市郊区 P 县是以特色农业为主的地区，P 县法院在 2017 年 1~9 月的破产案件收案量亦未实现“0”的突破，因此不得不将其他审判庭不能消化的案件调配到破产庭审理。

3. 上下级法院法官的素质能力参差不齐

法官的素质越高，审判组织就更为集约，审判资源调配就更为灵活。现实考察，中基层法院法官的素质能力差距明显，以C市法院为例，C市中院与W区、J1区、C区基层法院人员学历构成整体水平相当，大学本科以上人数占总编制人数的40%~60%，在2017年法院系统公务员招录中，C市中院拥有研究生学历并获得法律职业资格证A证岗位比例达到了100%；而较发达区县和欠发达区县法官与上级法院法官能力素质不完全形成无缝对接或优势互补，研究生学历人群总体比例仅为32%。

四、提出建议：现行人民法院内设机构现状研究启示

司法体制改革和司法责任制改革从来不把人民法院某一阶段的现存形式看成和当作最后的形式。[①] 研究现行人民法院内设机构改革，是对法院组织形式历史沿革结果的客观考察，更是对未来法院组织形式的预判基础。通过上述对现行法院内设机构特点、问题和成因的系统性分析，我们认为，要在新一轮司法体制改革过程中不断推进完善法院的组织结构，应当因循三大启示：审慎甄别与法院内设机构改革相关的主要原因；分清主次解决法院内设机构存在的诸多问题；合理分流法院内设机构改革的现实必要性和非必要性事项。

（一）审慎甄别与法院内设机构改革相关的主要原因

1. 改革须紧紧围绕法院内设机构问题的根本原因

法院组织的多数疑难杂症都有不止于一种应对之法，这些各不相同的解决之法，对于法院组织建设和内设机构改革来说亦有不同程度的资源需求。因为这种关联性的存在，就需要有一种最为有利的方案，能够快速妥善地解决问题，前提是找到导致内设机构运行不畅的根本原因。从上述实证考察和分析来看，导致法院内设机构现有问题的三大根本原因是国家社会经济发展产生的案件量陡增、民众司法需求日益强烈、法院发挥审判职能的客观现状，这些根本原因是导致法院机构发生变化的根源或者最本质的原因，在法院内设机构增设、合并、裁撤等发展变化的诸多原因中起关键作用、决定作用的最重要的原因。

2. 改革须及时应对法院内设机构问题的直接原因

导致法院内设机构现状问题的直接原因是指对法院内设机构变化发展起到最直接的推动，并直接促成其发生变化的原因。是指引起法院内设机构各种问题发展变化的近期表面现象，不经过中间事物和中介环节，一般是分析出时间关系或逻辑关系上最为接近的因素。由上所述，课题组考察总结出，导致法院内设机构现状问题的直接原因主要有三类：第一，制度缺失。比如国家机关编制制度对法

① 参见杨力：《中国法院职权优化配置研究》，载《东方法学》2013年第4期。

院内设机构的影响；法院组织法未能及时跟进法院机构变化；缺少管理幅度和工作量/人员配比的科学测算方法体系；机构缩减、裁撤没有退出机制；缺少人员分流机制和出口通道。第二，运行所需。比如法院审判职能不断扩充、分化导致机构增设成为必要；审判专业细化产生审判部门增设、现代社会分工越来越细导致增设综合部门等。第三，模式弊端。比如科层式管理模式下，审级职能的异化使上下级法院形成上下级行政关系；忽视中基层法院审判事务体量差异；法院行政综合部门不顾实际强调上下级完全对口等。

3. 改革须同步关注法院内设机构问题的间接原因

导致法院内设机构现状问题的间接原因是通过第三者引发事件的偶然性因素，具体而言就是自己本身不属于机构设置运行的核心内容，但是因为与机构职能运行相关，或通过和其他原因综合作用后对法院内设机构运行效率会造成较大影响的因素。由上所述，课题组考察总结出，影响法院内设机构改革的间接原因主要有两类：第一，法院事务管理因素：集约化管理与市场化运作程度低，科学管理缺乏信息化技术支撑。第二，法院人员管理因素：人员分类管理制度不科学，比如上下级法院法官的素质能力参差不齐等；缺少科学的绩效考核激励、惩戒机制等。

（二）分清主次解决法院内设机构存在的诸多问题

1. 厘清法院内设机构存在的主次问题

综上分析，通过对C市法院内设机构现状特征进行总结，课题组认为：从点上层面，单元内设机构以自身事务为边界呈相对专业化、独立化运转；从线性层面，法院内设机构呈现出垂直“科层化”和水平“并行化”运行特点；从面上层面，内设机构之间职能边界模糊、协作运转趋势愈加明显；从时间层面，法院内设机构与同时期社会需求紧密联系，呈现时代性、历史性特点。由以上表面特征深挖，课题组以“审级差异、事务分工、权力运行”为牵引，分析此种内设机构设置中存在的问题。然而，课题组发现，其中有的问题与法院内设机构本身密切相关，有的问题是法院整体发展阶段性问题在内设机构上的具体体现。因此，课题组提出在法院内设机构改革的探索阶段，应当采取集中解决主要问题、配套解决其他问题的方法设计改革方案。

2. 集中力量重点解决法院内设机构的症结性问题

所谓症结性问题，主要指影响审判权运行效果和法院内部事务、人员管理效果的根本性问题。具体而言包括：机构设置过多，分散审判力量；权力目标殊途，降低审判效能；弱化法官权重，损害审判独立等；机构设置过多过细，人员真空现象严重；部门人员配比与忙闲不均问题；上下级法院部门对口问题；部门职能交叉冲突问题；职能细分带来的管理碎片化问题；部门协调难度大与非编议事机构几杂问题；部门人财物管理混乱问题；过多的管理层次造成管理难度加大、资源耗费增多问题；多部门管理造成法院信息数据壁垒问题等。

（三）合理分流法院内设机构改革的现实必要性和非必要性事项

1. 辩证的、历史地看待法院内设机构设置的现有模式

通过对C市法院内设机构改革问题及原因分析过程中，课题组本着辩证的思维考察，得出两个观点：第一，现有法院内设机构情况并非偶然形成，也不应“全盘否定”；第二，现有法院内设机构改革情况并非局部问题，它牵涉到法院工作的方方面面。改革并非一蹴而就，改革是一项长久的系统性工程。因此，课题组认为，并非所有的法院内设机构设置都需要“推翻重来”，也并非所有的法院内设机构问题都可以在一次改革中全部解决，应当本着科学的态度，要处理好内设机构改革的阶段性问题，更要处理好内设机构改革的必要性和非必要性事项。

2. 重点推进法院内设机构改革的必要性事项

必要性改革事项源于法院内设机构最现实、最深层次、最根本的问题，当前我国法院内设机构改革其内在现实必要性主要表现在，它是法院行使审判权的需要、法院权力结构合理划分的需要、法院内部管理价值取向的需要、法院改革发展和法院现代化的需要。围绕上述“四个需要”，课题组认为，当前法院内设机构最亟须改革的必要性事项为：合理调整机构设置（包括合并、裁撤、新增等各种合理化调整）、科学划分机构职能、明确管理岗位职责、审判的职权的放权与控权、审判团队建设、职能部门的管理与服从。无论改革从何时入手、从何处切入，均需要以以上几个必要性事项为主要任务，才能实现改革的最终目的。

3. 选择推进法院内设机构改革的配套性事项

法院发展的根本动力，不是来自于外部，而是在法院自身内部，在于法院内部运行的矛盾，这种矛盾就是我们改革的初衷和现实必要性。但是法院组织形式和内设机构模式是关系到法院发展的全局性问题，不可能将内设机构改革与法院其他改革事项完全割裂开，内设机构改革有时与其他法院改革互为补充，有时相互牵引，有时为基层和上层的关系。因此，课题组将这些与法院内设机构改革相关的其他改革事项被称为非必要性事项或配套性事项。要说明的是，所谓“非必要性”和“配套性”不意味着这些改革事项本身不重要，只是在内设机构的改革语境中，它们处于非核心地带，但关系到内设机构改革的整体效果。比如：人财物的统管、法院人员分类管理与绩效考核、法官教育培训、信息化技术保障、司法辅助事务剥离和社会化外包等，仍然需要在内设机构改革过程中同步推进。

检视与重构：基层法院内设机构改革研究

康天军* 雷 钧** 闫 涛*** 贺 洁****

基层法院作为人民法院组织体系的基础和司法办案的前沿，基层法院的司法体制改革既是改革的逻辑起点，更是检验改革成败的实践评判。作为内部改革重要组成部分的基层法院内设机构改革问题，其关键在于明晰法院职能定位，适应以审判为中心、以司法责任制为核心的审判权运行机制改革，以法官队伍正规化、专业化、职业化为突破的法官制度改革，建立科学、精简、高效的内部组织机构体系。

一、基层法院内设机构设置的现状

根据法律的规定，联系我国基层法院设置的实际情况，基层法院的内设机构通常包括承担审判职能的机构和承担行政职能的机构。承担审判职能的机构是指基层法院为审理案件而设立的机构，包括直接审理案件的机构，如审判庭，以及为案件的审理或执行服务的机构，如立案庭；承担行政职能的机构是指基层法院内部设置的、负责处理法院行政事务和日常工作的机构，如办公室。这些机构虽然与案件审理没有直接联系，但它们为法院审理案件服务并提供保障，是基层法院的运行不可缺少的部分。

我国的《宪法》和法律对基层人民法院的机构配置没有作出明确的统一规定，但各地法院的机构都有着大体相同的配置。具体来说，基层法院承担审判职能的机构包括：（1）审判庭。审判庭亦称法庭，是基层法院为审判案件依法设立的机构或组织。在中国，审判庭目前主要指以下两种情况：各级人民法院根据案件的不同性质而分别依法设立的审判机构，如刑事、民（商）事、行政审判庭等；各级人民法院为审判某些具体案件而依法设立的审判组织，主要由独任庭和合议庭这两种组织形式。（2）审判监督庭。审判监督庭是设在基层法院内为审理

* 作者单位：陕西省延安市中级人民法院。
** 作者单位：陕西省延安市中级人民法院。
*** 作者单位：陕西省延安市中级人民法院。
**** 作者单位：陕西省延安市中级人民法院。

再审案件和抗诉案件设立的机构，其职权主要是依法审查申诉和申请再审的案件，审判上级法院指令再审、本院决定再审和人民检察院抗诉的各类案件。（3）立案庭。立案庭的职责包括：对基层法院依法受理的各类案件审查立案；对已经发生法律效力的刑事、民事、行政案件判决、裁定的申诉进行审查，认为可能有错误的，裁定再审后转有关庭处理；审理管辖争议、异议案件；负责诉讼费标准的核定和减、缓交诉讼费的呈报等。（4）执行庭。执行庭的职责包括：执行人民法院作出的一审发生法律效力并具有给付内容的民事判决书、裁定书、调解书、制裁决定书以及刑事判决书、裁定书和调解书中的财产部分，执行行政机关需要强制执行的案件；执行当事人申请执行仲裁机构的生效裁决等。（5）人民法庭。人民法庭是基层人民法院根据地区、人口和案件情况可以设立的派出机构。目前，人民法庭的职责是审理一般民事和轻微刑事案件、指导人民调解委员会的工作、进行法制宣传、处理人民来信、接待来访等。（6）司法警察大队。主要负责维护审判秩序，值庭时负责传带证人、鉴定人，传递证据材料，送达法律文书，执行传唤、拘传、拘留，提解、押送、看管被告人或者罪犯，参与对判决、裁定的财产查封、扣押、冻结或者没收活动。

承担行政职能的机构一般包括：（1）办公室。办公室主要负责基层法院的日常工作和档案处理，职能包括：协助院领导组织协调政务工作和各部门工作；督办院党组会议、院长办公会议决定事项和上级领导批示交办的事项；负责与人大代表和政协委员的联络工作；负责文秘、信息综合、档案、图书、保密、机要、督查、新闻宣传、外事联络等工作等。（2）政治部。政治主要负责基层法院的思想政治、教育培训、组织人事和老干部工作等，同时协助地方党委抓好人民法院系统党的建设和领导班子建设，协助地方机构编制主管部门管理人民法院的机构编制工作，办理《法官法》规定的和法官考评委员会决定的有关事项，负责法官等级和法警警衔的呈报、评定、晋升等。（3）监察室。监察室负责基层法院的监察工作，监督、检查本院各部门及其工作人员执行国家法律、法规、政策及行政纪律的情况，调查处理法院工作人员的违纪行为及廉政教育工作。

二、基层法院内设机构设置的检视

基层法院内设机构的设置方式的产生与变迁，追根溯源在于司法与行政的合与分，与其行政化的组织机构编制模式和内部管理模式密切相关，具有其合理性的因素，但同时也在与时俱进的司法体制改革中暴露出其局限性。

（一）现行内设机构设置的合理性因素

1. 实现专业审判的组织形式

人类社会发展的规律表明，社会分工有助于实现劳动生产效率的提高。分工越细致，越有利于不同职业的专业化稳健发展。将内设机构划分为刑事审判、民事审判、行政审判、审判监督等庭，可以实现不同审判领域的专业化发展，使得法官成为某方面的行家里手。

2. 提供职业发展的成长路径

纵观优秀、资深法官的成长路径，在司法体制改革之前，要成为一名法官，都必须从书记员做起。书记员工作经历、办案经验和专业技能达到一定程度后，逐步晋升为助理审判员、审判员。特别优秀的法官，逐步担任副庭长、庭长直至副院长、院长。由此可见，内设机构设置为法官职业成长提供了平台、铺设了路径。

3. 解决职级待遇的现实基础

由于法官单独职务序列改革前，法官待遇与行政职务和级别挂钩，法官要想获得更高的工资福利待遇就必须进行职务级别的晋升。自然，法院内设机构增多，机构规格的提高，领导职数会增加，有利于满足法官对行政职务和行政级别的追求。因此，法院机构膨胀的规模和速度明显。

（二）现行内设机构设置的局限性分析

1. 审判运行行政化

司法责任制改革之前，从审判权运行机制来看，存在审委会、院长、副院长、庭长、副庭长、合体庭和独任法官等不同审判层级，院长、副院长与下属之间，庭长、副庭长与审判员之间，本身具有领导与被领导、管理与被管理的关系，都拥有对具体案件的审判权和审判监督、管理权力。行政审批的模式被套用在案件办理程序中，法官审理案件要层层请示汇报，层层审批把关，院长、庭长的行政命令可能直接影响甚至决定最终的司法裁判。这种行政化的审判运行模式孕育了行政化的审批组织形式和内设机构设置模式，最大的弊端是违背了司法的亲历性原则，造成了审者不判、判者不审、权责不明，使得审判人员缺乏内生的激励机制和约束机制。

2. 机构数量臃肿化

机构数量不断增长，审判机构和非审判机构增长迅速，机构规模不断膨胀。从表 1 可以看出，法院内设机构过多过细，基层法院内设机构最多的达 25 个，最少的也有 10 个。仅业务一项，就有刑事、民事、行政、立案、审监、执行局、执行一庭、执行二庭数庭，然后民事审判再分为民一庭、民二庭、民三庭，过多的机构、过多的关系，形成臃肿体制。即使是人员编制数量非常少的 C 县法院，内设机构设置也是“麻雀虽小，五脏俱全”，内设机构总数达到 10 个。同时，内设行政机构分工越来越细，承担的职能越来越多，机构设置有增多的趋势。

表 1　某市部分法院 2016 年内设机构明细表

单位	内机构数量	机构具体名称
A 区法院	25	民一庭、民二庭、刑一庭、刑二庭、审监庭、行政庭、未成年庭、立案庭、审管办、执行局、执行一庭、执行二庭、执行局综合科、法警队、办公室、司宣办、政工科、基建办、监察科、书记员管理办公室及 5 个派出法庭
B 县法院	17	法警队、刑事庭、少年法庭、审监庭、审管办、政工室、办公室、研究室、执行局、执行一庭、执行二庭、行政庭、监察室、民事庭、立案庭及 2 个派出法庭
C 县法院	10	立案庭、办公室、监察室、法警队、刑庭、民庭、行政庭、执行局、审管办、审监庭、
D 县法院	15	办公室、监察室、执行局、执行一庭、执行二庭、立案庭、刑庭、民庭、行政庭、审监庭（加挂审判管理办公室）、书记员管理办公室、法警大队及 3 个派出法庭

3. 人员管理和机构设置趋同化

根据《法官法》和《法官职务序列暂行规定》对法官按照法官职务序列进行管理，职务序列包括职务名称与职务层次两个方面，职务层次划分为 12 个等级，分别与综合管理类公务员的 10 个职务层次相对应，法官等级与行政级别挂钩。法院内部，根据各内设机构的设置，每个业务庭室配备了若干领导职数，法官除了要根据从事审判活动的年限去划分等级，另一方面还要追求行政职务和级别的晋升，这就造成了审判人员和行政管理人员管理的混同。同时，法院院长、副院长、庭长、副庭长既是一种审判职务，需要行使审判权和审判管理与监督权力；也是行政职务，需要对各种行政、后勤事务进行管理协调。同时，为便于上下沟通协调，下级法院内设机构基本上参照上级法院多口设置，呈现出基本“一一对应”的条线结构。

4. 人力资源紧缺化

内设机构的不断增加，人员力量基本未变，甚至减少，分配到日益增多的内设机构中，导致审判力量紧缺的问题更为突出。某市基层法院现有中央政法专项编制 594 个，地方事业编制 159 个，实有干警 1112 人，其中，有法官 397 人，占总人数的 35.7%。除担任院长、副院长、审判委员会委员和兼任司法行政岗位领导职务的法官外，实际仅有包括庭长、副庭长、审判员和助理审判员在内的一线办案法官 237 人，占法官总数的 59.7%。从全市基层法院内设庭室人员配备情况看，51 个业务庭无法组成 3 人合议庭，占业务庭总数的 57%。从基层法庭建设情况看，全市 35 个基层法庭，配备法官 47 人。其中，配备 3 名以上法官的法庭仅有 3 个，占法庭总数的 8%；配备 2 名法官的法庭有 6 个，占法庭总数的 17%；配备 1 名法官的法庭有 24 个，占法庭总数的 66%（见表 2）。同时，非审判机构的数量不断增长，有的法院甚至超过了审判机构的数量，致使一些编制被非审判部门挤占，部分具备审判职称的法官在非审判部门从事与审判无关的司法行政工作，审判力量被人为削减，进一步加剧了案多人少的矛盾。

表 2 某市 2015 年部分法院办案情况及法庭数量统计表

单位	结案数量	全院人数	法官数量	一线法官数	院领导数	部门负责人数	法庭数量	法庭法官数量
A 区法院	6324	124	90	60	11	23	5	13
B 县法院	1033	53	20	11	4	11	2	2
C 县法院	238	29	16	10	5	10	2	2
D 县法院	946	64	22	22	7	21	10	16

5. 办案数量差异化

内设机构不断增多、划分过细，导致案件在不同庭室分布不均，法官办案任务忙闲不均。从基层法院受理案件特点看（见图 1），基层法院民事案件大约占受理案件总数的 86% 左右，且这个比例仍在增长，刑事案件和行政案件总数不到 14%。占据案件总数近五分之四的民事案件中借贷案件、婚姻家庭案件和人身损害赔偿案件又占近 70%（见图 2），这些案件法律关系相对简单，且基层法院大量刑事和行政案件基本上是简单、常见案件，审理难度不大。但现实情况是为了保持庭室建制，每个庭至少要保持 1~2 名法官，但由于案源有限，法官的工作量不平衡，民庭法官和书记员工作量是其他庭室的 5 倍多，各庭忙闲不均（见表 3），挫伤了法官和书记员的工作积极性，造成了审判资源的浪费。

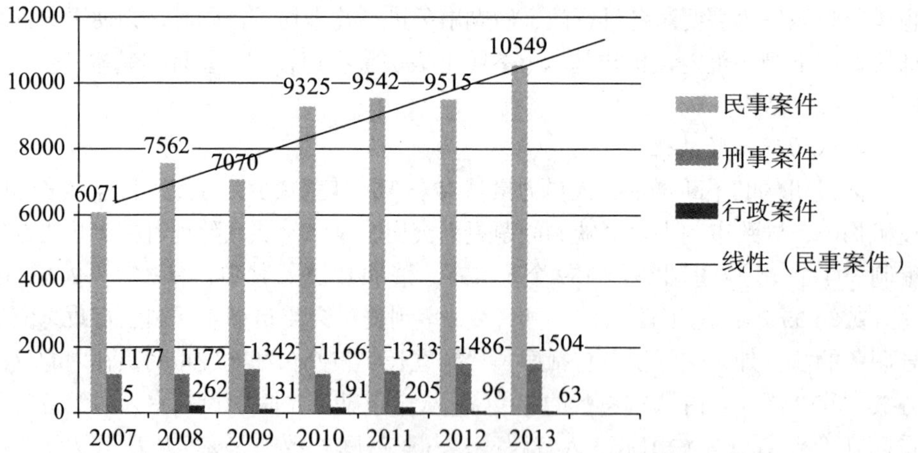

图 1 2007 年至 2013 年某市基层法院受理一审案件情况

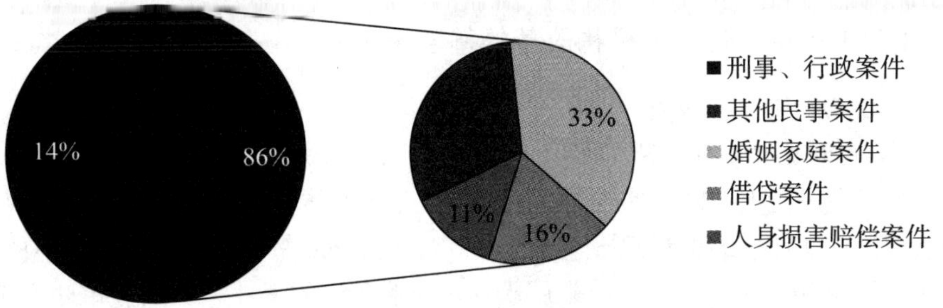

图 2　某市基层法院受理一审民事案件类型分布图

表 3　某市 2016 年部分法院审判庭办案情况统计表

单位	行政庭	刑庭	民庭	审监庭
A 区法院	511	467	1401	305
B 县法院	16	103	779	1
C 县法院	3	18	164	0
D 县法院	41	56	285	53

三、基层法院内设机构改革的顶层设计与基层探索

（一）基层法院内设机构改革的顶层设计

迄今为止，人民法院已经经历了三轮以五年为周期的司法改革，并于 2015 年发布《人民法院第四个五年改革纲要（2014-2018）》，标志着第四轮司法改革正式启动。最高人民法院发布的四个五年改革纲要均用相当篇幅对法院内设机构配置进行了描述，对法院内部组织形式改革进行纲要性部署与安排。“一五”改革纲要提出精简司法行政部门，撤并人民法庭，涉及法警、执行人员统一管理、配置专门司法统计、司法鉴定机构。“二五”改革纲要提出增强司法能力，保障司法水平，促进社会公平正义 ，改革涉及执行机构、审委会、人民法庭、专门法院、未成年综合审判庭，执行机构实行统一管理，审判委员会专业化分类改革，铁路法院等专门法院划归法院体系领导，同时要建立综合性少年法庭，探索设立少年法院。“三五”改革纲要规定了法院机关内部管理的改革措施，提出要完善人民法院的人事管理制度和机构改革，并对一些审判业务机构提出了改革的新思路和具体要求。“四五”改革纲要提出，要推动人民法院内设机构改革，按照科学、精简、高效的工作要求，推进扁平化管理，逐步建立以服务审判工作为重心的法院内设机构设置模式。

（二）基层法院内设机构改革的基层探索

1. 陕西延安黄陵模式

早在 2005 年，黄陵县法院就全面推行法官制改革，对审判权运行机制和内设机构设置进行大刀阔斧的改革，法官制改革的基本框架设计是：对外保留原有庭、室，依法任命的审判职务全部保留；对内打破原来的庭、室界限，不再设立民事、刑事和行政审判庭，原来属于这 3 个业务庭的案件全部由主审法官审理；保留立案庭、审监庭、执行局，但对其业务职能进行重新划分和必要整合。重新设立了立案室、庭前准备室、法官室等庭室，内设机构设置以立案室为先导，以法官室为核心，实行案件统一分配、轮流作业的大立案、精审判的流程管理机制。新机构的配置改变了以往民事庭、刑事庭案多人少，审理拖延，而行政庭等庭室闲暇无事的不合理局面，使全体法官干警的工作量趋于均衡。同时，把案件审判中的文书送达、取证、勘验、鉴定等程序性工作交由庭前准备室处理，改变了以往由办案法官调查取证的做法，避免了因办案法官先入为主导致的证据缺失、裁判不公现象。最重要的是，改革后对各个庭室的工作时限作了明确规定，使案件立、审、执全过程用时缩短。法官室的案件审理期限比法律规定更为紧凑，促使主审法官快速结案，案件审理速度加快，结案率明显提高。

2. 广东深圳前海合作区法院模式

成立于 2015 年 1 月的深圳市前海深港现代服务业合作区人民法院，除管辖前海辖区一审民商事案件、行政案件和执行案件外，还集中管辖原由深圳市辖区其他基层人民法院管辖的一审涉外、涉港澳台商事案件，在法院内设机构改革中迈出了更大步伐，内设机构设置上不设业务庭，只由审判团队和司法政务处、审判事务处两个内设机构组成。

3. 广东珠海横琴法院模式

横琴法院确立了法官员额制、人员分类管理、行政管理机构简化等全新架构，全面推行包括审判权运行机制、内设机构管理模式在内的法院综合改革。内设机构设置上，改变传统做法，实施以法官为中心的审判权运行模式，审判权由法官集中行使，不设审判庭，建立审判团队，仅设立“三办一局一队”，精简的组织机构模式解决了审判庭运作中的行政化问题，更符合审判权运行的规律和审判的专业化特点，有利于保障法官依法独立审判，提高司法行政管理效能。执行实现审查权和实施权的彻底分离。

上述法院对内设机构的改革尽管在机构设置上有差异，但共同的目标和原则是内设机构精简化，以审判为中心，行政机构设置服务审判权运行、服务法官办案，以此实现审判运行高效有序和法官管理的统一、规范。

四、基层法院内设机构的整合与重构

（一）理论基础

1. 法治基础

亚里士多德最早提出法治的思想，此后历代思想家们从不同的角度对法治进行了不同的解释。然而，法治是一种理想的社会状态，这一点是毫无疑问的。“法治可以被理解为这样一种社会状态：在法律与国家、政府之间，运用法律约束国家、政府的权力；在法律与人民之间，运用法律合理地分配利益；在法律与社会之间，运用法律确保社会公共利益不受权力和权利的侵犯。在这样一种理想的社会结构和社会秩序中，所有的社会冲突，只要可以纳入法律评价的轨道，一概都可以说或者说最终都可以通过司法的途径予以解决。”[①] 司法通过对违法行为进行裁判，救济受侵害的权利，保证法律对行为的规制，使立法、执法、司法及公民、组织的活动符合法律的规定，从而实现法治的目标。因而，司法是保障法律正确实施的有效途径和保证受侵犯的人民权利得以救济的最后屏障，是实现法治的核心和关键。“司法制度的设置就是借以使众多的法律由精神王国进入现实王国以控制社会生活关系的桥梁；法律借助于司法机关的司法活动而降临尘世。法律机器得以完善的运行，得益于程序完备的司法制度”。[②] 基层人民法院作为重要的司法机关行使国家审判权，对案件进行审判和裁决，以解决社会纠纷、化解社会矛盾。因此法院审判权行使的有效性直接影响着司法体制的运行，进而影响法治目标的实现。内部组织是伴随着社会分工的日益细化而产生的，它如同人体器官一样，构成任何组织的活动单位。因此，基层法院作为一个整体性的审判组织，如果不对其进行内部机构的配置，它将无法进行合理的分工和运转，无法处理日益多样化的社会冲突；而如果其内部机构配置不合理，则将会对法院的审判职能产生制度性的或非制度性的影响，甚至会异化法院的审判功能。

2. 法律基础

“依法治国，建设社会主义法治国家是中国人民当家做主的本质决定的，是建立社会主义市场经济的内在的必然要求，也是为世界各国所一再证明了的使国家繁荣富强、长治久安的必经之路”。[③] 法治社会首先要求树立法律的权威，“法律在国家和社会中成为最高权威类型，这是人类社会发展、权威转型的必然要求。人类社会的历史发展表明，不同的社会形态需要不同的最高权威类型。迄今为止，人类社会已经先后出现过几种在当时社会公共生活中占据最高地位的

---

① 樊崇义主编:《诉讼原理》，法律出版社 2003 年版，第 536 页。

② ［美］约翰·赞恩:《法律的故事》，刘昕等译，江苏人民出版社 1998 年版，第 142 页。

③ 应松年:《行政法学新论》，中国方正出版社 1998 年版，第 50 页。

权威类型，如神明宗教权威、君主权威、领袖权威等等。自人类步入近代社会以来，在以西方发达国家为代表的法治社会里，法律就取代了君主而成为公共生活中的至上权威。法律在国家和社会生活中成为最高的权威这是人类历史发展的一大趋势”。[①] 要使法律的权威得以树立，必须使一切社会活动都处于法律的规制之下，并且严格遵照法律的规定来进行。无论是普通的公民，还是立法机关、行政机关、司法机关，其行为都必须依据法律的授权和法定的程序。法治的理念和法律的本质都要求司法具有合法性，以法律的授权为基础行使权力。法律的授权包括对权力的授予和对权利的授予，通过权力建立有效的社会秩序、调整社会秩序，通过授予权利来保障个人自由、为受到侵害的自由提供法律救济的渠道。合法性则能够保证基层法院的存在和设置依据法律的授权和规定，对案件的处理具有相应的法律依据并予以正确、合法、及时地适用。因此，基层法院的机构配置也必须始终具有法律的授权。在我国，对基层人民法院机构配置进行了规定的主要有《人民法院组织法》和最高人民法院针对基层人民法院设置作出的相关司法解释。《人民法院组织法》的规定主要针对基层法院内审判组织的设置，并没有对基层法院运转必需的其他机构设置进行规定。但法律的授权成为了基层法院机构配置的基础和前提，基层法院可以在法律的范围内依据自身的情况进行审判组织的设置。

3. 价值基础

司法活动作为适用法律解决纠纷的活动，就是要对社会中存在的遭到破坏和扭曲的权利义务关系加以矫正，对已经出现的冲突予以合理的公正的解决，从而预防和消除冲突的发生。司法活动的性质决定了司法活动的生命就在于实现司法公正。司法机关不能保证其公正性，就失去了存在的社会基础，也会对法治社会造成巨大危害。不公正的司法会导致人们对司法和法律的不信任，从而降低司法和法律的权威，使人民的守法意识弱化，最终对社会秩序和法治建设造成不良影响。因此，公正不仅仅是司法的生命，也是法律的重要价值，是司法体制构建和改革的目标所在。法院作为司法的重要组成部分，其任务就是对案件进行公正的审判，不偏不倚地适用法律，解决争议，所以法院所追求的最高价值也是司法公正。“正义如果有声音的话，裁判才是正义的声音，所以整个法院的活动最终都是为了实现司法的公正”。[②] 公正指公平和正义，法院所追求的司法公正既要求法院的审判过程遵循平等和正当的原则，也要求法院的审判结果体现公平和正义的精神。[③] 司法公正的内涵包括实体公正和程序公正。所谓实体公正，是指法院正确地认定案件事实、正确地适用法律，对诉讼参与人的实体权利和义务关系作

---

① 卢晓峰:《论西方社会法律权威的理念基础》，载《法制与社会》2007 年第 5 期。

② 王利明:《司法改革研究》，法律出版社 2000 年版，第 15 页。

③ 谭世贵主编:《中国司法改革研究》，法律出版社 2000 年版，第 26~27 页。

出公正处理并作出公正的裁决。所谓程序正义，就是指法院的审判过程赋予了诉讼参与人同等的机会和权利，也就是说，诉讼参与人在诉讼过程中所受到的对待及所得到的权利主张的机会是公正的。司法公正的实现，是通过一系列原则、规则、制度和措施来加以保证的。基层人民法院作为国家的司法机关，承担着裁决纠纷的重要职能，其存在价值就在于根据事实和法律对案件作出公正的裁判。基层人民法院组织机构的设立、审判权运行的管理、法官指导诉讼活动的开展都要符合公正的目标。基层法院内部机构的组织原则和组织方式本身就构成了司法公正的基本内容，对基层法院的内部机构进行配置是为了更好地实现司法公正，对基层法院的内部机构进行科学合理的配置则有利于司法公正的实现。只有对基层人民法院的内部机构进行合理的配置，才能在外部机制上保证正义实现的基础，这是法院这一机关的价值目标使然。

（二）整合与重构的原则

1. 处理好审判与行政的关系，坚持以服务和保障审判工作为中心

人民法院的宪法定位是国家审判机关，其第一要务是司法办案，核心职能是履行审判、执行职责，维护社会公平正义。按照审判工作规律和司法工作特点，突出审判业务机构审判职能，充分发挥非审判业务机构服务保障职能，促进审判体系和审判能力现代化。

2. 更加注重尊重和保障员额法官履行职责

从司法权运行过程看，尽管法律规定人民法院依法独立行使审判权，但审判权行使的组织形式无论是独任审判还是合议庭审理案件，都是具体的法官个人在实施。从司法体制改革的角度看，全面实行谁办案、谁负责的司法责任制，同样要解决具体由司法权由谁来掌握和行使的问题。因此，必须构建法官地位最高、责任最大、待遇最好、惩戒最严的管理机制。这次改革的制度安排是，司法权由经过严格程序遴选出的员额法官来行使，员额法官制是实现司法责任制的必由之路和主体支撑。为此，内设机构设置必须尊重法官主体地位，保障法官依法独立公正履行审判职责。同时，内设机构设置应充分考虑员额法官数量，对于员额法官配置数量较少的法院，必须进行较大力度的内设机构整合，优化员额法官资源配置。

3. 坚持以精简效能、扁平化管理为组织架构

在理顺职能、明确分工的基础上，严格控制机构规模，规范法院内设机构设置，实行大部制、扁平化的管理模式，适当整合机构，减少管理层级，提高工作效能。打破上下级法院对口设置内设机构的传统模式，结合不同基层法院的审判职能、办案数量、人员编制等情况，因地制宜、因案制宜、因人制宜，设置内设机构。

4. 以方便人民群众诉讼为目的

早在边区高等法院时期，就形成了“便于群众诉讼，便于法院审判”的优良司法传统，其内设机构设置也充分体现了这一点（见图3）。最高人民法院周强院长强调，无论形势怎么变化，人民法院的人民性不能变，一切为了人民的理念不能变，群众观念、群众感情、群众立场不能变。法院的审判权是人民赋予的，司法的公信力取决于群众是否信任法官、尊重裁判。因此，作为直接与群众接触最多的基层法院，在内设机构设置中，要把方便人民群众诉讼作为前提，应始终体现司法便民利民的宗旨，让当事人以最直观的感受从改革中拥有更多获得感，以最便捷的方式从诉讼中维护自身权益。

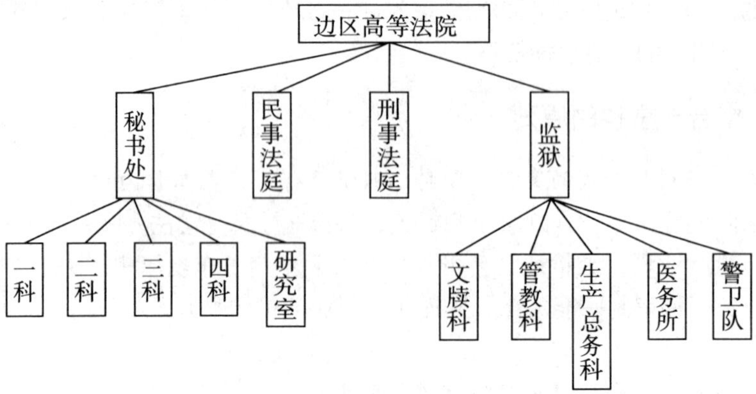

图3 陕甘宁边区高等法院内设机构图

（三）职能重构

基层法院的职能对于基层法院的机构设置具有重大意义，基层人民法院必须根据职能目标，建立相应的承载实现其各项职能的机构。因此，需要通过对内设机构职能进行解析，进而明确基层法院职能定位和分工科学合理。

1. 科学定位法院职能与机构职能

法院的首要任务是审判，而无论在哪个国家，基层法院都是该国最主要的案件纠纷解决机构。与传统的法院机构配置方式相比，基层法院内设机构设置先应突出法院的审判职能。（1）遵循完整统一的要求，通过对总职能目标的多级分解及归类，建立相应的组织机构和组织层级，并进行分工协作，使基层人民法院形成一个有机整体。（2）按照“审判机构管审判、行政机构管行政，行政为审判服务”的思路进行，明确各个机构的角色，达到职位、职权、职责的合理一致。（3）合理定位审判职能内设机构与非审判职能内设机构职能。审判机构的职能主要是履行审判职责、规范审判流程、提高办案质效，把主要资源和精力配置在审判中心工作上；非审判机构的职能应从行政管理彻底转型，为审判活动提供优质高效的服务。

2. 分离审判机构管理职能与审判职能

法院的运转离不开在人力、物力和财力等审判资源上的辅助管理，这是法院的行政管理职能的内容。行政管理权的作用在于为审判权的行使提供合理的辅助管理，相对于审判权来说这种行政权是外在的，两者不应当发生交叉。①具体而言，法院的审判职能和管理职能的区别主要表现在：（1）审判职能的主导性与管理职能的辅助性。设立法院的目标是对具体案件中的法律问题进行裁判。在这个机构中，一切制度的建立、一切人力的安排、一切财力的运用，一切资源的配置，都必须与审判活动的进行、审判职能的实现结合起来。也就是说，法院的管理活动是为审判活动的实现和完成而存在的，是辅助性的。（2）审判职能的裁判性与管理职能的运转性。作为审判机关，法院的基本功能就是对起诉至法院的案件，进行审理并作出裁决。而法院的管理职能并不直接作用于案件的处理结果。尽管管理为案件的裁判服务，但管理是为了保证审判活动的运行，保证法官依法最终形成审判结果。（3）审判职能的独立性与管理职能的领导性。审判职能与其他国家职能之间是相互独立的，这是《宪法》的规定更是法治原则的基本要求。而对管理职能来说，司法机关作为国家审判机构是一个整体，要确保其管理的统一性。基层法院机构的配置要在审判职能和管理职能相互区分的基础上，对审判业务的管理工作和审判工作作出的科学划分。同时，各专门机构不受其他机构的影响履行各自职能，审判组织及其人员不再行使任何行政管理的权力，使行政权和管理权相互分离，避免行政管理权对审判权产生越俎代庖式的侵蚀，保证审判业务的管理工作和审判工作都能够按照各自的规律和特点进行。

3. 适应审判流程的管理需要

审判流程，是指围绕审判所进行的案件的直接审判程序以及相关的审判辅助工作，具体包括案件的立案、审前准备、开庭、送达、财产保全、案卷归档等一系列审理环节，它是整个审判过程中法院和当事人之间依据特定程序所进行的一系列诉讼活动。审判流程的核心在于使立案、审前准备、送达、财产保全、案卷归档等审理环节以审判程序的进行为中心运行，为审判程序服务的各个辅助环节的意义在于保证为审判环节提供事前的准备和事后的处理，使整个案件的审理过程完整。基层法院机构配置要以审判组织为中心，目的在于保证审判程序的有效运行，各个内设机构分工明确、各负其责，这有助于理清法院内部组织关系、明确各自的责任、权利、义务，使案件随着各个流程得到迅速的处理，从而改变了分工不明、相互推诿而被拖延的情况，增进法院整体运作的效率。

---

① 蔡虹：《审前准备程序的功能、目标及其实现——兼论法院审判管理模式的更新》，载《法商研究》2003 年第 3 期。

（四）实现路径

实行“三步走”的方法，第一步，试点先行。启动内设机构改革试点工作，既要科学设置内设机构，更重要的是改革后的内设机构应规范办案、办事流程，提高工作效能，总结形成可复制、可推广的改革经验。第二步，立法巩固。对《人民法院组织法》不合时宜的条文进行修改，通过立法明确规定，对全国各级各地法院的内设机构规模、规格、数量、名称、范围等方面予以规定，以维护司法的权威性。对于各级人民法院内设机构的具体设置，一是对《人民法院组织法》列举的内设机构，各级法院根据自身情况可以设立也可以不设立，但对《人民法院组织法》未列举的内设机构，各级法院不准设立。二是摒弃目前“上下对口”的内设机构设置模式，赋予各级法院相对自由的内设机构设置权限，允许各级法院根据各自的工作人员数量和案件特点，在《人民法院组织法》列举内设机构名称范围内自行决定设置几个内设机构和设置哪些内设机构。同时，最高人民法院也应出台相关规定，对各级法院内设机构的设置条件、法院工作人员数量与内设机构总量的比例、各内设机构的最低人数配备要求等作出明确规定。第三步，全面推开。全国基层法院按照内设机构设置的法定条件和标准进行重整；内设机构的规格也应提高，与监察委等内设机构规格一致，以落实法院相应的宪法地位。

结　语

党的十八届三中全会从战略全局和高度提出，建设法治中国，必须深化司法体制改革，加快建设公正高效权威的社会主义司法制度，维护人民权益。基层法院内设机构改革作为司法体制改革的重要组成部分，深化内设机构改革，需要通过对内设机构的整合与重构，与各项改革举措相配套、相适应，释放改革整体效能。

附：《基层法院内设机构改革建议方案》

基层法院内设机构改革建议方案

为推进审判权力运行机制改革，进一步优化司法资源配置，落实司法责任制，建立以审判工作为中心的机构设置模式和人员配置方式，形成大服务、精审判、强执行、严管理、重监督的审判工作新格局，根据《人民法院组织法》《省以下人民法院内设机构改革试点方案》及中央深化司法体制改革有关精神，现就基层法院内设机构改革，提出如下建议方案：

一、指导思想和基本原则

基层人民法院内设机构改革的指导思想是：以党的十八大和十八届三中、四中、五中全会精神为指导，深入贯彻习近平总书记系列重要讲话精神，认真贯彻中央、省委关于司法改革的总体部署，以让人民群众在每一个司法案件中都能感受到公平正义为目标，以审判工作为中心，建立设置科学合理、职能划分明确、运行高效顺畅，符合审判机关特点和审判权运行规律的内设机构体系，为人民法院充分发挥审判职能作用提供有力的组织保障。

基层人民法院内设机构改革应坚持以下基本原则：人民法院司法改革要坚持正确的政治方向，遵循司法规律，立足实际情况，坚持一线优先、基层受益，积极稳妥依法推进。基层法院内设机构改革应坚持：精简效能原则。在理顺职能、明确分工的基础上，严格控制机构规模，规范法院内设机构设置，适当整合机构，减少管理层级，增加管理幅度，提高工作效能。服务审判原则。按照审判工作规律和司法工作特点，突出审判业务机构审判职能，充分发挥非审判业务机构服务保障职能，促进审判体系和审判能力现代化。分级设置原则。结合各级法院的审判职能、办案数量、人员编制等情况，因地制宜、因案制宜、因人制宜，设置内设机构，统筹推进原则。与司法责任制、法官员额制、审判辅助人员管理制度等改革有效衔接、同步推进。

二、机构设置

（一）法院分类

坚持因地、因案、因人制宜的原则，结合基层法院辖区人口数量、案件数量、编制数量情况，将基层法院科学分类为三类，为机构设置提供可行基础。

1. 一类法院：人口在50万以上、一审案件年受理数在5000件以上、中央政法编制数在150个以上的基层法院（以上、以下不包含本数）；

2. 二类法院：人口在30万~50万、一审案件年受理数在3000件~5000件、中央政法编制数在50个~150个的基层法院；

3. 三类法院：人口在30万以下、一审案件年受理数在3000件以下、中央政法编制数在50个以下的基层法院（以上、以下不包含本数）。

以上分类条件应同时具备，具体数据以改革前三年的实际数据为依据。

（二）内设机构

根据职能划分，将基层法院内设机构分为审判管理和党务纪检、组织人事、行政后勤管理两大块，科学设置审判业务机构并实行扁平化管理，合理整合非审判业务机构并突出服务职能，结合三类法院的实际情况分别设置不同的内设机构。

1. 一类法院内设机构

（1）诉讼服务中心。

①立案室；

②庭前准备室；

③速裁室；

④申诉审查室。

（2）刑事审判庭。

（3）民事第一、二审判庭。

（4）审管审监庭。

（5）执行局。执行局下设执行综合室、执行裁决庭、执行实施庭。

（6）人民法庭。

（7）司法警察大队。

（8）党务、纪检监察室。

（9）司法服务中心（或司法辅助中心）。司法服务中心囊括政工、办公室、装备处、后勤事务、财务、信息网络等职能。

2. 二类法院内设机构

（1）诉讼服务中心。

①立案室；

②庭前准备室；

③速裁室；

④申诉审查室。

（2）刑事审判庭。

（3）民事审判庭。

（4）审管审监庭。

（5）执行局。执行局下设执行综合室、执行裁决庭、执行实施庭。

（6）人民法庭（或诉讼服务站）。

（7）司法警察大队。

（8）党务、纪检监察室。

（9）司法服务中心（或司法辅助中心）。司法服务中心囊括政工、办公室、装备处、后勤事务、财务、信息网络等职能。

3. 三类法院内设机构

（1）诉讼服务中心。

①立案室；

②庭前准备室；

③速裁室；

④申诉审查室。

（2）审理庭。

（3）审管审监庭。

（4）执行局。执行局下设执行综合室、执行裁决庭、执行实施庭。

（5）人民法庭（或诉讼服务站）。

（6）司法警察大队。

（7）党务、纪检监察室。

（8）司法服务中心（或司法辅助中心）。司法服务中心囊括政工、办公室、装备处、后勤事务、财务、信息网络等职能。

此外，仅在行政案件集中管辖法院设置行政审判庭。并在一、二类法院成立专业法官会议，三类法院成立法官联席会议。

三、机构职能

围绕建成大立案、精审判、强执行、严管理、重监督的审判工作新格局，科学划分各内设机构职能。

（一）诉讼服务中心职能

要以诉讼服务中心为审判调度中心。

1.立案室

（1）诉讼引导。

（2）立案审查。

（3）法律救助。

（4）审判流程管理。

（5）立案调解。

（6）判后答疑。

（7）司法公开。

（8）诉讼费收取。

（9）查询咨询。

2.庭前准备室

（1）文书送达。

（2）开庭排期。

（3）调查取证。

（4）证据交换。

（5）诉讼担保。

（6）委托鉴定、评估、进行勘验。

此外，探索建立由法官、书记员、法警组成文书送达小组，负责所有法律文书的送达工作。

3.速裁室

（1）繁简分流。

（2）诉前调解。

（3）诉调对接。

（4）司法确认。

4. 申诉审查室

（1）申诉审查。

（2）信访接待。

（3）投诉举报。

（4）指导诉讼。

（5）咨询服务。

（二）刑事审判庭职能

1. 依法审理属本院管辖的第一审普通刑事案件、刑事自诉案件和刑事附带民事诉讼案件

2. 依法审理上级人民法院指定管辖的刑事案件

3. 加强刑事审判工作调查研究

（三）民事审判庭职能

1. 依法审理属本院管辖的第一审民商事案件

（1）依法审理婚姻、家庭、继承类纠纷案件。

（2）依法审理人身、财产损害赔偿纠纷案件。

（3）依法审理其他不动产纠纷案件。

（4）依法审理劳动争议案件。

（5）依法审理相邻权纠纷案件。

（6）依法审理债权债务纠纷案件。

（7）依法审理人身权案件。

（8）依法审理特别程序案件。

（9）依法审理其他应由基层法院民事审判庭审理的案件。

2. 依法审理上级人民法院指定管辖的民商事案件

3. 开展民事审判工作调查研究

（四）行政审判庭职能

1. 依法审理属本院管辖的第一审行政案件

2. 依法审查非诉行政执行案件

3. 开展行政审判工作调查研究

（五）审理庭职能

审理庭是设在三类法院的综合审判庭，负责审理属本院管辖的第一审刑事、民商事、行政案件，具有刑事审判庭、民事审判庭、行政审判庭的综合职能。

（六）审管审监庭职能

1. 依法审理属本院管辖的各类再审案件

（1）依法审理不服本院生效裁判的各类再审案件。

（2）依法审理上级人民法院指定再审和交办的案件。

（3）依法审理人民检察院抗诉的再审案件。

2. 开展审判监督工作调查研究

3. 依法审理发回重审案件

4. 依法办理检察建议

5. 负责对案件质量、审限执行的监督和案件的评查工作

6. 负责对审判流程管理实施监督

（七）执行局职能

1. 依法执行本院发生法律效力的民事判决、裁定、调解书，以及刑事判决、裁定中的财产部分

2. 依法执行外地法院委托本院执行的案件

3. 依法执行上级法院指定本院执行的案件

4. 依法做好委托执行工作

5. 依法审查执行异议、被执行主体的变更、追加

6. 依法实施查封、扣押、冻结、扣划等措施，对妨害执行行为人实施拘留、罚款等强制措施

7. 成立执行法警中队

8. 开展执行工作调查研究

（八）人民法庭（或诉讼服务站）职能

基层法院可根据本院员额法官人数及案件数量情况，在员额法官数量足够的情况下设置人民法庭，确定一定比例的人民法庭法官（比如一类基层法院），人民法庭设立案室；在员额法官数量有限的情况下，以现有人民法庭为依托，设置诉讼服务站，实行全院员额法官轮流不定期到基层诉讼服务站就地巡回审判（比如二、三类基层法院），诉讼服务站设接待室，只受理案件但不立案，每周确定时间统一在基层法院立案室办理立案手续。具体职能有：

1. 依法审理各类简单民商事案件

2. 开展诉前调解

3. 指导人民调解委员会工作

4. 依法审理人民调解司法确认案件

5. 开展“两说一联”

（九）司法警察大队职能

1. 值庭和维护正常的审判秩序

2. 值庭时负责传带证人、鉴定人，传递证据材料

3. 押解、看管被告人或罪犯
4. 协助相关部门采取司法强制措施
5. 参与执行工作
6. 送达所有法律文书
7. 做好机关安全保卫工作
8. 做好突发事件的临时性、控制性处理工作
9. 做好枪支弹药等警具警械的管理工作
10. 做好司法警察队伍教育培训工作

（十）党务、纪检监察室职能

1. 做好机关党建工作
2. 协助党组抓好本院党风、党纪和廉政建设
3. 受理控告、检举本院干警违法违纪问题
4. 查处、督促查处本院干警的违法违纪案件
5. 受理纪检、监察对象的申诉
6. 开展明查暗访、执法大检查工作

（十一）司法服务中心（或司法辅助中心）职能

1. 负责文件的草拟、收发、传递，办理日常事务
2. 负责人事管理、干部教育培训、宣传等工作
3. 负责装备、档案、财物管理工作
4. 负责后勤保障工作
5. 负责信息网络建设、维护工作
6. 负责工资福利待遇、保险和子女统筹保健和管理工作
7. 负责离退休工作人员的审批和管理工作
8. 负责本院计划外用工的选用和工资待遇工作
9. 协助院党组抓好工会、共青团、妇联工作

（十二）专业法官会议和法官联席会议职能

专业法官会议和法官联席会议属于咨询机构，由全体法官组成，由高级法官轮流主持，院、庭长不得主持，但可以法官身份出席会议。专业法官会议和法官联席会议仅就重大、疑难案件组织研讨，提供参考意见，不形成决议。

民族地区基层人民法院内设机构情况调研与思考

——基于新疆 40 个基层法院的样本考察

李　军*

党的十八届三中全会从全局和战略的高度明确提出，建设法治中国，必须深化司法体制改革，加快建设公正高效权威的社会主义司法制度。党的十九大报告再次强调，要“深化司法体制综合配套改革，全面落实司法责任制，努力让人民群众在每一个司法案件中感到公平正义”，同时，报告还指出，要“统筹考虑各类机构设置，科学配置党政机关部门及内设机构权力、明确职责”。这既是一个宏观指引，更是一个顶层设计。目前，全国法院员额法官选任工作已基本结束，如何科学配置人民法院的内设机构权力，明确其职责，应当也必须提上改革的日程上来，可以说，内设机构改革是落实司法责任制的必由之路，是增强审判力量的重要举措，是提升审判质效的重要途径，是法院科学管理的客观需要，因此，修正《中华人民共和国人民法院组织法》(以下简称《人民法院组织法》)，建立符合中国特色的人民法院组织体系和科学合理的内设机构，是当前司法体制改革的重点。

作为我国政治区域的重要组成部分之一的少数民族自治地区和少数民族聚居地区（以下简称“民族地区”）①，这些地区的基层人民法院内设机构设置如何，是否具有民族地方特色，还存在什么问题？本文通过对新疆 40 个基层法院进行调研，针对这些法院现有运行体制和内设机构现状，从机构设置、管理制度、人员配备及地理因素等方面，浅析民族地区基层法院内设机构存在的问题，以期建立科学合理，具有民族地区特色的人民法院内外部体制机制。

一、现状

新疆维吾尔自治区是一个多民族聚居的地区，共有 47 个民族成分，其中世居民族有维吾尔、汉、哈萨克、回、柯尔克孜、蒙古、塔吉克、锡伯、满、乌孜

* 作者单位：新疆维吾尔自治区伽师县人民法院。

① 因本文涉及的民族地区既包括少数民族自治地区，也包括少数民族聚居地区，为与民族区域自治地方区别，使用“民族地区”，而非专指民族自治地区。

别克、俄罗斯、塔塔尔等 13 个民族。同时新疆也是中国面积最大的省级行政区。从法院设置来说，新疆共设置法院 159 个（地方法院 116 个、兵团法院 43 个），其中高级人民法院 1 个，高级人民法院分院 2 个，中级人民法院 27 个（地方 13 个、铁路 1 个、兵团 13 个），基层人民法院 129 个（地方 97 个、铁路 3 个、兵团 29 个）。由于高中级法院和铁路、兵团法院不是本文论述的重点，因此，笔者从 97 个地方基层法院中选取了 40 个地方基层法院作为样本，进行研究。

（一）基本情况

从 40 家法院的分布情况来看，南疆四地州 23 个，北疆地区 17 个。其中喀什地区 10 个，阿克苏地区 7 个，阿勒泰地区 5 个，和田地区 4 个，伊犁州 3 个，乌鲁木齐市 3 个，克孜勒苏柯尔克孜州 2 个，博尔塔拉蒙古州、哈密、吐鲁番、巴音郭楞蒙古州、克拉玛依市各 1 个及石河子市法院（见图 1）。样本既照顾了民族分布较多的地区，也兼顾了南北疆的不同差异，具有一定的代表性。

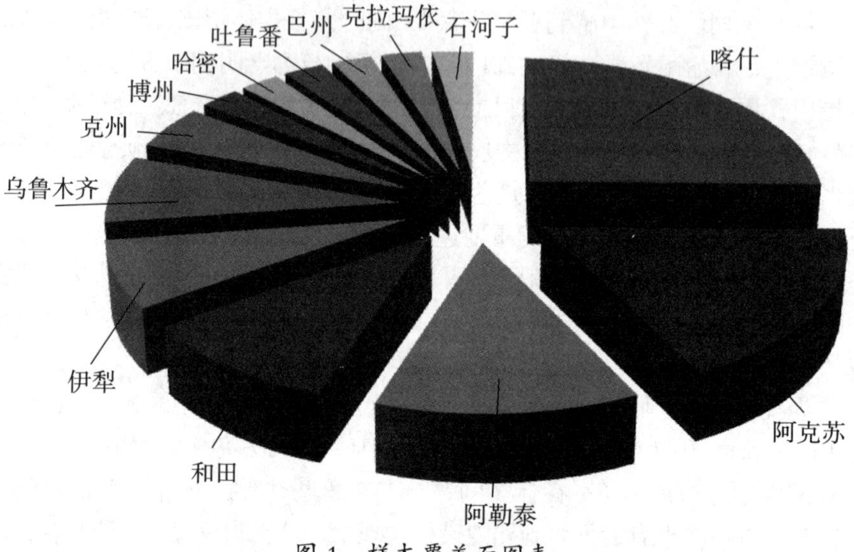

图 1　样本覆盖面图表

1. 内设机构数量情况

从这些法院已经公布的内设机构来看，内设机构的数量也不尽相同，40 个法院共设立内设机构 460 个[①]，平均每个法院设立 11.5 个内设机构。其中设立内设机构最多法院为 19 个部门，是乌鲁木齐市沙依巴克区法院，乌鲁木齐市的另一个天山区法院设立了 17 个部门，设立 16 个部门的有 2 个，分别是乌鲁木齐市新市区和石河子市法院，设立 14 个内设机构的法院有 1 个，设立 13 个内设机构的法院有 3 个，设立 12 个内设机构的法院有 5 个，设立 11 个内设机构的法院为 19 个，

① 本文中未作说明的，均不包括基层法院派出的人民法庭数据。

占据近一半，设立10个内设机构的法院3个，设立9个内设机构的法院2个，设立8个内设机构的法院2个，设立6个内设机构的法院1个。具体情况见图2。

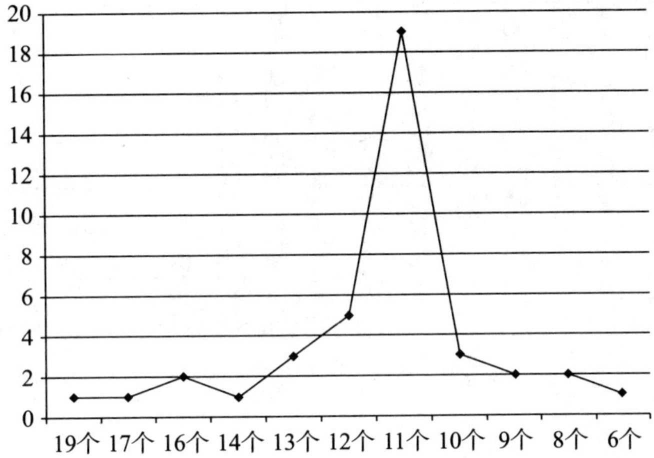

图2　设立内设机构法院数量情况

从上述统计的数据来看，尽管2002年，新疆有关文件要求“县级人民法院内设机构一般9个，任务较重的可根据工作需要增加1至3个……。地、县人民法院政工机构称科……”但从上图来看，完全符合规定的只有5个法院，即使按条件放宽，仍有8个法院不符合通知要求。而从对样本法院年受理案件数来看，在10 000件左右的有2个法院，这两个法院分别设立了19个内设机构和17个内设机构，受案在8000件左右的1家法院设立了16个内设部门，其他法院年均受案量多在1000~3000件之间，是否符合任务较重，有待考察。而且从该通知来看，“任务较重”是否属于应增加内设机构的理由，也需要进一步分析。

2. 内设机构类型情况

从设置的机构来看，设立（行政）办公室、政工科（政治处）、立案庭、执行局（庭）、司法警察大队等5个内设机构的各有39个，有一个法院实行综合审判庭和综合办公室，上述部门不全。设立审监庭的39个，除了一个年受案在200件左右的法院①外，其余都设立了审监庭（包括实行大部制综合部门的法院）。另外，作为基层法院“标配”的内设机构还有刑事审判庭、民事审判、行政审判庭、纪检监察室等，设立的法院各有36个；而设立综合审判庭的有3个法院，其中两个法院是按1个部门设置，这两个法院的内设机构也分别是8个和6个②，但另一个法院则是设立综合一庭、二庭和三庭，总内设机构为11个③（见图3）。

① 该法院年受理案件200件左右，在岗干警35人，内设机构8个。

② 阿克苏地区柯坪县法院。该法院有两个综合部门，设立有立案、执行、审监、司法警察大队共6个内设机构；喀什地区的泽普法院，因无综合办公室，溢出2个机构，共内设机构8个。

③ 和田地区于田县法院将原来的刑事、民事、行政改造成新的综合一庭、二庭和三庭，内部实行综合审判，但在内设机构中与原来相比，并无改变。

大部制综合审判庭改革推动效果不明显。

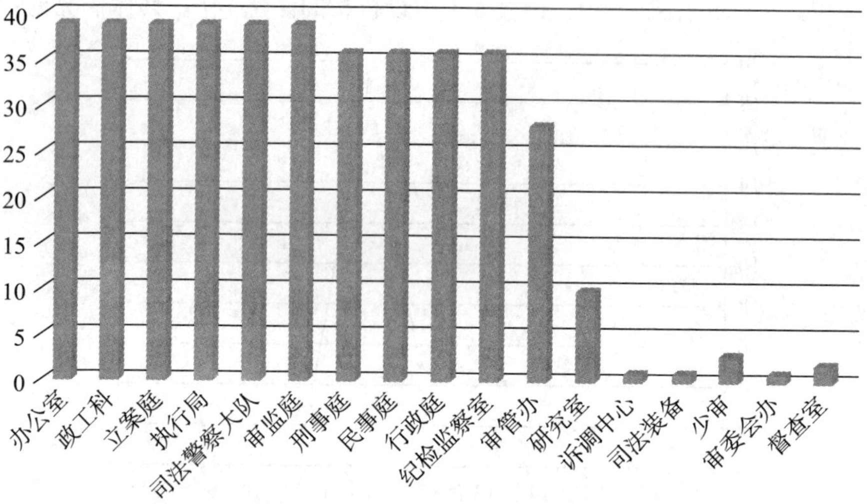

图 3　内设机构类型示意图

3. 内设机构的性质情况

从设立的内设机构性质来看，在 460 个内设机构里，属于行政后勤类的有政工科、行政办公室、纪检监察、法警大队、司法装备科、督查室等，共计 156 个，占总内设机构的 33.9%；立案庭、刑事庭、民事庭、行政庭、少审庭、审监庭、执行局等，共计 259 个，占总内设机构的 56.3%；审管办、研究室、诉调中心、审委会办公室等，共计 39 个，占总内设机构的 8.5%；综合审判庭 5 个，综合办公室 1 个，占总内设机构的 1.3%。从法院内设机构倾斜审判业务方面来说，似乎比较合理，但综合审判机构偏少，民族特色的审判机构更是空白（见图 4）。

图 4　内设机构性质示意图

（二）主要特征

1. 麻雀虽小，五脏俱全

从 40 家基层法院来看，无论是拥有几百人，年结案上万件的首府大区法院，还是高原地区仅三四十人，年审案不足两百的“袖珍型”法院，都是内设机构满满。总的来说，多数法院并没有从自身法院的实际出发，而是在上有限制的情况下选择顶格配置，能设一个就设一个，能争取一个就争取一个，不考虑设立效果和设立后的配置问题，不求专，只求全的现象较为严重。在考察中，我们选取了 9 个法院，把他们的法官人数和内设机构①进行对比（见表 1）内设机构平均法官数最多的 2.9 人，不足 3 人，最少的仅 1.8 人，不足 2 人，如果考虑到一些业务较多的庭要配备合议庭，而且这个数字都未扣除院长、副院长、专职审委会委员等院领导的话，那么，势必有些庭只有 1 人，或者没有法官可配。一方面，造成设立的审判业务内设机构有名无实；另一方面，可能会形成人浮于事，庭长、科长、主任泛滥。

表 1　内设机构与法院人数对比表

	C 法院	B 法院	Q 法院	M 法院	Y 法院	E 法院	S 法院	T 法院	K 法院
法官人数	32	19	14	28	13	24	38	31	12
内设机构	9	8	8	11	7	12	13	11	6
机构平均法官数	2	2.4	1.8	2.5	1.9	2	2.9	2.8	2

2. 业务综合少，分散多

在 40 个法院里，只有三个法院采用了综合审判庭的模式，而且只有一个法院采用综合审判和综合办公的大部制模式，而另外一个法院只有综合审判庭，行政后勤仍然是“三国鼎立”（办公室、政工科、纪检监察室），还有一个法院虽然采用综合审判庭，但设立成为综合一庭、二庭、三庭，业务综合了，内设机构却没有减少，换汤不换药。而考察一些受案稍多的法院，如受案在 2000~3000 件的法院，则多数设立了多个民事审判庭，在 40 个法院中，设立两个以上民事庭的就有 10 个法院，而这 10 个法院里，年受案在 2000~3000 件的就有 5 家法院，粗略计算，每个民事庭受理案件不超过 500 件，如果考虑派出法庭也受理调解大量民事案件，机关设置的民事庭受案之少，加之案件类型单一，可以想象，显然不利于专业审判水平和效率的提升。

3. 互相攀比，没有特色

在内设机构设置中，明显能感觉到各个法院是在一个区域内寻求纵向上下对

① 本段考虑要用法官人数进行类比，而法庭的审判职能要求配备一定数量的法官，故本段包括人民法庭数，但剔除掉行政后勤部门。

口，横向左右统一[①]，甚至互相比较，害怕自己少设一个机构，根本没有考虑自己的特色。事实上，在很多民族地区法院，由于民族语言与汉语不通，民族语言案件与汉语案件审判是不通的，但往往他们采用综合审判的方式，打破庭与庭之间的界限，刑民商行案件都审的现象较为普遍。因此，设立民族综合审判组织本应该是水到渠成的事情，但是在考察中发现，没有一个法院设立民族综合审判庭，或者在汉语案件较少的法院设立汉语综合审判庭。在民族聚居的地区，缺少这样的特色，的确是一个不小的遗憾。

二、问题及原因

当前，各地法院出现机构数量不断增长，机构规格不断提升，科层制管理模式行政化严重的情况，影响法院工作质效。特别在民族地区基层法院，主要存在以下几个方面的问题：

第一，内设机构与法院规模不匹配，阻碍法院正常工作开展。首先，从这次考察的 40 家基层法院来看，多数受案在年 2000~3000 件之间，如果去除法庭办理的诉调对接案件，案件实际数量在 1000 件左右，这样的案件数量在其他省份和沿海发达地区，与一个审判团队的工作量相当，而在考察的法院里，要分散给七八个，甚至十几个庭来消化，显然不匹配，也不利于审判业务提升和工作积极性的调动；其次，这些法院往往具有法官资格的人并不多，况且员额制的员额核定是根据案件情况，也就是说，员额制下办案的法官更少，而设立机构一多，员额法官是做庭长，还是做法官，成了一个问题，既不利于审判管理，也不利于审判质效；再次，由于民族地区法院规模都不大，法院人数也较少，分散到各内设机构，本来应当互相配合的事情，由于现在都是领导职务，又都是平级，于是，可能出现各自为政、互相扯皮的现象，妨碍工作，影响效率。而且设立一个新的机构，机构组成人员就要找事做，业务部门还可以找找案子，争争管辖，对于设立的行政机构，其杂务和事务性工作的安排，则可能对相关审判工作造成影响[②]。

第二，内设机构没有区域特色，不能发挥应有的作用。一是设置内设机构的标准不统一、不明确，甚至过于宽泛，给机构设置泛滥提供条件。比如我们前面说的规定中“任务较重”的就可以增加 1~3 个内设机构，那么何为“任务较重”，任务较重应该是增加人员，人员不增加，增加机构有什么作用？还有些法院根据“本地区工作需要”设置了别具特色的部门，却唯独没有民族地方特色[③]。二是内设机构职能权限不明确，换句话说，要设立一个机构，要做什么，要解决什么问题？这些不明确不明晰，会导致设置混乱，更不要说发挥作用了。如即使是同一

---

① 同一个地区，同一个州，基层法院设立内设机构大致相同，而不考虑自身实际。
② 目前在基层法院较为受到诟病的是宣传调研机构等。
③ 有些法院试图设立翻译室，认为这有地方特色，其实不然，这些只能是叠床架屋。

个部门，各地法院的职能与权限亦是不统一的。如设置民事审判一庭，有的法院受理婚姻家庭等传统民事案件，而有的法院则是受理房地产等经济案件，这不仅不利于法院的整齐划一，有损司法严肃，而且给当事人诉讼造成困扰和不便，不利于司法权威的树立。三是设置内设机构没有考虑地区和法院实际，在被考察的40家基层法院中，大多数法院的内设机构是“千人一面”，没有因地制宜，考虑不同地区社会文化、地理环境、生活习惯和法院的自身实际情况而制定，造成很多人口少、编制少的基层法院设立的内设机构形同虚设。最为明显的是许多基层法院设立的行政审判庭，几年都没有一个案件，长期关门大吉，很多人员身兼数职，甚至是“身在曹营心在汉”，只挂名业务庭法官，却在政工、办公室帮忙工作。相反，现实中，由于民族地区存在地广人稀、纠纷案件分散、民风民俗兼容性不高、语言环境差异大等问题和特点，亟须专门的审判组织来解决这些问题、适用这些特征，但从目前看，各地法院却并没有认识到这一点，没有很好地利用设置内设机构，采取扁平式综合型审判机构来解决。

第三，内设机构不太符合司法规律。由于民族地区的情况不同，作为司法机关的人民法院，实际上也肩负着较为繁重的非司法性工作，而这些，需要按照工作需要设立相应岗位，而正是这些岗位的不断设立，导致法院管理层级不断增加，加上“人多设岗，岗多加人”的恶性循环，不但难以解决实际存在的问题，还冲淡了司法机关的本职工作，难以强化司法责任，加上机构设置过多，一人庭或一人多庭，缺少干警之间的相互监督，损害了司法公信力。

究其原因，笔者认为，一是内设机构设置与人员职级挂钩，是内设机构不断增加，膨胀的主要原因。虽然《法官法》规定法官的工资福利由法律另行规定。但迄今为止，并未有相关法律对其进行界定。法院内设机构越多，机构负责人和副职就越多，既有利于满足法官对行政职务和行政级别的追求，也能很好地增加中级管理层，对法院管理领导层，也会有更多的管理者负责，因而，内设机构的增多，对法院领导和法官来说是一件皆大欢喜的事情。

二是法律规定相对滞后与司法实践操作的探索性，导致法院内设机构缺乏创新动力。检读现有的法律体系，关于法院内设机构的设置主要由《人民法院组织法》规定。但现行《人民法院组织法》对法院内设机构的配置规定有些过时，已经不能满足现实的司法实践需求，与现有的内设机构配置现状脱节，而《人民法院组织法》又缺少应有的立法应对，如随着《专利法》《著作权法》《商标法》等一批知识产权保护法律的实施，全国绝大部分中级法院乃至部分基层法院均已设置了知识产权庭，但《人民法院组织法》却未对此作出有力回应予以相应的调整。

三是员额制改革，冲抵了民族地区法院审判类内设机构改革的紧迫感。在员额制改革之前，具有法官资格的人都要办案，业务庭之间有办案竞争，负责人之间也有管理考核竞争，设一个业务庭，要考虑它的运行、要有案件、有业绩，而且大家都希望成为业务庭的负责人，现在员额核定了，核定的员额按照办案任务，办案基本能够“吃得饱”，原来业务庭配置的压力小了，作为民族特色的综合审判庭改革就更没那么紧迫了。至于非员额人员，就只有“华山一条路”——在行政内设机构中寻找行政职级，因此，在审判类内设机构竞争减少的同时，行政类内设机构的设立却增大了压力，于是有的法院，在大量非员额人员进入行政后勤后，又生出一些内设机构，这样就要注意内设机构的非工作需要性泛滥，防止“左兜装右兜”，内设机构此消彼长的现象出现。

三、对策和设想

针对民族地区基层人民法院内设机构存在的上述问题和原因，笔者认为，应当从以下几个方面来思考解决：

1. 修法律

进一步完善《人民法院组织法》的相关规定，为机构设置改革提供法律依据支撑。现在的基层法院内设机构，主要依据《人民法院组织法》来设置，但由于该规定列举过于简单[①]，而且有些过时，显然不适合社会发展的需要，因此，笔者建议：制定原则性规定，将设立内设机构的自主权给法院，这样一来不让法律僵死，二来可以提高法院内设机构为创新改革服务的积极性。即修改《人民法院组织法》第18条第2款的规定为：“基层人民法院根据方便人民群众诉讼的需要，以提高审判质量和效率为目的，可以设立若干内设机构。”下增第3款“民族地区人民法院，可以根据民族地方审判需要，设立民族综合审判机构”。具体为以下三点：

一是规定人民法院可以根据方便人民群众诉讼的需要，设立若干内设机构。法院的审判权是人民赋予的，法院在司法中，应始终体现为人民服务的宗旨。因此，作为直接与群众接触最多的基层人民法院，在其内设机构设置中，要把方便人民群众诉讼作为动因，而不是“任务较重”和“工作需要”。

二是规定人民法院设立内设机构的目的是提高审判质量和效益。内设机构的科学合理配置，核心在于配权，明确职责，将提高审判质效作为设置内设机构的目的和职责，有利于防止人民法院在行使设置内设机构权力上的滥用，假如一个机构设置后，不能发挥作用，就要在评估后撤销，对于行政综合部门的撤销，也应当同时撤销负责人的职级。

三是规定民族地区人民法院可以根据民族地区的社会文化和生活习惯，以方便人民群众诉讼和提高审判质效为前提，适当设立符合民族特色的综合审判机

① 《人民法院组织法》第18条第2款规定，基层人民法院可以设立三个审判庭，而且没有兜底规定。

构。与此同时，在《民族区域自治法》第四章第47条中增加规定相关内容。

2. 去实职

取消审判业务内设机构的行政级别，即取消人民法院内设的审判业务机构与其对应的科处局等行政化级别待遇。在《人民法院组织法》对人民法院授权自行设立审判业务内设机构的同时，取消这些内设机构的行政级别，明确由机构内的法官等级较高者担任庭长、副庭长[①]，不享受相应的行政级别待遇，只负责相关业务管理。使业务类内设机构变成一些意图以内设机构获取行政权力待遇利益的人眼中的“鸡肋”，只有这样，才能彻底断掉法官在审判业务内设机构中寻找行政级别的念头，从根源上完全去除法院内设机构的行政化，也堵塞了以此获益的渠道，为实行审判业务综合团队制铺平道路。

3. 强实效

以地方案件特征为标准，设立有民族地方特色的综合审判内设机构。鉴于不同民族，由于语言文字、生活习惯、文化背景、甚至信仰宗教的不同，在看待纠纷、处理纠纷方式上也存在诸多差异，这种差异在审判中就要求对他们的上述情况有专门了解和丰富阅历的人来进行处置，因此，建立一支专业的民族综合审判团队很有必要，同时，由于实行综合专业化团队审判，对专业审判水平的提升也会有很大帮助，从而提升审判质量与效益，有效维护司法权威，让人民群众，特别是民族人民群众感到公平正义。

4. 简权力

明确民族地区基层人民法院的工作性质，逐渐去除与基层法院司法活动无关的职能。化繁为简，建立综合行政后勤部门，集中力量做好行政后勤服务工作，并通过逐步简政放权，实现人民法院行政工作社会化，通过社会购买服务方式，退出法院内设机构设置。对于审判管理综合部门，则采取先集中，后嵌入，参照当前内设机构配别专职监察员的方式，跨团队设置审判管理员，发挥审判管理作用。

就当前人民法院内设机构改革，从民族地区基层法院的角度，我们的设想是这样的：

第一，化零为整，建立跨地域的民族地区基层人民法院。可以考虑以现有的州、地区、市为支点，建立两级跨行政区域的民族地区基层人民法院。一方面，从考察的法院来看，除了乌鲁木齐市主要区和石河子市法院案件量较大外，大多数法院的受案数徘徊在2000件左右，案件量小，法官少，类型少，是民族地区

① 笔者了解到，在欧洲一些国家法院也有类似庭长、副庭长，甚至院长，但都是虚职，并无行政性待遇。

基层法院较为普遍的现象①。因此，有必要进行资源整合，设立若干个跨县级行政区域的基层人民法院，有利于司法统一，提高质效。另一方面，民族地区多数地区实现自治州、地区等非行政对应区划，这些区划本身就是属跨区域设立，如新疆维吾尔自治区地方 14 个中级法院和分院，只有乌鲁木齐、克拉玛依、哈密、吐鲁番四个中心城市是市中级法院建制外，其他都是以地州跨区域设立的中院和分院。这也为跨县域设立基层法院提供了参考。另外，民族地区由于历史迁徙，相邻县之间本来就相互融合，存在补充关系，如果合并设立司法机构，也可以达到集中优势的效果。如喀什地区现有 12 个县市基层法院，按地域毗邻、案件量多少，至少可以整合为 6 个，这样，六个法院的案件数、人员数及人员素质大致相当，有利于提升司法效能。

第二，建立“卫星法庭”，以现有基层法院为支点，设立民族地区民族审判巡回法庭。在建立跨地域的基层法院的基础上，以现有基层法院为驻点，设立若干巡回法庭，设定为常设机构。每个巡回法庭安排 1 至 2 名常驻法官和若干名审判辅助人员，负责以简易程序处理相对简单的民事纠纷和法定最高刑在 3 年以下的轻微刑事案件即可。由于设立巡回法庭与设立法院不同，巡回法庭不需要一个庞大的行政后勤服务机构，可以有效去法院的行政化，逐步实现服务的社会化，从而避免法院设立后的“五脏俱全”。

第三，突出特色，在民族地区基层法院设立以民族案件为标准的民族综合审判庭和审判团队。以熟悉相关民族历史文化、社会生活的资深法官组成，实行集中审理，总结审判经验，巡回审判案件，由于实行了基层法院的整合，因此，每个法院都可以根据本辖区民族居住特点和规律，设立 2~3 个综合审判机构，组建 4~6 个审判团队，从而更好地方便人民群众诉讼，提高审判质效。

第四，设立以省一级为单位的行政后勤、审判管理、辅助体系，实行垂直管理。在适当时机，以购买社会服务的方式，使人民法院行政后勤管理机构逐步退出人民法院。当前应该以省为主，建立三个内设局，中院设分局，基层法院设支局。一是成立综合管理局，对应现有内设机构：政工科、办公室、纪检监察室等。综合管理局的职责为这些部门的所有职能；二是设立审判（诉讼）管理局。对应现有内设机构：审管办、立案庭（诉讼服务中心）、研究室等。审判（诉讼）管理局的职能以审判管理、流程监控为主；三是设立执行警务局。对应现有内设机构为执行局、司法警察大队，执行警务局的职责以执行和司法警务为主，实行警务编制管理。

① 在我们考察的 40 个法院中，十几个法官的法院有近 10 个，有的甚至是个位数，法院还要设立内设机构，的确难为。比如某法院 30 多名干警，长期在某高原工作，每年案件不足 200 件，平均一个月十几件，且多数案件类型相同，法官业务生疏，即使设立了内设机构，法官也难以胜任。

人民法庭的功能定位与现代转型

娄必县 * 蒋陆军 **

人民法庭作为法院的“神经末梢”，深入院坝社区、田间地头，直接面对最基层的矛盾纠纷，在“便于当事人诉讼、便于人民法院审判”方面发挥了重要作用。在学界眼中，人民法庭也由此成为了“乡土司法”的堡垒和标志。① 当然，最高人民法院也将人民法庭建设与农村工作紧密相连。② 但随着经济社会的发展，如果仍然固守陈旧的“两便原则”以及由此而生发的一系列司法理念、功能定位及工作方法，人民法院存在的合理性将招致怀疑。③ 人民法庭的乡土属性呈现一定程度的弱化倾向，既有布局也越来越难以适应当前的司法需求。最高人民法院于 2005 年发文对法庭布局进行调整，城市市区、基层人民法院所在的城镇不再新设人民法庭。④2014 年，最高人民法院要求综合案件数量、区域面积、人口数量、交通条件、经济社会发展状况，优化人民法庭的区域布局和人员比例。积极推进以中心法庭为主、社区法庭和巡回审判点为辅的法庭布局形式。⑤ 在加强人民法庭建设的倡导背后，实际却是人民法庭总体作用与功能的相对萎缩。⑥ 将人民法庭简单地与乡村司法、矛盾调处相关联，并不符合人民法庭的实际功能，因此，有必要的新的历史条件下，根据社会经济的发展情况，重新思考人民法庭的功能

---

* 作者单位：重庆市高级人民法院。
** 作者单位：重庆市九龙坡区人民法院。

① 参见高其才等：《乡土司法——社会变迁中的杨村人民法庭实证分析》，法律出版社 2009 年版；刘晓涌：《乡村人民法庭研究》，武汉大学 2011 年博士学位论文；张青：《转变中的乡村人民法庭——以鄂西南锦镇人民法庭为中心》，载《中国农业大学学报（社会科学版）》2012 年第 4 期；张青：《迈向“实践—理论”的研究范式——对乡村司法理论的回顾与反思》，载《云南行政学院学报》2013 年第 1 期；丁卫：《秦瑶法庭——基层司法的实践逻辑》，三联书店 2014 年版；顾培东：《人民法庭地位与功能的重构》，载《法学研究》2014 年第 1 期；胡道才：《司法改革视野下人民法庭功能定位之重构》，载《司法改革论评（第 22 辑）》，厦门大学出版社 2017 年版。

② 《最高人民法院关于进一步做好 2009 年人民法庭工作的通知》（法〔2009〕94 号）指出，要充分发挥人民法庭工作职能，为农业农村工作大局提供强有力的司法保障和法律服务。

③ 胡道才：《司法改革视野下人民法庭功能定位之重构》，载《司法改革论评（第 22 辑）》，厦门大学出版社 2017 年版，第 137 页。

④ 参见《最高人民法院印发〈关于全面加强人民法庭工作的决定〉的通知》（法发〔2005〕16 号）。

⑤ 参见《最高人民法院关于进一步加强新形势下人民法庭工作的若干意见》（法发〔2014〕21 号）。

⑥ 顾培东：《人民法庭地位与功能的重构》，载《法学研究》2014 年第 1 期，第 29 页。

与定位。本文拟结合西南地区南县的经济社会发展以及南县法院人民法庭的设置与运作，从地理、治理和法理三个层面探讨当前人民法庭的功能重构与转型。

一、南县法院人民法庭的实践样本

（一）南县概况

南县系C市近郊县，截止2016年末全区户籍人口68.74万人，常住人口57.26万人，其中城镇人口32.81万人，常住人口城镇化率57.3%，县城人口25万，占城镇人口的76.20%。南县以传统农业生产为主，外出务工人员较多，近年来旅游业有所发展。目前，全区公路总里程达4385公里，乡镇通畅率、行政村通畅率均达100%，有客运线路167条，农客招呼站（点）452个，乡镇、行政村通客率达到“双百”。所有乡镇和绝大多数符合通客条件的行政村均有到达城区的客运班车，但各乡镇之间却很少有客运班车连接，除非通达城区时经过某一乡镇。

（二）人民法庭布局概况

2003年以前，南县法院有10个法庭，分别设置于观音、隆兴、玉石、平坝、江南、打油、细河、荷塘、凤凰等乡镇和城区。2003年，隆兴、荷塘、凤凰法庭被撤销。2005年，打油、细河与城区法庭合并，设立民三庭，审理除合同、金融、民间借贷之外的所有民事案件，但管辖范围为城北、城西，城区其余地区案件由民一庭管辖。2009年，民一庭和民三庭合署办公，一套人马两块牌子，民事案件在两个法庭统一分配办理。至此，南县法院四个法庭的布局基本定型。观音法庭位于西北部，辖区面积385.02平方公里，8个乡镇，人口16万多，区内经济均以农业发展为主。平坝法庭位于南县西部，辖区面积378平方公里，3个乡镇，人口6万多，法庭所在地的平坝镇，以煤炭工业为主兼制造业、铸造业，其余乡镇以农业经济为主。江南法庭位于东部，辖区面积540多平方公里，6个乡镇，人口11万多，江南镇以铝加工、煤炭工业为主，其余乡镇以农业经济为主。玉石法庭位于东北部，辖区面积237.16平方公里，6个乡镇，人口9万多，以农业经济为主。南部8个乡镇处于欠发达山区，案件不多，由民三庭专门管辖。城区三个街道由民一庭和民三庭共同管辖。至此，南县法院形成了“一点四中心”的基本格局。

表1　各法庭与南县法院的距离与车程情况表

	高速（公里）	车程（分钟）	省道（公里）	车程（分钟）
观音法庭	21.4	22	23.4	37

（续表）

	高速（公里）	车程（分钟）	省道（公里）	车程（分钟）
平坝法庭	18	20	16	23
江南法庭	28.8	25	27.1	41
玉石法庭	无	无	22	35

（三）人民法庭的案件受理情况

人民法庭的受案范围较为广泛，除建设工程合同纠纷、医疗人身损害赔偿纠纷、金融纠纷外，其他所有民事案件均由法庭按地域管辖。2012 年人民法庭受理的民事案件占南县法院受理民事案件的 45.21%，2013 年、2014 年连续下降至 36.43%、35.00%。2015 年回升至 41.91%，次年则下降至 37.47%。结案所占比例与此大体相当。2012 年至 2016 年，人民法庭收结案分别上升 106.41%、103.72%。

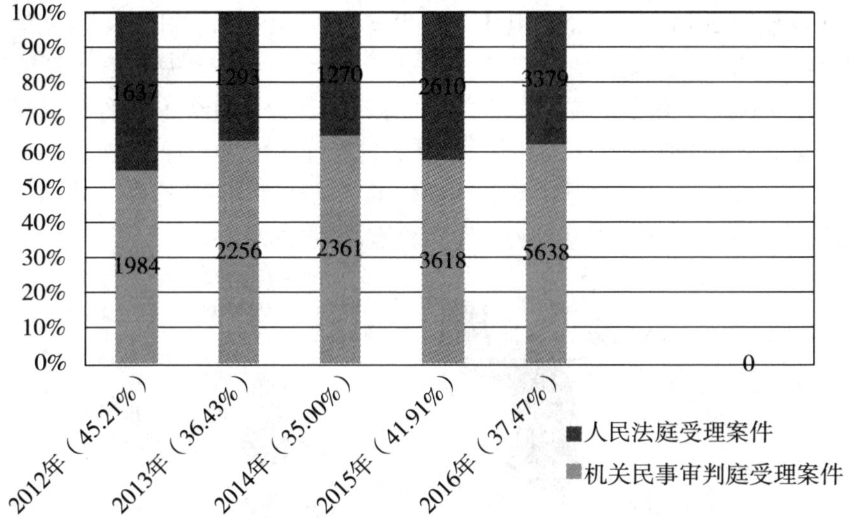

图 1　人民法庭收案比例图

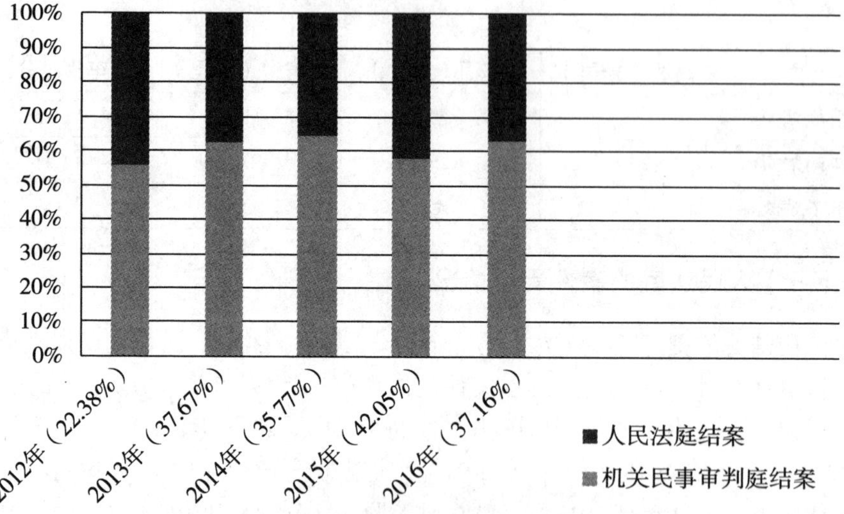

图 2 人民法庭结案比例图

2012 年至 2016 年南县法院共审结民事案件 26 018 件，法庭审结 10 211 件。在审判程序的适用方面，法庭普通程序审结 904 件，简易程序（含小额诉讼程序）审结 9209 件；南县法院所有民事案件采用普通程序审结 2438 件，简易程序审结（含小额诉讼程序）22 864 件。法庭的普通程序使用率为 8.85%，法院普通程序使用率为 9.37%。人民法庭所审理案件的疑难程度稍低于全院平均水平，机关庭的普通程序适用率略高于法庭一个百分点，为 9.70%。

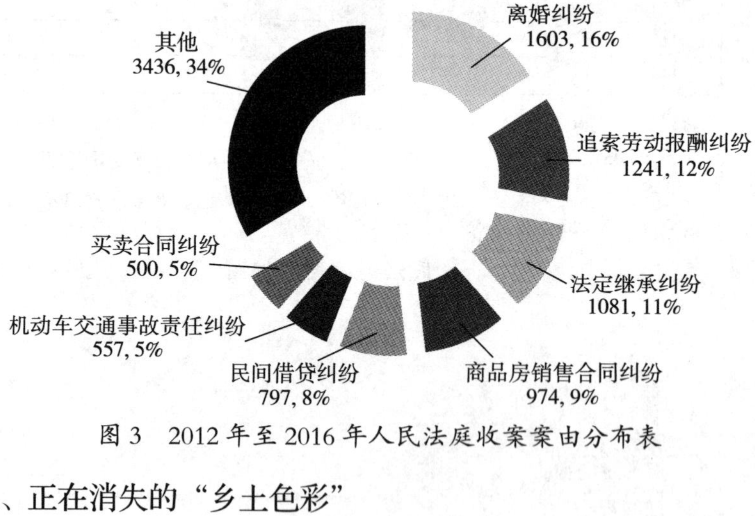

图 3 2012 年至 2016 年人民法庭收案案由分布表

二、正在消失的“乡土色彩”

（一）法官与地方情感疏离化

南县法院民事案件撤诉 7341 件，调解 9515 件，调撤率 64.79%。其中人民法庭撤诉 2345 件（按撤诉处理 319 件，占 13.60%），调解 5104，调撤率 72.95%，调解率 49.99%。民一、二、三庭，小额诉讼庭撤诉 4927 件（按撤诉处理 207，占 4.20%），调解 3900 件，共结案 14 599 件，调撤率 60.46%。这种整体上的类比并不科学，因为机关民事审判庭所受理的案件类型多于人民法庭。因此，拟以人民法庭收案最多的十类案件为标准，对南县全院和南县机关民事审判庭就相应案件的调解和撤诉进行统计比较。

四个人民法庭结案量最高的十类案件，共 7727 件，调解 4284 件，调解率 55.44%，撤诉 1742 件，撤诉率 22.54%，调撤率为 77.99%。

表 2　人民法庭收案最多的十类案件的调撤数量（单位：件）

	结案总计	调解	撤诉
法定继承纠纷	1065	75	73
机动车交通事故责任纠纷	558	1044	54
离婚纠纷	1609	56	62
买卖合同纠纷	479	305	67
民间借贷纠纷	761	671	304
确认合同有效纠纷	254	167	183
商品房销售合同纠纷	961	274	176
土地承包经营权出租合同纠纷	329	199	184
物业服务合同纠纷	466	796	352
追索劳动报酬纠纷	1245	697	287
总计	7727	4284	1742

南县法院相同案由的案件调解率 40.48%，稍低于人民法庭，撤诉率 27.90%，稍高于人民法庭。具体到南县法院机关民事审判庭——民一、二、三庭和小额诉讼庭——此类案件的调解率为 28.00%，撤诉率为 35.00%。调解率低于人民法庭 27.44 个百分点，但撤诉率却高于人民法庭 12.46 个百分点。

表 3　南县法院十类案件调解、撤诉情况（单位：件）

	结案总计	调解	撤诉
法定继承纠纷	1789	1707	45
机动车交通事故责任纠纷	1180	581	165
离婚纠纷	3153	1166	739
买卖合同纠纷	1322	438	444
民间借贷纠纷	2758	842	611
确认合同有效纠纷	387	273	85

（续表）

	结案总计	调解	撤诉
商品房销售合同纠纷	2340	1082	170
土地承包经营权出租合同纠纷	402	74	186
物业服务合同纠纷	2934	174	2203
追索劳动报酬纠纷	2084	1091	471
总计	18349	7428	5119

表 4　南县法院机关庭十类案件调解、撤诉情况（单位：件）

	结案总计	调解	撤诉
法定继承纠纷	527	474	24
机动车交通事故责任纠纷	603	266	99
离婚纠纷	1513	478	429
买卖合同纠纷	751	255	254
民间借贷纠纷	1799	507	428
确认合同有效纠纷	128	69	43
商品房销售合同纠纷	1271	191	160
土地承包经营权出租合同纠纷	73	69	2
物业服务合同纠纷	2465	121	1849
追索劳动报酬纠纷	774	338	176
总计	9904	2768	3464

需要注意的是，案件的难易程度和法官的工作量对案件调撤率有相当大的影响。我们已经整体上进行了比较，法院机关民事审判庭普通程序使用率略高于人民法庭，这在一定程度上表明机关庭所受理的案件要稍微复杂。另外，更为重要的是，机关庭法官所处理的案件量要远多于人民法庭的法官。2015 年，人民法庭共有 12 名法官，审结 2680 件，人均审结 223.33 件；当年机关庭法官 14 人，审结 3459 件，人均结案 247.07 件。2016 年人民法庭共有法官 11 人，审结 3282 件，人均结案 298.36 件；同年机关庭法官 14 人，审结 4839 件，人均 345.64 件。

相较而言，法庭的审判力量配备更为优渥，三个法庭为三审两书的标配，一个法庭为两审两书。机关民庭仅比四个法庭多 3 名法官，并且在案件疑难程度相对较高（普通程序适用率高约 1 个百分点）的情况下，法官人均结案数多 47.28 件。这也从侧面说明，由于案件压力过大，机关民庭法官几乎没有充足的时间开展调解工作。即便从四个法庭的数据也可发现，人均结案较低的法庭，调撤率也相对较高。如平坝法庭年人均结案 159.33 件，调撤率为 78.00%，江南法庭年人均结案 185.87 件，调撤率为 67.75%。[①]

由于熟人社会的逐渐式微，大量纠纷无法依靠传统的自主协商和伦理规则予以解决，进而不得不更多地进入到司法程序中。从法庭所受理的最多的十类案件来看，也并非一般意义上的熟人案件。南县法院人民法庭的管辖原则为，只要一方当事人居住地（户籍地）在法庭辖区内，案件则由该法庭管辖。事实上，随着城市化进程的加快，乡镇人口大量流入南县城区，乡村呈现空心化倾向。因此，法庭受理的案件的当事人并未生活于此，他们也并非常规意义上的熟人。任职于人民法庭的法官也并非当地人，甚至大部分并非南县人。他们从法学院毕业之后来到法院，再到法庭。他们除了工作于此外，日常生活均与当地无关。并且由于法院内部的轮岗制度，法庭工作人员每隔三五年就会调离，因此很难融入当地生活。当事人之间，法官与当事人之间的熟人关系往往存在于想象之中。

（二）公众参与司法边远化

从整体上看，南县距离 C 市大约 1 个小时的车程，在 C 市一小时经济圈辐射范围之内，巨大的虹吸效应导致南县大量人口流入 C 市。由于南县以农业经济为主，相对而言属于欠发达地区，南县每年约 11 万人的流出量，这些人大多从各乡镇前往 C 市以及东南沿海务工。由于农村医疗、教育资源相对较为匮乏和落后，外出务工人员往往举家在南县县城购买商品房或租房居住。也即，县域层面上的人口流动蕴含着县域以内的人口流动。南县农村的家庭构成大多是主干家庭——两个老人、一对青年夫妻和一个或两个小孩。如果夫妻二人同时外出务工，那就意味着农村的老人和子女会迁入南县城区。人口社会学认为，移民存在着乘数效应，单个移民会带动一个移民群至少家庭移民链，也即每个移民背后有至少 1.2 个潜在移民者。[②] 按每年 10 万人县域流出量，那么就有 22 万人从乡镇农村迁往城市，其中大部分会停留在县城。

据南县的国民经济和社会发展统计公报显示，2014 年至 2015 年，南县成交的商品房住分别为 3409 套、32.52 万平方米，4518 套、43.37 万平方米，4495 套、43.34 万平方米。所成交的商品房住宅约 85% 在县城。在最近三年内，南县县城共成交 10 559 套。需要注意的是，南县国土资源和房屋管理局的一份统计分析指出："南县，作为一个三四线城市，人口流入吸力不强，房价上涨乏力"。这说明

---

① 2012 年至 2016 年四个人民法庭的案件审理情况：大观法庭结案 2649 件，调解 1208 件，撤诉 698 件，调撤率 72.00%，年法官人均结案 176.6 件，普通程序 409 件。15.44%；南平法庭审结 2390 件，调解 1224 件，撤诉 640 件，调撤率 78.00%，年法官人均结案 159.33 件，普通程序 222 件，9.29%；水江法庭审结 2788 件，调解 1264 件，撤诉 625 件，调撤率 67.75%，年法官人均结案 185.87 件，普通程序 159 件，5.70%；鸣玉法庭审结 2384 件，调解 1408 件，撤诉 382 件，调撤率 75.08%，年法官人均结案 158.93 件，普通程序 114 件，4.78%。

② 佟新：《人口社会学》，北京大学出版社 2010 年版，第 106 页。

南县对外地“游资炒房”缺乏足够吸引力，其成交量较为客观地反映了当地的城市化进程与刚需。按照每家5口人计算，2014年至2016年在县城购房定居人数也达到约53 000人。南县法院的城镇化过程，是人口向南县县城集中的过程。

位于中心城镇的法庭很难发挥“两便”初衷。从南县的公共交通上看，四个法庭辖区每个乡镇行政村都有通往县城的客运班车，相反，绝大多数的行政村和乡镇都与法庭所在地乡镇无公共交通联系。这种状况导致当事人无法便利参与诉讼。①

在此背景下，南县法院所设置的四个法庭也许并不能让当事人便利地参加诉讼。由于社会福利和户籍归属已无太多关联，迁移至南县县城居住的乡村人口户籍大多保留于原址。南县法院法庭按照户籍地原则进行管辖并未实现“两便”。一方面，受制于交通原因，其他乡镇的当事人到法庭并不便利，相反，到南县法院反而有更便利的交通条件。另一方面，一些多年居住在南县县城的居民，只因其户籍地在法庭辖区，因而必须到法庭参加诉讼。这不可避免地增加了当事人讼累。正如司法统计数据所反映出的那样，法庭所结案件中按撤诉处理的比例打13.6%，远高于机关庭4.20%，这其中就有可能因为交通原因导致原告缺席而撤诉。

（三）当事人资源利用贫困化

中心法庭的设立，让法院从物理距离上更加接近于乡镇居民，但这种接近更多具有纸面意义。社会公众在乡镇可资利用的司法资源，特别是优质司法资源非常匮乏，不得不在南县县城获取帮助。

南县有基层法律服务所12家②，以乡镇命名的有6家（其中4家在法庭所在地乡镇）。其余6家均在南县县城。法律工作者54人，21人在乡镇法律服务所。尽管如此，法庭所在地的法律服务所在南县县城设置有办公室，大部分工作人员在南县县城办公，法庭所在地的办公地点成为了派驻机构。一位法律服务所的负责人说：南县司法局强制要求在乡镇设立法律服务所，其实乡镇的法律市场真的很小，常年住在乡镇的当事人非常少，他们要么在外务工，要么住在南县县城，需要代理人的时候都是就近在南县县城找。所以我们也只能变通一下，在乡镇和县城同时设立办公点，这样既符合司法局的要求也可以获得更多案源。

---

① 这个结论与张青对锦镇法庭的考察正好相反。在锦镇，乡民很容易到达法庭；锦镇的法官也来自当地农村，是土生土长的本地人，流动性很小。参见牟军、张青：《社会学视野中的乡村司法运作逻辑——以鄂西南锦镇人民法庭为中心的分析》，载《思想战线》2012年第4期，第131页。由于中国幅员辽阔，各地差异较大，研究样本的不同，导致研究结果的差异。这也说明了因地施策的合理性和重要性。

② 见 www.cqsjx.cn，最后访问日期：2017年9月21日。

另外，南县有律师事务所 4 家[①]，律师 36 名，全部集中在南县县城。从人数上看，77% 的法律服务资源聚集在南县县城，但由于法律服务所采取平衡政策与市场的策略，聚集与县城的资源会更多。据笔者了解，6 家乡镇法律服务所只有赶集日才会有 1~2 名法律服务人员在此。也即，乡镇法律服务所往往只有牌子而无人员。

这一点是城市化发展决定的。法律服务本身系现代化和城市化的产物，它依附与现代化进程与城市发展。由于人口外流，乡镇不断空心化，法律服务市场严重萎缩，甚至根本未能发育。法律服务机构必然跟随市场导向而向市场相对更为优质的县城集中。在诉讼服务资源的获取上呈现出“马太效应”。人口和法律服务资源更多往县城聚集，乡镇的法律服务资源和市场越发凋零。 笔者在实践中接触过很多当事人，他们总是希望能有什么方法可以直接到法院参加诉讼。在他们眼中，到法庭参与诉讼花费时间太多，同时对处于乡镇法庭的法官水平持质疑态度——如果他们优秀的话，怎么可能到乡镇上去。他们用一种相对原始的市场化眼光观察法官分布。作为现代化产物的法官应该在现代化的都市，只有不优秀的人才会沦落乡镇。客观的诉讼服务资源分布和主观的个人意见，都影响当事人对法庭的看法。他们客观上无法在乡镇得到优质的诉讼服务资源，在主观上也觉得乡镇不会有优质诉讼服务资源，包括官方提供的法官。

三、人民法庭的功能定位——人民法庭向何处去

在新的历史时期，经济发展、产业流动、人口迁移都给人民法庭的功能定位提出了新的要求和挑战。而人民法庭本身的定位依旧源自相对静态的地理空间和户籍人口。同时，人民法庭是基层法院的派出机构，是国家司法权的重要载体，在定位人民法庭的功能时，必须充分考虑司法规律和属性。也即，人民法庭的功能定位必须兼顾外在的客观环境和内在的主观属性。概言之，可以从地理、治理和法理三个方面对人民法庭的功能定位进行重构。所谓地理即要考虑人民法庭的空间布局；所谓治理即要考虑人民法庭通过审判对基层社会的影响与指引；所谓法理就是要尊重司法规律，突出人民法庭的司法属性。

（一）地理：科学认识法庭布局的“两便原则”

《最高人民法院关于全面加强人民法庭工作的决定》首次提出人民法庭建设应当遵循“两便原则”——坚持便于当事人诉讼，便于人民法院依法独立、公正和高效行使审判权的原则。通过加强人民法庭工作促进城乡经济社会发展，为民主政治和精神文明建设提供有力的司法保障。人民法庭主要设置在农村和城乡结

① 见 www.cqlsw.net，最后访问日期：2017 年 9 月 21 日。

合部。[①]随着社会经济的发展，在新的历史时期，“两便原则”的外延已经发生了较大的变化。《最高人民法院关于进一步加强新形势下人民法庭工作的若干意见》规定，人民法庭在继续充分发挥审判职能的同时，要创新落实便民利民举措，因地制宜做好巡回审判工作。[②]

随着城镇化率的不断提升和乡镇交通改善，传统的“两便原则”可能带来了一些不便利因素。到基层法院参与诉讼比到户籍所在地的乡镇法庭参与诉讼更加便利。从南县法院人民法庭的实践来看，南县法院为了平衡人民法庭与机关庭之间的案件数量，要求凡一方当事人户籍地属人民法庭辖区乡镇的，该案应由人民法庭管辖。导致许多原本就居住在城区的居民不得不到乡镇法庭参与诉讼。南县法院借院机关办公楼改建之机，为每个派出法庭预留办公室和审判庭，方便居住在县城的乡镇当事人参与诉讼。南县法院的这种做法在一定程度上实现“两便原则”的创新。

总的来看，人民法庭作为基层法院的派出机构和延伸，不应该只是静态的物理布局。人民法庭设置的初衷就在于便利当事人参加诉讼，为社会公众“接近正义”创造更加便捷的条件。南县法院以人民法庭为中心，从两个方向进行布局，大大提升了诉讼的便捷性。一是在乡镇保留法庭，以此为中心向四周延伸，以方便居住在农村的当事人参与诉讼。同时，对一些出行不方便、当事人人数众多的案件，人民法庭采取巡回审判的方式到当事人所在地开庭。二是以法官为载体，返回县城，在院机关设立办事点，方便居住在县城的当事人，以及到县城更为方便的其他乡镇的当事人参与诉讼。

因此，“两便原则”应当避免以静态空间为基础进行“单向度”的法庭布局，而应该及时审视社会变迁与人口流动，对人民法庭进行动态布局，向各方向合理延伸，科学布局，真正方便当事人参加诉讼，方便法官开展审判。

（二）治理：认真对待人民法庭的“治理功能”

为加强人民法庭建设，保障人民法庭依法行使审判权，更好地为经济建设和改革开放服务，各地对法庭进行了专门立法。1989 年 5 月，贵州省人民代表大会常务委员审议通过了《贵州省人民法庭工作条例》，在重申人民法庭基本任务的同时，也要求“人民法庭应当充分发挥审判职能作用，积极参与社会治安综合治理”。[③] 1995 年 11 月广西壮族自治区第八届人民代表大会常务委员会审议通过《广西壮族自治区人民法庭工作条例》，也要求人民法庭除审判案件外，还应通过

① 参见《最高人民法院关于全面加强人民法庭工作的决定》（2005 年 9 月 23 日）。

② 参见《最高人民法院关于进一步加强新形势下人民法庭工作的若干意见》（2014 年 12 月 4 日法发〔2014〕21 号）。

③ 参见《贵州省人民法庭工作条例》（1989 年 5 月 19 日），该条例现已失效。

审判活动积极参与社会治安综合治理。[①]

1999年，最高人民法院印发《关于人民法庭若干问题的规定》，承认了各地对人民法庭参与社会治安综合治理的功能定位。不过对法庭如何参与设置治安综合治理的方式进行了限定。“人民法庭可以通过审判案件、开展法制宣传教育、提出司法建议等方式，参与社会治安综合治理。”同时强调人民法庭不得参与行政执法活动。[②]由此，参与社会治安综合治理成为人民法庭的一项重要功能。在实践中，各地对人民法庭如何参与社会治安综合治理有不同的理解。在有的地区，人民法庭和所在地党政组织以及派驻检察室、司法所、派出所、民间调解组织等联系十分密切，人民法庭与这些组织和机构之间具有很高的相融度，甚至多少有些“一体化”的色彩。[③]有人指出，当前人民法庭的功能定位“与人民群众的司法需求不相适应”“与社会管理的责任担当不相适应”，认为人民法庭应当“注重社会责任担当，推动人民法庭司法内容由关门办案向参与社会管理转型”。[④]

法律作为社会生活的基本准则，在日常生活中发挥着重要作用。人民法庭作为国家基层司法组织，在参与社会治安综合治理中具有不可替代的意义和作用。需要注意的是，人民法庭首先作为国家司法机关而存在。司法是人民法庭的首要功能，参与社会治安综合治理是人民法庭在行使司法权的过程中进行的延伸。人民法庭通过具体个案的处理发挥示范、引导作用，而不是积极地参与“社会管理”。社会治安综合治理也并非意味着各种权力之间的合流与融合，而要强调各种权力之间的相互制衡，实现公平正义。人民法庭参与基层社会治安综合治理的策略不是参与乡镇行政执法活动，而应该作为一名权力的“守夜人”，通过审判活动维护公众的合法权益，提升乡村治理的法治化水平。

南县法院人民法庭尽可能保持相当的“超然性”，很少参与所在地党政系统的会议和当地政府的执法活动。一位庭长曾以开庭为由，拒绝了镇政府召开的会议。他私下抱怨道：“人民法庭又不是镇政府的组成部分，镇政府也不拨付给我们办公经费，法庭案子都办不过来，哪有精力来参加会议。”尽管这种说法带有相当的“自利色彩”，但却恰当地说明了人民法庭作为国家司法机关在基层组织中的地位与作用。人民法庭应当以审判为核心，以公平正义为目标，以化解矛盾纠纷为任务，以相互合作为纽带，以权力制约为手段，这应该是人民法庭参与社会治安综合治理的基本方式。南县法院人民法庭与所在地的一些组织发生工作上的联系大部分与人民法庭的审判工作相关。人民法庭在适用简易程序和小额诉讼程序过程中，与人民调解组织、司法所、派出所等机构合作，以此发挥司法参与

① 参见《广西壮族自治区人民法庭工作条例》(1995年11月14日)，该条例现已失效。
② 参见最高人民法院印发《关于人民法庭若干问题的规定》(1999年7月15日)。
③ 顾培东:《人民法庭地位与功能的重构》，载《法学研究》2014年第1期，第41页。
④ 参见江涛:《人民法庭工作方式的传承与创新——江西省上饶市法院人民法庭工作方式转型的实践探索》，载《人民司法·应用》2012年第13期，第53~56页。

基层社会治安综合治理的职能。与此同时，人民法庭的法官通过巡回审判、开展法治讲座等方式，传达法治精神，普及法治规则。通过潜移默化的感染，影响基层社会的运行，以实现善治。

总之应当以“权力分工，各司其职”的组织科学来推进社会治安综合治理，而不应站在“各人自扫门前雪”的道德高地来混淆国家机关的定位与功能。

（三）法理：优化配置审判资源

从既有设置来看，人民法庭是法院的缩影。人民法庭作为法院的派出机关，除了驻地在乡镇外，在案件受理范围、程序适用类型、日常工作流程等方面与法院机关民事审判庭之间并没有本质区别。事实上，即便是南县法院民一庭，有时也会根据需要到辖区乡镇开展巡回审判。可见，基层法院和人民法庭之间是单纯的地理空间意义上的分布，其分工也是基于地理上的管辖范围。有必要从司法的本质特点上对人民法庭的功能进行重构，以实现与基层法院民事审判庭之间的业务互补，促进审判资源的优化配置。

第一，兼顾人民法庭的便捷性与专业性。南县法院法庭的样本向我们展示了一个与惯常印象不太一致的法庭。所谓的熟人纠纷、邻里纠纷并不多见，相反，更多地出现了现代社会特有的纠纷。从收案最多的十类案件上看，法庭的收案具有两个特点。一是婚姻家庭纠纷占有较大比重，二是机动车交通事故、买卖合同、民间借贷、确认合同有效、商品房销售合同、土地承包经营权租赁、物业服务合同、追索劳动报酬等现代性纠纷较为突出。这些案件类型和机关民事审判庭受理的案件类型没有太大的区别。因此，应当在人民法庭和机关民事审判庭之间形成科学的分工。充分发挥人民法庭的机动性，采取驻点与巡回审判相结合的方式，主要使用简易程序和小额诉讼程序，快速处理民商事纠纷。对于一些较为疑难复杂的案件，则通过分流方式，由机关民事审判庭采取普通程序予以审理。应当在二者之间实现功能互补：人民法庭快速化解纠纷，机关民事审判庭处理复杂案件形成裁判规则。这样的分工，全面提升了审判力量与案件难易度的对应性，大大提高了审判资源的使用效率。①

第二，充分发挥人民法庭的桥梁作用，实现社会规范的再生产。随着社会经济的发展，整个中国社会都面临着行为规范的调整。当前，正式规范和非正式规范、现代规范和传统规范之间的冲突、碰撞、疏离既为新规范的生成提供了机会，但同时也造成了更为复杂的环境。一方面，既有的乡土习惯和正式的国家法律规范之间存在着一定的张力与冲突；另一方面，传统规范在“现代化”的冲击下不断瓦解、消退，但新的规范未能形成，正式的国家法律规范又未能自发地被公众所接受。个体越发原子化，社会自身缺乏组织力，国家能够合理且有效涉入

① 顾培东：《人民法庭地位与功能的重构》，载《法学研究》2014 年第 1 期，第 41 页。

乡民生活最为直接的途径只有法律。随着中国社会个体原子化的不断加剧，个体身份认同更多地与要求个人权利和重新界定个人——群体——制度之关系相关，而不是与寻求自我相关。[①]因而，人民法庭的司法运作在修复国家与乡民之间的关系，维系意识形态认同方面所扮演的角色越来越重要。[②]尽管我们强调司法的独立性和专业性，但司法本身又与社会须臾不可分割，人民法庭处于“基层的基层”，恰好成为沟通司法与社会之间的桥梁。人民法庭通过基层司法实现法理与社会生活的深度融合，正好契合了吉登斯对社会的观察，有助于结构再生产的每一个举动同时也是一种生产举动、一种新的进取心，并且同样可能在举动再生产出结构的同时，通过改变结构来促成变迁。[③]这样的变迁可以促进民间习惯与国家法律之间的共生与融合，实现基层社会的规范化治理。

四、结语

南县法院四个人民法庭的设置和日常运作呈现出一种别样的景致。相对于学者们描述的乡土司法而言，南县法院人民法庭对此出现了一定的背离。事实上，随着经济社会的发展，特别是在城镇化的推动下，乡村的精神面貌、居民的生活状态、城乡之间的差别都已经或者正在发生变化。人民法庭作为最为基层的国家机关和司法权力的行使单位，将会对这些哪怕最为细微的变化做出最快的反应。在此背景下，我们应该全面审视人民法庭所面临的司法环境。熟人社会正在结构、传统的乡土社会正在消散、案件具有更多的现代色彩，人民法庭没有理由因循守旧，故步自封。或许，在一定范围内，这正是一个为人民法庭涂上现代色彩的历史时代。从地理、治理、法理三个角度塑造的人民法庭正在徐徐走来。

---

① ［美］阎云翔：《中国社会的个体化》，陆洋等译，上海译文出版社 2012 年版，第 342 页。
② 刘新星：《社会整合与人民法庭的功能定位》，载《河北法学》2012 年第 6 期，第 164 页。
③ ［英］安东尼·吉登斯：《社会学方法的新规则》，田佑中、刘江涛译，社会科学文献出版社 2003 年版，233~234 页。

第五篇　地方法院改革实践

精简法院的运行模式：人民法院司法行政管理体制改革的探索

——基于对深圳前海法院司法行政管理体制改革的考察

深圳前海合作区人民法院课题组

最高人民法院“四五纲要”要求：“理顺法院司法行政事务管理关系。科学设置人民法院的司法行政事务管理机构，规范和统一管理职责，探索实行法院司法行政事务管理权和审判权的相对分离。”“推动人民法院内设机构改革。按照科学、精简、高效的工作要求，推进扁平化管理，逐步建立以服务审判工作为重心的法院内设机构设置模式。”这是我国司法行政管理体制发展中的又一次重大改革，也是本轮司法改革的重要内容。深圳前海合作区人民法院（以下简称前海法院）是2015年1月揭牌成立的综合性司法改革示范法院，具备机构设置新、人员管理新、运行机制新的特点和优势，系统化推进司法行政管理体制改革，建立了全国最精简的内设机构，搭建了以审判为中心的扁平化组织架构，实现了“以法官为中心”和“以审判为中心”。

本轮司法改革将顶层设计与地方探索相结合，对地方法院在法律框架内的探索抱以包容和鼓励的态度，以便在不断的突破和调试中发现最合适的改革方案。前海法院作为新型法院，在司法行政管理体制方面的改革探索虽然具有一定的特殊性，但通过对改革经验的提炼，对尚存问题的分析，可以在理论研究、制度架构等更广阔的层面为全国的后续改革提供具有复制、借鉴、推广价值的经验样本。

一、前海法院司法行政管理体制改革的理论基础

长期以来，司法行政管理体制改革的相关内容贯彻法院改革始终。无论是司法实务界还是学术界，对法院内设机构和管理模式的行政化问题都有较为清楚的认识。由于机构设置、人员管理、事务管理上的综合因素，法院的核心职能有被弱化的趋势，导致法院行政管理权与审判权权属不清，法院管理的行政化直接影响并造成审判的行政化，冲淡了法院作为国家审判机关的属性。司法行政管理体

制是一个十分庞大的系统，从某种意义上讲是司法改革的主要内容，基本上可以涵盖除法官裁判事项之外，所有的与法院工作相关的内容，这也是一直以来无法完整构建符合法院特点的全面、科学的司法行政管理体制的重要原因。新一轮司法改革是着力破解影响司法公正、制约司法能力深层次问题的一次综合性司法改革，改革的广度和深度前所未有，如何将改革方向和措施落到实处，本研究的理论及实践意义也显得十分突出。

（一）法院运行机制客观存在司法行政权与司法审判权二元的矛盾统一

审判权与司法行政事务管理权是支撑法院运转的两大权力体系，法院运行是司法行政管理权与司法审判权共同作用的结果。作为国家审判机关，审判权是法院的核心，同时，法院作为一个社会组织，其运行同样需要依托各种资源，更为重要的是，法院作为以公平正义为核心价值追求的公共组织具有独特运行规律，不能像企业那样通过出卖产品来获取自己的生存资源，也不能像服务组织通过金钱和服务的交换来获得资源，这也是司法行政管理必然性和原则性的体现。当然，这两种权力并不是平行的，法院的司法功能主要通过审判活动实现，司法审判是法院工作的核心，审判权在法院的权力运行体系中具有主体性和核心性的地位。司法行政管理权基于司法审判权而产生，为了保障审判权的运行，具有从属性和服务性，司法行政管理权应当致力于维护审判的公正与效率。但审判权与行政管理权之间存在异质性，两者在权力性质、运行方式、权力主体和价值追求等方面完全不同。两者遵循不同的权力运行规律，客观上需要建立相互分离又相辅相成的权力运行机制。

（二）审判的独立性、中立性是实现司法公平正义的重要基石

审判独立是一项基本的法治原则，也是法治社会的内在要求。究其原因，独立是司法的形式要求，公正是司法的价值体现，独立的目的在于公正，公正需要独立来维护。审判权的独立、中立是审判权力运行的必然要求，要保证司法裁判的公平、正义，必然需要独立的意识、中立的立场以及专业的判断。我国《宪法》第126条规定："人民法院依照法律独立行使审判权，不受行政机关、社会团体和公民个人的干涉。"审判独立也是我国宪法确认的一项宪法原则。要实现审判权的独立性与中立性，除不断完善审判权运行机制外，还必须努力排除第三方因素的影响和干扰。正如前文所述，司法行政作为法院行使审判职能的重要保障，无疑是可能影响审判独立性、中立性的重要因素。因此要建立科学的司法行政管理体制，必须正确认识司法行政管理权与审判权的内在联系，司法行政事务管理权在制度设计和运行理念上应该坚持服务理念，须以保障审判权独立行使为中心，为审判权的独立运行提供优质便捷的高效服务。

（三）权力约束、优质高效是司法行政权力属性的本质要求

司法行政权本质为行政管理权，一般认为，权力的形成是社会发展进步的结果，同时权力也具有强制性、利益性、公共性和扩张性的基本特征，是把“双刃剑”，具有“二重性”，因此，权力本身一直受到社会的高度关注、警惕和防范，在法院运行机制内，审判权的被动性与司法行政管理权的主动性形成鲜明对比，司法行政权相对审判权具有天然的优势，要避免司法行政权的扩张和延伸，有必要在制度设计上做针对性的规制和约束。另一方面，行政效能是司法行政事务管理的价值追求之一。投入与产出是衡量社会组织运作效果的重要指标，一个合理高效的运作机制可以尽量减少司法成本，减低公共支出，提高司法收益。司法机关运作机制是否高效，很大程度上取决于司法资源的合理配置，主要指人、财、物资源配置。因此，审判岗位与司法行政事务岗位的精细化设计与管理体系的适度分离、司法人员的分类管理，也是优化司法资源配置、提升司法行政效能的必然要求。从另一个角度来说，司法行政管理权属于行政性质的权力，其权力来源是法律和行政指令，其权威根源于服务保障能力，为提高司法行政效率，确保司法服务质量，对司法行政管理人员实行科层制管理，符合行政权的属性要求，有利于司法行政管理目标的实现。

在理论研究基础上前海法院明确了司法行政管理体制改革的基本原则。一是坚持司法行政管理权与审判权相分离原则。司法行政管理权与审判权相分离既是司法运行规律的内在要求，也是破解当前我国司法改革中深层次问题的客观需要。审判权与司法行政管理权的不同权力属性，决定了两者的运行要遵循不同的司法规律。审判权应当遵循审判权运行规律，突出法官的主体地位，形成以法官中心的司法组织体系，建立审批权的权力清单和审判责任制度，确保审判权的依法独立公正高效行使。司法行政管理权运行应当循守行政管理规律，恪守上下一体、上命下从的原则，克服司法行政管理过程中遭遇的分散性、自主性、壁垒性诸多困境，彰显其专业性、层级性、效率性，形成以辅助、服务、保障司法权为中心的行政组织体系，增强司法行政事务运作的整体效能。当前，我国司法管理体制客观存在司法行政管理权与审判权混同的现实问题，坚持司法行政管理权与审判权相分离的原则，有助于解决由此导致的司法权运行“地方化”“行政化”以及司法人员弱职业化的问题。二是坚持司法行政服务司法审判的原则。司法行政服务司法审判是司法行政权的本质要求，是司法行政产生的应有之义、也是其权力运行的立足点和价值归宿。司法行政权是基于辅助司法审判而产生，在本质上处于从属性，其主要功能是服务与保障审判工作。司法行政管理就是为法院服务，对司法活动而言，司法行政具有附着性和服务性，而不是对法院和法官活动进行控制。客观上，司法行政权又具有较大的扩张力和约束力，容易成为审

判权行使的枷锁和掣肘，我国当前司法实践中也存在司法行政变辅助为主导，干扰甚至妨碍独立审判的情况，因此，坚持司法行政服务司法审判的原则，有助于明确权力定位，从而为在制度上、意识上约束和规范司法行政权奠定基础。同时，司法行政服务司法审判，应以保障司法公正为基本要求。司法审判程序的启动，在于公正遭到了侵犯，需要通过司法救济使扭曲的法律状态得以恢复到公正的状态。司法公正是社会公正的保障，实现司法公正是法院审判的核心，也是司法行政管理所要达到的最终目标。三是坚持司法行政管理的精简高效原则。精简高效原则同样源于司法行政的行政权属性，效率价值是行政权的核心追求。行政权是服务和保障经济发展和社会需求的重要公共权力，依法及时高效提供社会服务，是公民社会对行政权的必然要求。司法行政管理的精简化，是衡量其运行是否科学的重要标准，一方面精简化是保障行政效率的重要基础，另一方面精简化有助于节约公共支出，符合公众期待和考量组织运作成本收益的基本要求。行政权有不断自我膨胀的特性，容易导致组织设置的重叠臃肿、权力运行的程序繁琐，精简化可以防范司法行政权的不断扩张，有效约束司法行政权的运行。当然，司法行政管理的精简高效，究其根本目的，还是保证司法效率，“迟来的正义等于非正义”，司法效率必将影响司法公信力，因此，司法效率是司法行政管理所要考虑的因素，应当在保证司法公正的基础上通过资源的合理优化，促进司法效率的提高。

二、前海法院司法行政管理体制的运行模式

前海法院的司法改革具备系统性、全面性和协调性等特征，同步推进法院外部和内部相结合的全面的司法行政管理体制改革，让审判权和司法行政权力的运行回归司法规律。

（一）厘清审判权与司法行政事务管理权的边界，实现两者相分离

《中共中央关于全面推进依法治国若干重大问题的决定》明确提出“探索实行法院司法行政事务管理权和审判权相分离”，目标直指一直被诟病的影响审判权独立行使的司法“行政化”问题。审判权与司法行政事务管理权是支撑法院运转的两大权力体系，两者遵循不同的逻辑架构和权力运行方式，实现两者的分离既是司法运行规律的内在要求，也是破解当前我国司法改革中深层次问题的客观需要。前海法院针对审判权与司法行政管理权权限不清、界限不明的问题，制定了《司法行政管理工作指引》，强化对司法行政事务的顶层规范，限定司法行政管理权的权限范围和运行方式、程序，实现司法行政管理权与审判权在机构设置和人员管理上的有效分离。

第一，明确司法行政事务的内涵和外延。将司法行政事务划分为司法政务、司法辅助、司法人事和司法监督等四个方面，确定司法行政权的职能主体和各组

织机构的具体权限、行使方式，确保司法行政权的行使有法可依、有章可循。第二，确定司法行政管理权的权力清单。着重关注司法行政管理权干预审判权独立运行的痼疾，建立权力清单限定法院院长和法院其他领导、部门领导的司法行政权范围，有效防范司法行政权的宽泛化和主导化。第三，实现司法行政与司法审判在机构设置、人员配置上的完全分离。在厘清法院内部司法行政管理体制的关键在于明晰审判权与司法行政管理权的关系的基础上，建立“让司法裁判的回归司法裁判，让司法行政的回归司法行政”的两者相互独立的权力运行体系。规范司法行政事务与审判业务分离运行，明确司法人员的具体构成，保证司法行政事务管理权与审判权在人员和职能配置上完全分离，实现司法行政事务的专门化、专业化，有效维护审判的独立性和中立性。

（二）全面落实司法责任制，保障审判权的独立行使

“让审理者裁判，由裁判者负责”是本轮司法改革的基本目标，力求破除司法权运行固有的“审者不判，判者不审”的痼疾。前海法院在司法责任制改革上充分体现了整体协调推进的优势，制定《落实司法责任制工作指引》，工作指引共九章，666条，以司法责任制为核心，按照“让审理者裁判，由裁判者负责”的要求，遵循司法活动的客观规律，构建系统化、立体化、权责利相统一的司法责任体系。

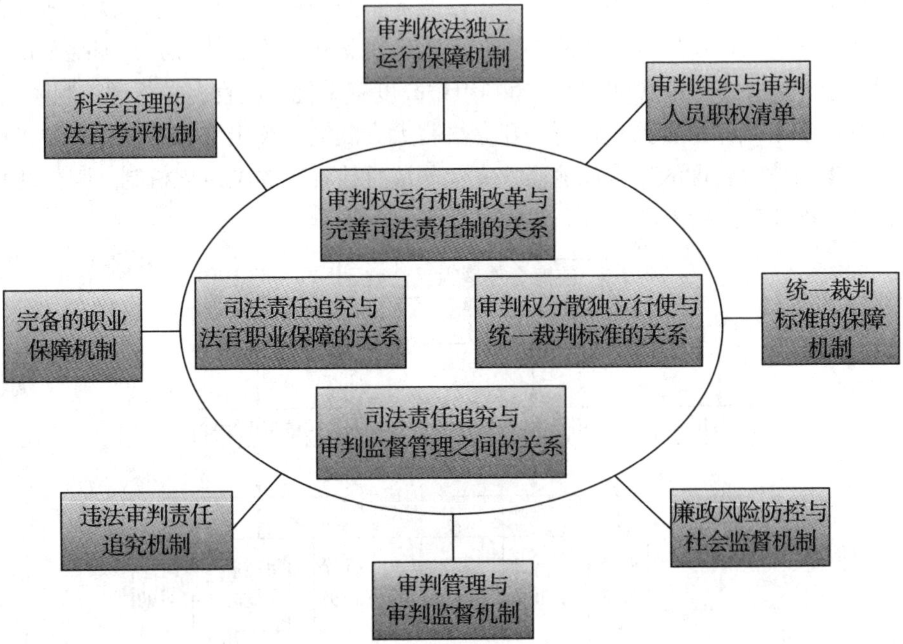

图1　前海法院落实司法责任制的示意表

第一，完善法官、合议庭独立办案机制。在以庭审为中心的诉讼机制改革的基础上，消除院长、庭长基于司法行政权形成的案件审判权，改革裁判文书签发制度，取消案件审批制，确保“让审理者裁判”。第二，完善案件质量监督管理机制。建立审判监督工作规范和审判监督权行使的全程留痕制度，防范审判监督可能产生的不当干预。建立领导干部干预审判执行活动、插手具体案件处理的记录、通报和责任追究制度。第三，完善司法责任制。明确主审法官、合议庭及其成员的办案责任，规范错案责任追究，明确追责范围、启动程序、责任类型和免责条件。成立案件质量评查委员会和案件评查合议庭，制定案件质量评查办法，落实办案质量终身负责制和错案责任倒查问责制。

（三）建立全国最精简的内设机构，保障司法行政事务管理权服务于审判权运行

科学、合理、高效是司法行政事务管理的基本要求，传统法院司法行政事务组织繁冗、司法行政资源配置失当造成司法行政效率低下，而建立职能优化、机构设置合理的内设机构是建立以服务审判工作为重心的法院组织架构的基础。

前海法院整合职能交叉、业务相近的非审判业务机构，仅设置司法政务处、审判事务处两个综合部门，打破高度行政化的司法行政组织建构，分类实施传统法院近 20 个部门以及审判庭的部分司法行政职能，实现机构精简和一人多岗多责，保障司法资源向审判集中，强调了以服务审判为重心，突出了司法行政的精简高效。建立了以法官为中心的扁平化审判组织架构，不设业务庭，围绕主审法官建立了“1+2+1”的审判团队，审判组织高度扁平化，法官自主管理审判团队，从审判组织上确保法官独立裁判；建立法官大会制度，突出法官的主体地位，探索法官参与法院管理的方式和途径，完善司法行政管理的民主化机制，强化法官的自律意识和自我约束。

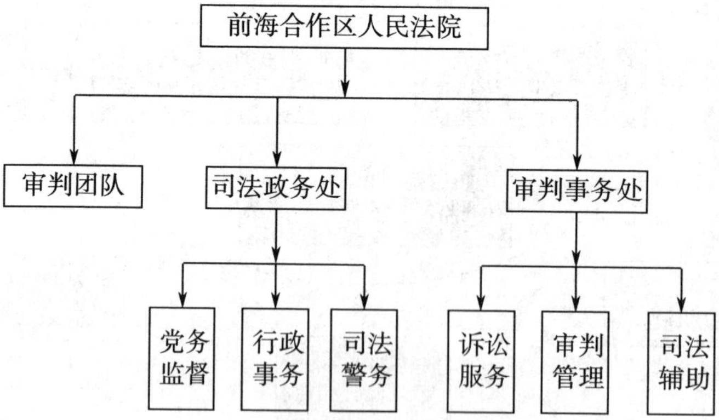

图 2　深圳前海法院组织架构图

（四）优化司法行政事务管理职能，实现司法行政事务的分类运行

我国法院传统体制下，存在法院办社会的倾向，内部组织“大而全”，包括了人事、政工、纪检、监察、办公、培训、后勤、法警等众多机构，机构设置重叠、职能交叉、行政管理人员和工勤人员比例过大，但由于资源配置不合理、人员素质参差不齐等因素，制约了司法行政工作的效率。优化司法行政事务管理职能的前提是将司法行政事务进行科学分类，前海法院将司法行政事务分为司法政务、审判事务、司法监督，建立职权清单，并分别建立各自独立的运作机制，对司法行政事务实行集约化的人力资源配置。在科学分类明晰边界的基础上，建立与之相对应的司法行政事务分类决策机制。具体来说，司法政务与审判事务的重大事项，均由院党组会通过民主决策进行统筹部署。司法政务相关的一般事务由司法政务处及其内部的工作组分工运行，司法政务处执行院长办公会的决议并向其报告工作。审判事务相关的一般事务由审判事务处及其内部的工作组分工运行，审判事务处执行法官大会的决议并向其报告工作。司法监督相关的一般事务由专设的廉政监察专员及其下属的工作人员负责事务执行，廉政监察专员直接对院党组负责。

表 1 司法行政事务的分类与工作内容

司法政务	审判辅助	司法监督
1. 法官及其他法院人员的任免、考核、晋职、晋级等事务； 2. 对外联络，处理公文、组织会议等司法政务类事务； 3. 编制经费预算、管理司法经费和法院资产、后勤服务。	1. 与诉讼直接相关的辅助事务，如立案登记、案件分配、文书送达、庭审记录、文书缮印、卷宗整理与归档等事务； 2. 其他辅助的司法事务，如司法鉴定、诉讼保全、裁判之执行、调研统计以及司法警察等事务。	1. 思想政治及党务工作； 2. 对案件的审判效率、审判质量进行监督的事务； 3. 对纪律作风进行监督的事务。

三、前海法院司法行政管理体制改革的效果评估

前海法院司法行政管理体制改革严格遵循了司法规律，在保障审判权力独立公正高效运行，提升司法行政事务管理的效率等方面的改革效果逐步体现，对尚未推进司法行政管理体制改革的法院形成了一定的示范效应。但应当认识到的是，当前的改革采用的是边研究边探索边改革的路径，在取得成效的同时必定还存有尚未明晰、尚待解决的问题，应当秉持客观中立的态度给予充分关注，以期在未来的改革中予以完善。

（一）前海法院司法行政管理体制改革效果初显

1. 一定程度实现了司法权的“去地方化”和“去行政化”

在推行人、财、物归省级统管或市级统管之后，法院受到地方党委、政府的影响和干预变小，在改革前承担的大量的维稳、招商引资、征地拆迁等审判之外的工作任务减少，将法院从地方行政事务体系中解脱出来，符合司法作为“中央事权”的本质属性，保证法院能够依法独立行使审判权。法院内部的“去行政化”也取得明显成效，在改革实践法院司法政务人员一般不超过 15%，司法资源向审判一线集中。尤其是实行法官员额制、法院职业化和司法责任制改革以后，法官独立审判的底气更加充分。

2. 进一步保证了审判权的依法独立公正高效行使

以审判权与司法行政管理权相分离为基础的法院内部司法行政管理体制改革，在一定程度上消除了传统法院科层制管理模式下司法行政管理权对审判权的干预和影响，有利于实现“让审理者裁判，由裁判者负责”。通过明确独任法官和合议庭为基本审判组织单元，建立独任法官、合议庭、审判委员会职权清单，取消案件裁判文书审批制，保障法官依法独立审判。通过明确院领导和庭室负责人的权力边界和职权清单，科学界定审判监督和审判管理职能范围，明确区分司法行政管理权和审判管理职能，有效防范了司法行政管理权的过度扩张，让审判权进一步合理归位和到位。

3. 相对提高了司法行政管理的效能

通过整合司法行政管理职能、精简内设机构，实行一人多岗多责，优化司法资源分配，保障司法资源向审判集中，一定程度解决了传统法院行政管理机构臃肿、人浮于事的问题，促进了司法行政的精简高效。相比传统法院司法行政管理权过于强势扩张的情况，司法行政事务管理权得到了应有的限制和制约。同时，通过建立以审判为中心的法院组织架构确保审判权在法院权力体系中的核心位置，在一定程度上规范了司法行政管理权的支持、服务和保障功能。

除了前海法院，全国还有一些试点法院推进了司法行政管理体制改革。例如，珠海横琴法院也是新成立的新型法院，与前海法院相似，不设审判业务庭，配备 11 名法官，设置了“三办一局一队”，即审判管理办公室、司法政务办公室、人事监察办公室、执行局和司法警察大队，通过精简的组织机构模式，解决审判权运行行政化的问题，保障审判权独立公正高效运行，提高司法行政管理效能。北京四中院于 2014 年 12 月 30 日正式挂牌成立，是按照关于“探索设立跨行政区划的人民法院”的要求建立的跨行政区划的中级法院，除了设置立案庭、刑事审判庭等 5 个审判部门和执行局，北京四中院整合了传统内设机构中职能相近的部门，分别由综合行政办公室和司法服务办公室完成。除了精简机构设置，北京四中院的审判组织也实行专业化、扁平化管理，审判业务庭设置为：立案庭、刑事审判庭、民商事审判庭、审判监督庭，人员编制和内设行政机构明显少于传统的中级法院。[①] 而传统法院中司法行政管理改革比较突出的是深圳福田法院，福田法院撤销了原有的审判业务庭的设置，建立审判团队工作模式，选任35名审判长，组建若干审判团队，形成以审判长为核心、团队协助开展工作的新型审判工作机制。审判团队工作模式下，原有的庭长、副庭长层级被取消，管理层级缩减，审判长在院长、分管副院长的指导监督下，享有相对完整、独立的案件审判权及对团队的审判管理权，审判权运行的行政化色彩弱化。

（二）基于全国法院司法行政管理体制改革的思考

以前海法院为例的新型法院，以及以福田法院为典型的传统法院在司法行政管理体制方面的改革探索无疑为全国法院推进司法行政管理体制改革提供了有益经验。但从已经推进改革的法院来看，由于缺乏理论指引和上层统筹构建，司法行政管理体制改革的仍然是本轮司法改革的“硬骨头”。随着改革进入深水区，新的矛盾和问题也会随着凸显，对已有改革的总结、提炼和反思，有助于推动破解难题，突破瓶颈，进而构建符合司法规律的司法行政管理体制。

1. 从全国法院系统来看，改革的指导思想和目标原则欠缺整体性和系统性安排

目前司法行政管理体制改革，尤其是法院内部的司法行政管理体制改革都是由个别法院各自推进，缺乏上层的统一部署、规划，各个法院改革的内容、机构设置，改革的方式均不相同，导致改革缺乏统一思路和路径。如前所述的样本法院的改革，由于先天条件和改革思路、侧重点的不同，采取了不同的改革模式，有的更为关注审判业务庭改革而忽视了司法行政管理部门的重构，有的关注于内设行政机构改革而又忽略了传统审判业务庭运行模式下对审判权独立运行的影响。即使在采用相似模式的法院，也存在诸多差异。这种“碎片化”的司法行政管理体制改革方式，导致在接下来试点经验总结和推广的阶段存在障碍，对于还未推进改革的法院或许会带来困惑和迷茫。

2. 司法行政管理职能的界定和内容不明确，导致内设机构改革较为混乱

内设机构改革并非单纯机构精简，而应当与职能优化相结合，应当综合机构与业务机构同步推进。目前对于法院内部司法行政管理的范围并无明确的统一的界定，因此根据司法行政管理职能进行的内设机构的整合和重构存在较大差异。从已推行改革的法院可以看出，对于内设机构的设置标准每个法院都不相同，对于内设机构的数量、职能分工、人员配置等方面都是处于各自摸索阶段，缺乏具

---

① 北京市第一中级人民法院内设机构共31个，北京市第二中级人民法院内设机构共32个，北京市第三中级人民法院内设机构共21个。

体的指导原则和标准。司法行政事务工作庞杂繁琐，不仅是法院内部管理，还关涉与党委、政府以及上级法院之间的关系。个别传统法院将原先的综合部门进行合并，看似精简了内设机构，而实质上，将不同性质、特点和管理流程的工作杂糅合并，必定会带来与最初设想的提升司法行政管理效能等改革目的相反的效果。

3. 内设机构改革后与法院外部的关系尚未理顺

在已经推进的司法行政管理改革中也还存在一些问题，比如法院与地方党委政府的关系尚未完全厘清。目前法院仍然承担一些地方党委政府安排的工作，需要参加会议、报送事项，而综合部门人数大幅度减少，但工作量基本没有变，导致司法行政部门的压力增大。另外，上下级法院改革不同步，导致工作衔接对接出现困难。目前改革是从基层法院试点推进，而非自上而下的统一部署，导致上级法院还未改革，工作对接不顺畅，例如出现一个人对接多个部门，或者是有的工作无人对接等混乱情况。司法行政管理体制改革应当是一项系统性、全面性的牵一发而动全身的改革，涉及到法院外部和内部管理，涉及与人大、党委政府、上下级法院的多重关系，必须在理顺、明晰这些关系的前提下推进改革，才能顺应改革整体协调推进、协同发展的要求。

4. 司法行政事务管理的效能有待进一步提升

法院内设机构改革缓解了机构臃肿的问题，司法行政管理部门人员调整到审判部门，也符合以审判为中心的组织架构的需求。但是由于司法行政事务的管理尚未优化整合，导致出现了较少的司法人员要应对处理同样的工作量的新矛盾。同时，司法行政管理部门人员的职业前景和职业保障问题也应当引起充分关注，否则也将引发人员流失的新问题。如何在合理设置机构的基础上，探索司法行政事务的集约化管理，优化资源配置，实现一人多岗，提升司法行政管理人员的专业化水平；通过向社会购买服务，将部分司法行政事务中分离出去，减轻法院自身的压力；同时加强高科技在司法行政管理中的运用，提高信息化水平，这些都是在未来的改革中亟待解决的问题。

5. 审判权对司法行政管理权的监督与制约机制尚待完善

目前已有的改革注重审判权与司法行政管理权的分离，并建立了保障审判权独立运行的机制。但是在对两者进行区别的同时，对于两者关系的重新定位和重构尚未跟进，司法行政管理权对审判权的支持、监督和保障功能尚未得到有效强化，审判权的中心地位尚未得到彰显，法官的中心位置尚未得到突出。深圳前海法院实行法官大会制度，由法官通过民主决策来决定与自身相关的事项，实现法官的自我管理与自我监督，确定法官的中心地位，值得进一步研究。

四、深化司法行政管理体制改革的路径

已推进司法行政管理体制改革的法院的改革经验，为未来的改革提供了改革路径指引。在试点法院改革经验的总结和提炼的基础上，遵循司法运行规律，立足我国法院司法实践，系统化推进司法行政管理体制改革，建立定位科学、职能明确、运行有序、保障有力的司法行政管理与运行体制。

（一）建立“让司法裁判的回归司法裁判，让司法行政的回归司法行政”的权力运行体系

实现“以法官为中心”和“以审判为重心”，是法院司法行政管理体制改革的根本目标。相较于备受瞩目的审判权运行机制改革，“司法行政事务管理权”显得“黯然失色”，尤其在传统法院，仍然是“不可动的奶酪”。司法行政管理权与审判权相分离，是深入推进法院内部司法行政体制改革的核心内容，在重新审视两项权力的关系的基础上，明晰两者的合理边界，建立两者相互独立的权力运行体系，是关系本轮司法改革的框架性问题。第一，注重审判权与司法行政管理权改革的同步推进。明确两项权力的本质特征和运行规律，建立两者相对独立的运行体系。审判权恪守其独立性、主导性和专业性，审判权由法官独立行使，通过完善司法责任制，明确审判权、审判管理权与审判监督权之间的边界，保证审判权独立高效公正行使。司法行政事务管理权体现其辅助性、服务性和科层性，相比审判权的独立行使，行政管理权的本质要求其相对遵从秩序，更强调“强烈的秩序感和一致性”，所追求的理想状态是“不同层级的人踩着同样的鼓点起步向前”[①]，根本目的是提升司法行政管理的效率。两者各自遵循自有规律运行，进而形成符合司法规律的法院内部组织结构，构成了推动法院实现其裁判职能的协同共生体系。第二，探索法官参与法院管理的路径。构建“以法官为中心的法院”，不仅需要将审判权归还法官，更重要的是通过建立法官自治组织，构建法官管理法院的路径，进而确立法官作为法院中心的主体地位，最终实现“让审理者裁判，由裁判者负责”的改革目标。“试图在高度行政化的社会环境中求得生存，必须成为行政体系中一员，用行政话语体系思考、表述。”[②]由法官自治组织决策行政管理事项，在审判权与司法行政事务管理权之间形成缓冲而获得恰当的平衡，使得司法体系受到行政权的影响和压力有所减轻。[③]前海法院法官大会制度的实践提供了良好的范本，通过法官会议实现法官自我管理与监督。搭建专业

① ［美］米尔伊安·R·达玛什卡：《司法和国家权力的多种面孔——比较视野中的法律程序》，郑戈译，中国政法大学出版社 2007 年版，第 29 页。

② 王申：《科层行政化管理下的司法独立》，载《法学》2012 年第 10 期。

③ 沈志先等编：《法院管理》，法律出版社 2013 年版，第 36 页。

化、民主化的法官自治途径，激发法官作为法院中心的主体意识，形成一种广泛参与和接纳的良性循环机制，保证审判权独立行使的最终实现。

（二）合理设置法院内部机构，实现司法行政事务的高效运作

1. 同步推进业务机构和综合机构的优化

遵循审判权与司法行政管理权的规律，理顺设置业务机构和综合机构的关系。第一，在审判机构设置上体现专业性。整合业务相近的部门，结合法院层级、受理案件数量来设置审判庭或者审判团队，传统法院要谨慎采取一刀切撤销业务庭的方式，可以采用逐步过渡的探索模式。例如，北京四中院根据专业性质将审判业务庭设置为立案庭、刑事审判庭、民商事审判庭和审判监督庭，相比直接撤销庭室建立审判团队的模式，这种相对缓和的改革路径更适合基层法院，尤其是案件数量多，法院规模较大的传统法院。第二，在综合机构设置上注重职能优化和机构精简的结合。优化职能、提高效率是提升司法行政管理效能的目的，精简机构是方式和途径。在尚未优化职能的基础上，把司法行政事务进行杂糅划归一个部门管理，必然导致职责不分、效率低下。综合机构的改革，一方面应当建立在职能优化的基础上，即将职能相近、对外归口一致的部门进行整合，以实现内设机构的精简和管理幅度的增大。另一方面，应当优化管理流程，将分散管理变为集中管理，降低行政管理的成本，增强管理的系统性，由此提升司法行政事务管理的效率。第三，科学测定审判业务与司法行政事务管理需求的最佳配比。司法行政管理权运行的本质要求是服务于审判。精简行政管理机构也要避免“一合到底”，盲目减少司法行政管理人员。职能尚未优化整合的情况下的“一人多岗”必然会导致司法行政管理效能降低。因此，应当综合考量法院的具体案件数量，案件类型、法官和司法辅助人员数量等因素，科学测算所需要的司法行政事务，进而设置配比合理的司法行政机构和人员。

2. 统筹衡量不同审级、不同地区法院的职能，在内设机构设置上体现差异性

组织扁平化并非目的，而是实现组织高效运转的方式和途径。内设机构在不同审级、不同地区的法院需求不一，在设置数量和种类上不能一概而论。要以案件受理数量为基础，准确衡量法院发展的外部环境和工作要求，合理设置相应数量的内设机构，以保障司法改革的有效落实与法院的长远发展。从审级来看，审级越高的法院，尤其是在法院人、财、物统管之后，司法行政事务越庞杂，加之要协调和管理所在辖区的各级法院的人、财、物事项，所以精细化和专业化管理的要求越高，对内设机构的需求数量越多。从地域来看，不同地区经济发展和法治建设存在较大差异，发达地区因为案件数量多，同时法院承担的社会治理的职能也更重，因此无论是对内服务审判、进行司法行政事务管理或是对外联络沟通，对内设机构的精细化程度要求更高，对司法行政管理人员的数量要求更多。

（三）建立专业化的合理配比的司法行政管理人员

美国大法官沃伦·伯格指出："法院的行政管理，需要有具备专业知识的人员组成的管理组织去处理行政事务。"专业化的机构设置和人员是审判权与司法行政事务管理权有效分离的基础，[①] 也是提升司法行政管理效率的必然要求。法院的司法行政事务管理不同于一般行政机关的管理，其应当受到一定的训练，了解关于司法工作的规律和特殊性质。例如法院信息化建设的司法人员应当了解审判流程、诉讼程序等相关知识，法院财务人员应当了解诉讼费收取办法，等等。因此应当建立针对法院司法行政管理人员的特殊的招录要求，和专门的培养途径，从而从根本上提升司法行政管理的效能。

除了专业化较强的司法行政管理岗位，一般的行政岗位可以在机构整合的基础上优化人力资源配置，通过科学量化评估工作量，实行一人多岗的人员配置。例如，传统法院一般设有党组秘书、办公室秘书、审委会秘书等多个秘书岗位，可以进行整个建立秘书组，相对减少人数。

（四）实现司法行政事务管理的信息化和社会化

第一，依托智慧法院建设，全面推进司法行政事务信息化。在"互联网＋"的时代背景下，司法行政事务管理权服务于审判权应当依托于法院的信息化建设，一方面通过建立线上法院，完善网上立案和电子送达，提高诉讼服务、司法公开的网络化、便捷化，提升诉讼服务的质量，增强人民群众的司法获得感。另一方面，建立科技化的办案系统，实现网上立案、调解、开庭以及网上阅卷等，提升法官办案效率，将法官从繁琐的事务性工作中适当解放出来，专注于司法裁判。第二，实现司法行政事务的社会化。归整司法行政事务，为法院行政事务管理机构"减负瘦身"，按照司法行政事务的职能分类标准，重新区分司法行政事项，将应该由社会承担或者可以向社会购买服务的事项，从法院的司法行政事务中分离出去。比如很多传统法院设立的行装部门，负责的后勤、安保、文印工作等。

结　语

司法行政事务普遍存在于世界各个国家、地区的司法体制中，对于司法行政的制度设计，没有放之四海而皆准的标准化模式。司法行政管理体制改革必须考虑法治土壤和司法环境，能否高效地为司法审判权提供服务，同时保证审判权的独立性和中立性，是衡量改革措施是否可行的重要标准。简而言之，司法行政事

---

① 赵元松：《司法管理省级统管背景下法院管理模式选择与运作路径研讨》，载《法制与经济》2015年第9期。

务改革的目标是保证审判权的独立公正，进而维护社会的公平正义。同时，司法行政事务改革是全面深化司法改革中需要协同推进的重要一环，其改革措施的顺利推进又有赖于审判权运行机制、人员分类管理等综合性配套改革的实施，应当注重改革中的协同改革、配套推进，保证改革的系统性、全面性和前瞻性。

新型法院机构设置的改革

——横琴法院的探索与启示

蔡美鸿*

一、问题之提出：当前我国法院机构设置能否满足人民群众的司法需求

我国实行改革开放近四十年来，经济和社会取得快速发展的同时，在经济和社会活动中产生的矛盾纠纷也日趋增多和复杂，对法院的司法能力带来前所未有的挑战。如何解决人民群众日益增长的司法需求和法院司法能力相对滞后的矛盾成为这轮司法体制改革的重要任务之一。法院的内部机构是法院行使审判职权和司法行政管理职权的主要载体，是法院司法能力的集中体现，内部机构设置是否科学合理不仅影响到法院的审判效率，而且还会影响到司法的公正性。

当前我国法院机构设置符合审判权和司法行政权运行规律吗？审判机构设置能保证审判权的独立性和公正性吗？司法行政管理机构设置的职责清晰、运作高效吗？是否能确保以法官为中心服务审判工作？在当前法院面临的新形势下，这些问题值得重新思考。因此，法院如何科学合理地分配职权、设置机构、有效运作以满足当前人民群众的司法需求成为当下研究的重要课题。

二、问题之现状：我国法院机构设置的一般模式

（一）关于法院机构设置的法律规定

《宪法》第123条规定："中华人民共和国人民法院是国家的审判机关"。因此，可以明确的是审判权是法院的职权。为确保审判职权的行使，现行《人民法院组织法》对各级法院的组织设置有比较明确的规定。其中第18条规定："基层人民法院由院长一人，副院长和审判员若干人组成。""基层人民法院可以设刑事审判庭、民事审判庭和经济审判庭，庭设庭长、副庭长。"该法第23条、第26

* 作者单位：广东省珠海横琴新区人民法院。

条和第30条分别规定：中级、高级以及最高人民法院“由院长一人，副院长、庭长、副庭长和审判员若干人组成。”并且“设刑事审判庭、民事审判庭、经济审判庭”，根据需要可以设其他审判庭（或其他需要设的审判庭）。

通过比较不难发现，关于四级法院组织机构设置的规定具有较大不同，特别是基层法院与其他层级法院相比较有两点重要区别。第一，人员的基本构成不同。基层法院庭长、副庭长不是必要组成人员，也就是说基层法院可以设置庭长、副庭长的职位，也可以不设置。而中级法院以上的法院庭长、副庭长是必要组成部分。第二，审判业务庭的设置不同。基层法院“可以”设刑事审判庭、民事审判庭和经济审判庭，庭设庭长、副庭长。其含义理解为可设可不设，如果设置审判业务庭就要设庭长、副庭长。而中级以上法院要求设审判业务庭。可见，依据现行《人民法院组织法》，基层人民法院可以不设审判庭。

（二）我国法院机构设置的一般模式

根据《人民法院组织法》规定，各级法院普遍设置立案庭、刑事审判庭、民事审判庭、行政审判庭等审判业务庭，并且一般自下而上都有相应的对口审判业务庭。比如，最高人民法院设置了立案庭、刑事审判第一至五庭、民事审判第一至四庭、环境资源审判庭、行政审判庭、审判监督庭以及六个巡回法庭等审判业务庭，还设置与审判职权密切相关的赔偿委员会办公室、执行局（执行指挥办公室）、审判管理办公室等内设机构。[①] 广东省高级人民法院（以下简称广东高院）、珠海市中级人民法院（以下简称珠海中院）及珠海市香洲区人民法院也大都设置了对应的审判业务庭，少许的区别是中级人民法院和基层人民法院设置的审判业务庭功能划分不如最高人民法院和高级人民法院细致。[②] 这是我国四级法院审判业务庭设置的一般模式，也是绝大多数法院设置的普遍模式。

除此之外，《人民法院组织法》虽然只规定了与审判有关的业务庭及相关人员的设置。但在司法实践中，各级法院还普遍设置了负责组织人事、纪检监察、公文流转、宣传调研、辅助人员管理、档案管理、财务管理、物资装备、信息技术等事务的众多司法行政管理机构，这些机构甚至占到法院内设机构的“半壁江山”。根据珠海中院及珠海横琴新区人民法院（以下简称横琴法院）《司法行政管理制度改革调研报告——围绕先集中、后垂直的统管思路展开》显示，广东省

---

① 参见中华人民共和国最高人民法院网站：http：//www.court.gov.cn/jigou-fayuanjigou.html，最后访问日期：2017年7月8日。

② 参见广东省高级人民法院网站：http：//www.gdcourts.gov.cn/web/content？action=institution3，最后访问日期：2017年7月8日；珠海市中级人民法院网站：http：//www.zhcourt.gov.cn/courtweb/web/content/111-？lmdm=1011，最后访问日期：2017年7月8日；珠海市香洲区人民法院网站：http：//www.zhxzcourt.gov.cn/index.php？do=about&ac=agency，最后访问日期：2017年7月8日。

21个地级市的中级法院及124个基层法院（军事、铁路、海事法院除外）平均每个法院内设司法行政管理部门约7个（中级法院平均9个，基层法院平均6个），其中办公室、纪检监察室、政工科、研究室、审判管理办公室、司法警察大队设置较为普遍。①

（三）现行法院机构设置模式之评判

考量法院机构设置是否科学合理最为关键的是看这种内部组织机构是否适应法院面临的内外部环境，是否符合审判权和司法行政权的运行规律，是否有利于实现法院审判公正、高效和权威的目标。由此来看，当前法院机构设置存在一些不足和问题。

1. 庭长职务的挑战

在当前我国新一轮司法体制改革中，司法责任制、法官员额制、人员分类管理的改革是重要内容，通过取消案件审批制、实行司法责任制、改革审委会、实行干预案件全程留痕等一系列措施后，法官行使审判权的独立性空前提高。但是，不能否认的是当前体制下，审判业务庭的设置还普遍存在，有审判庭机构设置的存在一般就会有庭长的设置。当然，法官员额制改革后，庭长的法官属性（案件审理者）进一步提高，改革前的庭长可能不需要直接负责案件的审理，主要负责案件的审批和庭内行政事务的管理，更多是一种管理者和决策者的身份。但即使成为员额法官后，也保留了庭长作为审判庭负责人的地位，从庭长的办案任务大幅少于普通员额法官就能很明显地区分兼任庭长职务的法官与普通员额法官身份地位的差异。作为法院内部管理层级一环的庭长对审判活动仍具有一定的管理职责。这种管理目前已经不直接体现在案件的审批权和决定权上，但是对审判资源的配置、审判任务的分配、审判流程的把控、审判绩效的考核等方面仍会产生较大影响，对普通员额法官而言，仍会产生有形或无形的干扰，影响法官的独立审判。

理论界也在讨论审判庭的存废以及庭长职务的配置。北大陈瑞华教授就认为庭长职务的配置正面临正当性危机，通过举例横琴法院及葫芦岛中院的审判权运行机制改革，提出实行司法责任之后，庭长已经没有设置的合法地位。②也有学者认为不能一味地排除庭长对审判活动的管理或影响。庭长一般被认为是较为优秀的法官。从充分运用各种审判资源实现法院审判功能的要求来看，也应当重视和充分利用庭长的经验与智慧。相反，排斥庭长对审判活动的管理和影响则是对审判资源的浪费。另外，审判活动中，任何一个有良知和责任感的庭长面对自己认为存在明显错误的裁判行为，都不会无动于衷，放任其发生，法院内部和外部

① 蔡美鸿主编：《横琴新区司法改革模式》，法律出版社2016年版，第187页。
② 陈瑞华：《法院改革的中国经验》，载《政法论坛》2016年7月第34卷第4期，第118页。

责任追究制度也会促使庭长在此情况下有所作为。[①]所以，当前审判庭设置是否科学合理的关键不在于机构设置本身，而在于庭长角色的定位，如何科学限定庭长对审判活动参与，防止由此而陷入行政化决策模式是当前大多数传统法院面临的问题。因此笔者认为，传统法院应当思考如何优化庭长的职权问题，而新型法院则可以尝试不设审判庭。

2. 司法行政事务的内设机构过于分散

司法行政事务部门的设置应当基于不同层级法院的特点而设置，而不是一概自下而上地简单对应。对于最高人民法院、高级人民法院来讲，要统筹管理全国及全省的司法行政事务，应当对繁杂的行政事务进行细分，科学合理地设置机构，体现司法行政事务的专业性。最高人民法院全国只有一个，高级人民法院的数量也相对有限，一定程度上，可以优先考虑司法行政的高效性。因此，对于当前最高人民法院及高级人民法院设置分工细致的司法行政管理机构具有合理性。

但是对于中级人民法院特别是基层人民法院来讲，如果司法行政事务分工过细，机构设置过多，那么职责不清、协调乏力、推诿扯皮的问题就会凸显，反而影响司法行政效率，进而对审判权的运行也会产生消极影响。当前，传统基层法院司法行政管理机构运行模式小而多，各个部门职责却并不见得十分清晰，反而增加了各部门之间的协调成本，影响了司法行政效率。比如，传统法院中纪检监察室、立案二庭、办公室都有收取信访投诉文件的可能性，也都能按各自流程进行处理。纪检监察室负责党风廉政、违纪的处理，立案二庭负责涉诉信访的处理，办公室负责接收人大、政协、政法委等机关转办的函件，看似职责清晰，实则问题往往交叉。再比如，法院召开新闻发布会，一般需要协调办公室、研究室、宣传科及相关业务部门，无形中协调成本增加。长此以往，也会间接影响审判权的运行。

3. 审判组织机构对司法行政机构的主导地位没有形成

从《宪法》与《人民法院组织法》的规定来看，法院的审判权是法定职权，法院设置司法行政管理机构目的也是有效保障法院更好地行使审判权。学者也提出，法院内部机构设置应当遵循以审判活动为中心、以法官为中心的原则。[②]而现行法院体制中，负责审判的机构设置与司法行政机构设置的模式混同，体现在机构负责人的级别相同、数量相近、管理方式雷同上。这种混同模式下审判权无法支配司法行政工作，反而形成司法行政管理权对审判权制约多、保障少的局面，甚至可能出现司法行政管理权影响到审判权的行使的现象。比如，审判工作中所需要的辅助人员保障、经费保障、车辆保障和业务培训等均受制于司法行政

① 顾培东:《人民法院内部审判运行机制的构建》，载《法学研究》2011 年第 4 期，第 13 页。

② 杨雄:《法院内部组织制度改革研究》，载《社会科学家》，2007 年 3 月（第 2 期，总第 124 期），第 95~96 页。

管理机构，而审判机构又无法制约司法行政管理机构，其弊端显而易见。

三、问题之考量：法院机构设置应当遵循什么样的原则

要讨论法院机构设置问题，必须要回到问题的起点：法院的事权或职权。首先，法院首要职权是审判权；其次，在当前司法体制下，司法行政管理事权也是法院重要职权。因此，法院职权最起码包括两类，即审判权与司法行政管理权。两类职权关系密切，是表里、因果、目的与手段的关系。审判权是法院的外在职权，司法行政管理权是内在职权；审判权的良好实现是法院设置之目的、存在之根本，而司法行政管理权则为之服务并提供保障。审判权在法院职权中占据主导地位，支配司法行政管理权的行使。但审判权的行使离不开司法行政管理权。法院必须从周围环境中获取生存所需资源，通过内部行政机制进行合理配置，才能实现组织目标——审判目的。[①] 所以，法院机构设置必须要理顺这两种职权的关系，让审判权依法独立公正行使，让司法行政高效运行以保障审判权行使。具体来讲，应当遵循以下原则。

（一）从法院内部机构的特征考量，机构设置要符合审判权和司法行政管理权各自特点

具体来说，负责审判的组织机构设置和运作模式要体现审判权特性，保障审判权独立公正行使；负责司法行政管理的机构的设置和运行要体现行政权特性，保障高效运行。因此，法院在设置机构时应当充分考虑到两者的区别：第一，法院审判组织机构设置应当体现法官的独立性和平等性，要保障法官独立、合议庭独立行使裁判权，确保任何组织和个人都不能对裁判强加干预；而司法行政管理机构设置则要体现行政性和服从性，司法行政人员与上级领导之间具有隶属性和依附性，实行行政首长负责制，下级服从上级、个人服从组织的原则。第二，法院审判组织机构设置体现审判权的公正性和公开性，必须遵循法定的诉讼程序，确保以公正、公开、公平的法律手段对纠纷作出中立裁判，也就是说要保证公正优先；司法行政管理机构设置则注重经济性和效率性，可以在法律允许的范围内可采取经济的、行政的手段运行。

（二）从法院内部机构间的关系考量，机构设置要体现审判权对司法行政管理权的主导

当前司法体制环境下，审判权与法院行政管理权关系密切，法院离开司法行政管理，审判职权难以实现；如果司法行政管理权过分扩张，则对审判权构成

---

① 汪峰、瞿万勇、肖锋：《法院职权优化配置之前提：法院审判权与法院行政管理权的适度分离》，载《法制与社会》2011 年 1 月（中），第 119 页。

威胁。[①] 因此，必须协调好法院审判权与司法行政管理权的关系，防止发生矛盾与冲突，才能达到优化法院机构设置的目的。司法实践中，审判业务庭与司法行政管理部门是各自独立和平行的，并没有形成审判业务庭对司法行政管理部门的主导。表现在“庭长”与“主任”级别相同，部门数量大致相当，互不隶属、互不评价考核等等。甚至是，司法行政管理部门可以安排审判业务庭行政事务，反而，司法行政管理部门处于优势地位。这显而不利于法院审判第一要务的实现。所以，法院优化机构设置必须扭转审判权相对于法院司法行政管理权的劣势地位，减少司法行政管理权对审判权的不当干预和负面影响，突出审判活动作为法院工作的中心环节，突出法官在法院各项工作中的中心地位，保持司法行政管理权对于审判权的依附和从属地位。[②] 这样的考量才符合法院首要职权是审判权的定位。

四、问题解决之尝试：我国新型法院机构设置的探索

（一）新型法院机构设置的模式

何为新型法院？广东高院前院长郑鄂（现最高人民法院咨询委员会委员）谈到横琴法院的综合改革时评价“横琴新区法院确立了我国第一个现代化综合法院框架”。与此同时，北京知识产权法院、广州知识产权法院、深圳前海合作区法院也相继成立，纷纷采用全新组织架构，法院内设机构大规模精简，构建了全新的法院运作模式。笔者将这些在本轮司法体制改革中采用新模式组建的法院统称为新型法院。下面用表格形式比较这四个新型法院机构设置的异同。

表 1　新型法院内设机构比较 [③]

法院名称	履职时间	审判组织机构	司法行政管理机构	机构总数
北京知识产权法院	2014 年 11 月 6 日	设置 5 个庭（只设庭长）：立案庭、审判第一庭、审判第二庭、审判第三庭、审判监督庭	2 个室（队）：综合办公室（设一个主任、四个副主任）、司法警察支队	7

① 蔡美鸿：《从横琴法院的视角谈司法审判与司法行政的关系》，载蔡美鸿主编《横琴新区司法改革模式》，法律出版社 2016 年版，第 228 页。

② 汪峰、瞿万勇、肖锋：《法院职权优化配置之前提：法院审判权与法院行政管理权的适度分离》，载《法制与社会》2011 年 1 月（中），第 119 页。

③ 宿迟：《北京知识产权法院若干问题》，载《科技与法律》2015 年第 1 期，第 14~15 页；参见广州知识产权法院网站：http：//www.gipc.gov.cn/showu/2_content.jsp ？ id=9464603d0d30423f88dfe7a805ec8043，最后访问日期：2017 年 7 月 9 日；参见深圳前海合作区人民法院网站：http：//szqhcourt.gov.cn/fyjj/fygk.aspx ？ cls=3，最后访问日期：2017 年 7 月 9 日；参见珠海横琴新区人民法院网站：http：//www.hqcourt.gov.cn/index.php/index/single/251/，最后访问日期：2017 年 7 月 9 日。

（续表）

法院名称	履职时间	审判组织机构	司法行政管理机构	机构总数
广州知识产权法院	2014年12月21日	设置4个庭：立案庭、专利审判庭、著作权审判庭、商标及不正当竞争审判庭	设置3个室（队）：技术调查室、综合办公室（政治部）、司法警察支队	7
深圳前海合作区人民法院	2015年2月2日	不设审判庭	设置2个处：司法政务处和审判事务处	2
珠海横琴新区人民法院	2014年3月21日	不设审判庭	设置5个机构：审判管理办公室、司法政务办公室、人事监察办公室、执行局、司法警察大队	5

通过比较，不难发现这四个新型法院有几个共性的特点：第一，四个法院均是本轮司法体制改革的产物，均成立于党的十八大之后。其中北京、广州知识产权法院是两个专业法院，深圳前海、珠海横琴法院是两个自贸区法院。第二，审判组织的机构设置大规模精简，减少管理层级。北京、广州知识产权法院按照专业化审判原则划分审判庭，审判庭设庭长，不设副庭长；深圳前海、珠海横琴法院不设审判庭。第三，司法行政事务集中管理。四个法院负责司法行政事务的机构均在5个以内，比传统法院减少一半。通过这类模式设立的法院能否为我国法院机构设置提供全新的样板和示范呢？四个法院中，横琴法院成立时间最早，经过了四年实践的检验，剖析其运作情况具有借鉴意义。

（二）横琴法院机构设置的探索

横琴法院是最高人民法院批准设立的第一个现代化新型法院，下面分别从审判组织机构设置、司法行政机构设置以及取得成效方面介绍。

1. 审判组织机构设置模式

为彻底去除审判权运行的行政化，较传统法院而言，横琴法院审判组织机构设置的最大的特点在于不设审判庭，建立审判团队。同时，为突出法官主体地位，创设了法官会议，改革了审委会制度。

（1）不设审判庭，以法官为中心，建立审判团队。

横琴法院不设审判庭从根本上去除了传统法院审判业务庭运行的行政化，法官不再接受庭长、副庭长的领导。而是以法官为中心建立了“法官 + 法官助理 + 书记员”的审判团队运行模式。

为明确法官、法官助理和书记员的职权和责任，横琴法院制定了《审判团队职责规范》，明确以法官为中心，法官助理、书记员分别对法官负责，各司其职、相互配合，共同完成审判工作任务；法官要对法官助理、书记员承担管理责任。

同时，还规定了法官、法官助理、书记员各自的职责，明确法官签发独任审理的裁判文书，共同审核合议庭审理的裁判文书，法官对案件质量终身负责。实现了“让审理者裁判，由裁判者负责”的改革目标。①

审判团队运作的关键在于审判辅助人员的配备。目前，横琴法院审判团队运作模式渐趋成熟，法官从繁重的行政事务中解放出来，专注于案件的审理和裁判，取得了良好的成效。但是运作过程中，审判辅助人员队伍还存在短板，配备不够充足，法官助理的业务能力与法官期望还存在不少差距。但是，整体上审判团队运作的优势已经开始显现，比如，即使横琴法院集中管辖了审理周期较长的珠海市辖区一审涉外、涉港澳台普通民商事案件，但案件运行态势的各主要指标仍走在全市前列。

（2）突出法官地位，以自我管理为理念，创设法官会议。

在不设审判庭、取消案件审批制的背景下，横琴法院围绕“法院管理民主决策，法官自我管理”目标，创设了法官会议。为实现法官会议运作的规范化，横琴法院还制定了《法官会议工作规程》。

横琴法院法官会议包括全体法官会议和专业法官会议。全体法官会议顾名思义由全体法官组成，其职权可以概括为“一决策、两咨询”。“一决策”是指法官通过全体法官会议，研究决定法官工作量的分配、各法官承办案件的类型等工作，行使重大审判事项决定权。“两咨询”也可以理解为“两参考”，分别指研究法官自律、法官自我管理的有关工作并作出决议，供审委会等参考；研究与法官权利义务有重大影响的行政管理工作，供党组会、院长办公会及司法行政管理部门等参考。这些工作包括案件质量评查、法官遵守《法官行为规范》的情况等，全体法官会议的这类决议对审判委员会认定错案、法官考评委员会考核法官以及法院改进审判管理工作有重要参考价值。另外，全体法官会议研究的与法官权利义务有重大影响的行政管理工作的决议，规定党组会议及院长办公会议须列为议题讨论，这为法官参与全院行政管理开辟了途径，其工作建议成为法院管理的重要参考。

专业法官会议承担的是审判业务庭取消后为重大疑难案件提供咨询意见以及统一裁判尺度的问题，属于审判业务会议，是法官自律的重要形式，是约束自由裁量权的重要措施。专业法官会议的决议属咨询性质，不具有强制力，但对法官有“说服”作用，是法官裁判的重要参考。横琴法院专业会议有两个：民商事专业会议和刑事专业会议。②

横琴法院法官会议模式运作总体顺畅，全体法官会议已经召开近二十次，在法官承办案件类型选择、民主确定办案任务、法官考核等方面发挥了积极作用。

① 蔡美鸿主编：《横琴新区司法改革模式》，法律出版社 2016 年版，第 57~61 页。
② 蔡美鸿主编：《横琴新区司法改革模式》，法律出版社 2016 年版，第 25~29 页。

专业法官会议也召开二十多次，为法官审理案件提供了专业化建议，保证了疑难复杂案件的审判质量。

（3）改革审委会，将会议制转为审理制，建立审委会委员组成合议庭常态化机制。

审判委员会是法院最高效力的审判组织，《人民法院组织法》及三大诉讼法均提供了法律依据。但是，无论在理论界还是司法实践界对审委会存废均有不同的声音，主张废除的声音基本都包含了审委会制度不符合案件审理的亲历性。在当前法律体系下，审委会仍然具有“存在”的合法地位，因此不能一概排斥，应当依据现有法律制度体系加以改革和完善。横琴法院着重从履行审判职责和履行审判管理职责两个方面对审委会进行规范和完善，并制定了《审判委员会工作规程》。

关于履行审判职责。横琴法院将审委会会议制改为“会议制＋审理制”，建立审委会委员组成合议庭直接审理案件的常态化机制。同时，保留了会议制，但限制会议制审理案件的数量。限制的办法有两个：第一，规定审委会委员组成合议庭审理的案件一般不再提交审委会讨论。第二，实行过滤制，确有必要提交审委会讨论的案件，规定应先经专业法官会议讨论。① 从横琴法院的实践来看，自履职收案起，横琴法院审委会至今没有讨论过一件审理的具体案件，大部分疑难案件通过合议庭作出裁决，也有少数案件通过专业法官会议给出咨询意见后作出裁决。

关于履行审判管理职责。横琴法院将开展案件评查的事务性工作从审委会调整给法官会议，但保留审委会认定错案的决定权。此外，审委会还保留了研究制定有关审判工作规范性文件的权利，以及定期或不定期研判审判运行态势，总结审判经验，发现并处理审判工作中出现的问题的职权。横琴法院近四年的司法实践中，审委会召开的次数相当有限，除了一次会议讨论认定是否为错案外，其他几次审委会均是讨论制定有关审判工作的规范性文件。至于分析审判运行态势、总结审判经验等事务基本也均由法官会议来完成。

2. 司法行政管理机构设置的模式

离开外部环境和客观实际谈司法行政管理的改革创新是不可行的，横琴法院在司法行政管理机构设置时也充分分析了当前法院面临的外部环境和法院工作实际，权衡各种因素后做出制度设计。

（1）基于司法行政事务的同质化进行的集中化管理与基于司法行政事务的专业性进行的适度分类管理。

横琴法院在机构设置时既考虑了同类型司法行政事务的集中管理，又兼顾了司法行政事务的专业性，进行了适当分类管理。将除行使审判职权以外的机构精

① 蔡美鸿主编：《横琴新区司法改革模式》，法律出版社 2016 年版，第 30~35 页。

简为5个，即审判管理办公室、司法政务办公室、人事监察办公室、执行局和司法警察大队。从5个部门的名称可以清晰看出各部门的专业化分工，既集中又考虑到了司法行政工作的专业性。

审判管理办公室负责立案、信访、审判态势分析、司法统计、司法救助等，综合了传统法院立案一庭、立案二庭、审判管理办公室、审判监督庭的职能；司法政务办公室负责文秘、会议、机要、档案、宣传、调研、装备、信息技术、后勤保障等，综合了传统法院办公室、研究室、宣传科、机关事务服务中心（装备科）等职能；人事监察办公室负责纪检监察、思想政治、组织人事、教育培训、表彰奖励以及工会、共青团、妇委会等，综合了传统法院纪检组、监察室、政工科等部门的职能。考虑到执行局、司法警察大队事务的相对独立性和专业性，其设置与传统法院的基本无异。

横琴法院之所以设置为5个部门没有进一步精简为一个综合管理办公室除了司法行政工作专业性因素外，还考虑到了法院面临的外部环境。其一，法院看似拥有自己的司法行政管理权，实则法院行政管理权限较多地受外部限制，如当地党委的组织部门负责法院普通干部的管理、当地人大机关负责法官的任命、人民调解也需要当地机关的支持。由此，也会产生大量外部协调工作以及各外部单位安排的工作任务等，比如纪检、政工、财务、信访等各类会议，当地党政机关、上级法院的调研任务等。需要不同部门（往往是部门负责人）去协调，如果仅仅设置一个综合办公室，很难应对如此庞杂的工作任务。即使推行了省以下人、财、物统一管理，与上级法院近十个司法行政管理对口部门的协调也是一项艰巨的工作。在其他机关还掌控着大量法院司法行政事务管理权的现实条件下，还不宜成立单一的综合行政管理部门。

横琴法院设置5个内设机构是符合实际的，实践也证明了该设置模式的科学性和合理性。这种将同类司法行政事务合并集中管理的模式优势体现在两个方面。第一，职责更为清晰。将职能类似的部门进行合并后，“三办”职责泾渭分明，基本不会产生部门之间推诿的情况。第二，行政效率提高。由于类似职能合并到一个部门，大大减少了传统法院部门之间协调的成本，各部门可以根据职责迅速做出反应，保障了司法行政服务的高质量和高效率。

（2）基于司法行政事务的行政性进行的科层化管理与基于司法行政事务的效率性进行的扁平化管理。

横琴法院5个内设机构在行政层级管理的设置上与传统法院区别不大，都呈现科层化的特点。但在部门内部岗位的设置上呈现扁平化的特点，在确保政令通畅的同时有效提高了司法行政效率。部门内部除负责人外，其他办事人员各自直接对部门负责人负责，不再进行层级管理，由部门负责人统一领导和指挥部门全体人员工作。横琴法院司法行政人员“一人多岗”已成为普遍现象，这种安排类似于行政事务集中管理的理念，将部门内部工作内容相近的事项安排同一人负责，确保了各办事人员之间分工明确、职责清晰，减少了与其他人员的协调成本，提高了行政效率，节约了行政成本。当然，合并的工作事项务必要控制在合理的工作强度之内，否则适得其反。

（3）基于司法行政人员配比限制进行的购买司法政务服务的尝试。

根据法院司法体制改革的要求，法院人员分类改革后，司法行政人员占比不能超过15%，但对像横琴法院这样编制数较少的法院来讲，这样的配比显然不能满足司法行政工作的需要。为此，横琴法院尝试购买社会服务方式将部分服务事项交由社会组织，由其提供服务，相关的司法行政人员负责对接指导，缓解人力不足矛盾的同时，司法政务服务水平也得到提高。

3. 从法官的地位看横琴法院机构设置改革的成效

上文在分析横琴法院审判组织机构及司法行政管理机构设置的同时也一并介绍了各自改革的成效。那么不设审判庭、司法政务工作集中管理后是否达到了审判权主导司法行政权效果呢？是否建立了以法官为中心的法院模式呢？法官在法院中是否处于主体地位呢？通过以下两个表现进行说明。

（1）法官地位显著提升。横琴法院法官的地位仅次于院领导，高于各司法行政管理部门负责人。法官在法院内的这种崇高地位不仅体现在形式上还体现在实质上。首先，法官的排名在各司法行政管理部门负责人之前。无论是会议座次，还是公文中姓名排序，法官排在院领导之后、各部门负责人之前。其次，在经济待遇方面，法官工资待遇比当地同级公务员高50%，审判辅助人员及司法行政人员仅高20%，而且横琴法院还落实了法官按照法官等级享受当地同级公务员的地方性绩效奖金。这意味着法官凭借逐年晋升的法官等级就可以在较短的时间内达到高级别公务员的收入保障，这对法官来讲是重大利好。另外，法官的主体地位和尊荣地位还体现在各种机会上，比如购买书籍、业务培训、辅助人员配备等各个方面。通过法官自身的切实体会，也能感受到横琴法院法官的尊荣感。

（2）法官实现自我管理。法官会议的运作模式使横琴法院的法官实现了民主管理和自我管理。全体法官会议不但可以讨论审判事务还可以讨论与法官切身利益相关的行政管理事务，并有向党组会议、院长办公会议以及各司法行政管理部门的建议权，如配备物资装备、购买业务书籍、调配辅助人员等。

可以说，横琴法院法官的地位相比较传统法院的法官地位空前提高，在一定程度上形成对司法行政人员的优势地位，理顺了审判权和司法行政管理权的关系。可见，横琴法院的机构设置相比较传统法院的机构设置模式更具科学性、合理性，有力保障了法院审判工作的公正、高效和权威。

（三）横琴法院机构设置改革得以顺利推行的原因分析

横琴法院自成立以来，努力创建全国综合改革示范法院，建立了我国第一个现代化法院框架，为司法体制改革作出了有益探索，特别不设审判庭、精简内设机构的法院工作新模式，得到了境内外法律界的广泛关注。这得益于横琴法院占据了“天时地利人和”的优势。

1. 横琴法院是新一轮司法体制改革的产物

横琴法院紧紧抓住中央推进新一轮司法改革的有利时机，积极探索，注重改革的整体设计，在坚定不移地坚持党的领导和遵守宪法的前提下，着眼于打造具有中国特色、符合司法规律、有利于公正审判的新型法院工作模式，积极探索综合改革路径和方法，顺应了我国司法体制改革的潮流，使得横琴法院的改革创新走在了全国的前列。

2. 横琴法院占据了粤港澳合作示范区的独特区位优势

横琴法院位于建设粤港澳合作示范区的横琴自贸区。横琴新区被誉为“特区中特区”，拥有先行先试的政策优势，是“一国两制”下探索粤港澳合作新模式的示范区。法治是经济社会运行的基本保障，横琴新区的地位及其发展也需要更高层次、更高水平的法治保障。为实现这一目标，横琴新区法院的设置及其运行机制凭借横琴新区先行先试的政策优势，大胆创新，使之不仅能够成为我国国家级新区法治建设的典型示范，也能成为横琴新区成功推进国家级新区建设的一面旗帜，为其营造国际化法治化的营商环境。

3. 横琴法院的改革创新离不开上级法院及地方党委的大力支持

最高人民法院于 2012 年 11 月 6 日批准设立横琴法院。广东省高级人民法院和珠海市委高度重视筹建工作，在筹建之初就明确要求把横琴法院打造成具有中国特色、符合司法规律、有利于公正审判的示范型法院。最高人民法院院长周强在横琴新区调研时称，横琴新区法院的综合改革构想具有重要探索意义，这一改革探索遵循司法运行客观规律，不仅对珠海、广东，而且对全国法院改革都具有示范意义。① 正是在上级法院及各单位大力支持下，横琴法院改革创新构想的种子才得以落地生根、茁壮成长、蔚然成林。

五、问题之启示：法院机构下一步改革还可以怎样作为

以横琴法院、前海法院、北京及广州知识产权法院为代表的新型法院在法院内部机构设置改革上进行了全新的探索与尝试，有成绩、有问题、有经验、有教训，我们应当全面总结梳理这类法院在机构设置改革后的运行情况，总结经验、反思不足，为传统法院改革和完善法院机构设置提供借鉴。笔者根据横琴新区法

① 蔡美鸿主编：《横琴新区司法改革模式》，法律出版社 2016 年版，第 92 页。

院机构设置的探索，提出几点的建议。

第一《人民法院组织法》修法应当充分吸收新型法院组织机构设置探索的经验，以立法形式固定司法体制改革成果的同时要留出法院机构改革完善的空间。事实上，在最高人民法院主持起草的《人民法院组织法》修法版本中已经允许编制数较少的法院不设审判庭或只设综合审判庭，司法行政事务集中管理的经验也已经吸收。与此同时，机构设置改革探索的成效并非短短几年的实践就能证明是绝对正确的。中国幅员辽阔、人口分布和经济社会发展不均衡，各地对司法的需求也不尽然相同，很难保证一种法院机构设置模式应对所有情况。因此，在充分吸收改革经验的基础上，建议增加条款规定“经最高人民法院批准，人民法院也可根据实际进行机构设置改革”，这样在复制、推广经验的同时，也留出了进一步改革和完善法院机构设置的空间。

第二，打通司法行政人员晋升通道，破除传统法院机构设置改革障碍，激发法院精简内设机构的原动力。在本轮司法体制改革中，全国各级人民法院共同努力推进法院系统改革，实行人员分类管理、法官员额制改革后，法官晋升通道彻底打通，法官的地位和经济待遇得到进一步的保障，有力推动了法院审判权的公正、高效、权威运行。但是，占法院“半壁江山”的司法行政管理机构的改革步伐却略显滞后，横琴法院与诸多来访的外地传统法院交流时，他们普遍感受到横琴法院机构精简的探索符合司法运行规律，顺应了改革的大方向。但是传统法院很难效仿，其中最大的阻力就在于通过很大努力争取的机构编制职数裁撤后具有行政职务领导的安置问题，还有司法行政人员晋升通道将会变得更为狭窄。这种担忧并不无道理，横琴法院等四个新型法院之所以能够精简机构设置均因是新设立的法院，完全没有历史包袱，可以按相对理想的模型设置。但传统法院基于保护司法行政人员晋升通道、提高工作积极性的角度来讲，裁撤机构变得毫无动力，反而成为机构精简的障碍。

法官员额制改革后经济待遇与法官等级挂钩，脱离行政职务级别的限制，晋升通道大大拓展。法院司法行政人员虽然在本轮改革后工资待遇参照地方同级公务员提升了20%，但是晋升通道的问题没有解决。那么法院系统的司法行政人员是否可以参照效仿员额法官晋升形式呢?

放开法院系统公务员非领导职数限制，实行按年限晋升行政职级的方式，可以有效推进司法行政管理体制改革。基于司法行政人员的自身素质、工作专业性、人才培养交流、工作积极性角度应当打通司法行政人员晋升通道。目前法院系统司法行政人员大多是法律科班出身，专业能力并不差，有些还是因为专业素质优秀转到综合部门做研究，之所以还担任司法行政人员是从司法体制改革大局出发，服从组织分配和安排的结果。另外，随着人员分类管理，司法行政人员比例大规模降低，所承担的司法行政事务也相应增多、专业性也越来越强，综合能力并不一定低于法官，应当按期给予晋升鼓励，激发工作积极性。

第三，不再批准设立传统模式法院，形成新型法院组团效应，共同促进传统法院机构设置的转型。从横琴法院等四个新型法院的总体运行实践来看，这种运行模式的优势远胜于不足。至少可以证明，在经济相对发达地区、无历史包袱新设立的法院采用机构精简的设置模式是可行的。因此，最高人民法院在审批设立新法院时，应当充分考虑到司法改革的导向作用，尽量不再批准设立传统模式法院。新型法院设立的越多，越能形成群力效应，可以共同探索总结法院运行新模式的经验和教训，有利于推动我国法院系统的改革，促进传统法院尽快实现转型。

第四，加强法官对司法行政人员考核晋升的参与度，确保司法行政工作围绕法官及审判工作中心开展，推动形成审判职权为主导的法院机构运行模式。如果说《人民法院组织法》修改是立法机关问题、司法行政人员晋升通道是公务员职务制度问题、新法院设立是最高人民法院及有关部门审批问题，那么加强法官对司法行政人员考核和晋升的参与度则是每个层级法院都可以力行的问题。由于传统法院内部审判组织机构对司法行政管理部门的主导地位没有形成，法官相对于司法行政人员的优势地位并不稳固。而加强法官对司法行政人员考核晋升的参与可以直接有效地保证司法行政工作围绕法官和审判中心工作服务。实践中，主要是行政领导掌握或影响司法行政人员的考核晋升，可以增加规定，司法行政人员考核晋升时，法官评价是前置程序或者将法官直接列为考核的主体。具体机制可以根据各自法院实际进行不同的设计，但是这一做法和理念对理顺审判和司法行政管理工作之间的关系是相对直接有效的。

六、结语

横琴法院精简机构的运作模式适应了横琴自贸区经济和社会快速发展的需要，展现了强大的活力，顺应了全国司法体制改革的潮流，为我国法院改革提供了参考和借鉴。但是，横琴法院司法改革模式并非“放之四海而皆准”，法院机构运作模式的选择要综合考虑当地政治、经济、社会、人口的发展以及法治环境，要精准分析不同法院面临的内外部挑战和机遇，科学合理划分法院内部职权、改革完善机构设置、创新发展工作机制，以适应不断变化着的新问题、新情况，有效保障法院审判权公正、高效和权威运行。

"大部制"模式对法院内设机构改革的借鉴与重塑

——以成都中院内设机构改革为例

周　斌*　王国宇**

近年来，成都市中级人民法院（以下简称"成都中院"）在借鉴其他法院内设机构改革经验的基础上，一直在积极努力探索建立适应司法规律的审判权运行机制和法院管理体制，着力优化和完善人民法院内设机构的职权配置。2016 年 10 月，为进一步落实司法责任制改革，建立以审判为中心的机构设置模式，成都中院被确定为全省内设机构改革试点唯一一家中级人民法院，在中央确定的改革框架内，顺应司法责任制改革的要求，立足前期审判权运行机制改革的成熟经验，结合组织管理理论，针对内设机构设置的现状和问题提出了以审判权扁平化运行为核心，以机构职能整合为路径的内设机构"大部制"改革思路，为人民法院新一轮机构改革提供可资参考和选择的样本。

一、概念厘清："大部"的语境定位与基本要素

（一）人民法院现行内设机构名称体系

人民法院的内设机构名称与政府部门相比既具有相似之处，又具有独有的特点，其内设机构以"庭"为主，"庭"的概念是由《人民法院组织法》唯一规定的内设机构名称，其概念本身不具级别性的内涵，因法院本身级别不同而可能是科级、处级、甚至厅级，"庭"之上一般就是"院"级，之下一般也不再设置机构，本身即带有一定的"扁平化"色彩。虽然很多法院在"庭"内设置了诸如固定合议庭、办案组、审判团队的组织，并对这些组织的负责人在内部按一定的行政级别进行掌握，但其本身并不是法院的内设机构。与"庭"级居于同等地位的机构名称因法院级别不同而名称不同，如"局"（最高人民法院）、"处"（省、市法院）、"科"（基层法院），这类机构一般是法院内部承担审判综合管理或司法行政管理的部门，"局""处"之下一般还会根据级别设置下一层级的内设

* 作者单位：四川省成都市中级人民法院。
** 作者单位：四川省成都市中级人民法院。

机构，这一点与党政机关的内设机构体系基本无异。地方各级法院还普遍存在一些其他特殊名称。例如“室”，这个概念本身也不具有级别性的内涵，因而各级法院都在使用，例如研究室、审判管理办公室、诉讼服务办公室、监察室等，与“处”“科”相比，“室”的搭配具有一定的习惯性，但从词义来看其科层制下的行政化色彩相对较弱。“队”的名称，主要用于警务部门和正在进行警务化改革的执行部门，其一般通过“大队”（基层法院）、“支队”（市法院）、“总队”（省法院）体现出其级别的差异。“部”这个名称，适用范围较窄，一般用在政治部，从最高人民法院到基层人民法院名称相对统一（基层法院为政治处），上下对应关系比较明确，一般政治部之下还会再设置机构，但这级机构在级别上与其他一级内设机构相同，加之政治部的负责人一般按法院副职标准配备和管理，是由院级领导直接主管，因此政治部在法院的内设机构中地位略高，这也正是本章所研究的人民法院内设机构“大部制”改革方向的机构原型。

（二）选择“部”的主要考量

“大部制”在众多的机构名称中选择“部”作为内设机构整合的组织名称，主要有以下考量。

1. 语境运用：便于区分理解，避免混淆重合

“庭”的名称虽然符合法院的司法属性，但作为现有业务庭整合后新机构，再取之以“庭”，形成“庭”上有“庭”局面，则容易产生混淆。在人民法院的内设机构名称体系中，除了政治部外，较少使用“部”作为机构名称。因此，将“部”这个概念作为法院内设机构改革后形成的新组织的名称，既能避免与法院现有的各类机构名称相混淆，也能够避免使用行政部门“厅、局、司”等名称带来的较为浓厚的行政化色彩。采取“部”的概念也有助于各方通过对现有的政治部的组织结构、组织地位、领导配备、管理模式的长期认识来理解法院内设机构整体“大部制”的深刻内涵。

2. 内涵把握：上收行政权能，下沉审判功能

“部”的概念通常使用在党委部门或国务院的组成部门，从语境体系看，与法院专属的“庭”的概念相比，确实具有一定的行政色彩。但成都中院选择“部”并不是要照搬行政机关的管理机制和管理模式，而是借用其通行的组织概念而赋予其具有法院特色的新内涵。概念的选择并不影响其内在的实质，成都中院选择“部”并没有弱化法院以“庭”为主的组织特色和司法特性。法院的组织体系中有“审判庭”“合议庭”“独任庭”“人民法庭”“巡回法庭”等概念，在场所中有“审判法庭”的表述，确实非常具有法院的特色，但以上概念中，只有“审判庭”是既具备有审判组织的办案业务功能，又具有内设机构的行政管理功能，正是由于两种功能在实践中的交叉融合给法院内部管理带来了诸多问题。推进内设机构“大部制”改革，需要理顺审判庭的双重属性与功能，将办案业务功能下沉至审判团队，还权于合议庭，将行政管理职能上收于部级层面，实行行政综合事务的统筹管理，“一升一降”从而真正突出合议庭在司法办案中的地位和作用。因此，成都中院“大部制”改革虽然将机构名称暂时确定为“部”，但其落脚点却在于突出合议庭之“庭”，“部”的存在并不如过去“审判庭”一般，直接办理或审批案件，而更多的是承继“审判庭”的非司法职能为合议庭集中精力办理案件进行行政综合管理。

3. 过渡完善：结合改革进程，逐步调整规范

诚然，选择“部”或“中心”作为法院机构名称也存在一些硬伤，其行政化色彩与法院机构的司法属性格格不入。但作为改革过程中的阶段性产物，具有过渡性和试验性，其名称表面上的行政化属性无法掩饰其内在职权配置的司法化改革。在目前按照“大部制”运行机制和法定内设机构管理机制“两条腿走路”同时运行背景下，“部”或“中心”的名称能够有助于在改革过程中，将其与传统的业务庭区分开来。成都中院在改革过程中将结合新的研究成果和改革成果对机构名称逐步进行规范调整，使机构名称与机构属性名实相副。

（三）法院“大部制”改革的基本要素

按照改革基础理论和基本思路，结合内设机构改革要解决的问题，成都市法院重点对以下方面进行了改革调整。

1. 权力配置的放与控：审判职权的放权与控权

审判权与审判管理权的制约与平衡，是人民法院历次改革的核心内容之一，在推进内设机构改革的过程中，如何平衡好“还权于合议庭”的放权与“强化审判管理职责”的控权之间的关系，是组织机构设计的难点。在组织设计和权力配置中，既要避免决策权的高度集中，在顶部形成集权化，也要避免对管理权的过度限制，在底层形成自由化。开展内设机构改革，无论是否采取“大部制”的形式，都必须将重心放置至合议庭、审判庭及法院之间的权力配置问题上。

2. 组织形态的分与合：机构职能的划分与整合

审判业务部门整合的侧重点在于部门的分类归口以便于统筹管理，而不同于机构合并的职能再造、体系重构和权力重置。对司法行政机构而言，其部门整合的侧重点则会涉及同类职能的归并，以减少职能的混同，表现为同类机构的划分与整合。划分和重构的关键在于准确把握现有内设机构的职权性质和功能属性，进而对职权性质和功能属性相同或相近的部门进行归并，尽量避免无视权力运行规律的强制整合。

3. 功能定位的管与服：综合职能的管理与服务

成都市法院内设机构“大部制”改革的一项重要内容就是要理顺法院内部存

在的审判业务、综合业务、司法行政的功能结构体系，同时理顺承载三者职能的各类部门之间的关系，纠正过去司法行政和综合业务由于其行政权的本质属性而对审判业务形成的过度管理的局面，形成以审判业务为中心，围绕法院的管理和服务的组织结构体系。

二、经验借鉴："大部制"改革的成熟经验

（一）政府部门"大部制"改革经验：解决行政部门职责不清的问题

实质上，法院的"大部制"改革内涵中关于精简机构、理顺职能的精神与政府部门"大部制"改革的精神基本一致。但法院"大部制"改革内涵中所客观要求的扁平化管理在政府部门的"大部制"改革中虽然有一定体现但却不是重点。法院推进"大部制"改革的出发点在于首先要在审判业务部门推进审判团队的扁平化管理，而中级人民法院的审判团队多达30~40个，既不能仍然划归各自的业务庭室进行管理，也不能不加任何区分的将全部审判团队整合进一个超级大部①，因此必然需要进行适当划分和整合，结合现有的审判职能体系，按照以法律关系为基础的刑、民、商、行四类进行划分整合最为简单明了、思路清晰且有理有据，就这使将各类审判庭按规律整合为"大部"成为客观的必然要求。

（二）不同审级法院"大部制"改革经验：人员规模和审级功能对组织设计的影响

各层级法院在职能体系上的侧重也将直接影响到组织机构体系中办案业务机构与司法管理机构的设置平衡。在人员编制规模方面，各层级法院差异性较大，以成都市法院为例，成都中院所辖基层法院的平均人员编制数为111名，最多为172名，最少为67名，成都中院配有人员编制540余名。由于传统机构改革中上下级法院保持了一种上下对应的默契，中院与基层法院的内设机构数量差异不大，大多为20个左右。因此，在按照"大部制"改革方向进行机构职能整合过程中，必然不能忽视的基础因素就是整合后的管理幅度，即因合并而汇集的所有人员。正是由于上述改革基础的差异化因素，中级法院和基层法院在确定"大部制"改革方向和改革模式时就可能会呈现出差异化的特点。例如：成都中院在设计"大部制"体系时，考虑到人员规模和职能定位的因素，将审判业务、审判综合、司法行政的功能结构划分为5+2+2的九个"大部"；而辖区某基层法院作为基层法院在机构整合中则充分立足于其职能相对单一、规模相对较小的特点，将功能结构体系划分为3+2+1的六个中心。

---

① 部分人数较少的基层法院可以考虑这种整合，中央改革方案中也对此提出了"综合审判庭"的思路。

（三）不同地域法院“大部制”改革经验：部门的划分与整合

目前在全国开展内设机构“大部制”改革的法院并不多，且以基层法院先行先试为主。笔者选取了不同地区的 4 家法院进行研究，虽然并不能直接说明各法院的改革模式与所处地区经济社会发展水平之间存在某种内在的关联，但通过归纳和提炼各种模式中的共同性和差异性，能够清楚地感知各法院在推进改革过程中一些共通性的考量和差异化的表达。

1. 北京市西城区法院（东部地区）

现有的 15 个机构，整合为 1+3 的“二元”体系：即审判事务部、干部管理部、党群宣传部、行政保障部。

2. 湖南省岳阳市屈原管理区法院（中部地区）

现有的 10 个机构，整合为 2+1 的“二元”体系：即案件审理部、执行警务部、综合办公室。

3. 江西省安远县法院（中部地区）

现有的 13 个机构，整合为 4+1 的“二元”体系：即刑事审判工作部、立案与民行审判工作部、综合审判工作部、执行（警务）工作部、党政工作部。

4. 内蒙古鄂托克旗法院（西部地区）

现有的 10 个机构，整合为 1+1+2 的功能体系：即审执事务部、诉讼服务中心、人事监察部、司法行政部。

以上四家法院的改革模式具有一些共同的特点：首先，都将“大部制”与审判业务的扁平化管理相结合，例如：北京西城、湖南屈原、内蒙古鄂托克旗法院都将审判业务机构整合进 1 个“大部”，扩展了“大部”的管理幅度。江西安远法院虽然将审判业务机构分别整合成了三个“大部”，但在其内部对审判团队实行了扁平化的管理。其次，四家法院均整合设置了集中承担综合管理工作的部门，例如湖南屈原法院的综合办公室、江西安远法院的党政工作部、内蒙古鄂托克旗法院的司法行政部。

各法院之间的差异也比较明显。首先，在功能结构的体系划分上，上述法院只有内蒙古鄂托克旗法院将审判综合作为了单独的“大部”，进行形成三类功能体系，其他三家法院或是将综合辅助的功能整合进入审判业务单元，或是将其纳入了行政管理单元。其次，在业务单元的设置上，有的将执行纳入业务单元，有的将执行单列并与警务合并，有的按据三大诉讼门类的划分分别设置业务单元。再次，在行政管理单元的设置上，有的将审判综合功能单元进行吸收，有的将组织人事功能单独并列设置。这些差异性并不一定反映出其所在地区的统一规律，但从结构形式中可以窥见制度设计者对方案利弊的权衡考量，为成都市法院进行内设机构“大部制”改革的制度设计和优化完善提供借鉴参考。

三、模式选择："大部制"模式的功能效用

具体到成都中院及相关基层法院而言，选择"大部制"作为内设机构改革的路径和方式，率先推进内设机构"大部制"改革，主要考虑了"大部制"管理机制和模式对组织机构以下三个方面的功能作用。

（一）机构规模层面："大部制"对组织机构的精简优化作用

精简、撤并机构是"大部制"改革的应有之义。从历史沿革的角度来看，包括成都中院在内的各级法院，内设机构数量都是呈历年递增的趋势，而这种递增的趋势也并非完全是自主随意的，而是与法院事权的增多呈正向相关。当然，内设机构数量增多不可避免地会出现机构管理上的难题，产生组织管理上的"顽疾"，制约机构运行效率和管理效应。因此，成都中院推动精简机构的出发点并不在于认为当前25个内设机构过多，而是在于目前内设机构管理上的难点和症结，要解决这些问题首先就要理顺机构职能，集约审判资源，优化职权配置，而精简整合机构则成为最直观、最直接的一项举措。多个机构整合后的机构规格一般有两种情况。一种是同级别机构合并后，层级不变，职能合并。这种方式在近年来新设机构时经常采用，例如成都中院在拟设立民五庭、民六庭时，由于机构数量总数的控制，只能将技术室与信息化工作处合并为信息技术室，研究室与新闻宣传处合并为研究室（新闻宣传中心），合并的新机构职能增加、人员增加，但所处层级未变，这种方式适合人员规模较小的两个机构整合时采用。但对于人员规模较大审判业务庭而言，要将3~4个业务庭整合为一个庭，在管理层级无法增加的前提下，将超出有效的管理幅度，因此仅能采取第二种形式。即，同级别机构合并后，整体规格升级，底部扁平管理，也就是"大部制"的精简整合规律。

（二）组织形态层面："大部制"对管理层级的扁平压缩作用

审判庭与合议庭的关系本质上是审判管理权与审判权的关系，"让审理者裁判，由裁判者负责"所确立的"还权于合议庭"的改革思路对审判庭与合议庭的关系作出了带有一定倾向性的论断。既然已经还权于合议庭，案件有关的大小事务悉决策于合议庭，那么审判庭的意义何在？内设机构改革对审判庭的改革路径没有明确的规定，改革前路是否一定要取消或合并削减审判庭也并不可知。法院推进内设机构改革最主要是要解决审判权与审判管理权在组织机构中的职权配置问题，改变过去审判庭作为与党政机关内设处室"同质化"的内设机构过强的行政化运行机制，建立能够适应司法规律"还权于合议庭"将权力下放的扁平化组织形式。虽然在表征上具有审判庭的合并与整合（大部门化）的外在形式，但需

要明确的是这仅是内设机构改革核心在组织形式上的一种附属表现（并非只有大部制才能实现扁平化）。

（三）职能配置层面："大部制"对综合管理的统筹整合作用

从人民法院行政综合机构的发展脉络来看，大致呈现出一种由集中到分化最终回归整合的路径。例如，早期成都中院的办公室承担了覆盖法院各方面的行政综合职能，随后逐渐从办公室分化出政工人事部门、财务装备部门、法医技术部门、信息技术部门，从政工人事部门又先后分化出机关党办、离退休干部管理部门，从政策研究部门和政工部门分化出审判管理部门、新闻宣传部门。随着近年来机构规模总数的控制，法院根据形势发展又需要新设业务庭，则必须在现有机构总数内进行置换，而行政机构的整合则成为必然之举，并已成为一种趋势。正是基于这种历史发展脉络，法院的行政部门之间既然具有天然的共性，也就难以避免的会出现职能划分的不明，尤其是涉及具体的事务操作以及牵涉多个部门职能时，职责不清的情况时有发生。司法责任制和人员分类管理改革后，行政人员不超过政法专项编制的15%已成为一条编制管理红线，但据基层法院普遍反映，除个别案件压力特别大的法院外，大多数法院的审判业务部门由于倾斜一线的政策支持，人员短缺的情况相对得到缓解，反而是行政综合部门由于改革事务猛增而人员大幅压缩造成事多人少的矛盾压力尤其突出。在这种情况下，单个行政部门靠一己之力应对突然增加的行政事务难度较大，可以参考的方向是通过整合行政部门，统筹调配各相关部门的工作人员，在某方面事务突然增多的情况时，能够跳出过去内设机构的界限，在大框架下进行调剂使用，既防止忙闲不均的情况，又能够适应外部环境和内部压力的适时变化。

四、基础条件："大部制"改革的基本前提

2016年启动的这次内设机构改革试点工作是紧随司法责任制改革而同期部署，并作为配套办案责任制、法官员额制及人员分类管理改革的重要举措，将内设机构改革的基础理论和价值方向根植于司法责任制改革的精神内核之中，故而成就了本次机构改革与历次改革显著不同的改革动因和实践路径。成都中院及辖区试点法院开展内设机构改革方向，充分研究和考量了现有的案件受理、组织架构、职权配置、职务管理、法官能力、管理模式、信息技术等改革基础，具有现实的可行性。

（一）受理案件基础——"案多人少"矛盾压力之下通过组织结构调整实现审判资源集约的现实必要

为了使有限的司法资源投入产出更优质的司法产品供给，才更为迫切地需要

通过调整组织结构以优化司法资源配置，提高司法供给的质量和效率。近年来，成都市法院受理案件数快速增长，2016 年受理案件 29 万余件，占四川省收案数近三分之一，案件同比上升 14.73%，与其他副省级城市相比，增量与增幅均位居全国同等城市前列，法官人均办案数 257 件，为全省人均办案数的近两倍。在案件基数大且增长迅猛的压力下，司法人力资源的增长却极为有限。面对日益增长的案件压力，在审判资源极为有限的情况下，继续按照过去单纯依靠增加办案法官、审判辅助人员的“人海战术”来应对日益突出的人案矛盾，则既不现实、亦不可能、更不可行。因此，成都中院将视角切换到法院内部资源的集约、整合和优化上，通过采取内设机构“大部制”管理模式和扁平化审判团队运行模式对审判资源配置和审判组织设置进行制度再建，在司法资源投入基本未变、内部资源均衡配置的前提下，能够实现司法产出和审判质效大幅提升，促进审判资源配置的“帕累托改进”。

（二）组织架构基础——历次机构调整形成的“以审判为中心”的组织结构

成都中院现在的内设机构格局体系是以 2001 年法院机构改革方案（即 2001 年“三定方案”）所确立的内设机构体系为基础，经过十余年的不断调整而形成。从 2001 年至今，先后经历了 12 次局部调整，内设机构从 19 个增至 25 个，其中审判业务庭由 8 个增至 13 个①，而审判综合部门和行政部门总数基本未变②。其一，审判业务机构增加而综合机构未变反映出十余年间随着经济社会的发展和社会治理的变革导致诉诸法院的纠纷增多，法院事权进一步扩大，同时也从侧面反映出法院在机构编制资源的配置管理上整体呈现出“以审判为中心”、向审判一线倾斜的改革思路。其二，按照管理幅度与管理层级呈反向关系的组织理论，审判业务机构的分化和增多，使得内部管理幅度增加，客观上使管理层级减少而呈现出某种程度的“扁平化”状态，体现了管理幅度拓展、减少管理层级的扁平化管理规律。其三，新设审判综合部门促成三类功能体系的形成。在法院的机构类型中，除了纯业务的审判庭和纯行政的综合机构外，还有一类介于审判业务与司法行政之间的机构类型，例如审判管理办公室、诉讼服务办公室、政策理论研究

① 增加的 5 个审判业务庭分别为：立案二庭、未成年人及家事案件综合审判庭（先为少年审判庭，后逐步更名）、民事审判第四庭、民事审判第五庭、民事审判第六庭。

② 2001 年成都中院审判综合部门和行政部门共有 10 个。其间，经多次调整，技术室与后来成立的信息化工作处整合为现在的信息技术室；书记官处更名为民事审判第四庭，职能整合进政治部法官管理处；政治部培训处经多次调整最后更名为审判管理办公室，培训处职能整合进政治部法官管理处；2012 年又新增诉讼服务办公室。从编制框架上看，审判管理办公室虽然占用的是政治部下设机构的数量，但在内部管理运行上，一直是作为与政治部并列的单独内设处级机构在履行审判管理职能。因此，从实际运行来看，目前审判综合部门和行政部门总数共有 11 个，但严格从机构编制管理的角度来看，实质上仅有 10 个，数量基本未变。

室①。除研究室外，审管办和诉服办是在近年来逐步设立起来的综合性机构，与过去法院行政综合机构的区别在于，这类机构职能本身是属于审判业务，其每项业务都属于审判流程的关键环节，但其业务与审判庭围绕裁判开展的诉讼活动又有显著区别，因此，在法院内部通常将审管办、诉服办、研究室归类于与审判业务、行政综合相并列的审判综合部门，也有部分法院如成都中院也将承担法院信息化建设和法医技术职能的信息技术室归类于审判综合部门。机构及职能历次调整最终形成了目前审判业务、审判综合、司法行政的功能体系，为机构职能划分和整合指明了方向。

（三）职权配置基础——审判权运行机构改革试点的成熟经验

成都中院及辖区相关基层法院从2008年起就启动了审判权与审判管理权的“两权”改革，2013年又被确定为审判权运行机制改革试点，通过编配固定合议庭，合理配置审判职权落实办案责任，逐步实现“还权于合议庭”的目标，各项改革经验得到了各方高度评价和全面总结推广。经过近十年的探索运行，无论是在法官或各级管理者的心理感知和职责意识层面，还是在组织结构的权力配置和运行机制层面，审判权与审判管理权的职责定位和权力范围都得到了明确的界定，实现了有机的统一，为推行当下的司法责任制改革和以“扁平化”的审判团队自我管理为核心的内设机构改革奠定了职权配置基础。

（四）职务管理基础——法官单独职务序列对科层制的影响

在法官单独职务序列建立以前，法官与综合管理类公务员基本上是采取“同质化”的干部管理模式，法官虽有法官等级，但其级别管理和工资待遇主要还是通过行政职级予以体现，因此，法官要发展和晋升必须要通过担任行政职务（庭长、副庭长）才能实现，即使是晋升非领导职务，其职数也与庭长、副庭长职数存在一定的比例对应关系，从而进一步强化了法官职业的行政化色彩。法官单独职务序列的实施将法官作为单独的一类公务员进行管理，建立自成体系的法官等级作为法官的职级基础，与综合管理类公务员的行政职级完全脱钩，按照法官等级享受相应的政治和经济待遇。同时，在晋升比例上，法官等级所给予的晋升空间明显大于过去行政职级因受制于机构数量而限制的职数空间。推行法官单独职务序列对内设机构改革的影响，一方面在于更加突出法官等级在审判经验和审判资历等业务能力及素养上的差别，取代过去职级管理体系下基本与权力大小挂钩

---

① 关于研究室的部门性质，最高人民法院在《关于人民法院研究室是否属审判业务部门的复函》（法函〔1995〕62号）中明确，“研究室是一个综合的审判业务部门，其人员属于审判业务人员”。但这一复函的主要目的是解决研究室的工作人员是否具有初任法官的工作岗位条件的问题。从研究室的工作性质和内容来看，虽然与审判业务密切相关，但其运行模式和管理方式都属于综合性的机构，与纯业务的审判庭区分明显。

的行政职级，淡化庭长、副庭长与普通法官之间的行政隶属色彩，减少在正常行使审判权过程中的上下级层级关系的渗透和干预，庭长、副庭长作为员额法官下沉到审判团队，与其他团队构成平行的关系，形成扁平化的组织雏形；另一方面，单独职务序列打破法官晋升“天花板”，比以前的领导职数增加了更多的空间，从而使过去靠增加机构来增加职数以解决干部待遇的内在动因失去存在的基础，减少基层法院不同程度存在的“1 人科室”的情况，强化了内设机构撤并整合和推进审判组织扁平化运行的实践基础。

（五）法官能力基础——法官队伍职业化、正规化、专业化

司法责任制改革和内设机构改革都聚焦于法官行权的独立性与亲历性，要求法官在审案过程中主要凭借自己对事实的查明和对法律的理解进行客观裁判，因此对法官的能力素质提出了较高的要求。随着近年来干部人事制度的改革和人才培养机制的完善，成都市法院的干部队伍结构已经实现了质的提升，2015 年“卓越法官”培养工程[①]的启动实施使全市法院干部队伍的素质进一步提升，全市法院干部中取得硕士学位的占比达 34%，已经呈现出正规化、专业化、职业化，甚至精英化的趋势，加之法官员额制后法官遴选制度和法官助理招录机制的建立以及人员分类管理的实行，员额法官和法官助理的素质将大为改观，再实行庭长把关的文书审批制度已不合适。虽然办案责任制已经使审判权和审判管理权各归其位，但是原机制下所要解决的“同案不同判”的问题在新模式下依然存在、不容忽视，对于传统方式中蕴含的由少数资深法官和高水平法官作为业务带头人对案件质效进行总体控制以及以老带新传承审判经验和审判知识的合理内核也应当在审判团队的构建完善中予以传承和吸纳[②]。

（六）功能结构基础——审判业务、审判综合、司法行政的内设机构类型

推进法院内设机构改革，特别是成都市法院正在推进的内设机构“大部制”改革中，必然会涉及现有机构的优化整合，但对机构的优化整合并不是随意的，而是要理清不同机构在职能类型和职权属性上的区别，对职能近似和职权属性相同的机构适当进行优化整合。无论是大陆法系还是英美法系的法院都无法回避法

① “卓越法官”培养工程，是成都法院按照中央关于“建设高素质法治专门队伍”总体要求，所部署实施的司法人才培养长期规划，计划从 2015 年起用 5 年时间努力选树 50 名审判业务专家、塑造 100 名审判领军人物、培养 200 名复合型法律人才，储备一大批高学历的骨干法官，力争在 2019 年底全市法院博士总量达 15 名以上，硕士占比达 30% 以上，具有本科以上学历的占比达 95% 以上。

② 胡建萍、杨咏梅:《构建以资深法官为核心的审判团队及其运作模式》，载《人民司法》2016 年第 31 期。

院的审判职能与司法管理的关系，但重要的不是排斥这种行政管理事务，而是要随着社会分工的发展，注意将法院的行政管理职能同法院的司法职能逐步分离开来[①]。部分学者或实务部门提出了“二元”职能结构，即法院内部职能仅分为审判与司法管理两类，这种划分思路从职权性质的角度看具有一定道理，但将审判综合职能与司法行政职能纳入一起，实则忽视了当前法院的审判综合部门在审判业务和司法行政之间的关键地位和重要作用，而且也不符合当前法院的组织体系现状。

1. 审判业务部门：位居核心，直接行权，定分止争

由于法院属于风险控制型治理逻辑和集约型权力组织体系之中，其往往面临大量的可诉性纠纷，因此法院必须调动绝大部分组织资源以应对纠纷。审判业务部门作为法院矛盾纠纷解决功能在内部的直接承接者，其地位和职能都是毋庸置疑的。法院的最主要功能是通过审判业务部门的职能运转和职权运行得以体现，一般情况下，审判业务部门内的合议庭法官所作出的裁决无须经过其他部门即可以法院的名义直接解决社会矛盾纠纷，因此，审判业务部门是法院内设机构的核心。

2. 审判综合部门：纵向贯穿，服务于内，归口于上

审判综合部门和司法行政部门最大的区别在于与审判业务的关系。审判综合部门中诸如法律政策研究、诉讼服务保障、审判管理监督、司法技术支撑等职能部门则体现了法院机构的特点与个性，这些部门除临时性、阶段性的工作外，与其他党政机关的工作联系不甚紧密，其职能定位主要表现为服务于内、归口于上，更多地体现为上下级法院之间的纵向关系。法院功能中的公共政策制定和社会控制等延伸功能也主要是通过这些审判综合部门牵头，并在审判业务部门和司法行政部门的协助下得以体现。

3. 司法行政部门：横向对接，管理于内，衔接于外

法院司法行政中所设置的诸如办公政务、组织人事、党团事务、机关后勤、纪律监察等职能部门，几乎所有党政机关都有与之相同或相近的设置，在职能属性和职责范围上基本一致，这是由当前的外部管理体制所决定的。司法行政的每个内设职能机构在法院外部都有与之相对应、衔接的专门机关。其职能定位表现为管理于内、衔接于外，主要体现的是法院与地方党委政府之间的横向关系。

（七）信息技术基础——促进管理幅度的拓展与管理层级的减少

在组织机构设置，尤其是在“大部制”改革对机构进行整合的过程中，要充分考虑的一个因素就是组织机构之间以及各层级之间的协调衔接和信息传递成本。计算机和互联网技术的发展，使得信息传递和交流沟通的效率显著提高，组

① 苏力：《论法院的审判职能与行政管理》，载《中外法院》1999年第5期。

织管理中的管理幅度得以拓展，原有的大量中间管理层次也就显得冗长而没有必要，管理扁平化也就成为一种趋势和需要[①]。

五、机制重构："大部制"改革的总体设计

（一）"大部"如何划分：机构职能的划分与整合

1. 管理幅度与管理层级关系决定组织数量

科层制与扁平化在组织结构形态的主要差别就是体现在管理幅度和管理层级上。从管理者的角度上看，片面追求管理层级减少导致管理幅度过宽往往会使管理者无暇兼顾而疲于应付。据调查表明，最高层管理人员的管理幅度以 4~8 人为宜，基层领导的管理幅度以 8~15 人为宜[②]。因此，在进行组织架构的设计中可以参考这个标准进行考量。以成都中院为例，按照"大部制"的方案，成都中院将全院内设机构划归为 9 个大部，非审判业务的大部所管理的内设机构不超过 4 个，审判业务的大部所管理的审判团队一般在 7~12 个，每个审判团队内部的员额法官和审判辅助人员一般配置在 7~9 人。

2. 内部功能体系决定组织类型

虽然法院的内部管理具有审判业务、审判综合、司法行政的功能结构体系，但是在进行部门划归时并不能简单地把三类功能下的内设机构进行简单的整合，而是要充分结合内设机构的职能性质、管理模式以及不同法院的人员组织规模。以成都中院为例，成都中院成立的 9 个大部，采取的是 5+2+2 的功能格局，其中，刑、民、商、行四大审判管理部整合了原有的大部分审判业务庭；诉讼保障部和诉讼监督部则主要以原来的审判综合部门为主，立案一庭、立案二庭和审执监庭虽属于审判业务庭，但考虑到其职能性质的差异，以及"立审分离""审监分离""执裁分离"的基本原则，而分别归类于诉讼保障部和诉讼监督部；司法执行部则由于其执行权特殊的职权属性而单独成部，性质上仍属于法院的业务部门；司法政治部和司法政务部则分别整合了原来的行政部门，由于中级法院人员众多，考虑到如果将所有行政部门整合在一个大部，该部所直接管理的人员将达到近百人，因此，将行政部门中的党务和政务职能进行适当区分而划归为两个部。

3."大部"职权属性和职能属性决定差别化的组织管理

在"大部"划分的过程中要充分考量各类内设机构的职权性质和职能性质。职权性质就是主要指职权的本质属性，例如审判权和行政权（执行权），而职能性质主要指部门职能的功能属性，例如决策性、管理性、监督性、服务性、辅助性、保障性。职权性质和职能性质的区分有助于把握组织的性质与定位，对如何

① 闫伍夫：《扁平化管理与金字塔式管理区别》，载《商业经济》2008 年第 10 期。
② 芮明杰：《管理学——现代的观点》，上海人民出版社 1999 年版，第 132 页。

适应组织的职权性质和职能性质而设计组织结构具有重要意义。以成都中院为例：五大业务部门与其他四部的区分主要在于职权属性中审判权与行政权的区分，从而对应了不同的组织结构；而诉讼保障和诉讼监督部的区分主要是从职能属性中服务性和监督性进行划分，司法政治部和司法政务部则是从职能属性的管理性和保障性进行划分。

（二）“大部”如何运行：管理体系的建设

在各审判管理部方面，逐步构建“院—部—团队”的管理体系，主要分为院级管理、部级管理与团队管理，三者在管理侧重点上各有不同。

1. 院级管理层面——突出宏观决策

院级管理即涉及全院、全市审判工作的安排、部署、指导与协调。管理的主要平台是党组会、审委会、院长办公会、院务会等议事决策会议。“大部制”改革对院级管理层面的调整不大，始终坚持在以党组书记、院长为核心的院党组的领导下，由各院级、局级领导管理相关部门和具体事务。院级层面的管理仍然突出的是对全院或者全市法院的整体进行决策和部署，但是，为顺应内设机构的“大部制”改革要求，对院级管理层面仍然进行了以下两方面的调整。

（1）对院局领导的分工调整，实现审判与行政的“一次剥离”[①]。过去在领导分管的部门类型上未作过多的限制和要求，机构改革后，确立所有的审判业务机构都由副院长分管（或主管），所有的司法行政机构都由政治部主任、机关党委书记等其他院级领导分管，副院长不再分管司法行政部门，从而集中精力于审判业务工作。这种分管机制的建设为内设机构“大部化”的整合建立了雏形，奠定了基础。

（2）院级领导职责下沉，形成顶层决策与具体管理“两种角色”。与过去副院长仅作为院级领导参与决策和分管的角位不同，“大部制”改革后，副院长增加了“部长”的角色，不仅要作为院级管理层面的成员参与决策和指导，还要作为部级管理层面的核心主抓“大部”管理和监督，从而拉近了院级平台与部级平台的管理链条，使院级的决策落实和基础团队的情况反馈效率显著提高。当然，不可忽视的是，院级领导的管理职责和工作任务客观上也明显增加，可以根据具体情况适当配备相应的副手（专委、巡视员等局级领导）协助副院长进行管理。

2. 部级管理层面——注重监督指导

“大部”负责人对“大部”进行管理的职权基础主要是来源于院党组对院级

---

① 成都中院对审判与行政共进行了三次剥离。第一次剥离是调整院局领导分工，审判业务部门仅由副院长分管、审判综合部门由副院长（或专委）分管或兼管，司法行政部门由政治部主任、机关党委书记分管（局级领导协管）；第二次剥离是将审判业务部门承担的综合管理类、行政事务类工作进行剥离，例如档案扫描、外出送达、后勤管理、会务组织等工作进行外包或集中到行政部门承担；第三次剥离是在审判业务部门设置综合保障团队，将无法向外剥离的党务、政务工作集中到综合保障团队，由综合保障团队具体承担，减少审判团队的综合事务压力。

领导的分工授权。成都中院在改革后已初步按照“大部”的部门划分完成了对院级领导的分工调整，目前，除诉讼保障部、诉讼监督部的各相关内设机构仍暂由不同的院级领导在交叉分管外，四大审判管理部、司法执行部、司法政务部、司法政治部等 7 部都已实现了领导分工与部长职权的统一。

（1）管理模式：由分管到主管。从管理模式上看，院级领导由过去对相关部门的分管变为直接主管，一字之差，但体现了职权和责任重大变化，更加考验院级领导的管理能力和水平。过去的分管模式主要是指相关部门的指导，明确工作方向，对工作进行把关；改革后的主管模式则将职权和责任下沉，取代原来部门负责人的主管地位，直接负责大部的全面工作，并且由于在院级层面直接对党组和院长负责，因此部长的主管责任与之前庭长的主管责任相比也显得更为重大。

（2）管理职责：由分层到平行。成都中院审判业务部门之前的管理职责设置基本上是按照副院长分工、庭长主管、副庭长协管、审判长签案、承办法官办案的层次进行的设置。推进内设机构改革之后，原来副院长、庭长、副庭长三个层级的管理职权相对统一拉平于部级管理的集体层面。部级管理层面的参与者主要有部长、副部长（副院长及协管领导）、部务会成员（庭长、副庭长）、综合保障团队负责人（党支部专职副书记、专职法官助理）。院、庭长的职责分为审判职责、审判管理职责和审判监督职责，其中审判职责主要是通过下沉到审判团队参与具体办案工作而履行，审判管理职责和审判监督职责则主要通过参与部级层面的集体管理而履行。

（3）管理权限：由分庭到跨庭。过去，由于院级领导主要是分管职责，对具体部门的管理职责主要压实在中层领导干部，无论是对下的直接管理还是跨部门的统筹协调，都有赖于部门负责人这一层级的执行和落实，无论是效率还是效果都有可能大打折扣。通过在部级层面实行“大部制”管理，原来单兵作战的各部门成为整体，又通过审判团队层面实行“扁平化”管理，使已成整体的各个团队打破庭室有形或无形的壁垒，同时党组又通过授权将一部分人事调配管理权限赋予各部，可对本部内部人员根据工作需要进行跨团队、跨庭室调配，从而增加了部长在强化内部管理上的灵活性和自主权，能够有效避免过去各庭室之间常态化或阶段性的忙闲不均。例如：成都中院的刑事审判管理部筹备运行后，立即对原刑一庭、刑二庭的 8 个审判团队进行了重新整合，两个业务庭的员额法官和审判辅助人员根据审判经验、业务专业和办案能力进行统一的编配，先按照繁简分流的规则，组建了由资深法官带队、年轻法官为主体的简案审判团队，对其他繁案难案则按照案件类型的分工组建了专业化的审判团队，各团队里的人员基本结是跨庭组合，实现了审判资源的优化配置，成效显著。

（4）管理效应：由分散到统一。过去分管的模式下，由于院级领导所分管的部门多数情况下并无共性，例如一名副院长可能既分管了审判业务庭，又分管了诉服办，还分管了办公室，各种碎片化、零散化的事务使分管领导的工作精力也较为分散，无法很好的聚焦主要工作。通过“大部制”的机构职能调整和类型化的分工，使院级领导中的副院长集中管理审判部门中的某一类，其他院级领导则集中管理行政管理工作，从而使法院内部功能结构体系从分散变为统一，形成整体合力。例如：民事审判管理部在部级层面的统筹，有助于在管辖地区内裁判规则和裁判尺度的相对统一，促进全体民事审判法官对民事规则的统一理解和把握，避免“同案不同判”的情况的发生。

3. 审判团队层面——强化自我管理

司法责任制改革后，按照“审者判、判者责”的要求，除四类特殊案件外，所有案件的裁判文书都由参与审理的法官直接签发，院、庭长仅仅按照职责清单的要求进行监督管理，审判团队已逐渐形成自我管理的单元。各审判团队由员额法官（含院庭长）、审判辅助人员组成，成都中院的审判团队一般是由 3~5 名员额法官、2~3 名法官助理、2~3 名书记员和 1 名实习法官助理组成，一个团队的总人数一般都在 7~10 名左右。如此人员规模的基础单元即使是自我管理，案件审理之外的工作亦同样需要组织协调。因此，成都中院在构建审判团队时为各审判团队设置了主任法官、副主任法官各 1 名①，配置首席法官助理 1 名（亦可确定由内勤负责多个审判团队的综合工作）。主任法官负责承担团队管理职责，主要包括：负责带领完成办案任务、统筹安排综合事务、强化团队日常事务管理、监督团队纪律作风、教育培养年轻法官、考核评价成员业绩等职责。在团队内部的业务管理层面，实行扁平化管理、平行化行权，担任主任法官的普通员额法官与庭长、副庭长具有平等的管理地位和同等的管理权责。副主任法官负责协助主任法官履行团队管理职责，在主任法官缺位时代行主任法官职责。首席法官助理（或内勤）负责协助主任法官、副主任法官具体参与团队综合事务、服务、勤务的执行和落实。

（三）“大部”之间如何衔接：协作机制建设

在过去 25 个内设机构的运行过程中，大部分涉及全院的综合事务都需要“1 对 24”建立衔接链条，“大部制”改革后，虽然衔接链条减少为“1 对 9”，协调联系成本有所降低，但由于“大部”的负责人都是院级领导，其作为日常事务联系协调的主体显然不合适。因此成都中院在行政综合事务方面，确定各大部之间以保障团队作为“统进统出”的关口，与本部有关的会务活动、收文发文、部署

① 主任法官和副主任法官主要由庭长、副庭长和其他资深法官担任。目前，市中院 42 个审判团队中共有 50 名主任法官和副主任法官，其中约 70% 为庭长、副庭长，30% 为其他资深员额法官。在各自团队的管理中，主任法官不论职务均承担同等的管理权责。庭长、副庭长不对非所在团队的日常事务进行具体管理，但院庭长应按照审判监督管理职责清单的要求对本部门或所分管部门的案件履行监管职责。

协调、勤务保障等日常管理工作均由保障团队作为对接平台，由保障团队负责人在部长的授权下或按照部务会成员的职责分工对内直接安排和跟踪督办，需要部长审定或部务会、支委会研究的事项按程序报请研究后执行。从而将外部的平行联系吸收为内部的指令安排，提高“大部”之间综合事务的运行效率。

（四）“大部”人员如何管理：人事管理配套

组织人事管理方面，为强化“大部”内部对人员的统筹安排，适当赋予“大部”对内部人员跨庭调剂的权限，以应对各部因忙闲不均、繁简分流、分工剥离等因素进行人员调配的灵活需求。成都中院考虑到组织人事制度的特殊性与敏感性，决定在“大部制”的运行模式成熟之前，实行“双条线”管理。一方面，保持现有机构设置不变、现有领导职数不减、现有人员职务不免，干部正常调整补充、选拔任用按照有关规定继续执行。另一方面，按照“大部制”管理模式试验运行的组织架构和岗位设置进行人事安排和干部调配。

（五）综合事务如何管理：保障体系建设

“大部制”模式运行后，涉及目标考核、绩效考核、办公会务、党团事务、廉政监督、教育培训、技术保障、后勤管理等相关工作也需要随之调整。在各大部内部，由部长专职法官助理协助部长主抓政务工作，由党支部专职副书记协助部长（党支部书记）主抓党务、廉政监察等工作；在各大部外部，各相关职能部门都结合审判业务部扁平化运行的特点及时进行了研究调整，出台了配套制度。

法院行政管理集中化的探索与完善

——以广州知识产权法院的实践为样本

吴　振*　肖晟程**

最高人民法院修订后的《人民法院第四个五年改革纲要（2014–2018）》（以下简称《四五改革纲要》）① 明确提出“推动人民法院内设机构改革。按照科学、精简、高效的工作要求，推进扁平化管理，逐步建立以服务审判工作为重心的法院内设机构设置模式”。这一系列改革举措，目的在于通过建立起一套扁平、集约、精简的法院行政管理体制。

2014 年 12 月，广州知识产权法院成立。根据最高人民法院的设置方案，该院作为司法改革先行先试的新型法院，按照精简原则仅设内设机构 6 个，包括审判庭 4 个（立案庭、专利审判庭、著作权审判庭、商标及不正当竞争审判庭），审判辅助机构 1 个（技术调查室），行政机构 1 个（综合办公室），直属行政单位 1 个（法警支队）。其中，该院综合办公室采取如下设置：（1）按照人员分类管理的要求，组成人员全部分类为司法行政人员（与法官、审判辅助人员等人员性质相区别）；（2）核定编制仅为 15 人；（3）负责事项涵盖机关日常办公事务、组织人事、审判调研、综合材料、司法统计、宣传事务、信息报送、廉政监察等职能；（4）综合办公室部门领导，按照 1 名正职领导、3 名副职领导的标准配备，不再下辖科、办等分支机构。

通过上述设置规则可以看出，广州知识产权法院试行的综合办公室集中行政模式，顺应了《四五改革纲要》中关于内设机构设立的改革思路，实施了扁平化的管理模式，是目前为数极少的法院行政机构改革样本。通过近三年来的探索运行，这一集中行政模式有效减少了内设机构及人员编制，减少了各行政部门之间推诿现象，提高了办事效率，极大地改变了传统法院在行政管理方面存在的机构臃肿、事务分散、忙闲不均等问题。广州知识产权法院良好的实践效果，也证明

* 作者单位：广州知识产权法院。
** 作者单位：广州知识产权法院。
① 修订前的《四五改革纲要》于 2014 年 7 月 9 日发布，其中关于法官选任的改革意见，与修订后的基本一致。

了《四五改革纲要》中关于法院内设机构改革设计，推进行政管理扁平化思路的前瞻性与正确性。

然而，任何改革的推进，既需要改革实践的检验，也需要通过不断的试错，在反思、完善中修正下一步的探索进路，以期达到改革设定的最终目标。

一、矛盾：职能繁杂与机构精简

（一）行政职能尚未缩减

广州知识产权法院综合办公室开展工作有“人员少、任务多、责任重”的特点。[①]根据统计，广州知识产权法院综合办公室整体负责原由传统法院政治部（包括干部处、组织处等）、办公室、研究室、审判管理办公室、行装处、教培处、监察室、后勤服务中心、机关党办、信息（技术）处等10余个机构负责的工作。经归纳整合，综合办公室需要行使的司法行政职能近60项。[②]

表1

传统法院内设行政机构	对应职能	G法院
政治部	1. 全院队伍的思想政治、宣传教育工作 2. 人事管理制度的制定 3. 干警编制管理、人事管理、干警工资、社会保险工作 4. 集体户口、计划生育工作 5. 考核、奖惩、考勤、请休假、出国出境登记管理 6. 非编人员管理、人民陪审员资格管理工作	综合办公室
办公室	7. 公文管理、拟办及分发、跟踪工作 8. 文印、档案、资料保管工作 9. 印章管理、保密、机要工作 10. 外联、会务、接待工作	
研究室	11. 调研及司法建议工作的组织统筹、综合材料的撰写 12. 信息、简报、专报、大事记的编撰院刊编辑工作 13. 新闻宣传策划、新闻舆情监控 14. 案例编撰、经典案例分析及宣传 15. 各协会、学会的日常工作	

① 参见蒋惠岭、黄斌：《法院行政事务管理集中化之探索》，载《法制日报》2016年3月23日，第11版。

② 目前，各法院在行政职能上基本统一，但在行政机构设置、称谓、功能划分上可能存在不同。为便于比较，表格中传统法院行政机构的设置与功能，参照了广州知识产权法院周边各中级法院的普遍设置情况，仅供比对参考。

（续表）

传统法院内设行政机构	对应职能	G 法院
审判管理办公室	16. 审判流程管理和审限监督、案件督办、催办工作 17. 审判绩效管理、审判业绩档案 18. 审判质量管理、案件及庭审评查、大要案监督 19. 审判案件管理制度的修订 20. 司法统计工作及审判态势分析、流程及绩效管理 21. 审委会日常工作 22. 卷宗档案管理及应用 23. 管理相关评估机构	综合办公室
行装处	24. 财务管理、审计工作 25. 预、决算编制工作 26. 后勤服务和福利待遇管理 27. 对口扶贫工作 28. 政府采购、一般采购工作 29. 基建规划、固定资产的维护和管理 30. 诉讼费收、退费等工作	
教培处	31. 干警教育培训 32. 司法辅助队伍梯队培养 33. 司法行政队伍专业培训 34. 机关党校教育培训	
监察室	35. 制定和完善廉政制度 36. 日常廉政教育 37. 司法权责体系建设工作 38. 法官惩戒委员会日常工作 39. 对干警执行法律、法规、政策及工作纪律的监督检查 40. 对控告、检举违法违纪来信来访的调查、处理 41. 对干警不服纪律处分的复议和申诉的处理等工作	
后勤服务中心	42. 机关安全保卫 、应急指挥 43. 监督指导物业管理工作 44. 装备及办公用品的管理 45. 车辆管理及使用	
机关党办	46. 机关党建工作 47. 工、青、妇、团等群众组织的指导工作	
信息（技术）处	48. 组织实施信息化建设与发展规划 49. 制订信息化建设、网络安全及保密等有关规章制度 50. 与上级法院信息中心的协调联络 51. 信息系统的日常管理和维护、网络安全工作 52. 信息中心网络及通讯设备的维护 53. 信息化设备及办公自动化设备的登记、资产管理工作 54. 信息化综合培训工作 55. 信息化平台建设和应用软件系统的开发工作 56. 外网门户网站及内部办公网站的运行和维护工作 57. 视频会议系统及安防监控系统的监管和维护等工作	

以上各项行政职能，既有法院自身管理所需要的行政管理职能，也有法院系

统上传下达所必不可少的行政对口职能，还有法院对外行政沟通所必需的行政衔接职能，它们都属于法院正常运行不可或缺的行政职能。通过梳理，我们也可以看到，无论机构如何压缩扁平化，人员如何精简，但行政职能并未缩减，行政机构需要参与的事务并没有明显地减少。

（二）行政人员工作增加

针对表 1 统计的 57 项行政职能，传统法院在人员分工上，一般采用“机构分工 + 层级分解 + 定岗定责”的运行模式。

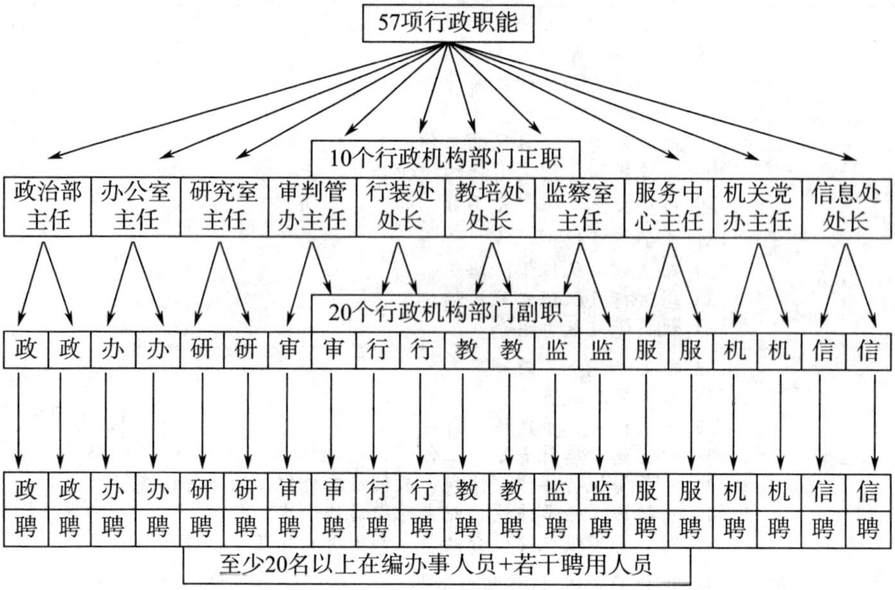

图 1

在行政机构编制充裕的前提下，落实到具体某一行政人员的职能相对有限，也更容易理清。例如，按照图 1 中 10 个内设机构计算，平均每个内设机构至少包括 1 名正职领导，2 名副职领导，以及至少 2 名以上在编人员，根据人数与职能对比计算，平均每位人员仅需负责 1 项左右的行政职能，基本能够做到定岗定责。如果考虑到无法精确统计的社会服务力量，每人实际分担的行政职能可能更少。

由于广州知识产权法院综合办公室核定编制只有 15 名，为了完成上述各项行政职能，每一名在编行政人员至少需要分担 3 项以上的行政职能，即使考虑到社会服务力量的引入，每人实际分担的行政职能也不少于 2 项。以典型且易统计的文字工作为例，在传统法院中，涉及文字材料的行政职能主要分为信息简报、课题调研、综合材料、新闻宣传四大部分，由于文字材料用途不同，一般分别由不同的人员完成。[1]然而，在广州知识产权法院综合办公室机构扁平化情况下，由于编制有限，为便于写作人员掌握全院情况，提高写作效率，专门将前述“信息简报、综合材料、新闻宣传”职能归于一名在编人员职责范围内。据统计，该名行政人员在一年内需要完成近40万字的综合材料写作，超过10万字的新闻通稿草拟，以及若干篇动态简讯的编辑，其工作量远远超过传统法院同类岗位[2]。与此类似的还有文秘机要岗位，在传统法院中，文件的收发、流转、督办一般由不同人员分工完成。[3]然而，由于人员精简，广州知识产权法院文件收发、流转、督办等工作也基本归于一名在编人员职责范围之内，既要肩负外勤工作（与外单位进行文件收发、交换），也要负担比较繁重的内勤工作（文件流转、督办），工作量同样显著高于传统法院的同类岗位。

综上，从广州知识产权法院探索情况来看，行政机构扁平、人员精简的实际运行结果，并没有使个人的工作量减少，甚至在一些职能领域出现了较大幅度的增加，“事多人少”问题比较突出，工作人员职责过重。

（三）精细化、专业化服务受到影响

《四五改革纲要》明确提出内设机构改革要“以服务审判工作为重心”。加深对审判工作的调研、指导，加强对审判态势的研判、分析，完善对审判团队的组建、调整，都需要相关机构提供更为精细化、专业化的服务。

法院行政机构的压缩、人员的精简，容易形成单一化、简单化倾向，在某些情况下，可能更加不利于服务审判。例如，如果缺少熟悉人事工作的人员，则可能导致在人员调动、职级晋升、序列管理上出现效率低下和工作质量不高等问题；如果缺少熟悉司法统计、审判流程管理的人员，则可能导致在审判精细化管理方面存在缺位；如果缺少熟悉经费管理、预算编制的财务人员，则法院可能会出现财政预算编制、资产管理、项目建设、物品购买审核等方面的不足。需要正视的历史因素在于，传统法院涉及人事、审管、研究、后勤等职能部门的产生，恰恰源于行政管理的精细化、专业化理念，一味的精简与压缩，恰与此有所矛盾。[4]

---

① 如一些法院分别成立有信息组、公共关系组（科）、综合材料组、调研组等，分布在办公室、研究室、宣传科、政治部等不同部门。

② 以上数据，来源于广州知识产权法院各部门年终工作情况报告。

③ 传统法院中，一般由专门的保密员负责文件交换，由机要文员负责文件流转，文件督办则由监察室或办公室派员负责，个别法院甚至成立有专门的机要科（组）。

④ 例如，最高人民法院1985年颁布的《关于人民法院的司法统计工作的若干规定》第4条就明确规定，要将统计工作“作为法院的一项重要工作，由院长或一名副院长主管”。

二、分析：立足于法院行政运行的客观环境

（一）法院自身正常运转的要求

站在法院整体工作的层面来划分法院职能，可以区分为司法审判职能与行政管理职能。两类职能分别对应不同职责，一类是行使公权力的职责，即履行国家赋予的审判权；另一类是保障审判权正常运转的职责，即“为保证和支持法院审判职能之实现所不可缺少的法院内部行政管理”。[①]

有学者将法院的行政管理职能概括为“管人、管事、管案”，[②]延伸看来，法院行政管理主要通过行使以下三大方面的职能，确保工作的正常运转：（1）人力资源管理，主要涵盖“表 1”中政治部、教培处、机关党办、监察室等机构职能，包括管理法官队伍，培养审判梯队，规范人员分类，考评个人业绩，开展人员晋升、奖惩、调动等工作；（2）后勤事务管理，主要涉及对法院资产、经费的管理以及后勤保障，涵盖“表 1”中办公室、行装处、后勤服务中心、信息（技术）科等机构职能，包括明晰法院资产，管理经费使用，开展公务交流，确保公文流转畅通，提升法院自动化、信息化工作水平，确保法院机关、人员安全等工作；（3）审判事务管理（包括研究室工作），主要涉及与司法审判相关的各类职能和调研职能，涵盖“表 1”中审判管理办公室、研究室等机构职能，包括司法统计，档案管理，审判流程管理，案例分析编撰、调研宣传等工作。这些行政职能，确保了法院自身作为一个完整的系统正常运转，机构的精简与压缩，不能简单的予以合一。

（二）法院之间行政畅通的要求

传统上下级法院之间，为确保行政畅通，事务对口，下级法院往往会参照上级法院的机构设置，组建自身的行政机构。

表 2

最高人民法院部分内设机构	办公厅、政治部、研究室、审判管理办公室、监察局、司法行政装备管理局、新闻局
广东省高院部分内设机构	办公室、政治部、研究室、审判管理办公室、纪检监察室、行装处、宣传处
广东省某中院部分内设机构	办公室、政治部、研究室、审判管理办公室、监察室、行装处、公共关系科
广东省某基层院部分内设机构	办公室（统筹行装职能）、政工科、研究室（统筹宣传职能）、审判管理办公室、监察室

① 参见苏力：《论法院的审判职能与行政管理》，载《中国法学》1999 年第 5 期。

② 参见董治良：《法院管理浅论》，载《国家检察官学院学报》2005 年第 5 期。

广州知识产权法院的行政管理集中化改革尚处于试点阶段，其上下级法院仍如“表 2”所示，沿用传统的行政机构设置模式。因此，在行政工作对口衔接上，仍然存在新旧模式“不匹配”的问题。上级法院繁多的行政机构统一对接广州知识产权法院的综合办公室，时有“九龙治水”现象出现。例如，对于一些会议文字材料的报送，上级法院研究室需要收集会议报告材料，办公室需要收集会议纪要材料，审判管理办公室需要收集态势分析材料，这些文字材料内容时有重复，多头报送，往往需要付出重复劳动，进一步加剧了广州知识产权法院综合办公室“事多人少”的紧张局面。与此相反，当广州知识产权法院综合办公室需要向下级法院了解相关情况时，由于缺少对口的行政部门，又容易出现“找不对人”的尴尬局面，易出现下级法院行政机构间相互推诿的情况。

（三）法院与外单位之间行政有效衔接的要求

目前，各地法院正在大力推进“人、财、物”省级统管，减少了法院与外单位行政衔接的事项范围。然而，法院许多工作的开展，仍然需要争取地方党委、政府、人大的支持，保持畅通的行政衔接却有必要。从目前有关法院的实践来看，需要与地方党委、政府、人大保持密切行政联系的职能，至少包括以下 7 个方面。

表 3

对口衔接部门	涉及法院行政职能
人大	接受人大监督，涉及人大联络职能
发改、城建、财政等部门	基建规划、政府采购、职业保障等相关职能
组织部门	人事管理职能
宣传部门	舆情掌控与处置职能
纪检监察部门	廉政监察职能
信访部门	信访工作职能
安全生产部门	安全保卫、应急指挥职能
备注：与审判职能相关的政法协调、公检法业务对口联系等职能，不计入此列	

通过“表 3”可以看出，法院的行政管理职能首先是国家行政管理总体中的一个组成部分，其管理活动在很大程度上属于普通的公务活动。司法行政管理在“人、财、物”方面的管理，与普通的行政管理相互匹配，原则也基本相同。[①] 这一渊源，可以在法院行政管理机制的历史沿革上窥见一二，比如，在 1983 年《人民法院组织法》修改之前，曾规定“法院的行政事务由司法行政机关管理”。

① 参见蒋惠岭：《论法院的管理职能》，载《法律适用》2004 年第 8 期。

三、方案：做好大综合背景下的加减法

从试点运行情况看，广州知识产权法院综合办公室的设立有效减少了内设机构及人员编制，减少了各行政机构间的相互推诿，提高了办事效率，符合改革的设定与预期。对于存在的问题，需要通过理顺新事物与旧体制之间的关系，在行政管理扁平化这一大前提下，有针对性的做好行政机构设置、行政职能布置上的“加减法”。笔者认为，这一完善路径应包括以下原则：（1）保障法院行政工作的科学化、专业化；（2）按照“让审理者裁判、由裁判者负责”的精神，统筹规划好与审判相关的行政职能，调动审判人员自我研判、自我管理；（3）综合行政机构应该秉持“内外有别”的原则，对外统一开展行政工作，但其内部职能必须区分明晰、组织有序，以期进一步提高工作效率。

（一）设置专业性较强的若干行政机构

通过交叉比对“表2”“表3”，我们可以发现，负责党务人事的政工机构（政治部、机关党办等）、负责办公文秘的行政办公机构（办公室、研究室、宣传处等）等，既在上下级法院间形成机构对口，也在法院与外单位的沟通中形成职能对口。它们作为专业性较强的行政职能，保留对应的行政机构，可以产生以下效果：一是通过“人财分管”的机构设计，避免法院内部个别行政机构“事权”过大；二是可以提高法院系统之间、法院与外单位之间行政衔接的效率，达到“行政畅通”的运行效果；三是适当整合提高效率与专业质量。

事实上，从广州知识产权法院综合办公室的探索实践来看，负责上述行政职能的工作人员，由于专业要求高，也无暇顾及其他行政事务，放在综合办公室统筹管理与放在其他机构专门管理，在人力效能上区别不大。因此，笔者建议增设以下行政机构及对口职能，并增加相应的行政人员编制及领导职数：

1. 党务政工机构

负责全院党建廉政，干部人事管理，行使党务建设、编制招录、工资社保、户口计生、奖惩晋升、考勤休假、出入境等管理职能，统筹开展机关党务、教育培训、工青妇团等工作。

2. 办公文秘机构

负责文秘机要、会务接待、后勤保障、文印档案管理、综合文字材料、课题调研、信息报送、对外联络等职能，统筹开展法院行政办公、文字材料工作。

（二）统筹规划审判管理职能

法院的审判管理职能主要集中在司法统计、审判态势分析、审判流程管理、审限监督、案件质量管理、案件评查、审判宣传、案例编撰、评估机构管理等方

面，前述职能具有以下特点：一是与审判工作关系紧密，需要熟知案件审理的程序性规定，需要对收结案情况、案件性质、裁判尺度等问题有比较深刻的认识；二是与法官本职工作部分重叠，如审限管理、质量管理、案例编撰等职能，其本身也是法官本职工作的重要内容。

将上述职能统归由综合行政机构来行使，实际上是让不参与审判的人来管理审判，容易割裂行政与审判的关系，形成审判管理与审判实践“自说自话”的困局，也有扩张司法行政化之嫌。[①] 可以考虑统筹规划审判职能与审判管理职能，在“让审理者裁判”的基础上，真正做到“让审理者负责”：

1. 将审判管理机构设在相对中立的立案庭

由于立案庭掌握全院收案情况，确立案件审限起点，并且相对中立于一线办案的其他业务庭室，可以考虑将审判管理机构设在立案庭，由立案庭负责人兼任审判管理机构负责人。

2. 审判管理人员由法官及审判辅助人员兼任

分别从各业务庭室抽调法官、法官助理、书记员，兼职审判管理工作。明确管理回避原则，各人原则上不参与自身庭室相关的审限管理、案件评查工作；引入自我评价机制，各人必须参与自身庭室相关的数据统计、态势研判、案例编撰工作。

3. 管理目标由“服务领导决策”向“服务执法办案”转变

审判管理机构不再局限于统计收结案比率、审限内结案率等指标数据，进一步加强对赔偿数额、量刑期限、自由裁量尺度、法律适用争议等情况的统计分析，突出不同业务庭、不同法官的办案特点。

（三）保障行政人员的政治待遇

推动改革，离不开与之相适应的激励机制。充分的职业保障与畅通的晋升通道，有助于激励队伍士气，增强职业预期，从而确保干警队伍的长期稳定与可持续发展。与广州知识产权法院同级别的传统法院中，相关内设行政机构一般达到 8~10 个部门，按照每个部门 1 名正职（处长级）+2 名副职（副处长级）计算，一般有 24~30 名领导职数，并以此为基础按 50% 比例核算相关行政机构的调研员、副调研员等非领导职数。总的来看，传统法院内设行政机构的领导与非领导职数较多，搭配比较合理，新老干警可以形成上下有序的干部梯队，有助于干警队伍的稳定。

而广州知识产权法院实行行政机构扁平化，因为其内设机构高度精简，综合

① 有学者认为审判管理仅是在某些方面借用了行政管理手段，相比管理属性，其具有更强的服务属性，与严格意义的行政管理不同。参见重庆市高级人民法院课题组：《审判管理制度转型研究》，载《中国法学》2014 年第 4 期。

办公室只有 1 名正职（处长级）+3 名副职（副处长级）计算。如果按照现行领导职数的 50% 比例核算调研员、副调研员等非领导职数，则相关职数将显著低于传统同级别法院，人员的职业上升空间反而低于改革之前，既不利于改革的推广，也不利于现有干部梯队的形成和干警的改革热情。我们认为，可以考虑参照传统法院内设机构领导职数与非领导职数的比例，科学确定新型法院的调研员、副调研员等非领导职数，确保在精简后的行政机构内，行政人员也能有不低于改革前的上升空间。

结　语

《四五改革纲要》提出内设机构改革“科学、精简、高效”的要求，既需要法院在机构框架上科学设置，体现出行政管理专业化、精细化特点；也需要法院在机构设置上扁平精简，严格控制行政人员编制，用活市场力量，通过购买社会服务等方式缓解“事多人少”困境。法院开展行政管理集中化探索，最终目标还是要确保行政高质高效，以期通过科学的机构设置、完善的功能区分、有序的人员搭配，让法院有限的行政力量发挥更大的行政功用。